Daniel Haller

Bolivianische Rezepte

Rotpunktverlag

Daniel Haller

Bolivianische Rezepte

Von bitterer Politik und würziger Küche
- Kulturgeschichte Boliviens
mit zahlreichen Kochrezepten

Rotpunktverlag

CIP-Titelaufnahme der Deutschen Bibliothek

Bolivianische Rezepte: Von bitterer Politik und würziger Küche
- Kulturgeschichte Boliviens mit zahlreichen Kochrezepten / Daniel Haller.
Mit Fotos von Daniel Haller. - Zürich: Rotpunktverlag, 1993
ISBN 3-85869-081-3
NE: Haller, Daniel

Satz: Daniel Haller; Lektorat: Linus Reichlin; Korrektorat: Geri Balsiger, Ursi Gerber;
Umschlag: Markus Kaufmann / Daniel Haller; Gestaltung und Umbruch: Markus Kaufmann;
Druck: Offizin Andersen Nexö, Leipzig.

Adressen: Rotpunktverlag, Postfach 397, Ch-8026 Zürich, Telefon CH-01-241 84 34;
Auslieferung Schweiz: AVA (buch 2000), Postfach 89, CH-8910 Affoltern a.A.
Deutschland: Prolit Buchvertrieb, Postfach 9, D-6301 Fernwald (Annerod);
Berlin, Brandenburg, Mecklenburg-Vorpommern: Rotation Buchvertrieb, Mehringdamm 51, D-1000 Berlin 61;
Österreich: Herder, Flugbachgasse 4, A-1020 Wien.

ISBN 3-85869-081-3

Bitte verlangen Sie unser Gesamtverzeichnis!

Gewidmet

der unbekannten Hausfrau
Kämpferin für das Überleben ihrer Kinder
Trägerin kulinarischer Kultur
Künstlerin des nicht Perfekten

dem unbekannten Campesino
Erzeuger der Nahrung
Erbe von Jahrtausenden Kultur
und Jahrhunderten erlittenen Unrechts

allen Versuchen der Unterdrückten
den Herrschenden die Zukunft zu entreissen
um den Hunger zu besiegen

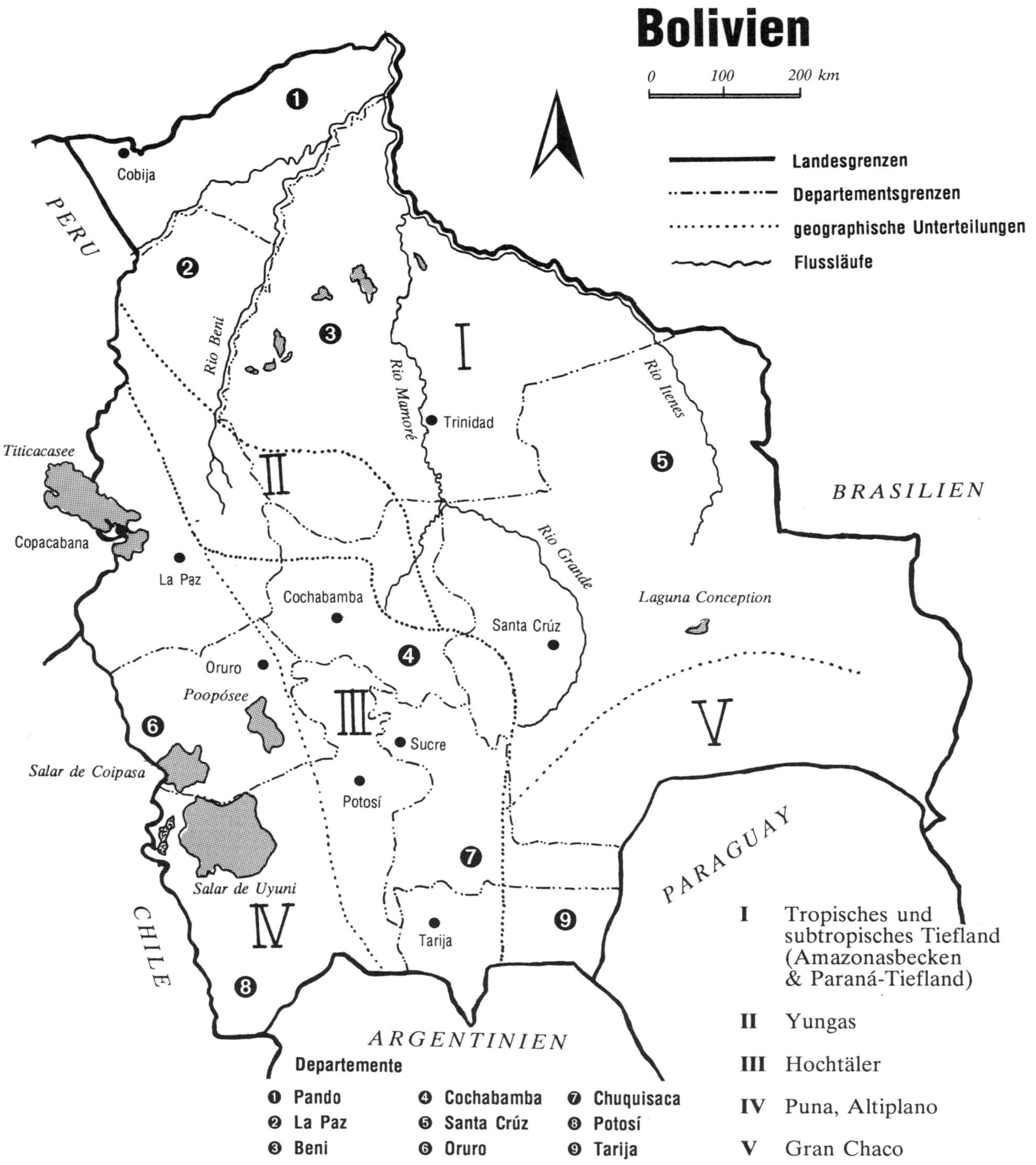
Bolivien
0
100
200 km
Landesgrenzen
Departementsgrenzen
geographische Unterteilungen
Flussläufe
Cobija
PERU
Rio Beni
Rio Mamoré
Rio Itenes
Trinidad
Titicacasee
Copacabana
La Paz
Cochabamba
Santa Crúz
Rio Grande
BRASILIEN
Laguna Conception
Oruro
Poopósee
Sucre
Salar de Coipasa
Potosí
Salar de Uyuni
CHILE
Tarija
PARAGUAY
ARGENTINIEN
I
II
III
IV
V
1
2
3
4
5
6
7
8
9
Departemente
1 Pando
2 La Paz
3 Beni
4 Cochabamba
5 Santa Crúz
6 Oruro
7 Chuquisaca
8 Potosí
9 Tarija
I Tropisches und subtropisches Tiefland (Amazonasbecken & Paraná-Tiefland)
II Yungas
III Hochtäler
IV Puna, Altiplano
V Gran Chaco

INHALTSVERZEICHNIS

Rund um Salteñas 9

Als noch Pachamama die Näpfe füllte 17

Das Landwirtschafts-System der Anden 18
Hochkulturen auf der Grundlage von Nahrungs-Überschüssen 37
Andine Nahrungsmittel und Kochtechniken 42

Ist dies Gold, das Du isst? 55

Wenn die Seelen essen 56
Zerstörung des andinen Versorgungssystems 61
Die koloniale Küche 68
Ekekos Auferstehung 77

Intendente, "englisches Rosbi" und Alkohol 81

Andine contra europäische Weltsicht am Beispiel Alkohol 82
Begierig nach Eigentum und Vermögen... 87
... aber unfähig, das Land zu versorgen 97

Weissbrot statt Chuño 101

Die Campesinos als Nahrungsproduzenten werden Bolivianer 102
Brot 122

Von Delikatess-Holzwürmern über Zucker zum Kokain 133

Die Eroberung des Ostens 134
Zerstörerische Modernisierung 137
Kokain statt Lebensmittel? 149
Hunger als Totengräber einer Epoche 158
Essen auftreiben, wo auch immer es sei... 164
Der kulturelle Krieg 173

Süsse Kartoffel - bittere Quinua? 189

Wie man die Campesinos für den Wert der Kartoffel bestraft 190
Der Fall Quinua 194

Ziel: Nahrung und Würde	**201**
Bolivien könnte sich selbst ernähren	202
Hunger und Helfer	207
Nahrung, Kultur und Befreiung	217
Anhang	**229**
Glossar der erwähnten Zutaten	229
Glossar der benötigten oder erwähnten Küchengeräte	233
Rezeptverzeichnis	234
Alphabetisches Rezeptverzeichnis	240
Anmerkungen	241
Quellenverzeichnis	243

Ausspracheregeln

Die Aussprache der Namen und Begriffe richtet sich nach den Regeln der spanischen Sprache:

ch: deutsches "tsch": Chuño = "Tschunjo"

y: deutsches i oder j: Caya = "Kaja", Ysaño = "Isanjo"

x: deutsches ch: Moxos = "Mochos"

j: deutsches ch: Tojorí = "Tochorí"

ll: Lauteinheit aus l und deutschem j: Llajhua = "Ljachhua", Chorellana = "Tschoreljana"

ñ: Lauteinheit aus n und deutschem j: Chuño = "Tschunjo"

c: vor a, o und u entspricht dem deutschen k: Comunidad = "Komunidad", Campesino = "Kampesino", Tacú = "Takú"

c: vor e und i in Spanien wie engl. th; in Bolivien wie s: Cerro Rico = "Serro Ṙiko"

z: (stimmhaftes) s: Santa Cruz = "Santa Krus"

qu: wie k: Quinua = "Kinua"

í,é,ú: der Akzent gibt die Betonung an: Potosí = "Poto**si**". Falls kein Akzent eine abweichende Betonung signalisiert, betont man die zweitletzte Silbe.

In Aymara- und Quechuaworten kann q auch ohne begleitendes u stehen. Zudem gibt es Schreibweisen wie q', q", qh, c, k, kk, k', k", kh etc., die für das in diesen Sprachen sehr differenzierte K stehen. Die Vielfalt der Schreibweisen ist aber auch eine Folge von Uneinigkeit unter den Linguisten.
Das ph wird wie p und h (also nicht wie "f" in "Philosophie") ausgesprochen. Andere Differenzierungen des P werden als p', p, p" etc geschrieben.

Rund um Salteñas

"In der Küche rumort es..." schrieb ich zu Beginn meiner Recherchen bolivianischer Rezepte ins Tagebuch. Vom Bett aus hörte ich, wie die Grossmutter auf dem Batán - einer Steinplatte, auf der man einen halbmondförmigen Stein hin und her schaukelt - "Ají" mahlte, pikante Schoten, von denen die Paprika abstammt.

Als ich dann in die Küche kam, kochten die Kuhfüsse schon wieder blubbernd vor sich hin. Tags zuvor hatten wir sie auf dem Markt gekauft, was nicht einfach gewesen war: Wegen der Inflation versteckten die Händlerinnen alles. Lange Schlangen zeugten von der Knappheit, und im Markt regelten Polizisten mit gezogenem Knüppel den Andrang.

Auf Kuhfüsse könne man nicht verzichten, meinten meine Lehrmeisterinnen, wenn man "Salteñas" machen wolle. Diese hatten ursprünglich "Empanadas de caldo chuquisaqueño" geheissen, was "eingebackene Suppe aus Chuquisaca" bedeutet. Die Herkunft aus Sucre war also klar und auch die Füllung dieser Krapfen: suppig saftig. Die würzige Brühe, die den Fingern entlang in die Ärmel läuft, oder das Kleid (und nicht zuletzt die für Behördenmitglieder unentbehrliche Krawatte) bekleckert, ist ein wesentliches Qualitätsmerkmal einer Salteña. Zutaten wie Fleisch, Kartoffeln oder Oliven in Teig verpacken, kann schliesslich jeder, aber eine Suppe einbacken, ohne dass sie schon im Ofen ausläuft, ist *die* Herausforderung bolivianischer Kochkunst...

Geniesser müssen sie gewesen sein, die Spanier jener Zeit, als Sucre Residenzstadt der Silberminen-Besitzer aus Potosí und der Kolonialverwaltung war. In den Anden waren sie als Eroberer auf eine Hochkultur gestossen, auf deren Kosten sie schnell reich wurden. Das erleichterte die Entfaltung der iberischen Küche, mit der sie viele arabische Elemente in die neue Welt brachten - unter anderem vielerlei Arten von Krapfen. Diese "Empanadas" sind über ganz Lateinamerika verbreitet, und Patrioten aller Länder streiten glühend um die kulinarische Vaterschaft, ein Kampf, der sich auf nationaler Ebene zwischen den Regionen fortsetzt. So behauptete 1946 einer der ersten Autoren, der sich der Beschreibung der bolivianischen Küche widmete, die Salteña stamme aus Potosí, womit er vermutlich ein gutes Stück Wahrheit getroffen hat.

Ihr heutiger Name deutet aber auf Salta in Nordargentinien. Soll das heissen, dass die bolivianische National-Teigtasche argentinischen Ursprungs ist? Kann man diese Schande auf sich sitzen lassen?

Da wirft sich ein "Chapaco" - ein Bürger Tarijas - in die Bresche: Vor Jahren sei eine der legendär schönen Töchter der Stadt nach Salta ausgewandert und habe dort den Argentiniern gezeigt, wie man ordent-

SALTEÑAS DE POLLO

Hühner-Salteña

2 Kuhfüsse, 1 Huhn, ca. 250 g roter Ají (nur im hier beschriebenen Fall, sonst nimmt man für Hühner-Salteñas gelben Ají, den roten für die Rindfleischfüllung), 300 g Schweinefett, 1 kg Zwiebeln mitsamt ihrem Kraut, 4 Zweige Petersilie, 1/2 Tasse frische Erbsen, 1 El Oregano, 25 Kartoffeln, 1/2 Tasse Zucker, ca. 2 kg Mehl, ca. 1 1/2 l Wasser, 1 1/2 El Salz, 5 gekochte Eier, 100 g Oliven

Man kocht die Kuhfüsse etwa anderthalb Tage lang und gibt dann ein Huhn samt Leber und Herz in den Sud, kocht es gar, entfernt die Knochen und zerrupft das Fleisch in kleine Streifen.
Den Ají mahlt man zu einem dickflüssigen Brei und erhitzt ihn im Fett. Nach fünf Minuten giesst man den mittlerweile tiefroten Schmalz ab und stellt ihn beiseite, während man den Ají selbst in 2-3 l der Kuhfuss-Hühner-Brühe kocht. Nach einer Viertelstunde gibt man die samt ihrem Kraut geschnittenen Zwiebeln dazu. Inzwischen schält man die Kartoffeln und schneidet sie in Würfelchen, die man zusammen mit der gehackten Petersilie, Erbsen und Oregano in den Topf gibt und kocht, bis sie knapp gar sind. Nun mischt man den Zucker und das Hühnerfleisch in die Füllung und lässt diese eine Nacht lang an einem kühlen Ort ruhen.
Anderntags knetet man aus Mehl, Salz und Wasser einen zähen, ziemlich trockenen Teig, den man ca. 2 mm dünn auswallt. Man schneidet Rondellen von 12 cm Durchmesser und gibt auf jede 1 El von der erstarrten Füllung, ein Stück hartgekochtes Ei und eine Olive ohne Kern. Dann klappt man den Teig zusammen, drückt die Ränder gut zusammen und bördelt den Rand wie auf

liche Empanadas mache. Als sie nach Tarija zurückkehrte, verkaufte sie weiter ihre Empanadas. Diese schmeckten dem Volk, und es nannte sie nach dem Spitznamen der Köchin, "Salteña".

So konnte die nationalkulinarische Ehre gerade noch gerettet werden, aber nicht ohne spitzbübischerweise Tarija zum Geburtsort der Spezialität zu erklären, mit dem Hinweis, dass dort alles besser schmecke... Die felsenfeste Überzeugung eines Chapaco lässt sich nicht erschüttern, und so unrecht hat er nicht: Die nordargentinischen Provinzen Salta und Tucumán versorgten in der Kolonialzeit die Silbermetropole Potosí mit Nahrung und orientierten sich wirtschaftlich in Richtung Hoch-Peru, das später Bolivien wurde. In Salta und Tucumán war selbst in der ersten Hälfte des 19. Jahrhunderts bolivianisches Geld das gängige Zahlungsmittel, und verräterisch nennt sich die im Fett gebackene Schwester der Salteña "Tucumana" - kulinarische Zeuginnen vergangener Zeit, als Bolivien wegen seines Silbers noch ein wirtschaftliches Zentrum war.

Meine Salteña-Lehre machte ich letztlich doch in Sucre. Vormittags ging die Tochter auf den Markt Fleisch suchen - vergebens. Wir schrieben das Jahr 1983, die Spekulation mit Lebensmitteln blühte, die Händler horteten, während das Volk Schlange stand.

Um die Salteñas zu retten - schliesslich hatten wir schon in die Kuhfüsse investiert -, ging auch die Grossmutter Fleisch suchen und kam - in Krisenzeiten muss man flexibel sein - mit einem Huhn zurück.

Ein Messer wurde auf dem Batán gewetzt, Blut spritzte im Höfchen, heftiges Flattern und Zucken, Federn flogen. Ich stellte mir die Szene in einer europäischen Chromstahlkochnische vor und musste heimlich lachen. Schnell gerupft, abgebrüht und ausgenommen kam der Vogel zu den Kuhfüssen in den Topf.

Der Nachmittag verging mit Kartoffelschälen, Erbsen-Aushülsen und Schneiden der Zwiebeln mitsamt ihrem Kraut. Grossmutter gab den in der Frühe gemahlenen roten Ají-Brei mit Fett in einen Topf, erhitzte ihn kurz und goss den dunkelrot gefärbten Schmalz in einen Teller, den sie beiseite stellte. Danach fischte sie Kuhfüsse und Huhn aus der Brühe, von der sie die Hälfte zum Ají schüttete, Zwiebeln, Erbsen und gehackte Petersilie dazugab. Nachdem alles eine Weile gekocht hatte, würzte sie mit einem Esslöffel Oregano. Derweil rupften wir das gare, abgekühlte Huhn in kleine Stücke, die - es war längst dunkel draussen - mit in die Suppe kamen. Eine halbe Tasse Zucker und vorsichtiges Abschmecken mit Salz vollendeten das Werk des Tages.

Sonntag Morgen. Wieder weckten mich Geräusche aus der Küche. Aus Angst, ich könnte etwas verpassen und deshalb mein Salteña-Rezept nicht vervollständigen, erhob ich mich. In der Küche war Grossmutter "nur" dabei aufzuräumen. Schon um fünf hatte sie auf dem Campesino-Markt Holz gekauft und es eine halbe Stunde weit im Tragetuch hergeschleppt. In Bolivien steht das Volk früh auf. In den Stadtteilen des Volks sind bei Tagesanbruch Strassen und Markt längst belebt, während in den Mittelschichts-Vierteln die Busse erst ab acht fahren. Nicht nur klimatisch reichen die Extreme vom ewigen Schnee bis in die Tropen: Die Unterschiede zwischen arm und reich sind kaum sonstwo so krass, und die Grenzen zwischen Klassen sind oft auch Demarkationslinien zwischen Kulturen.

Nach dem Frühstück verknetete meine Lehrerin Salzwasser und zweieinhalb Kilo Mehl zu einem trocken zähen Teig, den wir (in Ermangelung eines Wallholzes) mit einer Flasche auf dem Tisch der guten Stube (die Küche hätte nicht genug Platz geboten) dünn auswallten. Das erwies sich als harte Arbeit, denn die Masse zog sich immer wieder zusammen. Mit einer Plastikschüssel drückten wir Kreise in den Teig, die wir mit dem Messer ausschnitten. Aus statistischen Gründen stapelten wir je zehn Teigstücke aufeinander - fünfundsechzig wurden es.

Draussen entfachte die Tochter Feuer im Backofen. Fast eine Stunde dauerte es, bis die vom Russ geschwärzten Wände wieder ihre ursprüngliche Farbe annahmen. Daran könne man erkennen, dass der Ofen die richtige Temperatur habe, belehrte sie mich. Während das Feuer brannte, belegten wir die Teigrondellen mit je einem Esslöffel der gelatinierten Füllung, hartgekochtem Ei und etwas Oliven. Dann feuchteten wir den Rand etwas an, klappten den Teig zusammen und drehten die Kante des geblähten Halbmondes nach oben. Die anderen kräuselten mit flinken Fingern die Naht so, dass sie das Aussehen einer Kordel erhielt, die über den Rücken der Salteñas lief. Ich dagegen erntete Lachen ob meiner Versuche, es gleichzutun.

Schliesslich wurden die Salteñas mittels einer Feder des Huhnes mit dem am Vortag rot gefärbten Fett eingepinselt und kamen Blech um Blech in den Ofen. Schnell ging jemand noch Bier und Pepsi Cola kaufen, und als die ersten Salteñas, gescheckt wie Freiburger Kühe, aus dem Ofen kamen, konnte das Mahl beginnen.

Es waren für lange Zeit die besten Salteñas, die ich essen sollte! Immer wieder musste ich mich fragen, was denn "typisch" sei für die bolivianische Küche: Die Salteñas, die man mir zuliebe nach dem traditionellen Rezept zubereitet hat oder jene, die eine abgekämpfte Mutter morgens um vier zubereitet, um sie auf der Strasse zu verkaufen und so das Überleben ihrer Kinder zu sichern? Die zuletzt genannten Salteñas verdienen ihren Namen nur noch selten; die Verelendung aufgrund der Verschuldungskrise und der neoliberalen Krisenwirtschaft entwöhnt die Bo-

der Zeichnung angegeben. Mit der Naht nach oben legt man die fertigen Krapfen auf ein Blech, bepinselt sie mit dem erwärmten Ají-Schmalz und bäckt sie kurz im sehr heissen Ofen. (Die meisten Haushalts-Backöfen sind für Salteñas nicht geeignet, da sie nicht warm genug [nur 200°C] werden und deshalb die Krapfen zu langsam backen. Die Füllung beginnt zu sieden und der Dampf sprengt den Teig, so dass die Brühe ausläuft...)

Statt selbstgekochter Kuhfuss-Gelatine wird in Bolivien immer mehr Päckchen- oder Blättergelatine verwendet, was zwar Geschmack und Substanz verändert, aber die Zubereitung vereinfacht. Für das vorliegende Rezept war ursprünglich an Stelle des Huhns 1 kg Rindfleisch vorgesehen. Man sollte nicht Hack nehmen, sondern das Fleisch selbst schnetzeln.

Variante für den Teig: pro kg Mehl 250 g Fett, 1 Tl Salz und 1 El Zucker dazukneten. Diesen Teig unterteilt man in Portionen für die einzelnen Krapfen und lässt die Kugeln im Kühlschrank ruhen. Sie sollten vor dem Auswallen nicht mehr geknetet werden.

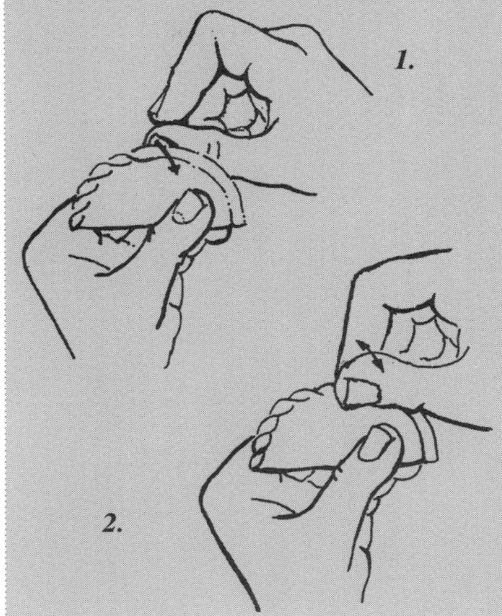

Stein-Suppe

Manchmal ist es nicht einfach, ein Rezept auszuprobieren, und es gab auch Misserfolge.
Das Problem begann schon damit, dass wir hier in Europa den Bächen und Flüssen misstrauen müssen. Aber dieser kleine Bach in den Voralpen schien nicht besonders verschmutzt zu sein. Also haben wir über eine längere Strecke das Bachbett nach Steinen abgesucht. Faustgross, rund und weiss müssen sie sein, hatte man mir in Bolivien erklärt, und daraus haben wir dann geschlossen, dass es sich um Quarzkiesel handeln müsse, die vom Wasser rundgeschliffen worden sind.
Wir wollten "Kala purka" kochen, eine Suppe, wie sie in Oruro und Potosí an kalten Tagen zubereitet wird. Vor ein paar Tagen hatten wir Rindfleisch in dünne Tranchen geschnitten, eingesalzen und zum Trocknen aufgehängt. Ständig mussten wir es gegen die Wespen verteidigen, die sich Stück um Stück aus dem Fleisch schnitten, um damit in ihr Nest zu fliegen.
Nun rissen wir das, was sie uns übrig gelassen hatten, in Stücke, schnitten etwas Zwiebeln, schälten ein paar Kartoffeln, streuten scharfe Paprika, Oregano und Maismehl dazu und gaben alles mit kaltem Wasser und Saubohnen in den grossen Topf. Draussen loderte das Feuer aus reinem Holz, über dem wir die Steine aufheizten. Immer wieder kühlten sie ab und wurden schwarz, und einige knackten verdächtig. Erst als wir sie schliesslich direkt in die Glut legten, erreichten sie die nötige Hitze.
Nun kam der grosse Moment: Mit Stöcken bugsierten wir die Steine in den Topf. Sofort begann das kalte Wasser zu brodeln, und ich musste heftig pusten, damit nicht zuviel von der Suppe überkochte. Nach einer Weile beruhigte sich der Vulkan im Topf, und ein angenehmer Duft versprach uns kulinarischen Erfolg.
Die Überraschung kam später: Als wir die Steine in die Suppe gegeben hatten, sind sie geplatzt - nicht einfach in zwei Hälften, sondern in viele kleine Splitter. Bezüglich des Geschmacks gab es nichts zu kritisieren, aber dieses Knirschen zwischen den Zähnen...
Die Erklärung war bald gefunden: Wir haben den weissen Feldspat mit dem ebenfalls weissen Milchquarz verwechselt. Und Feldspat eignet sich offensichtlich nicht zum Suppenkochen.
Da man von Hobbyköchinnen und -köchen kaum ein Geologiestudium erwarten kann, fehlt das Rezept für "Kala purka" nun im vorliegenden Buch.

livianer ihrer eigenen Gerichte. Den täglichen Mangel vor Augen, leben und essen die meisten nach dem Motto: "Wenn's was gibt, dann isst man, wenn's nichts gibt, muss man durchhalten."

Für ein Buch wie das vorliegende ist ein Kriterium für die Auswahl der Rezepte, dass man diese in Europa zubereiten kann. Gleichzeitig sollten sie sich aber auch von unserer Küche unterscheiden. Spiegelei mit - aus europäischer Sicht - verkochtem Reis ist zwar typisch für weite Landstriche, nachkochbar ist es auch, aber als Rezept hat es trotzdem keinen Platz gefunden... Wir könnten ohne weiteres auf einem Fest gut essen und schliesslich die abgenagten Knochen einsammeln, um sie mehrere Tage für die Suppe auszukochen, die wir mit Gemüseresten anreichern. "*Wenn's was gibt, dann isst man...*", daran können wir mit Rezepten teilhaben. Aber Rezepte des "*...wenn's nichts gibt, dann hält man durch*" ohne Not zu imitieren, wäre das nicht Verhöhnung der Betroffenen?

Armut schmeckt nicht. Also fiel die Wahl hauptsächlich auf traditionelle Gerichte. Wenn ich Rezepte aufschreiben wollte, brachte ich meinen Informantinnen jeweils Fleisch, Huhn, Öl, Käse oder Eier mit. Standen schliesslich die Teller dampfend auf dem Tisch, rechnete oft jemand nach, vor wievielen Jahren man sich diese Speise das letzte Mal hatte leisten können... Die Wirtschaftskrise ist für das Volk eine Ernährungskrise, nicht nur was Menge und Qualität der Speisen angeht, sondern auch kulinarisch. Der kulturelle Reichtum ist bedroht. Dabei wäre gerade er ein Hoffnungsschimmer, der Möglichkeiten von mehr Unabhängigkeit erahnen liesse...

In der Aymara-Region habe ich Rezepte nur in der Stadt protokolliert. Auf dem Land serviert man dem Gast das Essen möglichst abseits der Familie. Selten dringt ein Fremder in die Küche ein. Eine unsichtbare Grenze umgibt die Familie, eine Grenze, die sich gerade beim Essen zeigt. Und wenn ich dann doch das eine oder andere Mal in eine Küche kam, wäre es unschicklich gewesen, diese geduldete Grenzüberschreitung für Fragen und indiskretes Topfgucken zu missbrauchen. Ich hielt mich also an die Köchinnen in der Stadt. Und selbst da glaube ich, dass eine Frau andere Sachen gesehen und notiert hätte als ich.

Die Rezept-Auswahl ist somit ein subjektives Bild des Essens in Bolivien. Andererseits soll sie einen Ausschnitt des kulturellen Reichtums einiger bolivianischer Völker bieten und darstellen, dass sie eigene Methoden der Ernährung entwickelt haben und dass sie nicht als Bettler um Nahrungsmittelhilfe anzustehen bräuchten.

Wenn die Gerichte nicht zu einer Beschönigung des Hungers werden sollen, muss der Mangel ebenso ein Thema sein wie das Essen. Bertold Brecht bemerkte treffend, dass über das Fleisch, das in der Küche fehlt, nicht in der Küche entschieden werde. Ernährungs-Geschichte ist Kultur-

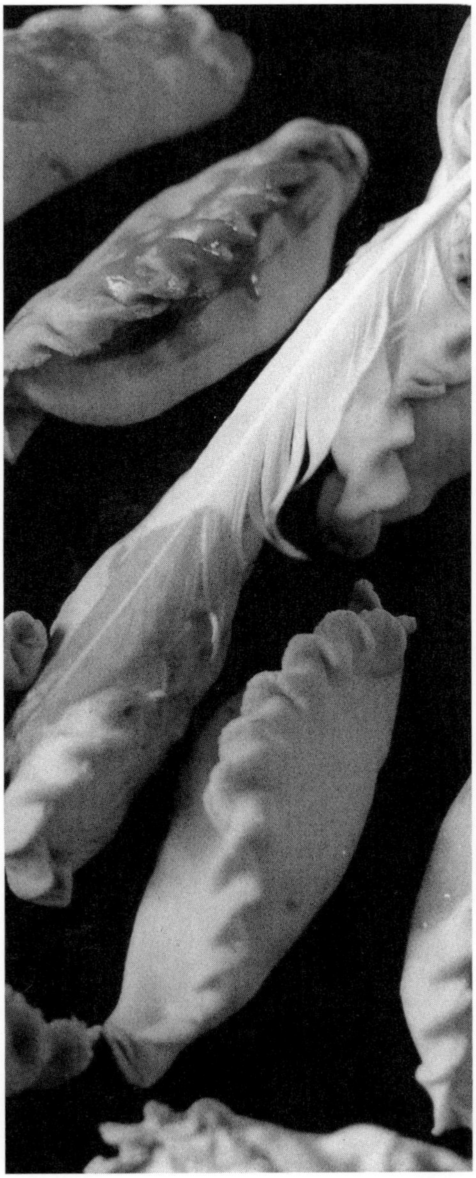

Mit einer Hühnerfeder werden die Salteñas vor dem Backen mit dem roten Fett eingepinselt.

und Agrar-Geschichte. Die Landwirtschaft ihrerseits ist Teil wirtschaftlicher, politischer und militärischer Strategie - unappetitliche Aspekte. Die lassen sich in einem Kochbuch nicht umfassend beschreiben, aber wo sie die Versorgung beeinflussen oder im Rahmen einer kulturellen Herrschafts-Strategie die Essgewohnheiten verändern, müssen sie mit einfliessen.

Noch verhungern die Menschen in Bolivien nicht wie in Afrika, sie werden von Unterernährung "nur" geschwächt und sterben dann an einer "banalen" Krankheit. Die Ernährungssituation verschlechtert sich jedoch derart schnell, dass die Weltbank ein Programm ausgearbeitet hat, das denjenigen zugute kommen soll, die täglich weniger als 400 Kalorien zu sich nehmen.[1] 400 Kalorien ist die Grenze, unterhalb derer ein Mensch direkt verhungert. Ab dem Alter von sechs Jahren benötigt der Mensch 2000 Kalorien und mehr, um gesund zu leben! Geht Boliviens Weg in Richtung afrikanischer Hunger?

Der Grundton vieler Kapitel mag pessimistisch klingen. Sind sie realistisch genug? Der Sumpf der Probleme ist oft zu tief, um ihn zu ergründen. Trotz allem bin ich optimistisch, dass es dem bolivianischen Volk eines Tages gelingen wird, eine menschlichere Gesellschafts- und Wirtschaftsordnung zu schaffen. Diese Zuversicht kann ich kaum begründen, vielleicht ist sie irrational. Ihre Wurzeln hat sie unter anderem in vielen menschlichen Qualitäten, die ich in der andinen Kultur, in der bolivianischen Lebensweise und bei Freundinnen und Freunden gefunden habe, in der Zähigkeit, mit der viele versuchen, trotz allem aufrecht zu leben, in der Fähigkeit, zu feiern und zu geniessen - wenn's denn mal 'was gibt.

Es ist rund ein halbes Jahrtausend her, seit mit Kolumbus der Überfall auf Amerika begann. In den Anden trafen die Spanier auf eine Ordnung, deren Ziel es war, allen die Selbstversorgung zu ermöglichen. In einem Modell der Marktproduktion dagegen strebt jeder danach, ein Maximum an Gewinn zu erwirtschaften. Nicht die Gesamtheit dessen, was der Bauer produziert, ist wichtig, sondern jene Produkte, die mehr Gewinn erbringen. Der Konflikt zwischen diesen Denkweisen bestimmt bis heute die Ernährung Boliviens. Wie die Rezepte mit Zutaten sowohl andinen als auch europäischen Ursprungs zeigen, sind die Kulturen teilweise auch eine Verbindung eingegangen: Was wäre die iberisch-arabische Salteña ohne Ají und Kartoffeln aus den Anden?

Die kulturelle und klimatische Vielfalt Boliviens machte schliesslich eine weitgehende Beschränkung auf Rezepte aus dem Hochland nötig. Dabei wird uns die Küche der Anden wider Erwarten wenig "exotisch" erscheinen: Vieles, was wir als "unsere" Küche betrachten, stammt ursprünglich aus Amerika (darunter verstehe ich den Kontinent, nicht die USA) und besonders aus den Anden: Kartoffeln, Mais, Paprika und Chili,

Erdnuss, Ananas, Avocados, Tomaten und Bohnen haben wir von den dortigen Bauern übernommen, so dass wir in diesen Zutaten längst nichts Fremdes mehr sehen. Die Kartoffel stammt aus den Anden, aus jener Region, zu der heute Bolivien zählt. Sie war der grösste indianische Beitrag zur Industrialisierung Europas, ohne sie wäre unsere Geschichte anders verlaufen.

Gefühl und Erfahrung sind meist die einzigen "Messinstrumente" bolivianischer Köchinnen. Küchenwaagen sind praktisch unbekannt, und auf dem Markt verkauft man viele Zutaten nicht nach Gewicht, sondern als aufgeschichtete Häufchen. Beim Protokollieren in der Küche haben wir jeweils mit Tassen und Löffeln versucht, die Mengen zu bestimmen. Aber da jede Köchin ein bestimmtes Gericht auf ihre persönliche Weise zubereitet, wäre eine auf das Gramm genaue Mass-Angabe geradezu unbolivianisch. Entsprechend sollte man die Gerichte mit einem guten Mass gesunden Menschen- und Küchenverstandes zubereiten.

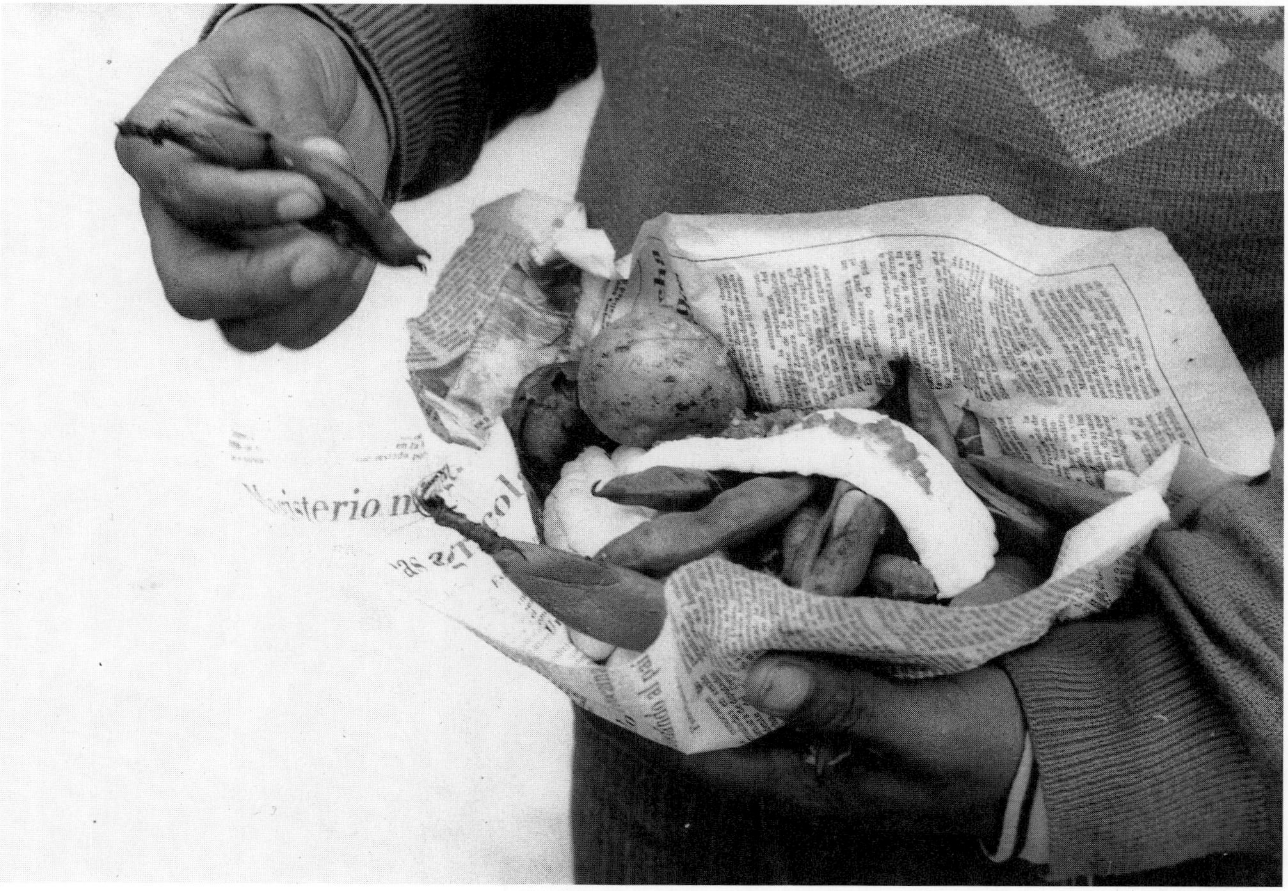

Mangel zwingt zur Improvisation, nicht nur in den Rezepten: Auch auf Zeitungspapier heisst dieses Gericht "La Pazer Teller" (Plato paceño)

Als noch Pachamama die Näpfe füllte

Der Mann sticht mit dem Grabstock Löcher in den Acker. Die Frau legt flink Saatknollen hinein und bedeckt sie mit Erde. Die Zeichnung stammt aus einer 1615 beendeten Chronik, das Foto von 1986. Was in vorkolonialen Zeiten galt, ist in abgelegenen Regionen heute noch wichtig. Deshalb mischen sich im folgenden Kapitel über die vorkoloniale Ernährung zwei Ebenen: Einerseits die Aufzeichnungen der ersten spanischen Chronisten, die als Eroberer die damals vorgefundenen Verhältnisse beschrieben, und andererseits heutige Beobachtungen. Das Essen der Andenbewohnerinnen und -bewohner war einfach, vielseitig und ausreichend. Es war jedoch nicht einfach zu beschaffen. Die Bauern bewältigten die Herausforderungen der landwirtschaftlich schwierigen Gebirgsregion, indem sie ein faszinierendes System entwickelten, das spezielle Techniken des Ackerbaus und der Lebensmittel-Konservierung kombinierte mit einer besonderen sozialen Organisation. Dies bedingte ethische Werte, die sich in der Göttin Pachamama - der "Mutter Erde" - verdichten.

Das Landwirtschafts-System der Anden

Eine Welt von Klima-Stockwerken

"Nein, nicht weiter!", "Halt!" und Angstschreie mischen sich. Einige Passagiere steigen panikartig aus. Der Chauffeur brummt, wer denn hier fahre und setzt den Bus weiter zurück, bis die Hinterräder an der Kante stehen und das weit ausladende Heck über den Abgrund ragt. Nur so kann er Platz machen für die Lastwagen, die auf der unbefestigten Strasse - in Europa würde man sie als Feldweg bezeichnen - die Steigung erklimmen. Unter Rufen und Winken der Helfer quetschen sie sich zwischen unserem Bus und Felswand vorbei.

Beladen sind sie mit Bananen, Orangen, Reis, Yuca und vor allem Menschen. Kommt einer dieser Lastwagen vom Weg ab, endet dies wie ein Flugzeugabsturz. Eine grosse Zahl von Kreuzen am Wegrand, sarkastisch auch "bolivianische Verkehrszeichen" genannt, zeugen von der Häufigkeit der Unfälle. Die Dutzende von Opfern sind der Presse in Europa keine Meldung wert, aber die Angst der wieder einsteigenden Passagiere ist verständlich.

Der Bus fährt weiter, bis zum nächsten Kreuzungsmanöver einige Kurven tiefer. Kaum anderswo erfährt man derart sinnlich das Wort "steil". Viele reisen lieber bei Nebel, der die Tiefen versteckt. Anderen suggeriert aber gerade er die Bodenlosigkeit des Schlunds.

Bolivien sei die Zusammenfassung eines Kontinents, sagt man. In der Tat hatten wir vor einer Stunde oben auf der Passhöhe die Gletscher in Greifweite und konnten auf den Altiplano zurückschauen, jene Hochebene, die trotz des schwierigen Klimas zu den dichtest besiedelten Regionen Boliviens zählt. Als sich der Bus tiefer wand, verschwanden die Schneefelder wieder, und fast schlagartig tauchten wir nach einer halben Stunde in eine unwirkliche Nebelvegetation ein, die wenig später von einer Pflanzenwelt subtropischer Fülle abgelöst wurde. Weiter unten sind schon von weitem die terrassenartigen Furchen der Cocafelder der Yungas zu erkennen. Hier, in den bolivianischen Anden, liegen eine grosse Bandbreite verschiedener Klimazonen - mehr durch die Höhe über Meer als durch die geographische Breite bestimmt - auf engstem Raum fast wie Etagen übereinander:

Die Pazifikküste und der Westhang der Anden (Zone 1 der Abbildung) bestehen aus Wüsten, denen die alten Andenbewohner mittels Bewässerung in den Tälern fruchtbares Land abzuringen verstanden. Von dort bezogen die vorkolonialen Hochkulturen z.B. ihre Baumwolle. Im Salpeterkrieg 1879 hat Bolivien seinen Anteil an dieser Region verloren.

Die über 4200 m ü.M. gelegene "Puna" (Zone 2 der Abb.) eignet sich dagegen nur für die Zucht verschiedener Lama-Arten und (seit der Kolonialzeit) von Schafen. Auch die dritte Region auf etwa 3500 - 4200 m ü.M., welche vor allem die Hochebene des "Altiplano" umfasst, bezeichnet man als Puna. Auf rund viertausend Metern ist hier ein mühsamer Anbau von Kartoffeln, Quinua, Cañawa, Oca und anderen Produkten möglich.

Dagegen bieten die Talregionen (Zone 4), etwa 2500 m ü.M., bessere Bedingungen, sofern man sie bewässern kann. Ihr wichtigstes Produkt ist der Mais. Es gedeihen aber auch andere Getreidesorten, Kartoffeln und Gemüse.

Die steilen Ostflanken (5) der Anden, die Yungas, von etwa 500 - 2500 m ü.M., präsentieren sich in einem üppig subtropischen Pflanzenkleid. Sie sind das traditionelle Anbau-Gebiet des Coca-Strauchs. Daneben erntet man Mais, eine erlesene Vielfalt an Früchten und viele Knollen wie z.B. Yuca oder Süsskartoffel und seit der Kolonialzeit auch Reis und Zuckerrohr.

Auch das tropische Tiefland (6) beeindruckt durch seine Vegetation. Über die landwirtschaftliche Nutzung in vorkolonialer Zeit weiss man wenig. Jagende und fischende Wanderbauern siedelten in meist kleinen Gruppen im Dschungel. Heute baut man dort Reis, Zuckerrohr, Mais, Baumwolle usw. an und betreibt Rinderzucht.

Etwa am 18. südlichen Breitengrad verläuft die Klimagrenze zwischen den trockenen und den feuchten Anden. Von da an nach Süden sind die Osthänge weitgehend trocken, und das als "Chaco" bezeichnete Tiefland ist eine mit Dornen-Gewächsen überzogene Steppe.

Querschnitt durch die bolivianischen Anden

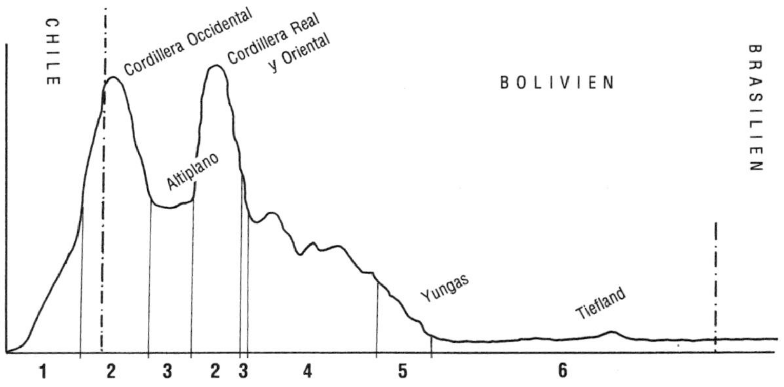

Vom Jäger zum Ackerbauern

Der Sohn ist aus dem Militärdienst zurückgekehrt. Stolz zeigt er die Fotos, auf denen er in Uniform posiert: Wer im Militär war, ist erwachsen. Demnach dürften eigentlich nur Bauern und die Armen als erwachsen gelten, denn die wohlhabenderen Städter kaufen sich illegal vom Militärdienst frei.

Einen grossen Radiorecorder hat er mitgebracht, und sein Vater hat ihm einen Anzug mit Krawatte schneidern lassen, ganz so wie ihn die Herren in der Stadt tragen. Für das Fest seines Sohnes hat er eine Kuh geschlachtet und morgen wird es ein grosses Mahl für alle Geladenen geben.

Aber nicht alles Fleisch wird aufgetragen. Man schlachtet selten, und das Fleisch muss eine Weile halten. Also kauert der Vater im Höfchen, das zerlegte Rind in grossen Brocken vor sich. Er nimmt ein Stück in die Hand und schneidet hinein, indem er das Messer beängstigend in Richtung des Daumenansatzes hält. Doch er rutscht nicht aus. Hier ist man gewohnt, Gemüse und Fleisch ohne Brett frei in der Hand zu schneiden. Ab und zu wetzt er das Messer an einem Feldstein.

Immer wieder dreht er das Fleisch und schneidet hinein, ohne es durchzutrennen, bis es schliesslich in grosse, dünne Lappen zerteilt ist, die er in Salz einweicht und ab morgen in der Sonne trocknen lässt - die älteste Art, Fleisch zu konservieren, und vermutlich das älteste bolivianische Rezept: Charque.

Für die ersten Andenbewohnerinnen und -bewohner war es entscheidend, grosse Beuten als Vorräte haltbar zu machen. Salz für die Konservierung von Fleisch, Fisch und gejagten Vögeln war deshalb der erste Artikel, den sie über grosse Distanzen hinweg getauscht haben.

Wann die ersten Siedler in die Anden kamen, ist bis heute umstritten. Einige schätzen die ältesten Funde von Faustkeilen und Steinschabern auf etwas mehr als 10'000 Jahre, andere sprechen von 30'000 Jahren. Aber es scheint sicher, dass die frühen Andenbewohner Jäger und Sammler waren. Der Fischreichtum der Gewässer auf dem Altiplano, jagdbare Wasservögel, Strausse, Hirsche, Gürteltiere, essbare Frösche, Meerschweinchen, Wollhasen und vor allem grosse Herden verschiedener Lama-Arten haben ihnen eine ganzjährige Nahrungsgrundlage geboten. So konnten sie in kleinen Gruppen sesshaft werden.

Als wichtigster Woll- und Fleischlieferant hat sich das Lama erwiesen, ein relativ schwerfälliges Tier, das zwar ausdauernd gehen, aber nur kurze Zeit rennen kann. Die Steinzeitmenschen hatten zudem nur Fuchs und Kondor als Konkurrenten bei der Jagd auf das Lama. Vor den Menschen konnte es nicht in andere Regionen ausweichen, da es dem Hochland angepasst ist und nicht lange in den tiefer gelegenen subtropischen Gegenden überlebt.

Wirkungsvoller als die individuelle Pirsch waren gemeinsame Treibjagden. Im Abstand von wenigen Metern rückten die mit Stöcken bewehrten Jäger zum Klang von Musik und Gesang vor und trieben in sich stetig zusammenziehendem Kreis die Tiere in Fels-Engen und aufgespannten Netzen zusammen.

Auf die Dauer hat es sich als günstiger erwiesen, nicht die ganze Herde auf einmal zu schlachten, sondern sie als lebenden Vorrat zu halten. So hat man im Laufe der Zeit das Lama gezähmt, das ausserdem als Lasttier zum wichtigsten Transportmittel der Anden wurde. Zum Haustier im engeren Sinne hat sich das Meerschweinchen gemausert - eine wichtige Proteinquelle und begehrte Festspeise.

Obwohl die Steinzeit-Nahrung vorwiegend aus Fleisch bestand, haben die ersten Andenbewohner auch Pflanzen gesammelt, die man teilweise bis heute isst: junge Triebe der Totora-Binsen, Ytapallo (Brennessel), Hoccoruro (Kapuzinerkresse), Caminu (eine Sellerie-Art), Tuna (Kaktusfrüchte), Achacana (Kaktuswurzeln), Sauri (eine Kapern-Art) und Gewürzkräuter wie Quilquiña, Huacataya und Payco. Damals genossene Gras-Samen sind heute verschmäht, aber die Samen von Ajara und Illama (Ur-Quinua bzw. -Cañawa) gehören bis in unsere Tage zu den Not-Essen, wenn die Kartoffelernte schlecht ausfällt. Quinua und Cañawa (winzige Körnerfrüchte) waren vermutlich die ersten Produkte, die man in den Stein-Umzäunungen der verlassenen, zuvor von den Lamas gedüngten Gehegen säte. Mit der Zeit kamen Coimi (winzige Körnerfrucht), Tarwi (bohnenartige Lupinensamen) und eine Vielzahl von Knollenfrüchten hinzu. Durch generationenlange Auslese haben die ersten Andenbauern die Erträge gesteigert und die Nahrungs-Pflanzen für den Feldbau tauglich gemacht.

Auch die Küche steckte buchstäblich in der Steinzeit: Bevor man feuerfeste Kochgefässe aus Keramik kannte, bereitete man die Suppen kalt zu. Dann legte man faustgrosse Bachkiesel ins Feuer, und wenn sie genügend erhitzt waren, gab man sie in die Suppe. Da man für Wüsten-Märsche das Wasser in Schläuchen aus Lamahaut mitführte, waren vermutlich auch diese vorkeramischen, nicht feuerfesten "Kochtöpfe" aus Leder gefertigt.

Noch heute kochen die Frauen von Oruro und Potosí an kalten Tagen eine spezielle Suppe mit heissen Steinen. Die Kiesel serviert man mit, denn die Kruste, die sich auf ihnen festsetzt, gilt als besonderer Leckerbissen.

CHARQUE

gesalzenes, luftgetrocknetes Fleisch

Rindfleisch, Salz

Man schneidet das Fleisch abwechslungsweise von beiden Seiten parallel zur Faser im Abstand von etwa 5 mm ein, wobei man immer, kurz bevor man es ganz durchschneiden würde, stoppt. Schliesslich kann man es wie eine Ziehharmonika in die Länge ziehen und hat eine grosse Tranche von etwa 5 mm Dicke. Dann legt man es einige Stunden in Salz ein und trocknet es anschliessend mehrere Tage auf einer Wäscheleine. An einem trockenen Ort kann man Charque fast beliebig lange lagern.

Beim Schlachten wird jeweils der grösste Teil des Fleisches zu Charque verarbeitet.
(Bild Seite 20)

HUATIA

im Erdofen gegarte Speisen

Kartoffeln, falls vorhanden: Saubohnen, Oca etc.

Man schichtet trockene lehmige Erdklumpen zu einem kuppelförmigen Ofen auf, dessen Grösse sich nach der Menge der zu garenden Speisen richtet. In seinem Inneren verbrennt man solange Stroh und Holz, bis die zwischenzeitlich vom Russ schwarzen Erdklumpen wieder ihre ursprüngliche Farbe annehmen. Daran sieht man, dass sie heiss genug sind. Nun kratzt man die restliche Glut aus dem Ofen und wirft Kartoffeln, Saubohnen mitsamt Schale und was man sonst garen will, hinein.
Vorsichtig bringt man nun die Kuppel nach und nach zum Einsturz. Durch das oben entstehende Loch streut man weiteres Kochgut ins Innere. Die langsamer garenden grossen Kartoffeln plaziert man am Rand, weil dort die Hitze grösser ist. Nachdem der Ofen vollständig über den Speisen zusammengestürzt ist, zerklopft man die Knollen: Alles muss gut mit heisser Erde bedeckt sein, auf welche man weitere Erde schaufelt.
Nach etwa einer halben Stunde stochert man eine Kartoffel heraus, um zu prüfen, ob sie schon gar ist. Je nachdem wartet man noch ein Weilchen oder gräbt alles aus und serviert es auf einer handgewebten Wollserviette.

In den Talregionen des Südostens hat eine steinzeitliche "Bratpfanne" ebenfalls überlebt: Fladen aus gemahlenem milchreifem Mais brät man auf einer gefetteten Steinplatte über dem offenen Feuer.

Die Urus - ein Fischervolk auf dem Altiplano - garen die Fische in Gruben direkt zwischen den erhitzten Steinen, und nicht zuletzt ist "Huatia" bis heute überall beliebt.

Andine Vielseitigkeit

Fast überall hängt die Landwirtschaft stark von den Jahreszeiten ab. Aussaat und Ernte des oft einzigen Haupt-Nahrungsmittels erfordern kurzfristig viele Hände, die in den dazwischen liegenden Monaten unbeschäftigt bleiben. Die Bauern haben deshalb immer versucht, ihre Arbeitsmethoden zu perfektionieren, z.B. indem sie die Felder mit von Tieren gezogenen Pflügen umgebrochen haben, statt sie von Hand umzugraben.

Steile Hänge, die oft armen Böden, herumliegende Felsen und das Fehlen von Zugtieren haben in den Anden eine derartige Lösung verunmöglicht. Um die niedrige Produktivität auszugleichen, haben die Bauern stattdessen angestrebt, so kontinuierlich wie möglich zu arbeiten. Deshalb säen sie eine möglichst grosse Zahl unterschiedlicher Nahrungsmittel und haben eine weitaus vielseitigere Landwirtschaft als anderswo entwickelt.

Bei uns am berühmtesten wurde die Kartoffel, eines der wichtigsten Produkte der Andenbauern. Sie unterscheiden "bittere" und "süsse" Sorten, wobei die "süssen" den unsrigen entsprechen und nicht mit den auch in Europa bekannt gewordenen Süsskartoffeln ("Camote") zu verwechseln sind, die in den Anden ebenfalls schon in vorkolonialer Zeit angebaut wurden.

Daneben wurde eine Reihe weiterer Knollenfrüchte gezüchtet, wie z.B. "Oca", die angenehm süsslich schmeckt, wenn man sie richtig aufbereitet, und die vielerorts nach der Kartoffel die zweitwichtigste Nahrung ist. Ihr fast ähnlich sieht "Ysaño", die ebenfalls auf 2500-3500 m ü.M. gedeiht und aus der man mit Hilfe der Nachtfröste eine Art Speiseeis zubereitet. Oft bunt gesprenkelt, glatthäutig und nicht grösser als ein Hühnerei ist "Papalisa", welche gut in Suppen und pikanten Gerichten schmeckt und in den Tälern und der niedrigeren Puna wächst. "Maca", "Mauka", "Racacha", "Uncuchu", "Jiquima", "Jamach'i peke" ("Vogelköpfchen") und "Yucca" waren weitere Wurzelfrüchte der frühen Andenbauern.

Daneben hat man Körner angebaut. "Cañawa", welche bis zu 4550 m ü.M. gedeiht, und die ihr verwandte "Quinua" dienen den Familien des Altiplano bis heute als wichtige Eiweisslieferanten. Die Lupinensamen "Tarwi" vervollständigen die Liste der wichtigsten pflanzlichen Proteinquellen der Hochanden.

Die einzelne Familie hat also in der Puna nicht nur eine Sorte Kartoffeln, sondern bis zu dreissig gepflanzt, dazu drei oder vier Sorten Oca, eine Handvoll Quinuasorten, Ysaño, etwas Cañawa, Papalisa und Tarwi - immer darauf achtend, von jedem Produkt mehrere Sorten zu erzeugen. Das hat ermöglicht, jedesmal wenn ein Acker mit der einen Frucht bestellt ist, ein anderes Feld vorzubereiten für das nächste Produkt, das später gesät wird. Sind schliesslich alle Äcker bestellt, kann man schon wieder auf dem ersten arbeiten. Die Arbeit lässt sich kontinuierlicher verteilen als wenn nur ein einziges Hauptnahrungsmittel in Monokultur angebaut würde.

Trotz dieser extremen Diversifizierung sind auf dem Altiplano wegen der Winterfröste einige Monate nicht geeignet für die Feldarbeit. Deshalb wollte jede Familie möglichst auch im Talklima etwas Land besitzen, da man dort mit Bewässerung das ganze Jahr über anpflanzen kann. Zudem gedeihen dort andere Produkte als in der Puna: "Coimi", ebenfalls eine Pflanze von hervorragender Proteinqualität, die in Europa später heimisch gewordene Gartenbohne ("Poroto") und die bis in die Andentäler hinein angebaute Erdnuss. Auch Ají-Pfeffer (Capsicum anuum), diverse Früchte und Kürbisse wachsen in den Tälern. Am wichtigsten ist der Mais gewesen, der in den tieferen Lagen gesät wird, und auch - aus religiösen Gründen - bis auf 3800 m ü.M. am Ufer des Titicacasees.

Die Vielseitigkeit der Landwirtschaft dient auch als Absicherung gegen klimatische Widrigkeiten: Bei einem so breiten Sortiment an Nahrungspflanzen überleben immer einige die Dürre, den Hagel oder den Frost.

Teilweise besteht dieses System bis heute. Was und wieviel die einzelne Familie anpflanzt, ist abhängig von den erreichbaren Klima-Stockwerken, den Mikroklimaten in der Nähe ihres Hauses, den unterschiedlichen Bodenqualitäten und der Arbeitskraft der Familie. Der Bauer muss diese Faktoren in ein möglichst günstiges Gleichgewicht bringen und gleichzeitig das Wetter beobachten, um den richtigen Zeitpunkt für die Aussaat der verschiedenen Feldfrüchte festzulegen. Diese komplexen Entscheidungen kann er nur mit Hilfe seines über Generationen angesammelten Schatzes an Erfahrungen treffen.

Als Antwort auf die schwierigen ökologischen Bedingungen haben die Bauern der Anden die differenzierteste Landwirtschaft der Welt geschaffen. Dafür haben sie ein Maximum an wilden Pflanzen in Kultur

Nachdem der geheizte Ofen mit Kartoffeln, Oca und Saubohnen gefüllt ist, bringt ihn die Köchin zum Einstürzen.

Jahrtausende lang garten die Köchinnen der Anden die Speisen direkt in der Asche, in der erhitzten Erde oder kochten mit heissen Steinen, bis man die Keramik-Kochtöpfe erfand. *(Bild oben)*
Meerschweinchen: In Europa ein Schosstier, in den Anden seit Urzeiten ein Nahrungsmittel. *(Bild auf Seite 25)*

genommen und die Anden zum damals bedeutendsten Zuchtgebiet für Nahrungspflanzen gemacht.

Andine Ergänzungswirtschaft

Damit alle Familien eine möglichst breite Auswahl an Nahrungsmitteln anpflanzen können, müssen sie Land mit einer maximalen Bandbreite agro-ökologischer Voraussetzungen nutzen, denn unterschiedliche Kartoffelsorten stellen verschiedene Anforderungen an die Böden. Beispiel: "Jank'u luk'i", eine für "Chuño" (Trockenkartoffel) verwendete "Bitter"-Kartoffel, benötigt schwarze Erde und wächst schlecht in sandigen Böden. "Purixa", eine Kartoffel, aus der man am besten "Khachuchuño" (Kartoffel, die man vor dem Kochen eine Nacht lang gefrieren lässt) zubereitet, wächst dagegen in sandigen Böden.

Quinua und Cañawa wachsen auch auf trockenen Böden. Kartoffeln benötigen dagegen mehr Wasser. Hätte eine Familie alles bewässerbare Land beansprucht und darauf unter anderem Quinua gesät, hätte sie knappen Kartoffelboden "verschwendet".

Statt eines grossen Stücks zusammenhängenden Landes haben die Bauern es also vorgezogen, viele kleine Äckerchen zu besitzen, zerstreut in der Ebene, den Hügeln, dem Sumpf, am Flussufer, im Windschutz zwischen Felsen und am Hang liegend.

Die vernünftige Verteilung des Landes zu garantieren war Aufgabe des "Ayllus". Dies war - und ist es in abgewandelter Form in einigen Regionen heute noch - die Grundeinheit der andinen Gesellschaft: ursprünglich ein Clan von Blutsverwandten, mit gemeinsamer Herkunft und gemeinsamem Boden. Die Blutsverwandtschaft hat sich mit der Zeit gelockert und wurde durch ein Netz geistiger Verwandtschaften, den Patenschaften, ersetzt.

Ausser den Privatparzellen rings um die Häuser der einzelne Familien hat das Land grundsätzlich dem Ayllu gehört. Jedem Haushalt hat die Gemeinschaft verschiedene Stücke des Gemeindelandes zugeteilt, und zwar so, dass alle ein Stück von jeder Boden-Sorte in jedem erreichbaren Klima bekamen. In gewissen Abständen hat man die Verteilung überprüft und, falls nötig, korrigiert.

Jede Familie sollte nach ihrer Grösse und ihren Notwendigkeiten über Land verfügen können. Es hat sich zwar das Gewohnheitsrecht eingespielt, dass sie immer die gleichen Äcker nutzte und diese auch vererbte, aber das Land ist Eigentum des Ayllus geblieben.

Dieser individuelle Besitz (im Sinn eines Nutzungsrechts), bei gleichzeitig gemeinschaftlichem Eigentum, ist flexibler als starres Privateigentum an Boden. Dadurch hat der Ayllu allen Mitgliedern den Zugang zur ganzen verfügbaren Breite ökologischer Ressourcen garantiert.

Diese Praxis ist oft mit einem Anbau-Zwang verbunden gewesen, denn auf einem bestimmten Acker des verteilten Gemeindelandes mussten alle das Gleiche sähen. Oft bestellte man gemeinsam das Feld, während dann alle ihr Stück individuell abernteten. Diese Kontrolle der Fruchtfolgen und Brachzeiten liess niemanden in Versuchung geraten, den Boden auf Kosten der Gemeinschaft und der kommenden Generationen zu übernutzen.

Wie bereits erwähnt, führte das Ideal des ergänzenden Kombinierens einer möglichst grossen Vielfalt verschiedener Ressourcen dazu, dass jeder Ayllu neben dem Kernland in der Puna auch Zugang zu anderen "ökologischen Stockwerken" angestrebt hat: Maisfelder in den Tälern, Cocapflanzungen in den Yungas und Lama-Weiden im Hochgebirge. Doch nur Gemeinden, die am Osthang der Anden liegen, haben die verschiedenen Klima-Etagen in einem einzigen, zusammenhängenden Territorium vereinen können. Die meisten mussten ihre Gebietsansprüche auf viele, weit auseinanderliegende Regionen verteilen. So kontrollierten grössere Reiche (Ayllu-Föderationen), wie z.B. jene der Lupaqua oder Pacajes, Landstücke von der Pazifikküste bis an den östlichen Fuss der Anden, zerstreut über ein Gebiet, das heute zu Peru, Chile und Bolivien gehört.

Einzelne Familien konnten nur in einem Umkreis von wenigen Tagesmärschen Felder auf verschiedenen Klima-Stockwerken bewirtschaften. Lagen diese zu weit auseinander, musste der Ayllu als Ganzes die Kontrolle über die verschiedenen Klimazonen übernehmen, damit die kommunale Selbstversorgung gesichert blieb. Dazu schickte man Siedler, "Mitimaes", mit ihren Familien zu den entfernten Feldern. Sie liessen sich in der Kolonie fest nieder, behielten aber ihre Rechte im Heimat-Ayllu.

Mit Lama-Karawanen versorgte man die weit entfernt lebenden Verwandten mit den Hochland-Produkten wie Quinua, Cañawa, Chuño, Charque und Wolle. Auf dem Rückweg brachten die Saumkolonnen von der Küste vor allem Guano-Dünger, Trockenfisch, getrocknete Algen, Mais und Ají mit. Aus den Tälern und Yungas auf der Ostseite der Anden transportierten sie ebenfalls Mais, Ají, Bohnen, Coca, Honig, vereinzelt Erdnuss und Früchte ins Kernland des Ayllus, zudem Vogelfedern für Festschmuck und Balsam und Kräuter für medizinische Zwecke.

In klimatisch begünstigten Gegenden lagen die Mitimae-Kolonien verschiedener Ayllus und Reiche dicht nebeneinander. Im Tal von Cochabamba, berühmt für seine Maisfelder, besetzten neben den Lupaqas auch die Caracaras, Charcas, Soras, Quillacas, Carangas, Chuis und Chichas

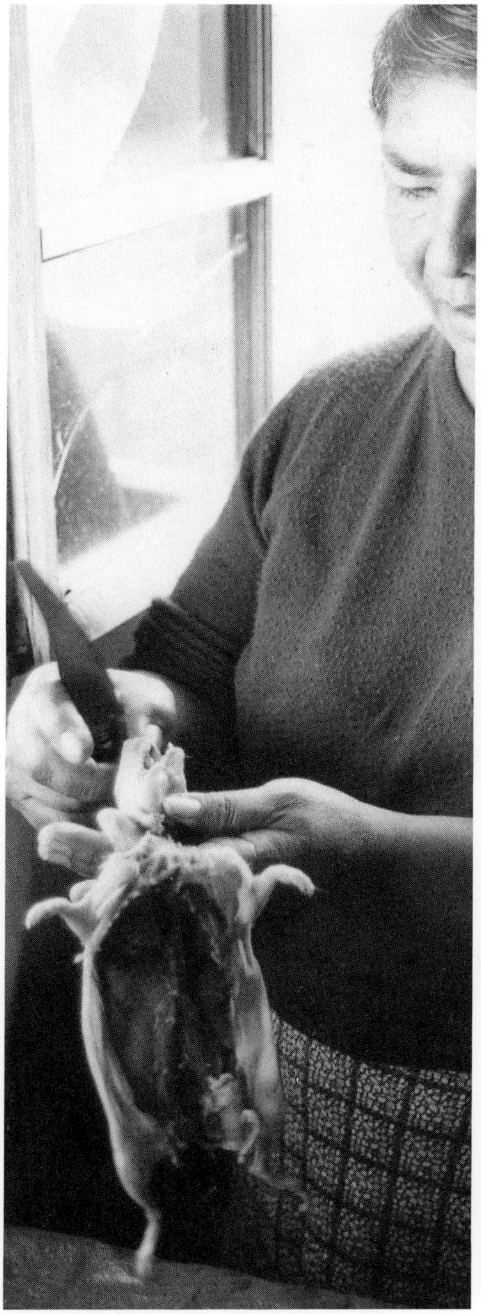

Landstücke. So wie die Familien-Äcker auf dem Gebiet des einzelnen Ayllus weit auseinander lagen, so erhob auch jeder Ayllu Anspruch auf fernab liegende, wie Inselgruppen verstreute Landstücke. Die Landkarte glich einem Mosaik sich ergänzender, kleinster Territorien.

Verbunden wurden diese nur durch die Lamakolonnen, welche zwischen den verschiedenen Teil-Stücken unterwegs waren. Die Andenbauern waren grosse Marschierer - und sind es teilweise heute noch -, die von der Pazifikküste bis in die Tropen des Ostens über oft mehr als 5000 m hohe Pässe den Raum durchmassen, stets auf der Suche nach der optimalen Lebensmittelversorgung.

Andine Landbautechnik

Nichts weiter als ein handlich gebogenes Stück Holz mit einer Spitze aus Stein, Hartholz oder Metall, versehen mit einem Tritt-Scheit und alles zusammengebunden mit Streifen ungegerbten Leders: Das ist der "Huisu", der Grabstock der Anden. Auch der an einen Stock gebundene Stein, um die Erdschollen zu zerschlagen, die "Kuphaña", mutet eher primitiv an. Mit diesen einfachen Instrumenten arbeiten die Bauern und Bäuerinnen der Anden oft in Zweier- oder Dreiergruppen. Sie haben die verschiedensten Techniken des Feldbaus entwickelt, je nach angebautem Nahrungsmittel, Lage des Ackers und ob er be- oder entwässert werden muss. In wenigen Gegenden haben sich diese Arbeitsweisen bis heute gehalten.

Häufig graben die Bäuerinnen und Bauern nicht den ganzen Acker um. Entweder stechen sie nur Löcher, oder sie graben in bestimmten Abständen Furchen in das Brachland, in die sie das Saatgut legen. Die unberührte harte Erde dazwischen hält den Boden zusammen und verhindert die Erosion. Es entsteht meistens keine zusammenhängend lokkere Erdschicht wie beim europäischen Landbau.

Für die Kartoffeln klappen sie die losgestochenen Grassoden auf Streifen nicht berührter Erde, wobei Rasen auf Rasen zu liegen kommt. So entstehen lange Wälle mit tiefen Furchen dazwischen, eine Art Hochbeete. In diese stechen sie Löcher, um die Kartoffeln zu setzen.

Ausser dem Umklappen der Grassoden wird die Erde nicht gelockert. Das nur zugedeckte Gras treibt später wieder aus. Die Hügelbeete bestehen somit aus fester Erde, die von den Wurzeln des Unkrauts zusammengehalten wird. So können die Bauern, ohne die Erosion zu fürchten, die Furchen in der Fallinie des Hanges anlegen, wenn sie ein regenreiches Jahr erwarten, damit das Wasser abfliesst. In trockenen Jahren legen sie die Furchen quer zum Hang an, um das knappe Wasser zurückzuhalten.

Ernte:
Es ist die Kartoffel, mit der man das Leben webt. *(Bild auf Seite 26)*

Je nach Verhältnissen im Zickzack, wellenförmig, in verschiedenen Winkeln und mit ausgeklügelten Wassersammel-Rinnen angelegt, ermöglichen die verkrauteten Furchen eine differenzierte Kontrolle der Bodenfeuchtigkeit in Hanglagen. In schlecht drainierten Ebenen wirken sie wie Dämme, zwischen denen das Wasser steht. Das Unkraut verhindert ihren Verfall und damit das Versumpfen des Ackers.

Nach einem ähnlichen Prinzip waren die Dammfelder der Tiwanaco-Kultur gebaut, die erst vor wenigen Jahren von Archäologen entdeckt worden sind: Nur wenige Meter breite Humusfelder auf einem Fundament aus Felsblöcken, Lehm und Kies wurden umspült von einem Netz von Kanälen. Deren stehendes Wasser, aufgewärmt von der Sonne, wirkte als Wärmespeicher, der die Nachtfröste schadlos überstehen half. Die in den Kanälen lebenden Fische und Enten waren zudem eine willkommene Bereicherung des Speisezettels. Schlamm und Entenkot vom Grund der Gräben dienten als Dünger, der die Brachzeiten überflüssig machte. Versuchsfelder, die heute wieder neu angelegt worden sind, erbrachten gegenüber der sonst üblichen Anbauweise fünf bis acht Mal höhere Erträge.

Auch die Terrassen dienten der Verbesserung des Mikroklimas und der Kontrolle der Bodenfeuchtigkeit: Das Regenwasser versickerte auf ihnen besser als am Hang. Was abfloss, leiteten die Bauern zwischen den doppelwandigen Stützmauern auf die darunter liegenden Plattformen. Indem sie auf den oberen Stufen Leguminosen (z.B. Bohnen) anpflanzten, die Stickstoff aus der Luft im Boden binden, düngten sie die darunter liegenden Terrassen: Der vom Wasser mitgeschwemmte, mit Stickstoff angereicherte Humus sammelte sich auf den tiefer gelegenen Stufen.

Wegen ihrer ökologisch sanften Landbau-Techniken gelten die alten Andenbauern als "Konstrukteure des Bodens", während in anderen Kulturen die Erde ausgelaugt und durch Erosion vernichtet wird.

Andine Gegenseitigkeit

Stetig wächst das Stück umgebrochenen Ackers. Schwungvoll, sein ganzes Gewicht auf die Trittscheite wuchtend, rammt Juan den Huisu in die Erde und hebelt nach ein paar Stichen die gelockerte Erdscholle hoch. Ab und zu verschnauft er, wechselt ein paar Worte mit seinem Paten, der neben ihm arbeitet, und mit dessen Frau, die mit der Kuphaña die Erdschollen zerklopft.

Der Acker, auf dem Juan Schwerarbeit verrichtet, gehört nicht ihm. Vor ein paar Tagen hatte ihn sein Pate aufgesucht und ihm eine Handvoll

Für Jichaska (Fladen aus frischem Mais) wird bis heute eine Steinplatte als "Bratpfanne" verwendet.

Coca angeboten. Gemeinsam haben sie Blatt um Blatt in die Backen geschoben und im Laufe des Gesprächs hat der Pate ihn gefragt, ob er ihm heute bei der Feldarbeit helfen könne. Juan konnte diese Bitte kaum abschlagen, denn indem er die angebotene Coca akzeptierte, hatte er sich stillschweigend verpflichtet, sich dem Wunsch seines Paten gegenüber aufgeschlossen zu zeigen.

Auch in Europa kennen Bauern die Nachbarschaftshilfe. Aber Juans Arbeit auf dem Acker seines Paten ist Teil eines ausgedehnteren Netzes gegenseitiger Verpflichtungen, als wir es kennen.

Die Äcker liegen - der andinen Vielseitigkeit wegen - weit auseinander. Um mit den entsprechend langen Wegen nicht wertvolle Arbeitszeit zu verlieren, sind die Bauern dazu übergegangen, weit entfernte Felder mit Hilfe dort lebender leiblicher und geistiger Verwandter zu bearbeiten. Die Mitarbeit haben sie später vergolten, indem sie ihrerseits den Verwandten aushalfen, wenn diese einen Acker in der Nähe bestellen mussten.

Im Laufe der Zeit verfeinerte man diesen Arbeitsaustausch. So bauten alle gemeinsam das Haus eines jungvermählten Paares, ohne dass dieses

Einige Formen Andiner Gegenseitigkeit:

"Ayni" ist der Austausch von gleicher Arbeit, z.B. Feldvorbereitung oder Ernte.

Als "Mink'a" bezeichnet man Arbeit, welche durch Produkte vergolten wird, z.B. eine bestimmte Menge Kartoffeln pro Erntetag. Auf diese Weise können Bauern Saatgut von Sorten erhalten, die sie bisher nicht anpflanzten. In einigen Regionen gibt es die "Festliche Mink'a", bei welcher der Besitzer des bearbeiteten Ackers alle Helfer mit besonders gutem Essen und Alkohol bewirten muss. Bei praktisch allen Arbeiten, zu denen man andere mobilisiert, muss man ein kräftiges Essen auftragen. Auch in der Familie gilt: Wer arbeitet, muss essen, erhält die grössten Stücke und gefülltesten Teller.

Die "Mita" waren Dienste, welche jeder zu Gunsten der Allgemeinheit leisten musste, meistens um die Infrastruktur des Ayllus zu verbessern. Die Mita war auch die Verpflichtung, die Felder des "Curacas" (Obmann des Ayllus) zu bearbeiten. Sie wurde von den Inkas stark ausgebaut und von den Spaniern für die Arbeiten in den Silberbergwerken deformiert und missbraucht. Deswegen bezeichnet man diese Art von "Gegenseitigkeit" auf der Ebene der Gemeinde heute oft als "Faena".

Die "Sataqa" ist hingegen mehr eine Art Sozialversicherung für Witwen und Waisen, aber auch eine Methode, die Kinder zu erziehen: Die Begünstigten helfen bei der Feldvorbereitung und erhalten dafür das Recht, am Rande des Ackers einige Furchen mit eigenem Saatgut zu bepflanzen. Oft gibt der Vater seinen Kindern ab ihrem siebten Lebensjahr eine Furche in Sataqa. Sie pflanzen dort Kartoffeln, die sie im Vorjahr aus den abgeernteten Feldern gesucht haben. Der Ertrag gehört ihnen. Sie müssen davon Saatgut für das nächste Jahr zurückbehalten; den Überschuss können sie auf dem Markt verkaufen oder tauschen. Ab diesem Zeitpunkt sind die Kinder selbst dafür verantwortlich, ihren Besitz zu mehren und bis sie heiraten, Kleider, Saatgut usw. zu erwirtschaften.

Wenn ein Bauer ein krankes Lama hat, das sterben wird, kann er dieses einer reicheren Familie geben, die es isst. Nach einem Jahr wird ihm diese ein gesundes Tier zurückerstatten, was man "Manq'ayaña" nennt.

Es gibt weit über ein Dutzend verschiedener Ausdrücke für ebenso viele Arten der Zusammenarbeit, welche allen den Zugriff auf den so wichtigen Produktionsfaktor Arbeit ermöglichen.

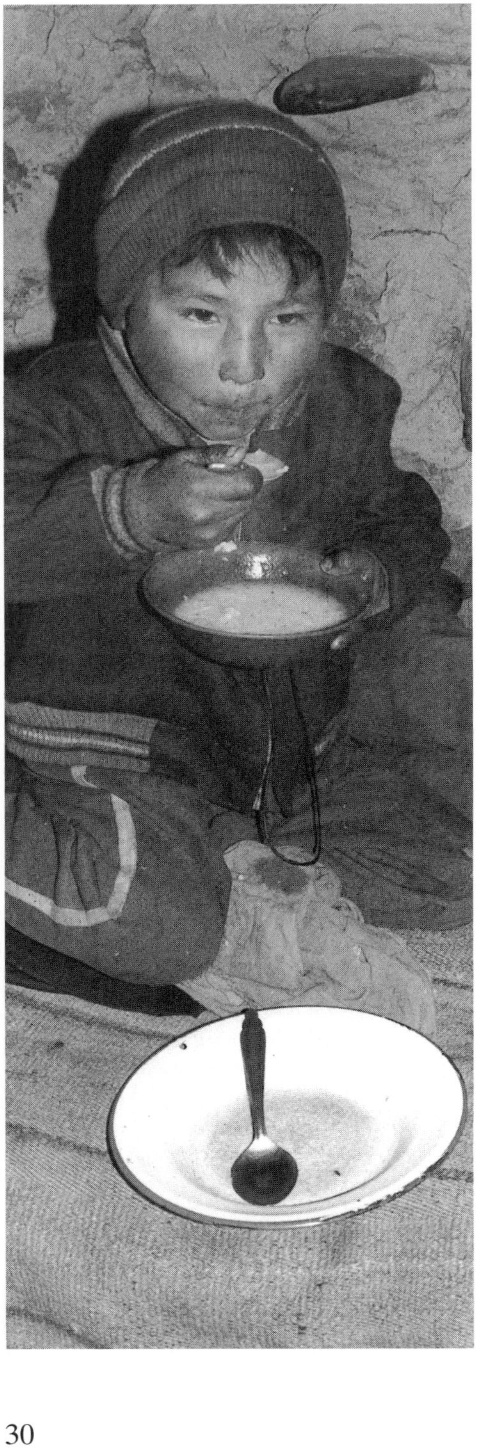

die Arbeit in gleicher Weise zurückgeben konnte, denn die Helfer hatten ja schon Häuser. Ausserdem gab es Arbeiten, wie z.B. den Bau und das Ausbessern von Wegen und Bewässerungskanälen, die der Gemeinschaft als Ganzes dienten. So entwickelte sich schliesslich eine Vielzahl verschiedener Formen der gegenseitigen Hilfe (s. Kasten S. 29).

Dieses komplexe Gefüge der "Andinen Gegenseitigkeit", das ohne Verträge funktioniert, hat sich zum Teil bis heute bewährt. In einigen Regionen bearbeiten die Bauern oft in grossen Gruppen reihum ihre Felder. Jeder ist verpflichtet, für andere zu arbeiten, hat aber auch das Recht, Arbeiten durch andere ausführen zu lassen. Jeder weiss, wem er Hilfe schuldet und bei wem er Arbeits-Guthaben hat. Der Ausgleich findet oft erst nach Jahren statt.

Wer etwas gibt, versetzt sich in diesem System in die Position des Höhergestellten, und zwar solange, bis der Beschenkte (eigentlich eher der Beliehene) seinerseits durch einen Gefallen das Gleichgewicht wieder hergestellt hat. "Der alte Mann war nur gekommen, um ein paar Worte zu wechseln", berichtet eine Ethnologin des 20. Jahrhunderts, "als ihn Victoria unerwartet zu einem Essen einlud. Teofilo war überrascht, setzte sich aber draussen auf die Stufen und genoss das Mahl. Ein paar Tage später fragte sie ihn, ob sie seine Esel mit ein paar schweren Säcken beladen könne, wenn er sowieso zum Markt ging. Die einzige Art, dorthin zu gelangen, war ein zweistündiger Marsch, und Victoria hatte keine Esel. Natürlich ging Teofilo auf die strategisch geplante Bitte ein."[2]

Das System ist nicht aufgrund eines abstrakten Ideals der Brüderlichkeit entwickelt worden, sondern aus schlichter Notwendigkeit. Es beruht auch nicht auf der Gleichheit aller - im Gegenteil: Wer mehr Prestige geniesst, kann mehr Leute für die Arbeit mobilisieren und Überschüsse erzielen. Prestige gewinnt er durch die Umverteilung dieser Überschüsse, z.B. indem man die anderen ausgiebig zum Essen, Trinken und Cocakauen einlädt, wodurch man letztlich einen gewissen Ausgleich erreicht.

Neben dieser mehr oder weniger horizontalen Gegenseitigkeit zwischen Gleichgestellten entwickelte sich auch eine vertikale Gegenseitigkeit zwischen den Untergebenen und ihren Führern: Um den Austausch zwischen den Klima-Stockwerken zu organisieren oder im Krieg die militärische Führung zu übernehmen, spezialisierte sich in jedem Ayllu jemand und wurde so zum "Curaca". Er selbst arbeitete nicht mehr auf seinen Feldern; diese wurden nun von den anderen in der Form der Mita (s.S. 29) bestellt. Der Curaca war im Rahmen der Gegenseitigkeit zu Gegenleistungen verpflichtet. Diese umfassten zum einen seine Verwaltungsaufgaben und seine symbolischen und religiösen Funktionen, andererseits erwartete man auch von ihm rituelle Grosszügigkeit:

Ein Chronist berichtete kurz nach der spanischen Eroberung, "dass die Curacas und Oberen mit all ihren Familien und Untergebenen auf der Plaza essen, damit die Wanderer, Armen und Arbeitsunfähigen das

Gastfreundschaft und Tellerservice:

In den Anden isst der Gast auf dem Land (ausser bei Festen) allein. Die Gastgeberin stellt ihm den gefüllten Teller hin, dann zieht sich die Familie in die Küche zurück und isst dort für sich. Ab und zu schaut jemand nach, ob der Teller schon leer sei. Hat der Gast die riesigen Mengen bewältigt - nicht weil er so viel Hunger hatte, sondern um nicht undankbar zu scheinen - holt ein Kind den Teller und bringt ihn nochmals aufgefüllt zurück. Selbst wenn es dem Gast vorzüglich mundet und er schliesslich so prall gefüllt ist, dass er kaum noch die Glieder bewegen kann, entschuldigt sich die Gastgeberin, dass sie nicht mehr und nichts besseres anzubieten habe.
Auf Europäer wirkt dies zuerst befremdlich, ja fast als Zurückweisung, denn bei uns gilt gerade das gemeinsame Essen als Zeichen der Gastfreundlichkeit.
Teilweise erklärt sich die Einsamkeit des Gastes mit dem ausgeprägten Autonomie-Bewusstsein der Familie, das dem Ideal der Selbstversorgungs-Autarkie entspricht: Wer nicht zur Familie gehört, wird zwar bewirtet, wie es sich gehört, darf aber nur in Ausnahmefällen die Räume der Familie betreten und erfährt nicht die Intimität des gemeinsamen Mahls. Eine fühlbare Grenze umgibt die Familie und ihr Gehöft.
Vermutlich liegt ein weiterer Grund in der rituellen Grosszügigkeit der andinen Kultur:
Dem Gast setzt man Speisen vor, welche die Familie nicht für alle zuzubereiten vermag.
Er soll womöglich nicht sehen, dass die anderen in der Küche nicht gleich gut und reichlich essen.
Aus dem wohl gleichen Grund serviert man die Speisen nicht in der Schüssel, sondern richtet jedes Gericht auf eine charakteristische Art auf den Tellern an und trägt sie so auf. Die Menge, die jeder isst, wird so nicht von ihm selbst bestimmt, sondern von derjenigen, die in der Küche anrichtet, meistens der Hausherrin. Es wird also, auch innerhalb der Familie, das praktiziert, was sich in der europäischen Gastronomie "Teller-Service" nennt.
Viele Rezepte heissen entsprechend "Teller" ("plato"). Es geht dabei weniger um die Zubereitung der Speisen als um ihre Kombination auf dem Teller. "Plato paceño" ("Teller aus La Paz") besteht z.B. aus gekochten Maiskolben, Saubohnen und Pellkartoffeln, die zusammen mit gebratenem Käse auf einem Teller angerichtet und mit Llajhua (scharfe Sosse) serviert werden. Das "Rezept" entsteht also erst beim Herrichten auf dem Teller, und "falsches" Anrichten provoziert Kritik.

PHISSARA

Gekochte Quinua

Quinua, Wasser, Salz (oder Zimt und Zucker)

Entbitterung: Man röstet die Quinua trocken in der Pfanne, bis die Körnchen leicht braun werden und aufplatzen. Dann gibt man sie in ein Tuch, formt einen Beutel, den man mit der Hand zuhält. Mit einem faustgrossen runden Stein klopft und reibt man kräftig darauf herum, damit sich im Tuch die Schale von den Körnern löst. Dann wäscht man die Quinua gut ein dutzendmal in jeweils neuem Wasser, wobei man die Körnchen zwischen den Handflächen reibt. Die Schüssel schwenkt man wie eine Goldgräberpfanne, damit sich die Steinchen unten am Boden absetzen, und giesst das Wasser mit Schwung durch ein Sieb, so dass ein Teil der Quinua mitgerissen wird. Dies wiederholt man so oft, bis praktisch nur noch die Steinchen in der Schüssel bleiben. (Die in Europa angebotene Quinua ist bereits entbittert. Man wäscht sie ohne Rösten und entfernt die Steinchen.)
Die saubere Quinua wird nun im Verhältnis 1 : 2.5 mit Wasser aufgesetzt und ohne Salz gekocht. Anschliessend salzt man sie und serviert sie zu Käse oder pikanten Gerichten (stattdessen kann man sie auch mit Zimt und Zucker würzen).

Suppe ist die häufigste Speise der andinen Bauern. *(Bild auf Seite 30)*

PESKE

Quinua-Brei

Quinua, Wasser, Salz (oder Zimt und Zucker)

Entbitterung: Man wäscht die Quinua gut ein dutzendmal in jeweils neuem Wasser, wobei man im Wasser die Körnchen zwischen den Handflächen reibt.
Dann setzt man sie mit der dreieinhalbfachen Menge Wasser auf und kocht sie, bis das Wasser aufgebraucht ist. Mit dem hölzernen Kochlöffel verreibt man sie an der Wand des Kochtopfs zu einem Brei.
Dieser wird entweder gesalzen oder mit Zimt und Zucker gesüsst serviert. Für süsse Peske kann man den Zimt von Anfang an mitkochen. Oft wird die Quinua auch mit weniger Wasser gekocht, bis sie wie Reis wird. Dann gibt man Milch dazu und verkocht sie zu einem Brei, den man mit Zimt und Zucker süsst.

Essen einnehmen können".[3] Ein anderer schrieb ein paar Jahre später: "Wenn sie kommen und gehen, eilen sie zum Essen und Trinken mit ihren Oberen, und unter ihnen ist allgemeine Ordnung."[4] Ein weiterer will gar beobachtet haben, dass der Curaca dreimal im Monat aller Welt zu essen und zu trinken gegeben habe, vor allem, "damit die Hirten und die anderen Feldarbeiter Mut fassen und sich ergötzen".[5]

Die Untergebenen zum Essen einzuladen, war eine Grosszügigkeit, welche die Herrschaft legitimierte. Dabei unterschieden sich die Lebensmittel durch ihr Prestige. Um als besonders generös zu gelten, musste der Curaca Speisen und alkoholische Getränke aus Mais auftragen lassen, der ebenso wie die Cocablätter Symbol der Grosszügigkeit war. Mais und Coca stammten aus den Kolonien in den Tälern und den Yungas, ebenso wie der Ají, der den Grosszügigkeits-Essen Wohlgeschmack verlieh. Der Posten des Curaca war entstanden, um die Güter aus den entfernten Territorien zu verwalten; seine Legitimation erhielt er, indem er "grosszügig" damit umging.

Auch die Götter wurden in die Gegenseitigkeit einbezogen: Seit Menschengedenken giesst man das erste Schlückchen auf die Erde für Pachamama, die Mutter Erde, und oft lässt die Köchin beim Servieren absichtlich etwas von der Suppe auf den Boden tropfen. Beim Coca-Kauen fallen immer ein paar Blätter für Pachamama ab; beim Essen und Trinken, beim Säen und Ernten, auf Reisen, überall bringt man kleine und grössere Opfer dar als Zeichen der Dankbarkeit für die Freigebigkeit der Götter. Die Gabe an Pachamama zeigt, dass letztlich selbst die Natur in die "Andine Gegenseitigkeit" eingeschlossen ist: Auch der Umwelt gegenüber muss man sich spendabel erweisen, um im Gegenzug die Grosszügigkeit der natürlichen Fruchtbarkeit in Anspruch nehmen zu dürfen.

Die Praxis, ökologische Gegensätze ergänzend zu kombinieren, führte zu einer Sicht der Welt als einem Ort der Gegensätze. Diese befinden sich in ständiger Umwandlung und gegenseitiger Beeinflussung. Dabei ist der Mensch nicht Herr, sondern Teil dieser Gesamtheit von dynamischen Wechselwirkungen. Auf dieser philosophischen Grundlage der andinen Dialektik wurde die Natur nicht ausgebeutet und zerstört, sondern für die kommenden Generationen verwaltet.

Konservieren und entgiften

Pflanzen schützen sich dagegen, gefressen zu werden. Stacheln können dabei ebenso wirksam sein wie unangenehme Gerüche oder Gifte. Und eine klimatisch harte Umwelt macht auch eine extreme Verteidigung nötig, wie die Dornenvegetation trockener Regionen eindrücklich zeigt. In den Anden haben deshalb viele potentielle Nahrungspflanzen chemische Barrieren errichtet, die der Mensch erst überwinden musste:

Quinua, und in geringerem Masse auch Cañawa (milimeterkleine Körnerfrüchte), schützen sich mit einem Mantel bitterer Saponine. Die essbaren Samen von Tarwi enthalten derart viele Alkaloide, dass ihr Sud als Wurmmittel beim Menschen, der Zeckenbekämpfung beim Vieh und als Rohstoff für ein Pflanzenschutzmittel dient.

Auch die Knollenfrüchte, von denen die Anden mehr hervorgebracht haben als andere Teile der Welt, sind von Natur aus mit allerlei Stoffen bewehrt. Nur Camote, Jiquima, Uncuchu, Yacón, Racacha und Jamach'i peke, die man alle in tieferen Lagen anbaut, scheinen frei von chemischem Selbstschutz. Papalisa, Mauka, Maca, Oca und Ysaño warten dagegen mit einem Arsenal auf, wie es in altweltlichen Pflanzen wie Rettich, Radieschen, Sauerklee, Kohl und Senf vorkommt.

Was in sparsam verwendeten Gewürzen erwünscht ist, wird in Grundnahrungsmitteln zum Problem. Dauernd in höheren Dosen gegessen, können diese Substanzen schädlich sein: Die in den Wild- und "Bitter"-Formen der Kartoffel enthaltenen Glykoalkaloide (natürliche Konservierungsstoffe) binden Jod. Sie schaden damit der Schilddrüse und fördern so den Kropf, der in meeresfernen Regionen ohnehin eine Plage ist.

Um diesen Widrigkeiten zu begegnen, haben die Bewohnerinnen und Bewohner der Anden verschiedene Wege beschritten: Zum einen haben sie die unerwünschten Stoffe weggezüchtet, oder sie wenigstens vermindert. Dabei mussten sie aber Kompromisse schliessen zwischen der notwendigen Schädlingsresistenz der Feldfrüchte und deren Geschmack. Auch da, wo es möglich wäre, haben sie deswegen nicht alle Substanzen wegselektioniert. "Moderne" Züchtungserfolge von z.B. bitterstoff-freier Quinua scheinen gegenüber den traditionellen Sorten anfälliger für Schädlinge zu sein. Ausserdem lassen sich die natürlichen Chemikalien auch nutzen: Ysaño pflanzt man wegen seines Senfgeruchs oft zusammen mit Oca, um Ungeziefer fernzuhalten.

Um die für die Pflanzen notwendige Mindest-Dosis dieser Stoffe zu vertragen, rühren die Bauern eine spezielle Erde, "Phasa", mit etwas Wasser und Salz zu einer überraschend wohlschmeckenden Sosse an, die sie zu Kartoffeln essen. Phasa wirkt neutralisierend; vermutlich ist sie ein Säure-Puffer, denn sie heilt auch Magengeschwüre.

Gleichzeitig haben sie Wege gesucht, die Nahrungsmittel zu entgiften, bevor sie in die Küche kommen: Oca setzen sie intensiver Sonne aus, Tarwi wässert man ausgiebig und Ysaño wird zuerst gekocht, und anschliessend lässt man den Brei im Nachtfrost gefrieren.

Zum Entbittern der Quinua wäscht man die Saponinschale unter starkem Reiben ab. Eine andere Methode ist, die Körner erst zu rösten, sie

CHUÑO AUS DEM KÜHLSCHRANK

kleine Kartoffeln

Man lässt die Kartoffeln im Tiefkühlfach einfrieren und hinterher auftauen. Die nun weichen Knollen lassen sich von Hand auspressen, wobei man den grössten Teil der Schale entfernt. Dies wiederholt man noch ein- bis zweimal und lässt die Kartoffeln dann an der Sonne oder auf der Heizung trocknen. Sie werden schwarz und schrumpelig und lassen sich an einem luftig trockenen Ort beliebig lange aufbewahren.
Vor dem Kochen weicht man sie ein bis zwei Tage in Wasser ein. Wenn sie schneller eingeweicht werden sollen, kann man sie mit einem Stein leicht quetschen. Chuños aus "bitteren" Kartoffeln (in Europa kennen wir nur die "süssen") werden mehrmals gut ausgedrückt und mit jeweils frischem Wasser gewaschen, um sie zu "entbittern". Dann entfernt man die restliche Schale und kocht sie in (Salz-) Wasser. Für viele Gerichte reisst man sie vorher von Hand in Stükke. Bolivianische Köchinnen betonen, dass man Chuños nicht schneiden dürfe, da sie sonst nicht gar würden. Das kann ich nicht bestätigen. Ich vermute, dass die ausgefaserte Aussenseite der gerissenen Chuño-Stücke eine grössere Oberfläche darstellt, um die Bitterstoffe an das Wasser abzugeben.
Bolivianische Chuños sind gegen Schädlingsbefall gefeit. Unsere Chuños aus "süssen" Kartoffeln können dagegen Motten anziehen, vermutlich, weil die Bitterstoffe fehlen. Man sollte sie deswegen in einem geschlossenen Gefäss aufbewahren.

PICANTE DE CHUÑO PHUTI

Pikantes Chuño-Gericht

"Phuti" nennt man allgemein eine Beilage, z.B. einfach gekochte Chuños und Pellkartoffeln (statt Brot) zur Suppe. "Chuño phuti" sind dagegen zusammen mit Erdnuss oder auch mit Rührei gekochte Chuños, die als Beilage zu meist pikanten Gerichten gereicht werden, z.B. Sajta (s.S. 109) oder Koko (s.S. 122).

1 Pfund Chuño, 250 g rohe Erdnüsse, 2 El Butter oder Schmalz, 50-100 g roter Ají, 3 El Öl, 400 g Rindfleisch, Kartoffeln, ca. 200 g Käse, 2-3 Tomaten und ebensoviele Zwiebeln

Die Chuños werden eingeweicht, geschält, gewaschen und in Stücke gerissen. Dann schält und mahlt man die Erdnüsse mit etwas Wasser im Mixer oder auf dem Batán. Man schneidet das Fleisch in kleine Stückchen und brät es kurz im Öl. Den Ají rührt man mit etwas Wasser an (wenn man Schoten hat, mahlt man sie mit Wasser), gibt den Brei zum Fleisch und dünstet alles zusammen. Man löscht mit etwas heissem Wasser ab und lässt alles auf kleiner Flamme kochen.
Man kocht die geschälten Kartoffeln. Dann setzt man die Chuños in etwas Salzwasser auf und kocht sie etwa 20-30 Minuten. Falls nicht alles Wasser verkocht, giesst man es ab. Nun gibt man den Erdnussbrei zu den Chuños und kocht beides auf kleiner Flamme unter ständigem Rühren, da die Erdnuss sonst anbrennt. Man schmeckt mit Salz ab und gibt etwas Butter dazu.
Die Zwiebeln schneidet man in Ringe und salzt sie auf einem Teller. Die in Stückchen

dann in einem Stoffbeutel mit einem Stein zu schlagen, so dass sie sich gegenseitig stark reiben, und sie dann abzuwaschen. Im Süden des Altiplano wählt man einen dritten Weg: Die Bäuerinnen mischen die Quinua mit feinem Sand und stampfen in Steinwannen darauf herum. Dann sieben sie den Sand aus und werfen die Quinua in die Luft, um den Saponin-Staub vom Wind wegwehen zu lassen.

Neben dem Entbittern standen die Andenbewohnerinnen und -bewohner immer unter dem Zwang, Vorräte anzulegen, damit die häufigen Missernten nicht zu Katastrophen würden. Deshalb war es entscheidend, Techniken zu finden, Lebensmittel haltbar zu machen: z.B. indem man Fleisch, Fisch und Geflügel einsalzte und trocknete.

Auf welch geniale Weise die Hochlandbewohnerinnen und -bewohner die Probleme der Konservierung und der Entbitterung gelöst haben, wird an der Kartoffel deutlich:

Kartoffelkultur

"Es ist die Kartoffel, mit der man das Leben webt",[6] sagen die Aymara des Altiplano. Gerade an ihr lässt sich die Meisterschaft der andinen Pflanzenzucht zeigen: Aus einem Kraut mit winziger, etwa haselnussgrosser Wurzelknolle mit steifer Schale und wässerigem Aroma haben die Aymara mehrere hundert Sorten Kartoffeln verschiedenen Geschmacks und in allen Formen und Farben entwickelt. Sie entdeckten, dass eine durch Kreuzung der Blüten erreichte Sorte konstant gehalten werden kann, wenn man sie mit den Knollen vegetativ weitervermehrt.

In den frostbedrohten Hochlagen haben sie mehr Sorten gezüchtet als in den milderen Tälern. Die gegen Fröste resistenten "bitteren" Sorten der Puna sind unfruchtbar. Sie können sich nicht mehr durch Samen fortpflanzen und sind auf die Hilfe des Menschen angewiesen: Er muss die Knolle im Herbst aus dem Boden holen, sie im Haus vor den Winterfrösten schützen und im Frühjahr wieder für die Vermehrung pflanzen. So leben in den Hochanden die Bäuerinnen und die Kartoffeln in gegenseitiger Abhängigkeit; die Kartoffel "ist ebenso ein Artefakt des Menschen, wie der Grabstock".[7]

Offenbar hat man keine Sorten züchten können, die "süss" (d.h. von geringem Glykoalkaloid-Gehalt) und frostresistent gleichzeitig sind. Da der Anbau der "süssen" Kartoffeln immer mit dem Risiko einer Missernte verbunden ist, gelten sie als "Luxus"-Sorten. Die eigentliche Ernährungsgrundlage bilden auf dem Altiplano deswegen die "bitteren".

Zudem sind Kartoffeln nur wenige Monate haltbar. Deshalb bedecken die Andenbauern in den Wintermonaten Juni/Juli einen ebenen Platz mit trockenem "Ichu"-Gras, breiten die Kartoffeln darauf aus und lassen sie mehrere Nächte lang gefrieren. Wenn sie grau und runzelig werden, sind sie durch und durch gefroren. Anschliessend tritt die ganze Familie mit den nackten Füssen auf den Knollen herum, reibt mit den Zehen die Schalen ab und presst so einen grossen Teil des Saftes aus. Dann lässt man die Kartoffeln nochmals gefrieren und an der Sonne trocknen. Das Produkt, "Chuño", ist grau bis schwarz, unscheinbar hässlich und erinnert eher an zu leicht geratene Steine als an Kartoffeln.

Bei diesem Verfahren verlieren die Erdäpfel etwa 40% der unerwünschten Bitterstoffe, aber auch 18-30% der Proteine, viele Mineralsalze und Vitamine. Der Verlust an Nährwert scheint das Dilemma einer jeden Konservierung zu sein. Ein Teil wird jedoch bei der Herstellung von Chuño indirekt zurückgewonnen: Das mit Kartoffelsaft getränkte Gras verfüttert man dem Vieh.

Chuños sind fast unbeschränkt haltbar und werden nicht von Motten, Käfern oder Mäusen befallen. Bevor man sie kocht, legt man sie tagelang in Wasser, das man mehrfach wechselt. Dann presst man sie gut aus, um die restlichen Bitterstoffe zu entfernen, und kocht sie in Wasser.

Neben den Chuños als Alltagsnahrung stellen die Bauern im Hochland aus Kartoffeln auch "Tunta" her: Nach dem ersten Einfrieren legen sie die Kartoffeln einen Monat lang in einen Bach und bedecken sie mit Gras, so "dass sie keine Sonne sehen". Dann pressen sie die Knollen vorsichtig aus und lassen sie trocknen. Tunta ist schneeweiss, federleicht, begehrt für Festmahlzeiten und geniesst ein hohes Prestige.

Auch andere Knollen wie Oca, Papalisa und Maca werden teilweise wie Kartoffeln gefriergetrocknet. Dies ermöglicht, sie zu entbittern und zugleich Vorräte anzulegen. Dass Chuños nur noch etwa einen Drittel des ursprünglichen Kartoffelgewichts aufweisen, erleichtert den Austausch zwischen den Klimazonen erheblich. Deshalb wertete der Andenforscher Carl Troll die Entdeckung des Chuño-Verfahrens als ebenso wichtig für die Anden wie die Erfindung des Pfluges für Europa.

Trotz der Bedeutung der Chuños als Alltagsnahrung stehen die "süssen" Kartoffeln, die man frisch essen kann, in höherem Ansehen. Auch heute noch hängt das Prestige eines Bauern innerhalb der Gemeinde unter anderem davon ab, wieviele und welche der "süssen" Sorten er anbaut. Wer seinen Gästen nur die aus "bitteren" Kartoffeln hergestellten Chuños serviert, lässt es an der gebotenen Grosszügigkeit fehlen. Bis zu einem gewissen Grad kann der Gast an den ihm vorgesetzten Kartoffeln ablesen, wie willkommen er ist, denn die verschiedenen Sorten unterliegen einer deutlichen Abstufung in ihrem sozialen Wert. Nicht nur aus Gründen der Arbeitskraftausnutzung und der deshalb notwendigen Vielfalt baut der Bauer möglichst viele Sorten an. Auch des Prestiges wegen versucht

geschnittenen Tomaten fügt man erst zuletzt bei.
Nun gibt man die gekochten Kartoffeln in den Topf zum Fleisch mit dem Ají und serviert wie folgt:
Auf jeden Teller gibt man einen grossen Klecks Chuño, darüber den geriebenen oder zerkrümelten Käse (mit Feta schmeckt's hervorragend), daneben zwei bis drei Kartoffeln mit Fleisch und Sosse, und über alles die "Sarsa" (s.S. 64).

CHAIRO

Aymara: "Gemisch", klassische Suppe aus La Paz

400 g Schaffleisch, etwas Chalona (falls vorhanden), 200 g Rindfleisch, 100 g Maiskörner, 100 g Weizenkörner, 4 l Wasser, 300 g Chuño, 1-2 Zwiebeln, 1 Locoto (Peperoncino), 1 kleiner Kohlrabi, 4 mittlere Möhren, 600 g Kartoffeln, roter Ají, Oregano, Petersilie, 150 g Erbsen, 150 g Saubohnen, glatte Petersilie

Die Mais- und Weizenkörner kocht man separat, was besser geht, wenn man sie am Vorabend einweicht. Schaf- und Rindfleisch (und die Chalona) werden mit Wasser aufgesetzt. Dann schneidet man das Gemüse klein und dünstet es in einer Pfanne mit etwas Öl an, bevor man es in die kochende Suppe gibt. Die Kartoffeln schneidet man in Stäbchen wie für Pommes frites. Die eingeweichten Chuños reisst man in kleine Stücke und schlägt sie etwas mit einem runden Stein (dem Morokho) oder zur Not mit einem Fleischhammer, so dass sie gut ausfasern. Wenn das Fleisch und das Gemüse einigermassen gar sind, gibt man die Chuños und die Kartoffeln dazu. Sobald sie fast gekocht sind, würzt man mit Oregano und Salz. Den Ají mahlt man mit Wasser zu einem feinen Püree, das man im heissen Fett etwas aufkocht.

Man serviert folgendermassen: Ein Klecks von dem gesottenen Ají kommt in den Teller, dann gibt man die Suppe darüber und streut die feingewiegte Petersilie darauf. Eine Schale mit Llajhua (s.S. 51) gehört auf den Tisch!

er ständig, sein Sortiment zu erweitern, z.B. durch Mink'a oder Tausch. Aber oft geben Familien, die seltenes Saatgut besitzen, nur ungern davon ab.

Die Kartoffel ist mehr als ein Hauptnahrungsmittel: Verwurzelt in den kargen Böden des Hochlands und den Seelen seiner Bewohner ist sie ein zentraler Teil der andinen Kultur. Vor der Kolonialzeit war eine gebräuchliche Zeiteinheit die Dauer, die ein Topf Kartoffeln benötigt, um gar zu werden. Von all den Knollenfrüchten der Anden ist sie die einzige, der man bei Anbau und Ernte viele Rituale widmet. Und heute noch wählt man vielerorts alle Jahre eine Art Kartoffel-Priester, der aufpasst, dass das Vieh nicht in die Felder eindringt, und der die Geister des Hagels und des Frostes beschwört, die Felder der Gemeinde zu verschonen.

Traditionelle Keramik- und moderne Aluminium-Kochtöpfe werden nebeneinander verwendet.

Hochkulturen auf der Grundlage von Nahrungs-Überschüssen

Tiwanaco

Wenige Bus-Stunden von La Paz liegen die Tempelruinen von Tiwanaco. Nachdem sich dort frühere Archäologinnen und Archäologen auf die Objekte aus Stein, Keramik und Gold stürzten, wühlt die neuere Wissenschaft in alten Abfallhaufen und fördert Erstaunliches zutage: Wenige Meter vom Ufer des fischreichen Titicacasees findet man reichlich Skelette von Meeresfischen. Entweder wussten die früheren Bewohner der Region, dass der Genuss jodhaltiger Meeresprodukte den Kropf vermeiden hilft, oder sie lebten in derartigem Reichtum, dass sie sich den "Luxus" des Seefischimports leisten konnten. Vermutlich traf beides zu, denn sie lebten offenbar in einem entwickelten Staat.

Oft hatte die Kontrolle ganzer "Inselgruppen" verstreuter Gebietsansprüche einzelne Ayllus überfordert. Auch für die grossräumige Umgestaltung der Natur war eine über den einzelnen Clan hinausgehende Organisation erforderlich geworden, beispielsweise für Bewässerungsanlagen wie jene in der Ebene von Umala: Damit das in die Kanäle geleitete Flusswasser nicht die Felder versalzte, stauten die damaligen Ingenieure weiter oben einen salzhaltigen Zufluss, leiteten ihn in grosse flache Becken und liessen ihn verdunsten.

Deswegen war es nötig geworden, grössere Reiche oder Staaten zu bilden. Ob das Reich von Tiwanaco - Vorbild des späteren Inkareichs - ein grosser Zentralstaat oder eine lockere Föderation kleinerer Reiche war, darüber streiten sich die Gelehrten. Sicher ist aber, dass das Bauen mit so gigantischen Blöcken die geordnete Anstrengung vieler Arbeitskräfte erforderte.

Wirtschaftlich beruhte das aymara-sprachige Tiwanaco-Reich vermutlich auf der Agrarproduktion der Dammfelder rings um den Titicacasee, auf denen man Nahrung für sechs Millionen Menschen erntete. Dieser Reichtum an Produkten aus der Puna ermöglichte einen intensiven Austausch mit anderen Klima-Stockwerken und der Küste, von wo man die Meeresfische bezog.

Im 12. Jahrhundert wurden in nur fünfzig Jahren die landwirtschaftlichen und religiösen Anlagen von Tiwanaco verlassen. Möglicherweise verursachte eine zeitweilige Strömungsverlagerung im Pazifik, welche eine lang anhaltende Dürre auslöste, den Untergang dieses Reiches.

Zeit-Übersicht

Jäger und Sammler: bis vor rund 10'000 Jahren

Entwicklung des Ackerbaus im Verlauf von Jahrtausenden

Tiwanaco-Kultur: ca 400 v. bis 900 n. Chr., wobei die grösste Entwicklung in der Zeit n. Chr. erfolgte.

Inkareich: ca. 1400 - 1532

Diese Zahlen sind nur grobe Anhaltspunkte. So sind z.B. die 1300 Jahre, die der Tiwanaco-Kultur zugeschrieben werden, der Zeitraum, aus dem man Keramik des Tiwanaco-Stils findet.
In der Zeit zwischen dem Niedergang von Tiwanaco, der von einigen Autoren auf die Zeit nach 1100 datiert wird, und der Expansion des Inka-Imperiums, lag eine Phase, in der sich kleinere Reiche bildeten: Collas, Pacajes, Lupaqas etc.

HUMINTAS

Eine Art Maisbrot

"Für ihre feierlichen Opfer machten sie [die Inkas] Brot aus Mais, das sie Zancu nennen; und um es zu essen - nicht alle Tage, sondern ab und zu als Köstlichkeit -, machten sie das gleiche Brot, welches sie Huminta nennen, nicht weil es verschieden, sondern weil das eine für Opfer und das andere für die einfache Nahrung war."[8] So beschrieb der Inka-Chronist Garcilaso de la Vega die Humintas: als Maisbrot.

Bei den Inkas wurde der Diebstahl von jungem Mais mit dem Tode bestraft. Man kann dies als weise Massnahme deuten, da der junge Kolben noch nicht den vollen Nährwert entwickelt hat und sein Genuss Verschwendung war. Wenn man jedoch bedenkt, dass der Maiskonsum der sozialen Elite vorbehalten war, stellt sich die Todesstrafe eher als drakonische Verteidigung eines Privilegs dar...

6-8 grosse, junge Kolben Futtermais vom Bauern möglichst mitsamt ihren Deckblättern. Die Körner sollten nicht zu wässerig sein. 95 g Schweine- oder Butterfett, 1 Tl Zimt, 1 Tl Anis, 3 Tl (oder mehr) roter Ají, 50 g Zucker, Käse, 1 Tl Salz

Man schneidet die Kolben an ihrem unteren Ende so durch, dass man die unterste Körnerreihe trifft. Dann entfernt man die Schalenblätter von den Kolben - vorsichtig, denn wir werden sie später benötigen, um die Humintas einzupacken.

Man wäscht die Kolben und schabt die Körner mit einem scharfen Messer ab, was et-

Das Inka-Imperium

Weitgehend getilgt wurden die Spuren der Tiwanaco-Kultur und der ihr nachfolgenden kleineren Reiche durch die Inkas. Dieses Herrschergeschlecht eroberte im letzten Jahrhundert vor der Invasion der Spanier nicht nur mit viel politisch-militärischem Geschick ein Imperium, das in seiner Längs-Ausdehnung vom Nordkap bis zur Küste Nordafrikas gereicht hätte, sondern fälschte auch die Geschichte.

Die Ahnenreihe der Inkas geht wahrscheinlich direkt aus Tiwanaco hervor. Vermutlich war es dem ersten Inka gelungen, sich durch Ränke oder einen Staatsstreich an die Spitze eines bereits bestehenden Reiches zu setzen. Er und seine Nachfolger versuchten, ihren Status als "neureiche Emporkömmlinge" zu vertuschen und sich als Schöpfer der Zivilisation darzustellen. Sie übernahmen sogar anstelle des Aymara das Quechua, die Sprache eines eroberten Volkes, als Staatssprache - anscheinend, um ihre Herkunft zu leugnen.

Es könnte dafür aber auch einen anderen Grund gegeben haben: Die Tiwanaco-Wirtschaft hatte auf der Produktion von Überschüssen in der Puna beruht, gegen die man jene Nahrungsmittel eintauschte, welche die Herrschaft legitimierten: Mais und Coca. Das Inkareich basierte dagegen auf dem direkten Zugriff auf den Mais, der in der "Quishwa" (=Quechua) genannten subtropischen Talregion günstige Anbaubedingungen fand. Die Verlagerung der wirtschaftlichen Basis von der Puna in die Täler hätte sich demnach in der Übernahme der Sprache einer Talregion ausgedrückt.

Der Mais war in Mittelamerika und in den Anden parallel gezüchtet worden. Er ist eine der grossen indianischen Kulturleistungen: Mit "Hochachtung neigen wir uns vor den alten Amerikanern, die es verstanden, Gewächse mit Liliputkolben und harten Körnern, oft mit leicht vom Wind zu knickenden Stengeln und ursprünglich mit störenden Einzelhülsen, in eine praktisch zu handhabende Ackerpflanze umzuzüchten".[9]

Die Kartoffel- und Lamabauern der Puna hatten sich schon früh bemüht, Mais-Anbaugebiete unter ihre Kontrolle zu bringen. Aber der Mais war kein alltägliches Lebensmittel, sondern diente vor allem rituellen Zwecken: Die aus ihm zubereitete Chicha spielt(e) in der andinen Gegenseitigkeit eine Rolle als Symbol der Grosszügigkeit. Vor allem für Feste braut(e) man sie in grossen Mengen. Bei Initiationsriten und bei Hochzeiten diente der Mais als Geschenk. Es gehörte zur Trauungszeremonie, einen Topf mit Maismehl so stark zu erhitzen, dass es sich entzündete. In die Flammen sehend sagte der Traupate: "Nun seid ihr verheiratet (...) Dass nicht das eine in Liebe entflamme, wenn das andere gefroren ist, sondern dass ihr gleich seiet in der Liebe."[10] Und wenn jemand starb, streuten die Trauernden rings um die Leiche Maismehl.

Dort wo ein Ayllu nur durch den Curaca Zugang zu den Kolonien in den Tälern und damit zum Mais hatte, war ein Maisgericht eine der Grosszügigkeiten, die er den Untertanen erweisen musste. Das höhere Prestige des Mais half, symbolisch die Differenz zu überbrücken zwischen dem, was er empfing und dem, was er gab. Und nicht zuletzt erzeugte ein Maisgericht Loyalität bei den Untergebenen.

Diese vertikale Gegenseitigkeit setzte sich auch im Inkareich fort: Die Eroberung durch den Inka-Staat bedeutete, dass nun alles Land, alle Berge, Flüsse und alles Vieh dem Inka gehörten. Jede Familie durfte nur noch zehn Lamas auf eigene Rechnung besitzen. Die anderen musste sie für den Inka hüten, der die Wolle spinnen und weben liess und die Stoffe als Zeichen der Grosszügigkeit an unterworfene Fürsten verschenkte. Vom Land der Ayllus wurde je ein Stück für den Inkastaat und eines für die Versorgung der staatlichen Sonnen-Priester abgetrennt. Dafür, dass der Inka den Rest des Landes dem Ayllu für dessen Selbstversorgung überliess, waren ihm die Bauern als Gegenleistung zur Mita verpflichtet.

Wenn sie auf den staatlichen Feldern arbeiteten, als Soldaten Kriege führten, Strassen, Festungen, Terassen- und Bewässerungsanlagen bauten und so ihre Mita ableisteten, dann fühlten sie sich durch einen Teller gekochte Maiskörner ("Mote") oder eine Maissuppe dem Inka stärker verbunden als durch einen Teller Kartoffeln, und ein Becher Mais-Chicha half die Moral der Mita-Arbeiter steigern. Als Mitayos erhielten sie auch frisches Fleisch zu essen, das ihnen als einfachen Untertanen sonst unerreichbar war.

Der Inka liess neue Gebiete meistens von Mitayo-Soldaten vom anderen Ende des Reiches erobern, damit sie sich nicht mit den Unterworfenen verständigen konnten. Die Truppen mussten extreme Distanzen überwinden und viele Soldaten nahmen ihre ganze Familie mit auf den Marsch. Diese Heere wollten gut ernährt werden, wofür der Inka speziell eine für die Armee reservierten gelbe Maissorte anbauen liess.

Der wachsende Hof mit Tausenden von Dienern, die schmarotzende Priesterkaste, die Bürokratenhierarchie, die Offiziere, der Adel... - alle mussten versorgt werden, und alle wollten sie Mais. Untersuchungen haben ergeben, dass der Staat einen grösseren Anteil an konservierten Kartoffeln und anderen Knollenfrüchten hätte einlagern können. Dass man dies unterliess, lag nicht nur daran, dass Mais haltbarer ist als Chuño. Wichtiger war, dass die Lager zur Versorgung des Staatsapparats dienten. Die Beamten wollten nichts von Kartoffeln und Chuños wissen, die mit einem Arme-Leute-Prestige behaftet waren: In kurz nach der spanischen

wa 950 g Mais ergeben sollte. Diesen dreht man durch den Fleischwolf, wobei man den hinten an der Kurbel austretenden Saft auffängt und zum Maisschrot zusammen mit Zimt, Anis und Ají in eine hitzefeste Schüssel oder einen Topf gibt.
Nun erhitzt man das Fett stark und schüttet es zum Mais, der an seiner Oberfläche von der Hitze zischend gekocht wird, und mischt alles gut mit dem Zucker und Salz.
Die dreieckigen Blätter weicht man gut in heissem Wasser ein. Auf die grössten und flexibelsten gibt man nun je etwa 1-2 El Teig, steckt einen Käsewürfel hinein und faltet sie wie auf der Zeichnung angegeben.
Für "Humintas al horno" (Ofen-Humintas) schichtet man sie wie Dachziegel überlappend auf ein Blech und bäckt sie bei etwa 180°C 45 Min. im Ofen. Sind die Maisschalen leicht angebrannt, holt man sie aus dem Ofen.
Aus dem gleichen Teig (mit etwas weniger Fett) macht man die "Humintas a la olla" (Topf-Humintas). Man packt sie in zwei überlappenden Blättern ein und bindet sie mit Blattstreifen zu. Aus den abgeschabten Kolben baut man einen Rost unten in einem grossen Topf und füllt Wasser so weit hinein, dass es nicht über dieses improvi-

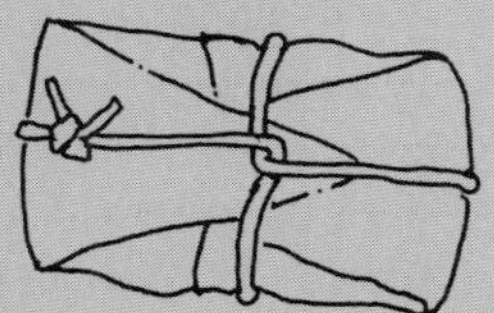

sierte Gitter reicht. Dann schichtet man die Humintas darüber, bedeckt sie mit den restlichen Blättern und legt eine mittlere Kartoffel darauf. Nun deckt man alles mit dem Topfdeckel zu und kocht die Humintas im Dampf. Ab und zu sollte man etwas Wasser nachfüllen, aber nur so viel, dass es die Humintas nicht berührt. Wenn die Kartoffel gar ist, sind auch die Humintas fertig. Warm servieren! Topf-Humintas verderben nach wenigen Tagen, während Ofen-Humintas haltbarer sind.
Humintas gibt es in vielen Varianten. Die einfachste ist die der Guaranies im Südosten: Sie kauen den Mais, verpacken ihn dann in den Schalenblättern und backen ihn in der heissen Asche.

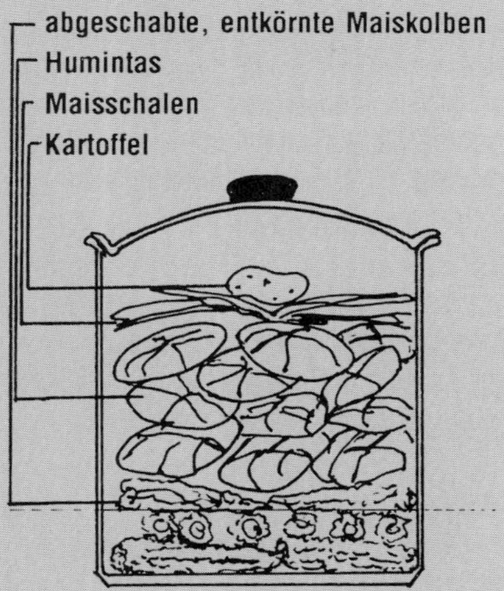

Eroberung gesammelten Legenden wurden Bettler als "Huatia-Fresser" bezeichnet.

Ein Chronist aus Inka-Abstammung, Guaman Poma de Ayala, beschrieb 1615 das im Titicacabecken lebende Volk der Collas als "Yndios, die sehr wenig Kraft und Geist haben, weil sie nur Chuño essen und Chuño-Chicha trinken".[11] Er verglich sie mit den Chinchasuyos von der nördlichen Küste: "Obgleich Yndios von kleinem Körper, sind sie angeregten Geistes, denn ihre Nahrung ist Mais und sie trinken Mais-Chicha, welche Kraft hat."[12]

Die Inkas hatten allen Grund, die aymarasprachigen Collas schlecht zu machen: Um der Selbstdarstellung als "Zivilisatoren der Anden" Glaubwürdigkeit zu verschaffen, mussten sie die vorangegangenen Aymara-Kulturen als Barbarei abstempeln. Die Collas hatten sich zudem mit Aufständen gegen den inkastaatlichen Raub ihrer Lamas gewehrt und mussten mit Massakern und Zwangs-Umsiedlungen im Schach gehalten werden. Dass aber für die Herabwürdigung die Chuño-Ernährung herhalten musste, zeigt uns die damalige Hierarchie unter den Nahrungsmitteln.

Das hohe Sozialprestige des Mais nutzten die Inkas auch für ihre Herrschafts-Legenden: Es sei die Schwester und Frau des ersten Inkas gewesen, welche den Menschen den Maisanbau beigebracht habe. Die als Staats-Ideologen fungierenden Sonnenpriester beschäftigten sich eingehend mit dem geheiligten Mais: Durch Studien im Sonnen-Observatorium legten sie die richtige Zeit für Feldbestellung, Bewässerung und Aussaat fest. Und schliesslich eröffnete der Inka mit zeremoniellem Grabstock-Stich persönlich den jährlichen Anbauzyklus.

Alle, die nach Cuzco kamen, sei es der Fürst eines besiegten Volkes, ein Pilgerer oder ein die Ernte heranschleppender Träger, wurden ernährt und mit Chicha bewirtet. Dabei war es von grosser Wichtigkeit, die Gäste um jeden Preis zu sättigen. In einem Jahr munkelte die anlässlich eines Festes in Cuzco versammelte Menge über unbefriedigende Bewirtung. Um diese Schmach im folgenden Jahr zu vermeiden, liess der Inka extra grosse Holzbecher schnitzen, aus denen er die Gäste dreimal am Tag Chicha zu trinken nötigte, ohne dass er ihnen erlaubt hätte, pinkeln zu gehen...

Wenn er hohe Beamte, wichtige Verwandte und die unterworfenen Curacas zu Sitzungen zitierte, kam er erst zur Sache, "nachdem er sich fünf Tage in seinen Festen und Ergötzungen ergangen hatte"[13], wobei er vor allem reichlich Coca und Mais-Chicha anbot. Ausserdem musste er die zwölf Familien der Dynastie ernähren: Alle vier Tage liess er auf dem Hauptplatz in Cuzco riesige Bottiche mit allen erdenklichen Lebensmitteln aufstellen, woraus sich die kaiserlichen Familien bedienten und worüber man exakt Buch führte.

Die Verfügungsgewalt über die Nahrungs-Überschüsse war eine zentrale Stütze der Macht. Sie dienten der militärischen Logistik, aber auch der symbolischen Grosszügigkeit durch gezielte Umverteilung. Deshalb lag es im Interesse des Inkas, den Maisanbau auszuweiten. In der "Quishwa"-Region östlich von Cuzco befahl er, die Steilhänge zu Terassen umzubauen, und in den eroberten Küstengebieten liess er die Maisfelder dem Staatsland einverleiben. In der Region des heutigen Bolivien wurde das für den Maisanbau besonders geeignete Tal von Cochabamba zur staatlichen Maiskolonie. In den Tälern von Larecaja, wo man vorher nur für die Grosszügigkeit der Curacas rings um den Titicacasee und aus Pacajes Mais gesät hatte, musste man nun die Produktion steigern, um die Funktionäre des Inkas zu befriedigen.

Spezielle Beamte registrierten mit Knotenschnüren die Vorräte in den staatlichen Lagern, um sie ihrer strategischen Wichtigkeit entsprechend zentral zu verwalten. Auch wurden die Untertanen - Arbeitskräfte, die durch Ableisten der Mita diese Lebensmittel produzierten -, statistisch erfasst und durften deshalb ihren Wohnort nicht verlassen. Es gab jedoch Beamte, die Arbeitskräfte unterschlugen und diese für sich arbeiten liessen...

Oft wird berichtet, dass der Inka aus seinen Vorräten Kranke, Alte, Invalide, Witwen und Waisen und auch von Missernten betroffene Gebiete habe versorgen lassen. Da sind die Chronisten der Manipulation der Inkadynastie auf den Leim gegangen, die sich die positiven Seiten des Systems selbst zuschrieb. In Wirklichkeit waren die Ayllus für die Versorgung der Bedürftigen zuständig, und dies schon lange vor dem Aufschwung des Inkareichs. Der Inka konnte und wollte nicht in die örtlichen Gefüge der Selbstversorgung eingreifen. Auch nach der Eroberung war die lokale Gemeinschaft für das Wohl ihrer Mitglieder verantwortlich. Der Inka beliess sogar den Curaca in seiner Position, und dieser forderte auch seinerseits weiterhin die Mita von den Bauern. Seine Gegenleistungen an den Inka waren die Vasallentreue und dass er seine Leute zur Mita des Inkas schickte.

Unklar ist aber, ob die von Katastrophen heimgesuchten Gebiete bis zur Ernte versorgt wurden, denn die Chronisten erwähnen dies nur selten, während es über die religiöse, militärische und rituell-grosszügige Verwendung der Überschüsse Hunderte von Angaben gibt. Es hätte aber die Macht des Inkas geschmälert, Arbeitskräfte verhungern zu lassen, und so entsprach es der Logik des Systems, Katastrophengebiete zu ernähren.

Unter den Inkas gab es somit zwei verschiedene Landwirtschafts-Systeme: Die Basis bildete die Selbstversorgung des Volkes, die von den

MOTE

Gekochte Maiskörner

Trockene Maiskörner, am besten grosse weisse (der überall erhältliche Popcornmais kann als Ersatz dienen)

Man weicht den Mais ein und kocht ihn in Wasser, bis die Körner weich sind und aufplatzen. Das dauert bis zu einem halben Tag. Wenn man einen Dampftopf verwendet, darf man ihn wegen des Schaumes nicht zu stark füllen. Auch muss man ab und zu etwas Wasser nachfüllen.
Mote wird in den Talregionen zu jeder Mahlzeit als Beilage gereicht. Zu einigen Gerichten ist Mote die obligatorische Beilage, z.B. zu Chicharron (s.S. 121). Klassisch ist Mote mit Frischkäse und Llajhua (s.S. 51).
"Mote" ist nicht nur die Bezeichnung für gekochten Mais, sondern allgemein für gekochte Körner, die man nicht weiter gewürzt hat: "Mote de habas" (gekochte Saubohnen), "Mote de trigo" (gekochte Weizenkörner), "Mote de soya" (s.S. 204) etc.

Ayllu-Gemeinschaften organisiert wurde und in weiten Gebieten auf Kartoffeln und anderen Knollenfrüchten der Puna beruhte. Die staatliche Landwirtschaft, in der die Bauern ihre Mita ableisteten, drehte sich dagegen um den für die Herrschaft wichtigen Mais.

Andine Nahrungsmittel und Kochtechniken

Alles ist schwarz: die Wände, das Gras des Daches, die Stangen und bambusartigen Rohre, die es tragen, die Innenseite der Tür und natürlich die Töpfe und Pfannen aus Ton, Eisen und Aluminium. Nur was man täglich benutzt, bleibt ungeschwärzt vom Russ: Die Decken auf dem Lager und das Geschirr. Die Augen brennen vom Rauch, aber niemand käme bei der Kälte draussen auf die Idee, die Tür zu öffnen und mit dem Qualm auch die Wärme entweichen zu lassen.

Die Köchin sitzt vor dem Herd auf dem Boden, alles in Griffweite um sich aufgebaut. Um gezielt in die Glut zu blasen, benutzt sie ein Rohr, die "Phusaña". In den holzarmen Regionen des Hochlands befeuert man den Herd mit getrocknetem Lama-Mist, der "Thakia", oder seit der Eroberung durch die Spanier mit getrockneten Kuhfladen, deren Stapel man im Halblicht der Funzel kaum von den aus Steinen aufgeschichteten Wänden unterscheiden kann.

Jahrtausende lang garten die Köchinnen der Anden die Speisen direkt in der Asche, in der erhitzten Erde oder kochten mit heissen Steinen, bis man endlich die Keramik-Kochtöpfe erfand. Zuerst stellten sie auch diese direkt in die Glut. Aber dann entwickelten sie den zwei- oder dreiflammigen Herd aus Lehm, den "Kheri" (Aymara), mit dem man den kostbaren Brennstoff besser ausnutzen und auch die Asche, die alles verschmutzt, leichter kontrollieren kann.

Von Hand schiebt die Köchin die Lamakot-Knöllchen vom Loch des in die Küche gemauerten Thakia-Speichers durch einen aus Lehm geformten Kanal in den Kheri. Mit der gleichen Hand holt sie danach die gekochten Kartoffeln, Chuño und Caya ("Chuño" aus Oca) aus dem Topf und verteilt sie auf Teller. Offenbar trocknet die Höhensonne den Lamakot nicht nur, sondern tötet auch die Mikroben ab: Selbst mir als Städter hat auf diese Weise serviertes Essen nie Beschwerden verursacht. Vermutlich werden aber Darmparasiten übertragen.

Vor der Kolonialzeit gab es in der andinen Küche keine Bratpfannen, um Speisen im Fett zu braten. Charque wird z.B. auch heute noch direkt in der Glut angesengt. Um Körner zu rösten, haben die Andenbewohner einen speziellen Typ "schief" getöpferter Keramikpfannen entwickelt, die "Jiukkis".

Die Körner isst man entweder als "Tostado" (span.: Geröstetes), wofür man oft ein Nussknackergebiss benötigt, oder mahlt aus ihnen "Pito". Quinua-Pito mit Wasser und Kalk vermischt und in der Hand zu Keksen gepresst, kocht man auch heute noch im Dampf zu "K'ispiña", dem Brot der Altiplano-Bauern.

Einige Mais- und Quinuasorten explodieren beim Rösten zu blumigen Flocken, zu "Phasankalla". Diesen alten Imbiss der Anden kennen wir heute in Europa als "Popcorn".

Zum Mahlen benutzen die Köchinnen den "Batán", eine Steinplatte ("Mutter"), auf der sie einen halbmondförmigen Stein ("Tochter") über dem Mahlgut hin und her schaukeln. Trockene Körner werden auf diese Weise pulverisiert (z.B. Pito). Feuchte Nahrungsmittel dagegen, wie z.B. junger Mais für Humintas, werden zu Brei zerquetscht. Zu den Erdnüssen oder getrockneten Ají-Schoten geben die Köchinnen Wasser, damit ein dickflüssiges Mus entsteht.

Ausser zum Mahlen benutzen sie den Batán, um die Zellstoff-Hülle der Maiskörner abzuschälen. In den Mais-Regionen, wo die Frauen täglich mit dem Batán mahlen, haben sie oft stämmigere Handgelenke als ihre Männer...

Um kleine Mengen leicht zu mahlender Speisen zu zerreiben, z.B. Tomaten und Pfefferschoten für "Llajhua" (s.S. 51), benutzen sie oft einen faustgrossen runden Stein, den "Morokho". Mit ihm klopft man auch Fleisch zart und Nägel gerade, wetzt Messer oder blockiert die Küchentür in der gewünschten Position. In dieser Vielseitigkeit lässt sich der Batán durch Fleischwolf, Püriermixer und Handmühle nur teilweise ersetzen.

Die traditionellen Kochtöpfe der Anden sind aus Ton, ein umgedrehter Napf dient als Deckel. Gekocht wird entweder wie in Europa mit Wasser oder im Dampf. Dazu konstruieren die Köchinnen mit entkörnten Maiskolben, oder aus Zweigen und trockenem "Ichu"-Gras, auf dem Topfboden ein Gitter, damit empfindliche Speisen wie Humintas, Tunta oder Caya nicht durch direkten Kontakt mit dem Wasser verkochen. Die Dampf-Kochtechnik gilt als Indiz dafür, dass die Bewohner der Anden aus Asien eingewandert seien, da z.B. in China ähnliche Verfahren bekannt sind. Vielleicht ist sie aber nur eine logische Antwort auf praktische Probleme: Wegen der grossen Höhe liegt der Siedepunkt des Wassers wesentlich niedriger, und man muss alles länger kochen. Heizmaterial ist knapp. Einen ganzen Topf voll Wasser zu erhitzen, lohnt nur bei Suppen, bei denen man die Flüssigkeit mitisst. Kocht man die Speisen im Dampf, muss weniger Wasser erhitzt werden, man braucht weniger Brennstoff.

TOSTADO

Geröstete Getreidekörner;
Tostado ist ein beliebter Proviant für Reisen und Feldarbeit.

Getreidekörner (z.B. Quinua; bei Mais müssen es weiche Sorten sein)

Man röstet die Körner in kleinen Portionen und ständig rührend in der Pfanne (ursprünglich in Tontöpfen über dem Feuer). Später, in der Kolonialzeit, wurde diese Technik auch auf europäische Nahrungsmittel wie Saubohnen, Erbsen, Weizen usw. übertragen.

PITO

Mehl aus gerösteten Körnern

Getreidekörner (z.B. Quinua oder Weizen)

Man röstet die Körner und mahlt sie dann mit einem Batán, einer Kaffee- oder Handmühle zu Mehl. Je nach Verwendungszweck kann man Zucker, Zimt oder Nelken mitmahlen.
Man kann Pito trocken oder angefeuchtet geniessen.
In Nord-Potosí führen Bauern und Bergarbeiter oft Pito als Reiseproviant mit. Zum Frühstück bestellen sie süssen Tee, in den sie den Pito mischen. Mit wenig Pito, als Getränk geniessbar, heisst dies "Urpu", als dikker Brei "Ch'apu".

Rösten von Maiskörnern.
(Bild auf Seite 42)

PHIRI

traditionelles Gericht aus Pito oder geröstetem Mehl

Pito aus Quinua oder Weizen, etwas Butter, zerkrümelten Käse

Man erhitzt einen Topf, gibt den Pito hinein und lässt ihn unter ständigem Rühren warm werden. Dann löscht man mit wenig (nicht zuviel!) kochendem Wasser ab und nimmt den Topf bald vom Feuer. Es braucht nicht aller Pito ganz befeuchtet zu sein. Nun rührt man um und gibt ein paar Butterflocken, Salz und den zerkrümelten Käse dazu. Statt mit Käse kann man Phiri gesüsst servieren. Man geniesst Phiri - ein typischer Proviant - von Hand, indem man aus dem trockenen krümeligen "Brei" Kügelchen knetet.

Phiri ist eines der am weitesten verbreiteten Gerichte, und man kennt eine Unzahl regionaler Varianten. In Chuquisaca kochen die Bäuerinnen Phiri in Tontöpfen, die unten Löcher haben und auf einen Topf mit kochendem Wasser gestellt werden, damit nur der Dampf in das Mehl einzieht. Andernorts rührt man heftig, um den Phiri nicht anbrennen zu lassen.

Macht man Phiri aus Mehl statt Pito, so muss man es gut rösten, bevor man das Wasser dazugibt. Grob gemahlenes Vollkornmehl gibt die besten Resultate.

Energie sparen war in den Anden ein Gebot der Not und der Chronist Garcilaso de la Vega berichtete 1609, dass die Einheimischen erstaunt waren über die Energieverschwendung der Spanier.

Die Kombination von Kochen in Dampf oder Wasser und Rösten in Glut oder Röstpfanne ergab eine vermeintlich einfache Küche. Diese besteht auf dem Land bis heute überwiegend aus Suppen (s.S. 50), gekochten Körnern (z.B. Mote aus Mais) oder Knollenfrüchten als Beilage, Brei (s. Peske S. 32) oder gerösteten Körnern.

Angesichts der schlichten Kochtechniken beklagte im 17. Jahrhundert der Jesuit Bernabé Cobo, "dass die Eingeborenen aus getrocknetem oder frischem Fleisch nichts weiter zu machen wussten als ein Eintopfgericht, das sich Locro nennt, mit viel Ají-Pfeffer, Kartoffeln, Kartoffelmehl und anderen Beigaben. Dasselbe Gericht stellten sie aus getrocknetem Fisch her." Cobo fällt dann das Urteil: "In summa, ihre Speisen waren so primitiv und grob, dass es nur schlecht Gekochtes und noch schlechter auf der Glut Gebratenes gab, denn sie kannten nie den Gebrauch des Bratspiesses."[14]

Cobo scheint recht zu haben: Verglichen mit höfischer Feinschmekkerei war die andine Kochkunst arm an Raffinement. Als Kleriker richtete Cobo mit dem kulinarischen Mass des europäischen Adels: fleischgewohnt und gaumenverwöhnt konnte ihn die andine Kost trotz des Reichtums an pflanzlichen Zutaten wenig entzücken.

Seine Meinung wird bis heute von vielen Europäern geteilt. Dabei übersehen sie, dass gerade das einfache Kochen oft das schwierigste ist. Leicht verkennt man als Aussenstehender z.B. die Unterschiede zwischen den Kartoffelsorten, deren verschiedenen Verwendungsweisen, differenzierten Konservierungsmethoden und Abstufungen im Sozialprestige. "Papa khati", Pellkartoffeln, schmecken so lecker und sind einfach zu kochen, dass sie sich auch in Europa durchgesetzt haben. Und die Kartoffel ist nur eines der vielen Nahrungsmittel:

Frische, gut gesonnte Oca mundet roh, gekocht oder als Huatia gebacken als süssliche Beilage. Als "Caya" konserviert schmeckt sie dagegen leicht pikant. "Camote" kitzelt den Gaumen gar so süss, dass "encamotarse" (wörtlich: "sich versüsskartoffeln") "sich verlieben" heisst. Gekochter Ysaño lässt sich mit Hilfe der Nachtfröste als Speiseeis zubereiten; ebenso Pito-Brei und Süsskartoffel-Püree - auch in der Küche ergänzen sich Gegensätze: die Kälte der Nacht, die Hitze des Herds...

"Zapallo", "Lacayote" und "Escariote" sind einige der Kürbisarten, welche man ebenso wie "Achojcha" gern als Gemüse gegessen hat. Im Hochland lässt man sich bis heute junge Quinua-Blätter wie Spinat munden, und Meeres- und Süsswasseralgen sind beliebte Suppeneinlagen.

Neben "Tarwi" haben die in den Anden gezüchteten Bohnen als nahrhafte und aromatische Beilage zur Verfügung gestanden, während gemahlene Erdnuss für Sossen und Suppen dient.

Über die Vielfalt der Zubereitungsweisen geben uns die Maisgerichte aus den Tälern Auskunft: Die vielen Maissorten hat man in "harte" und "weiche" eingeteilt. Die "weichen" eignen sich zum Rösten, für Phasankalla, zum Schälen mit Asche und Mahlen von Mehl. Aus den "harten" bereitete die Köchin dagegen "Tojorí" (s.u.) und verschiedene Getränke:

Aus schwarzem Mais kocht man einen süssen Brei ("K'eta"), aus violettem ein dickflüssiges heisses Getränk ("Api") und aus weissem einen dünnflüssigen, kalt zu geniessenden Trank ("Refresco de maiz", gekocht wie "Refresco cocido de trigo", s.S. 128).

Zahllos sind die Varianten der aus Mais gebrauten alkoholischen "Chicha": Chicha aus Maismehl, Chicha aus dem Mehl getrockneter Maiskeime, Chicha, welche man unter Zugabe eines Huhnes kocht, nur kurz gegorene Chicha und solche, die in eingegrabenen Tontöpfen monatelang fermentiert. Und schliesslich ist Chicha aus all den anderen Zutaten wie Quinua, Cañawa, Beeren des Molle-Baumes usw. nicht zu vergessen. Allein über Chicha könnte man Dissertationen schreiben!

Das gilt auch für all die Arten von "Tojorí", ein heimliches Nationalgericht (nachdem in der Kolonialzeit der Maiskonsum demokratisiert wurde). Es präsentiert sich bescheiden, aber die Zubereitung hat es in sich: Zuerst schält die Köchin den harten Mais mit etwas Wasser, indem sie auf dem Batán mit Gefühl die "Tochter" darauf schaukelt, damit die Haut der Körner sich löst, ohne dass diese zu stark gemahlen würden. Dann wäscht sie den Mais und setzt ihn mit reichlich Wasser in einem grossen Topf aufs Feuer. Das Waschwasser mit den abgeschälten Schalen der Körner schüttet sie durch ein Sieb, fängt die Häutchen auf und wäscht diese gut ein Dutzend mal. Dabei verwendet sie immer das gleiche Wasser, das sie in einem Topf auffängt; erst für die letzten Waschungen nimmt sie neues Wasser, das sie wiederum aufhebt. Die nun von allem Mehl befreiten Schalen wirft sie den Hühnern vor.

Sind nach stundenlangem Kochen die Körner weich, dickt sie den Mais-Kompott ein, indem sie zuerst das zweite und später das erste Waschwasser mit dem darin enthaltenen Mehl unter ständigem Rühren dazugiesst. Der über Nacht abgekühlte Tojorí, mit so viel Mühe zubereitet, ist nichts als ein geleeartiger Brei, der die weichgekochten Körner umschmeichelt - auch "einfache" Küche ist eine Wissenschaft...

Ganze Maiskörner, gekocht bis sie aufplatzen, sind als "Mote" ein Grundnahrungsmittel der Täler. Lässt man Mote an der Sonne trocknen und mahlt die Körner auf dem Batán zu Gries, erhält man "Chochoca" als Suppeneinlage. Die Körner mit einem Sud aus Holzasche geschält

K'ISPIÑA

Quinua-"Kekse" der Campesinos vom Altiplano

Pito aus Quinua, Salz, Fett (am besten Schweineschmalz), Hirschhornsalz (oder Potasche)

Man mischt den Pito mit sehr wenig Hirschhornsalz (ca. 4 Messerspitzen auf ein Pfund Pito), salzt, verknetet alles mit etwas Wasser zu einem sehr trockenen Teig und mischt schliesslich 1 El Fett dazu. Dann nimmt man etwas von dem Teig in die Hand und drückt ihn zusammen, so dass sich ein "Keks" bildet, dem man die Eindrükke von den Fingern deutlich ansieht.
Dann baut man aus Stöcken ein Gitter unten in einen Topf, legt etwas Heu darauf, gibt Wasser hinein, das nicht bis zur Oberkante des Heus reichen darf, und schichtet die K'ispiñas auf das Heu. Die K'ispiñas werden im Dampf gekocht. (Statt des Heus und der Stöcke kann man einfach ein grosses Sieb über das kochende Wasser hängen.)
Die Campesinos in Bolivien nehmen nicht Hirschhornsalz, sondern Kalk. Man kann stattdessen auch etwas Potasche verwenden.

Die "Mita" waren Dienste, welche jeder zu Gunsten der Allgemeinheit leisten musste. Sie war auch die Verpflichtung, die Felder des "Curacas" (Obmann der Gemeinschaft) zu bearbeiten. Sie wurde von den Inkas stark ausgebaut und von den Spaniern für die Arbeiten in den Silberbergwerken missbraucht. Trotzdem ist die "andine Gegenseitigkeit" heute noch ein zentrales Element der andinen Kultur und Nahrungsversorgung.

KOCHEN MIT AJÍ

1. Wie man's (in Bolivien) richtig macht: Man kauft auf dem Markt die 15 cm langen getrockneten gelben oder roten Ají-Schoten. Der beste rote Ají wird aus Peru importiert, seine Schoten sind fast schwarz. Man schlitzt sie auf und entfernt die Kerne und "Adern" im Innern, da diese besonders pikant sind. (In Sucre macht man später aus den Kernen ein besonderes Gericht.) Dann wäscht man die Schoten mit warmem Wasser. Je nach dessen Temperatur wird dabei viel oder wenig Capsicain aus den Schoten herausgewaschen und der Ají wird sanft oder pikant. Nun mahlt man die Schoten auf dem Batán mit Wasser zu einem feinen Püree. In einer Pfanne erhitzt man Öl und siedet darin den Ají-Brei einige Minuten. Man kann ihn nun an einem kühlen Ort etwa eine Woche aufbewahren und jeweils die gewünschte Menge verwenden.

2. Wie man es auch machen kann: Nachdem man die Schoten gewaschen hat, püriere man sie mit etwas Wasser und den anderen Gewürzen in einem Häckselmixer oder auf dem Batán. Dann gibt man den Brei direkt zu den Zwiebeln, die bereits im Fett braten und bereitet daraus das gewünschte Gericht.

3. Wie man es oft machen muss: Man kaufe auf dem Markt rotes oder gelbes Ají-Pulver, da dies billiger ist. In der Regel sind aber die Kerne mitgemahlen, und um die extreme Schärfe auszugleichen, sind dann entweder Mehl, Achiote (pflanzlicher roter Farb-

ergeben "Maiz pelado" (s.S. 210) als Grundzutat für eine Reihe von Gerichten.

Junger Mais eignet sich für Humintas. Ist er etwas härter, aber noch nicht ganz reif, kann die Köchin daraus eine dicke Suppe, "Jack'a lagua", bereiten. Wieviel sie von dem halbreifen Mais mahlt und in die Suppe rührt, richtet sich nach seinem Reifegrad, den sie genau beurteilen muss, denn sonst wird die Lagua zu dick oder zu dünn - Erfahrung ist gefordert. Rezepte versagen vor dieser einfachen Küche, die doch so kompliziert erscheint.

Gab es etwas zu zuckern, haben die Andenbewohnerinnen und -bewohner oft "Huiru miskki" benutzt, eingekochten Saft junger Maisstauden, welche auch roh ausgelutscht angenehm süss schmecken. Oder sie haben den leicht säuerlichen Anden-Honig, Sirup aus Agavensaft oder aus den Früchten und Blättern des Molle-Baumes verwendet.

Ein ganzes Arsenal an pikanten Gaumenreizen steht mit den verschiedenen Sorten Capsicum-Pfeffer zur Verfügung, der in der Kolonialzeit den Namen "Ají" erhielt. Von ihm stammen all die Varianten an Chili, Paprika und Cayenne-Pfeffer ab, die wir mittlerweile auch in Europa kennen. "Aribibí" und "Locoto" (ähnelt einer klein geratenen Gemüsepaprika) sind seine kleineren Brüder, doch die winzige "Ulupica" ist die aggressivste von allen. Locoto, zusammen mit Kräutern und Tomaten - die Anden warten mit einer eigenen Sorte auf - zu einer Sosse vermahlen, ist als "Llajhua" (s.S. 51) eine obligatorische Beilage zu den vielen Suppen und verleiht ihnen würzige Frische.

Aus den Tälern, den Yungas und einigen Regionen des Tieflandes, hat man nicht nur Gewürze wie Vanille und Kakao bezogen, sondern auch Früchte: gelbe Pflaumen, Chirimoyas, Tuna, Bí, Achachairú, Tumbo, Chillijchi, Amabaiba, Guayaba, Motojobobo, Guapurú, Tarumá, Granadilla, Ananas, Cashew und Avocados. Die möglichen Genüsse reichen von ají-pikanten Chillijchi-Gerichten über Avocado-Salat bis zum direkten Verzehr der süssen und säuerlichen Früchte. Ob der Ananasessig Eingang fand in die vorkoloniale Küche oder der Medizin vorbehalten blieb, ist aber nicht überliefert.

Insgesamt sprechen Forscherinnen und Forscher von bis zu dreihundert verschiedenen Nahrungsmitteln - Fische, das rhabarber-ähnliche Sumpfgewächs "Kirusilla", Pasten aus Mückenlarven ("Chichi"), der als Kaugummi dienende Saft der "Ckausillu"-Wurzel und Jagdtiere eingeschlossen. Und wenn die einzelnen Zubereitungsweisen auch einfach scheinen, so waren sie oft doch sehr modern: Chuño- oder Tuntamehl mit kleingerupftem Charque, Salz und Ají-Pulver vermischt nahm man als "Tikki" mit auf Reisen. Mit heissem Wasser wurde daraus im Handumdrehen, nach der Art heutiger Instantsuppen, eine nahrhafte Lagua.

Kultur und Essen

Die Zweisprachigkeit Aymara/Quechua täuscht heute die Existenz von nur zwei andinen Völkern vor. Die Besiedlung der Anden erfolgte jedoch in verschiedenen Schüben: Neuankömmlinge verdrängten oder unterwarfen Alteingesessene, verschiedene Lebensweisen vermischten und überlagerten sich. Die klimatischen Kontraste förderten die Bildung lokaler Kulturen. Erst viel später vereinheitlichten Tiwanaco- und Inkareich und nicht zuletzt die spanischen Missionare die Sprachen. Die kulturellen Unterschiede unter dem Dach der gemeinsamen Sprachen blieben aber bestehen. Deswegen ist es vereinfachend, von "andiner Kultur" zu sprechen. Vielmehr handelt es sich um eine Schar lokaler und regionaler Lebensformen mit entsprechenden Unterschieden auch in ihrer Küche.

Man täte diesen andinen Küchen Unrecht, sie nur unter Aspekten der kulinarischen Technik oder des bemerkenswerten Versorgungs-Systems zu betrachten: Viele Lebensmittel und Gerichte haben neben Geschmack und Nährwert auch einen Prestigegehalt, und indem sie rituell Grosszügigkeit bezeugen, dienen sie dazu, gesellschaftliche Achtung zu erlangen. Die Figuren aus K'ispiña-Teig für die Totengedenkfeste Anfang November sind ein Beispiel kulinarisch-religiöser Praktiken. Oft ist es auch schwierig, zwischen Ernährung und Medizin zu unterscheiden, denn viele Nahrungsmittel werden beiden Bereichen zugerechnet. Dabei ist zweitrangig, ob man dem entsprechenden Produkt pharmazeutische Eigenschaften nachweisen kann, denn ein grosser Teil der Medizin hat rituellen Charakter und ist ebenfalls mit religiösen Handlungen verflochten.

Durch diese Einbindung in den religiösen, medizinischen und rituell-sozialen Bereich ist das Essen in den Anden - und nicht nur dort - ein Element des leiblichen und seelischen Wohlbefindens, Teil der Weltsicht und des sozialen Wertsystems.

Essen muss man (fast) alle Tage, arbeiten um zu essen auch. Gerade in den Anden war die nahrungsbeschaffende Agrikultur die zentrale Achse der Wirtschaft.

All dies zeigt, wie wichtig die Ernährung für die kulturelle Identität ist, und lässt erahnen, welch zersetzende Folgen seit den spanischen Eroberung die gewaltsame und subtile Umgestaltung des Essens hat.

Die Versorgungslage bei der Ankunft der Spanier

Im Mittelalter durften sich in Europa die Völker glücklich schätzen, wenn sie zu essen hatten. "Die immer wieder auftretenden Hungersnöte als Folge von Missernten und Kriegen stellten eine dauernde Bedrohung

stoff) oder andere Stoffe zugesetzt worden. Dieses Pulver rührt man zu Hause mit etwas Wasser an, bevor man es zusammen mit den anderen Gewürzen zu den dünstenden Zwiebeln gibt.

4. Wie wir uns behelfen können: Vorläufig gibt es in Europa keinen Ají aus Peru oder Bolivien zu kaufen. Der beste Ersatz für den roten Ají ist das scharfe dunkelrote Paprika-Granulat, das z.T. in Supermärkten, türkischen oder ungarischen Läden verkauft wird. Mit etwas Wasser pürieren wir es im Mixer und verwenden es wie unter 2. beschrieben. Wenn wir uns mit "scharfem" Paprika-Pulver behelfen (was schlechter ist und überhaupt nicht färbt), verfahren wir wie unter 3. Gelben Ají ersetzen wir durch Chili-Pulver.

Kochen ist in Bolivien Frauensache, aber auch Männer wissen sich etwas zuzubereiten.

Kleine Suppenkunde

In der Regel besteht eine bolivianische Mahlzeit aus einer Suppe und einem zweiten Gang. Notfalls kann dieser wegfallen, die Suppe ist der nahrhaftere Teil. Dieser Bedeutung entsprechend gibt es einen nuancierteren Wortschatz für Suppen als im Deutschen:

***Lagua** ist eine mit feinem Mehl eingedickte Suppe, oft fast ein dünner Brei. Von dem Moment an, in dem man das Mehl dazugegeben hat, muss man ständig rühren, damit sie nicht ansetzt, und zwar immer in der selben Richtung, denn sonst bleibe sie wässerig. Auch auf dem Teller einer eifersüchtigen Person werde die Lagua wieder flüssig.*

*Unter **Ch'ake** versteht man eine mit Getreideschrot eingedickte Suppe.*

***Chupe** ist ein sehr gehaltvoller Eintopf, der oft Kartoffeln, Getreide, Chuño und Teigwaren oder alle Stärkelieferanten zugleich enthält, daneben Fleisch, Gemüse und andere Zutaten. "Chairo" ist eine typische Chupe.*

***Almuerzo** heisst "Mittagessen" auf Spanisch. Für die Campesinos, die sich früh erheben und morgens um fünf nur eine Tasse warmen Kräutertee oder Kaffee, etwas Tostado oder Pito zu sich nehmen, ist die "Almuerzo" genannte Suppe, vom Typ her eine Chupe, das zweite Frühstück, bevor sie aufs Feld gehen. Die Mittagsmahlzeit besteht dann aus mitgebrachten gekochten Kartoffeln und Chuños mit etwas Ají-Sosse oder aus Mote, manchmal Charque. In der Stadt werden diese Suppen mittags gegessen. Sie sind fast immer aus einer Brühe aus Fett, Knochen oder Fleisch gekocht, erhalten ihren Namen aber nach dem wichtigsten Stärke-Lieferanten: "Almuerzo de quinua", "Almuerzo de trigo" (Weizensuppe), "Almuerzo de fideo" (Teigwarensuppe) etc.*

*Im tropischen Osten ist **Locro** das, was sich in den Anden Chupe nennt, während man dort damit eine pürierte Kürbis-Suppe bezeichnet.*

***Caldo** heisst "Brühe" auf Spanisch. Diese Suppen enthalten in der Regel nicht viele Zutaten ausser der Bouillon, werden nach dem Fleisch benannt, aus dem sie gekocht sind, und vor allem abends serviert.*

*Schliesslich nennt sich alles **Sopa**, was nicht in die bisher genannten Kategorien passt: "Sopa de maní" (Erdnuss-Suppe) ist z.B. nicht klar wie Caldo, weder dick wie Lagua noch vielseitig wie Chupe. Im Tiefland und in den Minenzentren kann "Sopa" aber auch ein Auflauf aus dem Ofen sein!*

dar. Zwei aufeinander folgende Missernten waren Katastrophen, denen grosse Teile der Bevölkerung zum Opfer fielen. Das Anlegen von Vorräten war nur beschränkt möglich, man musste mit Schädlingen, Dieben, Plünderung rechnen."[15]

Umso erstaunter waren die Spanier ob der Fülle, die sie in den inkaischen Depots fanden: Selbst nachdem bereits fünfzehn Jahre lang europäische Horden das Land geplündert hatten, fand Polo de Ondegardo in den Lagern von Xauxa (im heutigen Peru) genug Lebensmittel, um 2000 Mann während sieben Wochen zu ernähren. Er schätzte, dass die Speicher 15'000 Hanegas (840m^3) Lebensmittel enthielten. Er, der sonst alles erforschte und beschrieb, kapitulierte vor der Fülle und Detailliertheit der Aufzeichnungen in den Knotenschnüren: "Es ist von einer derartigen Reichlichkeit, dass ich nicht glaube, dass man zu einem Ende kommen könnte, dies darzulegen."[16]

Erreicht hatte man eine derartige Reichlichkeit durch die geschickte Kombination folgender Faktoren:

- der andinen Vielseitigkeit,
- der Differenziertheit der Anbaumethoden,
- der optimalen Arbeitsorganisation im Rahmen der andinen Gegenseitigkeit,
- der Kontrolle und Ergänzung verschiedener ökologischer Stockwerke durch die andine Mehrstufenwirtschaft und
- der Konservierungstechniken.

Dabei handelte es sich nicht um die "ideale" idyllische Gesellschaft, sondern um eine andere Form, als wir sie kennen, Individual- und Gruppeninteressen auszubalancieren. Es hat innerhalb des Ayllus auch Konkurrenz zwischen Familien und eine Dynamik der sozialen Schichtbildung gegeben. Die Beschränkung des Land-Nutzungsrechts und der Zusammenarbeit auf die eigene "Stammesfamilie" hat zudem zu einem gewissen Gruppenegoismus geführt.

Die Integration in den Inkastaat ordnete die Rivalitäten zwischen den Ayllus. Da sich aber der Staat alle Überschüsse aneignete, die über die Selbstversorgung hinausgingen, waren der Vervollkommnung des Systems Grenzen gesetzt, die Versorgung war ungleich. Der Bruder des Eroberers Francisco Pizarro, Pedro Pizarro, der das System kennenlernte, bevor es zusammenbrach, schrieb: "Man züchtete Fleisch: Wenige assen es, wenn sie nicht Herren waren oder jene, denen sie welches zu geben befohlen hatten, oder Töchter der Herren Könige dieser Länder, welche viele waren. (...) Diese Herren hatten ein Haus, wo sie jeden Tag Vieh töteten und von wo sie es den Damen und Haupt-Grossohren [=Adlige] verteilten."[17]

LLAJHUA

Rohe Pfeffersosse

Grundrezept: Locotos (ersetzen durch scharfe Peperoncini), Tomaten, Salz
- mögliche Erweiterungen: Zwiebeln, Öl, frische Gewürzkräuter (in Bolivien Quilquiña, Hierbabuena oder Huacataya, in Europa glatte Petersilie, Minze, Salbei etc.)

Llajhua ist nahezu obligatorisch zu Suppen und anderen Gerichten. Sie wird in einem Schüsselchen auf den Tisch gestellt, ähnlich wie in der asiatischen Küche "Sambal". Locotos sehen aus wie kleine Gemüsepaprikas und sind z.B. in Ungarn als "Apfel-" oder "Kirsch-Paprika" bekannt. Wir behelfen uns mit den scharfen Peperoncini-Schoten, aus denen wir die Kerne und Adern entfernen.
Je nach Schärfe der Locotos verwendet man ein bis drei pro Tomate. Man

- **mahlt sie entweder auf dem Batán,**
- **oder mahlt sie im Mixer (die Sosse sollte nicht zu schaumig werden!),**
- **oder reibt sie fein**
- **oder wiegt sie per Wiegemesser, so dass eine rohe Sosse entsteht. Diese schmeckt man mit Salz ab.**

In Bolivien werden in der Regel Kräuter mitgemahlen. Auch etwas Zwiebel ist möglich, und vor allem wenn man die Llajhua im Mixer macht, gibt man ein bisschen Öl dazu. Llajhua aus dem Mixer ist geschmacklich schlechter als die auf dem Stein pürierte.
Llajhua eignet sich zum Experimentieren, folgende Varianten kommen allgemein gut an:

- **Grundrezept mit glatter Petersilie und vorsichtig etwas Pfefferminze,**
- **Grundrezept mit etwas schwarzem Pfeffer und Kreuzkümmel**
- **Grundrezept mit Zwiebel und glatter Petersilie etc.**

Extrem grosser Batán zum Mahlen von Mais. *(Seite 53 oben)*
Extrem kleiner "Batán" - nur eine Steinplatte und der "Morokho" - zum Mahlen von Llajhua, Knoblauch und Gewürzen. *(Seite 53 unten)*

Der inkaische Hof lebte in Saus und Braus. Pedro Pizarro notierte: "In Cuzco (...) gab es so viel Trommelschlagen, dass man sie nachts überall hörte, tanzend und singend und trinkend (...) Im Alltag war dies so üblich unter diesen Herren und Damen und Grossohren. Unschuldig die übrigen einheimischen Indios, (..) weil sie das ganze Jahr mit Arbeiten für den Herrn beschäftigt waren. Diese Herren sagten, (...) dass sie die Einheimischen immer arbeiten liessen, weil es so zweckmässig sei, weil sie Tagediebe, Schurken und Faulenzer seien..."[18] Wohlgemerkt, die inkaischen Herren sprachen so von den Untertanen, denen sie ihren Luxus verdankten.

Die Bauern versorgten sich selbst. Solange diese die Mita leisteten, griffen die Machthaber nicht in die Angelegenheiten der Ayllus ein. Die Kontrolle einzelner Ayllus über verschiedene Klimazonen scheint nur durch die staatliche Enteignung der Mais- und Cocafelder beeinträchtigt worden zu sein. Aber das Gebot, dass die Bauern nur auf Genehmigung ihren Ayllu verlassen durften, erschwerte sicher den Austausch zwischen den Klima-Stockwerken, die Ernährung wurde einseitiger. Vermutlich führte dies in den Jahrzehnten vor der spanischen Eroberung zu Problemen: Das Reich war zu gross, der zentrale Apparat überfordert, und er musste das System zugunsten von mehr Austausch an der Basis lockern.

Die Beschlagnahme der Lamas durch den Inka und das Verbot, gejagte Tiere zu essen - nur den Schwanz durfte man zur Fertigung von Tanzkostümen behalten - zwang das Volk zu einer vorwiegend vegetarischen Nahrung mit vielen Kohlehydraten. Wie weit diese Ernährung unausgewogen war, vermag ich nicht zu entscheiden. Das Urteil von Ernährungskundlern würde je nach ihrer "Glaubensrichtung" verschieden ausfallen. Folgende Gründe sprechen aber dafür, dass trotz der herrschaftsbedingten Einschränkungen die Ernährung gesund und ausreichend war:

- Die hohe Zahl pflanzlicher Nahrungsmittel erlaubte eine vielseitige Kombination pflanzlicher Proteine.
- Ají und Locoto steuerten einen hohen Vitaminanteil bei.
- Die Schärfe des Ají (und der Llajhua) regt die Magensäfte an, was die Verdauung der grossen Menge Stärke begünstigt. Zudem erzeugt sie ein Gefühl der Wärme.
- Der grosse Anteil von basenbildenden Knollenfrüchten statt säurebildender Körner gilt als sehr gesund.
- Quinua, Cañawa, Coimi und Tarwi enthalten reichlich Proteine, Tarwi (42%) sogar mehr als Soja (33%). Die Zusammensetzung der Eiweisse ist z.T. sehr hochwertig und z.B. im Fall von Quinua

mit Käse vergleichbar. Coimi enthält "ein fast perfektes Gleichgewicht der essentiellen Aminosäuren und genügend Minerale für eine perfekte Ernährung".[19]

- Studenten einer deutschen Universität haben sich in einem wissenschaftlichen Experiment einer wochenlangen "Altiplano-Diät" unterworfen, die u.a. Tarwi, Quinua und Charque enthielt. Man konnte anschliessend keine Gesundheitsschäden oder Verschlechterung des Ernährungs-Zustandes feststellen.
- In der sonst hoch entwickelten andinen Medizin war die Magen-Darm-Heilkunde kaum ausgebildet. Das lässt auf eine ausgewogene Ernährung schliessen.
- Die Grenze zwischen Ernährung und Medizin war fliessend: Payco wurde nicht nur als Gewürz, sondern auch gegen Darmparasiten eingesetzt; der Brei aus der Stärke von Jamach'i peke gilt bis heute als Stärkungsmittel für Kinder und Rekonvaleszenten; und Papalisa mit Huhn und Oca-Kraut (Chulco) senkte das Fieber...
- In Zeiten ansteckender Krankheiten legte man "Kunturiri"-Kraut in das Trinkwasser, vermutlich um es zu entkeimen.
- Knochenfunde in vorkolonialen Gräbern zeigen, dass nur wenige Kinder starben. Diese Todesfälle waren zudem nicht die Folge schlechter Ernährung, sondern verursacht durch Infektionskrankheiten oder die kulturell bedingten künstlichen Schädelverformungen. Erst nach der spanischen Eroberung wurde Durchfall - eine typische Folge von Fehl- und Unterernährung - eine der Haupt-Ursachen für die steigende Kindersterblichkeit.

Aus der Sicht des Volkes wirkten sich die Ausbeutungs-Strukturen des Inkastaates jedoch negativ auf die Ernährung aus. Die Entwicklung des Ernährungs-Systems hin zur Perfektion hatte damit ihren Höhepunkt überschritten. Aber es gibt keinen Zweifel: Die Ernährung war besser als heute.

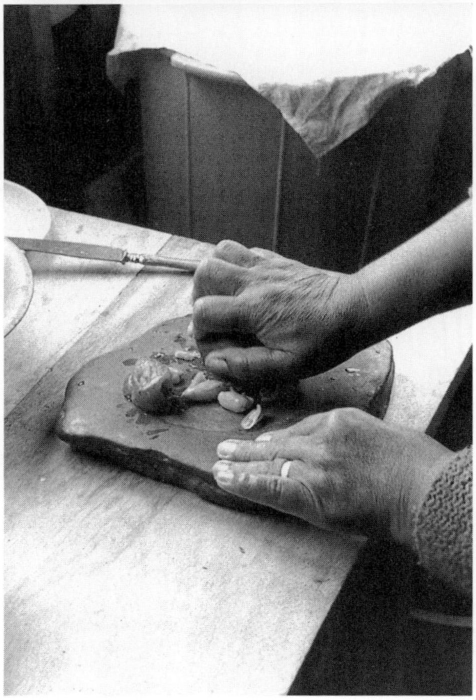

CONQVISTA
GVAINACAPAC CADIA
INGA
ESPAÑOL

Ist dies das Gold, das Du isst?

"Cay coritacho micunqui" ("Ist dies das Gold, das Du isst?"), fragt der Inka Guayna Capac den vor ihm knienden Europäer. Jener antwortet auf Spanisch "Dieses Gold essen wir."
Diese Anekdote aus der Chronik, die Guaman Poma de Ayala 1615 fertigstellte, versinnbildlicht das Drama der Kolonialzeit: Der Abbau von Edelmetallen verdrängte die Nahrungsproduktion aus ihrer zentralen Rolle in der Wirtschaft. Die landwirtschaftliche Produktion sank, der Hunger eroberte das Land.
Die Spanier brachten aber auch die Nahrungsmittel der alten Welt in die Anden. Ohne diese kulinarische Bereicherung wäre die heutige bolivianische Küche undenkbar.

MONDONGO CHUQUISAQUEÑO

Allerheiligen-Gericht aus Chuquisaca

2 Tassen geschälter Mais, ein Stück Schweineschwarte, 1 El Gelbwurz, Öl, Salz, 450 g Schweinerippen oder -schulter,
1 grosse Zwiebel, 3 Knoblauchzehen, 1/2 Tl Kreuzkümmel, 1/4 Tl schwarze Pfefferkörner,
3 El gemahlener roter Ají, 1/2 El Essig, grüne Locotos, Kräuter (Petersilie etc.) und wenig Tomate

Man weicht den Mais über Nacht ein und kocht ihn im Dampftopf, von Zeit zu Zeit überprüfend, ob noch genug Flüssigkeit vorhanden ist. Wenn er etwa dreiviertel gar ist, gibt man die Schweineschwarte dazu und kocht den Mais, bis er aufplatzt. Nun schneidet man die Schwarte in kleine Stückchen, holt eine Suppenkelle voll Mais heraus, zerstampft ihn zu Brei und gibt diesen mit der Schwarte zurück in den Topf, wo mittlerweile das Wasser fast verkocht ist. Dann erhitzt man den Gelbwurz im Öl, mischt ihn unter den Mais und salzt. Gleichzeitig schneidet man das Fleisch in Würfel und gibt es mit heissem Wasser in eine grosse Pfanne, wo man es erst kocht und dann wie Chicharron (s.S. 121) brät. Falls das Fleisch zu mager ist, muss man Öl zu-setzen, damit es nicht verbrennt.

Bergarbeiter einer kleinen Kooperative im Cerro Rico von Potosí stärken sich mit Coca und Alkohol. In der Kolonialzeit ist Coca - vor allem bei der Arbeit unter Tage - ein Nahrungsersatz geworden. *(Bilder auf Seite 54/55)*

Wenn die Seelen essen

Die ersten beiden Jahre bin ich nicht hingegangen. Ich gab vor, es wäre ein Mangel an Achtung vor der Trauer der Hinterbliebenen, wenn ich an Allerseelen, dem 2. November, mich unter die Menge auf dem Friedhof mischte. In Wirklichkeit war ich befangen, weichen wir Europäer doch allem aus, was mit dem Tod zu tun hat.

Eigentlich habe ich - typisch Gringo - nur gucken und die mit Broten, Früchten und Zuckerrohrstangen dekorierten Gräber fotografieren wollen. Doch nun schleppe ich einen Plastiksack mit gebackenen Brotfiguren, Orangen und Keksen von Grab zu Grab. Und kaum bin ich mit dem Besuch des einen fertig, zupft mich schon jemand am Ärmel und fordert ein Gebet am nächsten. Dass ich nicht spanisch bete, stört nicht. Im Gegenteil, die Entlohnung in Broten und Schnaps scheint mir reichlich.

Meine Probleme mit dem Beten ahnt niemand. Protestantisch und westlich rational erzogen, aus der Kirche längst ausgetreten und mit eher politischen als religiösen Sympathien für die Theologie der Befreiung, kann ich wenig anfangen mit Heiligen, Ave Marias und Vaterunsern. Und nur etwas murmeln, was nach einem Gebet klingt, scheint mir ein Mangel an Respekt vor den Menschen, die daran glauben.

Aber dieses Fest hier auf dem Friedhof hat mit dem Katholizismus kaum mehr als ein paar Äusserlichkeiten gemein. Und dass die Kultur der Anden im Umgang mit den Seelen der Toten ihre Lebenskraft zeigt - trotz der fast fünfhundert Jahre Unterdrückung durch Europa und den Westen -, erfüllt mich mit Freude und Hoffnung. In diesem Sinn beuge ich mich dem Ritual.

Am 1. November decken die Familien - vor allem jene, denen im vergangenen Jahr ein Angehöriger gestorben ist - mittags einen besonders reich dekorierten Tisch: Ein Teller vom speziellen Mittagsmahl der Familie, Früchte, alkoholische Getränke, Coca, Zigaretten, oft "Panales" (Merenguen), Ketten aus bunt gefärbter "Phasankalla" (Popcorn), Zuckerrohrstangen und vor allem "Tantawawas" werden kunstvoll arrangiert. Schon Tage vorher hat man die "Tantawawas" - wörtlich "Brotkinder" - aus meist gelb eingefärbtem Teig geformt. Wer keinen eigenen Backofen hat, geht sie in den Öfen der auf Hochtouren arbeitenden Bäckereien backen. Und nun stapeln sie sich auf dem "Gabentisch" für die Toten: Menschliche Figuren, oft mit Gipsgesicht, Lamas, aber auch "Himmelsleitern" und "Kronen Gottes". Diese Symbole stammen aus dem Katholizismus, das Brot aus der alten Welt, die Bedeutung des Festes entspriesst aber der andinen Kultur.

Die Seelen der Toten kommen an diesem Tag und essen von den ihnen dargebrachten Speisen, was man daran sieht, dass diese schneller trocknen als sonst. Angehörige, Verwandte, Paten und Freunde kommen zu Besuch, und jeder, der für sie betet, erhält etwas vom Tisch der Seele.

Abends serviert man den Seelen eine weitere Mahlzeit, am nächsten Tag ein Frühstück und ein Mittagessen, bevor man die Tafel aufhebt und sie auf den Friedhof begleitet, um sich von ihnen zu verabschieden bis zum nächsten Jahr.

Unüberschaubare Menschenmassen strömen auf die grossen und kleinen Friedhöfe, riesige Bündel, Körbe und Säcke voll Brot, Tantawawas, Früchte und Essen, Zuckerrohre und Kanister mit alkoholischen Getränken schleppend. Über den Gräbern breiten die Hinterbliebenen Tücher oder eine Plastikfolie aus, einige füllen als erstes ihre Backen mit Coca. Dann errichten sie erneut aus Tantawawas und Speisen den "Tisch". Wer Zuckerrohre mitgebracht hat, baut daraus ein Gerüst, an dem er die Tantawawas zur Schau stellt. Dann schickt man ein Kind Wasser holen und stellt in einer Büchse Blumen und blühende Zwiebeln zur gemauerten Nische am Ende des Grabes. In ihrem langen Stengel haben die Zwiebeln eine Ausbuchtung, in der die Seele Wasser mitnehmen wird, um auf dem langen Weg in die andere Welt nicht Durst zu leiden.

Rings um das geschmückte Grab sitzend, beten und plaudern die Familienangehörigen und sprechen den Lieblingsspeisen und -getränken der oder des Verstorbenen zu. Oder besser gesagt: Sie essen und trinken mit der Seele, denn sie ist anwesend, nimmt teil am Fest, trinkt, tanzt mit und geniesst das Essen, welches man ihr in der kleinen Nische anrichtet. Später, nachdem alles vorüber ist, wird man kleine Kinder sehen, die mit Stöcken vorsichtig die Blumen vor den Nischen auseinanderschieben, um zu prüfen, ob noch etwas Essen übriggeblieben ist.

Doch vorerst ist das Fest in vollem Gange. Fremde nähern sich, erkundigen sich nach Namen, Alter und Beruf der oder des Toten und sprechen ein Gebet oder singen einen Psalm für sie oder ihn. Als Belohnung erhalten sie Brot, Früchte und, je nach Eindruck, den das Gebet gemacht hat, Zuckerrohr oder Tantawawas. An einigen Gräbern dankt man mit Milchreis, einem Teller Essen und oft genug einem Gläschen Hochprozentigem, Bier oder Chicha. Vor allem den Musikgruppen, die mit Trommeln und Flöten aufspielen, schenkt man kräftig ein.

Einzeln oder als kleine Trupps - unter ihnen zahllose Kinder - beten sich viele geradezu professionell quer über den Totenacker und heimsen säckeweise Brot und Früchte ein. Wieviele werden an diesem Tag das einzige Mal im Jahr satt? In La Paz arbeiten die Bäckereien in vielen Stadtteilen nach Allerseelen eine ganze Woche lang nicht, weil die Menschen noch von ihrem Bet-Lohn zehren.

Wenn es knusprig ist, holt man es heraus und brät im Fett die geschnittene Zwiebel mit Knob-lauch, Pfeffer und Ají. Dann löscht man mit kochendem Wasser ab und lässt die Sosse leicht kochen, bis sie eindickt, gibt das Fleisch hinzu, salzt und schmeckt mit Essig ab.
Aus Locotos, Tomate und Kräutern mahlt man eine grüne Llajhua (s.S. 51). Nun serviert man den gelben Mais in der Mitte, auf der einen Seite das rote Fleisch, auf der anderen die grüne Llajhua - ein Teller in den bolivianischen Nationalfarben.
Mondongo als patriotische Manifestation scheint eine recht junge Tradition zu sein, die nur von höheren Schichten befolgt wird. Die gelbe Farbe hängt vielmehr damit zusammen, dass man allgemein zu Allerheiligen Speisen, z.B. Tantawawas, gelb färbt.

BISCOCHUELO

(Allerheiligen-) Bisquit

10 Eier, 10 gehäufte El Zucker, 10 gehäufte El Mehl, 5 El Kartoffelstärke, 1 Tl Backpulver, Papier, Holzspiesschen

Zuerst faltet man aus Papier die Formen, wie auf der Zeichnung angegeben, und steckt sie mit Ichu-Grashalmen fest (wir können diese durch Holzspiesschen ersetzen). Man siebt das Mehl, die Stärke und das Backpulver zusammen. Nun trennt man Eiweiss vom Eigelb und schlägt beides für sich mit je 5 El Zucker, gibt sie zusammen und schlägt weiter, dabei nach und nach die pulverförmigen Zutaten hineinrührend. Dann gibt man den Teig in die Formen, so dass diese etwa 1 cm tief mit Teig gefüllt sind, und bäckt die Biscochuelos im mässig heissen Ofen.

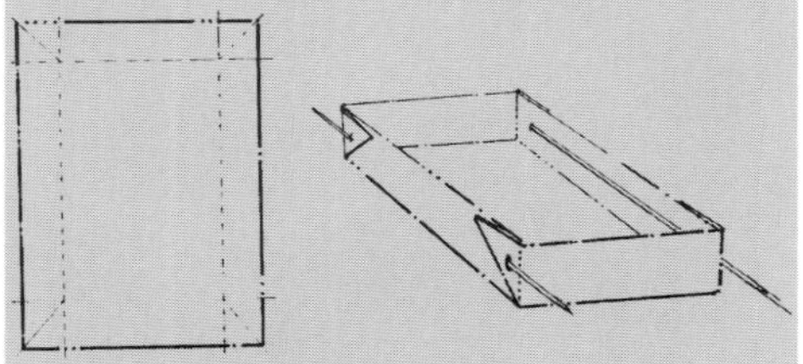

Wer stirbt, verschwindet nicht auf einem Friedhof, dessen Sterilität "Achtung vor den Toten" mehr simuliert als bezeugt, sondern drei Jahre nacheinander kommt seine Seele an Allerheiligen zurück, und zu Allerseelen feiert man mit ihr ein Fest auf dem Friedhof. Wer selbst keine Toten in den vergangenen Jahren zu beklagen hat, errichtet am Rand des Friedhofs ebenfalls einen "Tisch" für die Seelen ohne Hinterbliebene. Ohne Zweifel haben es die Toten in den Anden besser als die europäischen, und damit verlieren auch die Lebenden einen Teil der Angst vor dem Sterben.

Mit Kreuz und Schwert

"Brmmm, brmmm, brrrrrm..." Rittlings sitzt das kleine Mädchen im Allerseelen-Trubel auf dem kniehohen Grab und fährt ein imaginäres Motorrad. Der Querbalken des Kreuzes am Ende des aus Steinen und Zement gemauerten Grabes dient als Lenker bei der wilden Fahrt. In einer engen Kurve bricht der Querbalken ab. In Europa hätte es Tadel, Vorwürfe, vielleicht Schläge gegeben, hier stört sich niemand daran.

Das dürfte nicht nur am unverklemmten Umgang mit den Verstorbenen liegen; nicht nur daran, dass kaum noch jemand nüchtern ist. Die Spanier eroberten die Anden "mit Kreuz und Schwert", wobei man das Kreuz an erster Stelle nennt. Die erlittene Unterdrückung schmälert sicher den Respekt vor dem "christlichen" Symbol, das zudem so christlich gar nicht ist: schon vor den Spaniern genoss das Kreuz in den Anden Verehrung - als Sternzeichen, nach dem sich die Bauern orientierten.

Die erste Handvoll Eroberer traf das Imperium, als es durch den Thronfolgestreit zweier Inkabrüder geschwächt war. Durch List und Mord gelang es den Spaniern, sich an die Spitze des Reichs zu setzen. Schrittweise eroberten sie dann den ganzen Staat, geschickt dessen innere Konflikte zwischen den verschiedenen Völkern und Klassen ausnutzend. Diese Spannungen hätten auch ohne die Spanier früher oder später zu einem Wandel geführt, denn das Imperium war noch relativ jung und nicht gefestigt. In der Region des heutigen Bolivien hatten die Inkas nur etwa achtzig Jahre geherrscht.

Das, was man als "Christentum" bezeichnete, war die direkteste Waffe der kulturellen Unterdrückung. Wie sehr die koloniale Missionierung die christliche Botschaft der Erlösung ins Gegenteil verkehrte, zeigt eine Quechua-Sage aus Cuzco im heutigen Peru: Jesus ergriff Pachamama und schnitt ihr die Kehle durch. Ist die Landwirtschaft deshalb seit der Christianisierung weniger ertragreich?

Der Ursprung der Tantawawas

Zu Beginn ihrer Schöpfungsgeschichte erzählt die Hausfrau aus dem Minenort Siglo XX, dass sie als Kind noch nie eine Person einer anderen Rasse gesehen hatte. Sie hielt deshalb das erste schwarze Kind, das sie traf, für den "Condenado", den "Verdammten", der als schwarzes Gespenst mit durchgeschnittener Kehle umgeht, um Mais bittet und Menschen frisst. Ihr Vater schimpfte sie deswegen aus.

"Also da erzählte er uns, dass ihm sein Grossvater - mein Vater wurde 1900 geboren - erzählt hatte, dass früher auf der Erde keine Menschen existierten. Es gab nur Pachamama, die Tiere und Viracocha.
Und sie sah mit grosser Trauer, wie die Tiere starben, weil die Sonne sie verbrannte. Es gab niemanden, der ihnen half. Auch die Pflanzen, sagte er, dass die Sonne sie verbrannte und sie starben, weil es niemanden gab, der Wasser herbeibrachte, um sie zu giessen.
Damals war es Pachamama, die sich beschweren ging, dass es keine Person gebe, die ihnen helfen würde. Man benötige ein Wesen, das mehr Intelligenz habe.
Da haben sie beschlossen, den Menschen zu machen - ein höheres Wesen als die Pflanzen, als die Tiere -, damit er die Möglichkeit habe, diese Sachen zu machen.
Und dafür machte Pachamama einen Teig aus Mehl, knetete einen Brotteig, und zusammen machten Pachamama und Viracocha den Mann und die Frau. Sie machten drei Paare. Pachamama machte die Frau und Viracocha machte den Mann. Also war die Frau das Ebenbild von Pachamama und Viracocha machte den Mann nach seinem Ebenbild.
Und er sagte, dass sie diesen Teig backen mussten, was sie den Engeln auftrugen. Und Paar für Paar legten sie sie auf ein Blech, damit sie im Ofen buken.
Nun weiss man nicht, ob das Brot ungleich gebacken wurde, weil diejenigen, die am Backen waren, nicht aufpassten oder weil der Ofen ungleichmässig warm war. Die einen, sagte er, waren nicht gut gebacken, andere waren gut gebacken und ein Paar verbrannte sich stark, weil es sehr nahe am Feuer war, und dieses wurde schwarz.
In diesem Augenblick erschienen schon Pachamama und Viracocha. Also sagten sie: 'Wir haben sie verbrennen lassen, wir haben sie schlecht gebacken. Man muss andere machen, man muss aufs neue backen; sie werden uns bestrafen.' Aber als sie schauten, erhoben sich die Personen und begannen zu laufen und hatten bereits Leben. Und sie konnten sie nicht mehr zerstören. Also, erzählte er, dass sie sie in etwas hineinsetzten, um zu beobachten, wie sie leben konnten. Das weisse Paar zum Beispiel konnte nicht viel Hitze ertragen. Das schwarze Paar mochte die Hitze sehr. Und jenes andere, sagte er, - nun - es gewöhnte sich leicht an jede Gegend. Sie mussten also die Welt ändern. Sie beschlossen, eine Teilung zu machen, einen sehr warmen Ort zu machen, wohin sie die Schwarzen brachten, um dort zu leben, einen anderen Ort, wohin sie jene brachten, die überall heimisch werden können. Und für die Weissen machten sie auch viel Schnee, alles, damit sie in jene Gegend gingen.
Und so lebten sie. Es ist deswegen, dass sie die Welt veränderten.
Und er sagte, alle seien wir aus Brotteig gemacht. Deshalb, wenn sie sterben, macht man den Körper der Verstorbenen aus Brot. Aber alle sind wir Brüder, sind wir aus einem einzigen Teig, selbst wenn wir verschiedene Farben haben.
Und seit damals hat Pachamama den Ofen verflucht, weil sie eine Wut hatte, dass er schlecht gebakken habe. Und seit damals sind immer einige Brote verbrannt, einige sind gut gebacken und andere sind nicht gebacken.
Später trat mein Vater den Zeugen Jehovas bei und eines Tages, als er erzählte, dass er aus Lehm geschaffen worden sei und dass die ersten Eltern Adam und Eva gewesen seien, sagte ich zu ihm: 'Aber Papa, Du sagtest mir etwas anderes!' Da meinte er zu mir: 'Ach, das hat mir mein Grossvater als Dummkopf erzählt, weil er es nicht wusste.'"

Laut rein andinen Mythen sind die ersten Menschen aus Höhlen gekommen. Doch die Völker der Anden haben immer wieder verstanden, fremde Kulturelemente in ihre Welt zu integrieren: Das Brot, die Engel und der Backofen stammen aus der alten Welt.
Die gleichzeitige - und gleichwertige - Erschaffung von Frau und Mann sind dagegen andine Weltsicht; auch dass sie als Behüter der Natur geschaffen wurden und nicht nach dem christlich missverstandenen "Macht Euch die Erde untertan!".

MAICILLOS

(Allerheiligen-) Kekse

3 Eier, 1/2 Tasse Fett, 1/2 Tasse Zucker, 3 Tassen weisses Maismehl (notfalls durch Weizenmehl ersetzen, das man auch mit etwas gelbem Maismehl mischen kann), 1 Tl Backpulver, 1 Tl Zimt

Man schlägt Eiweiss und -gelb getrennt, mischt sie mit den restlichen Zutaten, so dass ein weicher Teig entsteht. Diesen wallt man etwas dicker als 1/2 cm aus und sticht mit einem Glas runde Teigstücke, die man auf einem Blech im mässig warmen Ofen bäckt (150-160°C, 20-25 Min). Die Kekse dürfen nicht dunkel werden.

Auch eine Aymara-Legende aus Bolivien verbindet die christliche Religion mit Hunger: "Unsere heutige Menschheit ist (...) in Gefahr, zu verschwinden, da Gott Lust hat, ein neues Gericht zu halten, das nach seinem Wunsch aus Hunger bestehen soll. Die Jungfrau (Pachamama, nicht die Mutter von Jesus) widersetzt sich mit dem Argument, dass die Menschen in den Kanibalismus verfallen könnten, wenn die Strafe aus Hunger bestehe; und das wäre sehr unmoralisch."[20]

Man sollte auf der Reise von La Paz nach Viacha im Bus nicht einschlafen, da sonst der "Kharisiri" kommt und einem das Fett aussaugt. (Anders als die Europäer, die sich vor Blutsaugern fürchten, bangt man auf dem Altiplano um sein Fett - vielleicht ein Reflex auf die extrem fettarme Nahrung). Der Kharisiri ist ein Priester, der aus menschlichem Fett seine Kerzen macht...

Die Legenden haben einen realen Hintergrund: Mit der kolonialen Eroberung hielt der Hunger Einzug. Im Rahmen ihrer "Kampagne zur Ausrottung des Götzendienstes" verbot die Kolonialkirche den Anbau von Coimi. Dass diese ausgezeichnete Nahrungspflanze beinahe in Vergessenheit geriet, war das Resultat "einer gemeinsamen Anstrengung der spanischen Eroberer und der Kirche, mit dem Ziel, auszurotten, was sie als heidnische Praktiken erachteten."[21] In Cajamarca im heutigen Peru ass man bei religiösen Anlässen Figuren aus Coimi-Teig, ähnlich wie man zu Allerseelen mit Tantawawas aus "K'ispiña" (Quinua-Teig) heute noch in Bolivien Gräber dekoriert. "Die Unterwerfung der rebellischen Indios wird niemals vollständig sein, solange sie eine gewisse Frucht essen, die nicht grösser als ein Stecknadelkopf ist",[22] soll es in einem Bericht an den Vizekönig bezüglich Coimi geheissen haben.

Der Klerus, dem alles Nichteuropäische als "heidnisch" verdächtig war, entfesselte im Eifer auch in der Küche einen Religionskrieg, der nicht ohne Gegenwehr blieb: 1656 berichtete ein Inquisitor, dass die Einheimischen einmal jährlich ihre heiligen Orte besuchten und dort fünf Tage lang "fasteten" ohne zu schlafen. Dabei ernährten sie sich von ungesalzenen Meerschweinchen, geröstetem Mais, Kartoffeln und Tarwi; der Genuss "christlicher" Lebensmittel sei verboten gewesen. Auch die "Taqui-Unquy"-Bewegung, die wenige Jahrzehnte nach der Eroberung zum kulturellen Widerstand aufrief, verbot nicht nur die Ausübung des Christentums, sondern auch den Genuss spanischer Speisen.

Zerstörung des andinen Versorgungssystems

Triebfeder aller europäischen Eroberungsfahrten war der aufkommende Merkantilismus und die damit aufblühende Geld-, d.h. Gold- und Silberwirtschaft. Folglich löste der Fund der reichen Silbervorkommen im "Cerro Rico" von Potosí ein wahres Fieber aus. In wenigen Jahrzehnten wuchs Potosí zu einer Stadt mit 200'000 Einwohnern heran, grösser als damals Rom, London oder Paris... Das von indianischen Zwangsarbeitern geförderte Silber schickte man zeitweilig direkt an den Börsenplatz Antwerpen und verrechnete es mit den Schulden der spanischen Krone. So wurde das Edelmetall aus den Anden zum Handels- und Manufakturkapital für England, Holland, Flandern, Frankreich, Genua und Deutschland und so zum finanziellen Entwicklungsmotor Europas.

Grossgrundbesitz und Zwangsarbeit

Nach der Eroberung gehörte der Boden formell dem spanischen König. Ähnlich wie zuvor der Inka überliess er ihn den Ayllus. Er verlangte dafür einen Tribut in Geld oder Naturalien und später auch Arbeitsleistungen. Den Eroberern gegenüber zeigte er sich erkenntlich, indem er ihnen eine bestimmte Anzahl Einheimischer zwecks Bekehrung zum Christentum "anempfahl" und von denen sie auch den Tribut für den eigenen Säckel eintreiben konnten. Diese "Anempfehlung" (span. = Encomienda) war auf die Dauer von zwei Generationen beschränkt. Die Begünstigten kassierten aber nicht nur Tribut von den "anempfohlenen" Bauern, sondern verschleppten sie nach Potosí, wo sie sie oft in den Minen zu Tode schunden.

Das war gegen die Interessen der Krone, welche die Arbeitskräfte für eine langfristige Ausbeutung der Kolonien benötigte. Sie schaffte die Encomienda ab, entschädigte die vormals Begünstigten mit grossen Land-Zuteilungen und für die Minenarbeit führte sie die Mita wieder ein: Jeder erwachsene "Indio" - so die koloniale Bezeichnung der Einheimischen - sollte alle sieben Jahre zwölf Monate in den Minen arbeiten.

Bei der inkaischen Mita hatte man auf die Schonung der Untertanen geachtet, um das Arbeitspotential nicht zu gefährden. Die Mita der Spanier dagegen entpuppte sich praktisch als "Vernichtung durch Arbeit": In der Kolonialzeit starben acht Millionen Menschen allein in den Minen Potosís. Oft kehrten von den rekrutierten Mitayos weniger als ein Viertel

Zeit-Tafel

1532: Ankunft des Eroberers Pizarro im Inkareich.

1536: Gründung der ersten spanischen Siedlung auf bolivianischem Boden.

1538: Gründung der Stadt La Plata, die heute Sucre heisst. Ab 1551 war La Plata Bischofs-Sitz und Verwaltungszentrum der "Audiencia de Charcas", deren Kerngebiet das heutige Bolivien war.

1545: Entdeckung der Silbervorkommen im Cerro Rico von Potosí.

1570: Die Amtszeit des Vizekönigs Toledo wird als Ende der Eroberungszeit und Beginn der Kolonialzeit betrachtet. Die von Toledo durchgeführten Reformen schafften die Encomienda ab, führten die Zwangsarbeit in den Silberbergwerken ein und bewirkten unter anderem die allgemeine Verbreitung des Holzpflugs.

1781: Indianische Aufstände gegen die Spanier, u.a. geleitet von Tupaj Katari.

ab 1809: Unabhängigkeitskämpfe, angeführt von der weissen Oberschicht.

Die koloniale Kirche verfolgte die andine Form des Schlachtens, bei der dem Lama wird das Herz herausgerissen wird, als "Götzendienst" und "Hexerei".

in ihre Ayllus zurück. Viele zogen es vor, dem voraussichtlichen Tod in den Minen durch Flucht in den Dschungel der Yungas oder auf die Güter der Spanier zu entkommen.

Die indianischen Bauern lebten in zerstreuten Einzelhof-Siedlungen, was ihrer vielseitigen Landwirtschaft am besten entsprach. Die Spanier versuchten, sie in Zwangsdörfern zu konzentrieren, um Mitayos zu rekrutieren und Tribute eintreiben zu können. Oft konnte man sie erst nach regelrechten Menschenjagden und nachdem man ihre Häuser verbrannt hatte, in den neuen Dörfern ansässig machen, und auch dies nur zeitweilig: Später wanderten viele wieder ab, und die Dörfer wurden als Marktflecken von Mestizen bevölkert.

Auch die überregionalen Strukturen krempelten die Europäer um: Bereits als sie das erste Mal die Berge überquerten, um Cuzco einzunehmen, lösten sich durch die politischen Erschütterungen im weit entfernten Tal von Cochabamba viele Mitimae-Siedlungen auf. Die Umsiedler verliessen die Maisfelder und flüchteten in ihre Ayllus in der Puna. Als die Krone dann die Encomiendas und später Privatland zuteilte, achtete sie nicht auf das Mosaik der Ayllu-Zugehörigkeiten: Viele Mitimae-Kolonien trennte sie so schon in den ersten Jahren von den Mutter-Ayllus ab. Dies geschah nicht nur aus Kurzsichtigkeit; vielmehr wollte man die Selbstversorgung der Ayllus unterbinden und ihre Autonomie zerstören.

Als erstes eigneten sich die Eroberer das Land des Inkas, des Sonnenklerus und der von den Mitimaes verlassenen Kolonien an. Später mussten die Ayllus oft einen Teil ihres Bodens verkaufen, um das Geld für die Tributzahlungen aufzubringen. Bis zum Ende der Kolonialzeit wurde so rund ein Viertel der Böden, vor allem die besten und meistens die in den Tälern gelegenen, in private Haciendas umgewandelt.

Diese Ländereien liessen die Besitzer von "Yanaconas" bearbeiten, indianischen Arbeitern, die in keinem Ayllu mehr beheimatet waren und zu Leibeigenen auf den Haciendas wurden. Als Abfindung für ihre Arbeit durften sie auf einem Stück Land, das man vorher ihnen oder ihren Vätern geraubt hatte, ihre Nahrung anbauen. Das einzig Attraktive an diesem System war, dass sie von der noch schlimmeren Mita verschont blieben, und ihr Herr den Tribut bezahlte.

Die Macht des Marktes

Die Versorgung Potosís, der bis dahin grössten Stadt im Andenraum, warf riesige Probleme auf. Knappheit regierte allenthalben, und von weit her mussten Saumkolonnen die Nahrung herbeitransportieren. Wo Lebensmittel spärlich sind, wird ihre Produktion und der Handel damit zum

Geschäft. Durch die Vorliebe der Weissen für Weizenbrot und die "Demokratisierung" des Maiskonsums in der andinen Bevölkerung herrschte vor allem grosse Nachfrage nach Getreide. Wenn auf den Haciendas Aussaat und Ernte der Marktprodukte anstanden, mussten die Yanaconas ihre Äcker liegen lassen und ihre eigene Landwirtschaft den Marktinteressen des Patrons unterordnen.

Auch die "freien" Bauern der Ayllus mussten sich in Erntezeiten als Tagelöhner auf den Haciendas verdingen, um das Geld für den Tribut, die Gebühren der katholischen Kirche und die Schuldzinsen bei den Händlern aufzubringen. Die Arbeit auf den eigenen Feldern stellten sie zurück, der Arbeitsaustausch im Rahmen der Gegenseitigkeit und die Kombination der verschiedenen Anbauprodukte kamen aus dem Gleichgewicht.

Die erste Bekanntschaft mit dem Markt hatten sie gemacht, als spanische Händler anfingen, ihnen überflüssige Waren auf Kredit zu überlassen, was sie als "Grosszügigkeit" im andinen Sinn auffassten. War die Zahlungsfrist verstrichen, riefen die Kaufleute die Kolonialjustiz an, um die Bauern zu pfänden und sich ihrer Habe und Arbeitskraft zu bemächtigen.

Um die Abgaben aufzubringen, mussten die Bauern vermarktbare Überschüsse jener Produkte erzeugen, die sie zu den höchsten Preisen verkaufen konnten. Das erzwang eine Konzentration auf weniger Produkte. Das bewährte System, die Arbeitskraft durch den möglichst vielseitigen Anbau in der andinen Ergänzungswirtschaft optimal zu nutzen, mussten sie zunehmend der Geld- und Marktwirtschaft opfern, die von den Spaniern kontrolliert wurde.

CHORRELLANA

gedünstete Zwiebeln mit Tomaten

Zwiebeln, die gleiche Menge Tomaten, Salz

Man schneidet die Zwiebeln in Streifen und brät sie in reichlich Öl in der Pfanne. Nach einer Weile gibt man die in Scheiben geschnittenen Tomaten dazu und salzt.
Die fertige Chorrellana gibt man wie Sarsa über die Speisen, z.B. über Spiegelei oder gebratenes Fleisch mit Reis.

Das zerrissene Netz

Bei all den Eingriffen in die andine Ordnung liessen die Spanier die Ayllus - wenn auch in veränderter Form - bestehen, denn sie lieferten Gratisarbeitskräfte für die Mita in Potosí und dienten als Verwaltungseinheit, um die Tribute einzutreiben. Wie zu Zeiten des Inkas bildeten auch in der Kolonialzeit die Curacas das Bindeglied zwischen den Ayllus und dem darübergestülpten Staat.

Ursprünglich waren sie die Häupter der leiblichen und geistigen Verwandten gewesen, die die empfangenen Arbeitsdienste vergalten, indem sie als Friedensrichter wirkten, religiöse Rituale organisierten, die Verteilung der Nahrung an Bedürftige und ähnliche Aufgaben wahrnahmen.

Die Spanier beliessen die Curacas in ihren Positionen als lokale Herrscher, bauten sie aber in den Kolonialapparat ein. Sie mussten den Tribut

SARSA
oder
SALSA DE CEBOLLA

"Sarsa" oder Zwiebelsosse

Zwiebeln, die gleiche Menge Tomaten, Locoto (Peperoncino) und feingewiegte Kräuter nach Geschmack, Salz, ev. etwas Öl

Man halbiert die Zwiebeln und schneidet sie längs (nicht quer) in feinste Streifchen, die man gut mit dem Salz vermischt. Kurz vor dem Servieren mischt man die in kleine Würfelchen geschnittene Tomaten dazu. Man kann auch feine Locotostreifchen und frische Kräuter daruntermischen.
Die "Zwiebelsosse", die wir eher als "Salat" bezeichnen würden, wird grundsätzlich über das Gericht gegeben und nicht daneben auf den Teller.
Eigentlich wäscht die bolivianische Köchin die geschnittenen Zwiebel, damit sie nicht "bitter" sei. Die andine Entbitterungstechnik wurde so auf die europäischen Nahrungsmittel übertragen. Da dabei ein Teil der Vitamine und Mineralien verloren geht, ziehe ich es vor, die Zwiebel mit dem Salz eine Weile stehen zu lassen. Ist sie zu stark, kann man sie mit etwas Zitronensaft dämpfen.

abliefern, den jedes Ayllu als Ganzes zu bezahlen hatte, und die Listen der Mitapflichtigen erstellen. Das gab ihnen eine Machtposition, die sie im Inkareich nicht gehabt hatten. Viele missbrauchten diese, indem sie die Untergebenen mit der Androhung, sie zur Mita zu schicken, zu absoluter Gefolgschaft und Diensten aller Art erpressten. So wurden sie zu Treibriemen der kolonialen Ausbeutung und brachten es oft selbst zu Reichtum. Einige Curacas widerstanden zwar der Versuchung des neuen Systems und bemühten sich, das Schlimmste von ihrem Ayllu abzuwenden. Das System der Gegenseitigkeit wurde jedoch verfälscht und ausgehöhlt. Die Grundlagen und Werte der alten kommunalen Organisation zerfielen; Individualismus, Konkurrenzdenken und Werben um die Gunst der neuen Herren machte sich breit. Das Netz der gegenseitigen Solidarität, die früher die Ernährung aller garantiert hatte, wurde immer löchriger und zerriss schliesslich. Lediglich als Fetzen überlebten viele Formen der Zusammenarbeit.

1639 berichtete ein Chronist über die Dörfer der Chuyes: "Es ist sehr beachtlich, dass es in diesen Dörfern keine armen Bettler gibt, (...) da die Alten, Lahmen, Blinden und Behinderten von Gemeindeäckern unterhalten werden, welche man für diesen Zweck anlegt."[23] Wie gründlich die Kolonialwirtschaft diese Strukturen zerschlug, zeigt der Umstand, dass man heute nicht mehr genau weiss, wo im Süden Boliviens die Chuyes siedelten.

Hunger trotz neuer Lebensmittel

Die Spanier brachten die Samen der aus der alten Welt stammenden Nahrungsmittel in die Anden: Weizen, Gerste, Hafer, Erbsen, Saubohnen, Kichererbsen, Zwiebeln, Knoblauch, Bananen, Reis, Zuckerrohr, Zitrusfrüchte, Äpfel, Birnen, Pfirsiche, Aprikosen, Kirschen, Trauben, Mangos, Spinat, Möhren, Mangold, Leinsamen, weisse Rüben und vieles mehr. Das heutige Bolivien bietet eine klimatische Nische für den Anbau fast jeder Pflanze, fast jedes Nahrungsmittels. Zudem wurde es möglich, die in den Anden hochstehende Kunst der Pflanzenzucht zu kombinieren mit den Erfolgen der Tierzucht in der alten Welt.

Aber für lange Zeit ass die einheimische Bevölkerung kaum von den neuen Lebensmitteln. Zum einen waren die Menschen durch die gewaltsam über sie hereinbrechenden Umwälzungen zu verschreckt, als dass sie für eine Veränderung ihrer Essgewohnheiten offen gewesen wären, andererseits waren die meisten der neuen Artikel für sie unerreichbar teuer.

Trotz des theoretisch erweiterten Angebots wurde die Ernährung schlechter. In Potosí machte sich z.B. unter den Mitayos eine bis dahin in den Anden unbekannte Mangelkrankheit breit: Skorbut. Die Zwangsarbeiter, die oft für lange Zeit den Stollen nicht verlassen durften, wurden "fast ausschliesslich mit 'Chuño' ernährt und dabei so kurz gehalten, dass ungezählte Tausende von ihnen in den tiefen, staubigen Stollen elend zugrunde gingen".[24] Der Chronist "Cieza de León beklagt sich bitter darüber, dass damals zahlreiche spanische Zwischenhändler diesen Chuño bei den Produzenten billig einkauften, dann zu Wucherpreisen an die unglückseligen Bergarbeiter abgaben und auf diese Weise mit Reichtümern beladen nach Spanien zurückkamen."[25]

Auch die Eisenmangel-Anämie machte sich breit. Im 18. Jahrhundert wusste die Aymara-Medizin kein Mittel gegen dieses neue Phänomen, das sie vor der Kolonialzeit nicht gekannt hatte. Heute ist Anämie bei Schwangeren, stillenden Müttern und Kindern der Normalfall. Die Kindersterblichkeit - ein wichtiger Anhaltspunkt für die Ernährungslage eines Volkes - stieg rasch an.

Technologische und ökologische Verarmung

Vor ein paar Tagen sind zwei Jugendliche aus der Comunidad durch das seichte Wasser zu einem Felsen mitten im Fluss hinausgewatet, um zu angeln. Bei strahlend blauem Himmel wurden sie überrascht von einer Flutwelle, die wie eine brüllende Wand heranschoss. Der eine entkam. Den anderen fand man flussabwärts - ertrunken.

Er wurde ein Opfer der ökologischen Zerstörung, die mit der europäischen Eroberung ihren Anfang nahm: Überweidung des Altiplano und der Talhänge, Abholzung und der Pflug haben die Böden so weit zerstört, dass sie das Wasser nicht mehr aufnehmen und der Regen als Flutwelle zu Tale stürzt.

In Potosí benötigte man für die Silber-Schmelzöfen Holzkohle, wofür allein auf dem Altiplano 24'700 km^2 Strauchvegetation abgeholzt wurden.

Zudem waren die von den Spaniern eingeführten Schafe, Rinder, Ziegen, Schweine, Esel und Pferde als Milch-, Woll-, Fleisch- und Lasttiere den Lamas überlegen. Die einheimischen Bauern haben sich verstärkt der Viehzucht gewidmet, da man ihnen den besseren Teil der Böden (in den Tälern) wegnahm. Ausserdem bestand eine hohe Fleisch-Nachfrage in den Städten, was ihnen ermöglichte, durch Viehzucht Geld für den Tribut zu erwirtschaften.

Mit ihren harten Hufen haben die neuen Tiere den Boden festgetreten, des Regenwasser kann kaum noch eindringen, umso mehr, als zu grosse Herden die Vegetation kahlgefressen haben. Vor allem die Ziegen haben alles verbissen. In der Kolonialzeit hielt man sie in grosser Zahl,

Kolonial-klerikale Verwendung von Ají: Nachdem der Priester seine Opfer ausgepeitscht hatte, strich er ihnen unter anderem eine heisse Paste aus Ají-Pfeffer in die Wunden.

COQUITOS, TABLITAS und QUESITOS DE ALMENDRA

süsse "Kerne", "Täfelchen" und "Mandel-Käslein"

Hinter der hölzernen "Drehtür" der Durchreiche fragt eine weibliche Stimme, was ich wünsche. "Coquitos, Tablitas und Quesitos de Almendra". Ich lege das Geld in das Fach, das Karussell dreht sich und die Lekkereien erscheinen... Die Nonnen von Santa Teresa verlassen ihr Kloster nie, und ausser durch dieses mit dem Bretterkarussell verbaute Fenster pflegen sie keine Kontakte mit der Aussenwelt. Ich versuche, der Unsichtbaren zu erklären, dass mich auch die Rezepte interessieren, da die Delikatessen des Klosters zur kulinarischen Geschichte des Landes gehören. Die Stimme hinter dem Holz wird energischer: Die Rezepte könne sie nicht verraten, denn das Konfekt sei die einzige Einnahmequelle der Nonnen. Strassenverkäuferinnen bieten weltliche Imitationen des heiligen Naschwerks an, und in Kochbüchern versuchen die Autorinnen es z.B. mit den folgenden Tablillas de coco (Kokostäfelchen):

1/2 Tasse Zucker, 1 Tasse Wasser, 1 Dose Kondensmilch, 1 Dose Kokosraspel, 2 Eigelb

Man kocht den Zucker im Wasser, bis er merklich eindickt, gibt die Kondensmilch dazu und kocht weiter (öfter rühren!). Wird die Mischung dickflüssig, gibt man den feinen Kosoksraspel dazu und kocht unter ständigem Rühren auf kleiner Flamme, bis die Masse anfängt, sich vom Topf zu lösen. Man nimmt sie vom Feuer, rührt die Eigelbe hinein und streicht die Masse auf einem ein-

um die Silberbarren für den Transport an die Küste mit Ziegenfell zu verpacken.

Die Verschleppung von Arbeitskräften aus der Landwirtschaft in die Bergwerke liess die Nahrungsmittelversorgung fast zusammenbrechen. Damit die Felder "mit weniger Arbeit, Beschäftigung von Indios und in kürzerer Zeit gepflügt werden können"[26], führte der Vizekönig Toledo 1570 per Dekret den Holzpflug in den Anden ein. Niemand untersuchte damals, ob der ursprünglich für die tiefgründigen Böden des Nildeltas entwickelte Pflug sich für die ökologischen Bedingungen der Anden eignet: Mit dem Hakenpflug reisst man in drei Arbeitsgängen längs, quer und diagonal den Boden auf, wodurch eine zusammenhängende Fläche lockerer Erde entsteht. Sie wird - im Gegensatz zu den mit dem Huisu bearbeiteten Feldern - nicht von Furchen mit fester Erdstruktur unterbrochen. Damit lässt sich die Bodenfeuchtigkeit schlechter kontrollieren, was die Erträge gesenkt hat.

Obendrein boten die engen vorkolonialen Terrassen für ein Ochsengespann zuwenig Raum und man riss sie nieder. In Bolivien sind die Terrassen nur in wenigen Gegenden erhalten geblieben, z.B. im Tal von Charazani.

Die Vernichtung der Vegetation, das stärkere Gefälle durch die Zerstörung der Terrassen, die lockere Krume auf den gepflügten Feldern und die verringerte Wasser-Rückhaltefähigkeit des überweideten Brachlands trieben die Erosion des Altiplano derart voran, dass die Produktivität seiner Böden auf einen Zehntel gesunken ist. Das schnell abfliessende Wasser reisst talabwärts die Ufer weg und füllt die Flussbetten mit dem weiter oben abgetragenen Geröll auf. Die Flüsse wechseln häufiger ihr Bett, so dass auch das flache, bewässerbare Ackerland der Auen verloren geht.

Durch die Fluchtbewegungen der Kolonialzeit wurden zusätzlich die Täler überbesiedelt. Sie weisen heute die stärkste Erosion auf, und die Regionen mit der extremsten Erosion sind auch jene mit der schlimmsten Unterernährung.

Krisen

Die Legende von den Gold essenden Spaniern fasst die Folgen der kolonialen Unterwerfung der Andenvölker zusammen: War vor der Kolonialzeit Nahrungsversorgung durch die Landwirtschaft der Lebensnerv der Gesellschaft gewesen, so wurde nun der von aussen aufgepfropfte Bergbau zur Achse der Wirtschaft. Das führte zu den folgenden Angriffen auf die Grundlagen der andinen Nahrungsversorgung:

- Die andine Gegenseitigkeit wurde verzerrt und so die optimale Arbeitsorganisation zerstört.
- Der angeschlagenen Landwirtschaft entzog man ununterbrochen Arbeitskräfte.
- Die Kontrolle der Ayllus über verschiedene Klimastockwerke wurde stark eingeschränkt.
- Das alte Modell der Anbau-Vielseitigkeit und Ergänzungswirtschaft kam aus dem Gleichgewicht.
- Die ökologisch angepassten Anbauweisen wurden durch europäische Methoden ersetzt.

Die Flucht vieler Bauern in entfernte Regionen vergrösserte zudem die Steuerlast für die Zurückgebliebenen. Diese mussten nun auch die für den eigenen Unterhalt nötigen Nahrungsmittel abliefern: "Wir bezahlen die Taxe in Silber, Kleidern, Chuño, Fisch und die Mita in Potosí leistend derart auf Kosten unserer übermässigen Arbeit, dass der Mais, der uns als Hilfe für unsere Ernährung dienen könnte, verkauft wird für die Vervollständigung der Taxe und der Mita",[27] klagten die Bauern aus Omasuyos im Jahr 1647.

Bereits in den ersten Jahren hatten die von den Europäern eingeschleppten Seuchen die Bevölkerung der Anden in einem Ausmass dezimiert, das man heute nicht mehr rekonstruieren kann. Die Ausblutung der Landwirtschaft und die daraus resultierenden Hungersnöte reduzierten dann die Bevölkerung zwischen 1573 und 1683 nochmals um 42%, wobei die Zahl der Männer um mehr als 50% abnahm, da viele die Mita nicht überlebten.

Arbeitskraft wurde so knapp, dass die Haciendabesitzer die mit der Mitayo-Rekrutierung beauftragten Kolonialbeamten mit dem Tode bedrohten, wenn diese auf die Haciendas kamen, um geflohene Mitapflichtige zu holen. Das Kolonialsystem geriet in eine permanente Krise.

Dort, wo es den Ayllus gelang, ihre ursprüngliche Organisation wenigstens teilweise zu erhalten, war die Lage weniger dramatisch. 1787 berichtete der Intendant von Potosí über die Provinz Chayanta: "Sie hat zwanzig Pfarreien in Puna und Tälern, mit der schönen Lage, dass ihre Einheimischen zu keiner Zeit den Bezirk verlassen müssen, um ihr Getreide zu säen und zu ernten, da sie Land im einen und anderen der Temperamente ihrer Provinz besitzen und in ihnen ernten, was sie benötigen. Deshalb sind sie die wohlhabensten Indios aller Bezirke, die mit mehr Leichtigkeit den Tribut leisten."[29] Abgesehen von humanitären Überlegungen wäre es also für den vom Tribut abhängigen Kolonialstaat wirtschaftlich günstiger gewesen, die Regeln der andinen Ordung zu respektieren.

**gefetteten Blech etwa 5 mm dick aus. Man schneidet kleine rhombische Täfelchen.
Wenn man genug gekocht hat, erstarren sie beim Abkühlen. Aber damit habe ich bisher meine liebe Mühe gehabt: Entweder werden die Täfelchen zu hart, oder aber sie bleiben weich und klebrig, so dass man sie fast mit dem Löffel essen muss.
Aber das liegt wohl daran, dass ich das süsse Betriebsgeheimnis der Schwestern nicht kenne - Schatzhüterinnen nicht nur im kulinarischen Sinn: Ein Teil des Klosters beherbergt ein Museum mit den Gold-Altären der Kirchen von Potosí. Das Argument mit der Abhängigkeit vom Süssigkeitenverkauf überzeugt nicht ganz. So arm können Nonnen nicht sein, die sich inmitten derartiger Schätze ihrem Gott hingeben.**

PICANA DE GALLINA PARA NAVIDAD[28]

Hühner-Picana für Weihnachten

1 Huhn (darf ruhig etwas älter sein), 2 Tassen Weisswein, 1/2 Tasse frische Erbsen, 1 Lorbeerblatt, 1 in feine Ringe geschnittene Zwiebel, 1 geschälte und geviertelte Tomate, 3 geviertelte Möhren, 1 Locoto (Peperoncino) ohne Kerne, 1 Zweig Thymian, 1/4 Tasse feingewiegte Petersilie, 2 Pfefferkörner, 1 1/2 El Salz, 2 Tassen Wasser (oder Brühe), 16 Scheiben von einem zarten frischen Maiskolben, 1/2 Tasse Rosinen, 8 Kartoffeln, 1/4 Tasse Weissmehl, 1/4 Tasse Wasser, ein 5 cm breiter Baumwoll-Stoffstreifen von der Länge des Topfumfangs

Man zerlegt das Huhn in 8 Teile, schneidet die Tomate und Zwiebeln in feine Ringe, viertelt die Möhren und achtelt den Locoto. Die Kartoffeln werden geschält. Nun gibt man alle Zutaten ausser den Kartoffeln in einen grossen Topf, mischt sie und legt die Kartoffeln obenauf.
Nun mischt man aus Wasser und Mehl einen dünnen Teig und verteilt einen Teil davon oben auf dem Topfrand, legt den Deckel darauf und gibt acht, dass der Teig die Ritze gut abdichtet. Den Rest der Masse verteilt man auf dem Stoffstreifen und klebt diesen von aussen über die Nahtstelle zwischen Topf und Deckel. Wenn etwas von dem Teig übrig bleibt, verteilt man ihn auf dem Streifen.
Auf sehr kleiner Flamme lässt man nun alles zwei bis drei Stunden kochen, wobei man darauf achtet, dass möglichst kein Dampf entweicht. Die Autorin des Rezepts betont, dass man keinen Dampftopf verwenden dürfe, da der Kochprozess langsam sein müsse. Früher habe man diese Picana in Tontöpfen, die mit einem umgedrehten

Die koloniale Küche

Amilcar Cabral, einer der Freiheitskämpfer Afrikas, hat den kolonialen Kulturkonflikt treffend zusammengefasst: "Es ist unmöglich, die wirtschaftliche und politische Herrschaft über ein Volk - gleich welcher Entwicklungsstufe - mit dessen kultureller Persönlichkeit zu vereinbaren."[30] Dies könnte der Grund sein, weswegen die Spanier das andine Versorgungssystem über die wirtschaftliche Logik der Ausbeutung hinaus angriffen und zu zerstören versuchten, denn diese andine Ordnung ist verbunden mit einer Weltsicht, die sich von der abendländischen grundlegend unterscheidet.

Die kulturell-missionarische Attacke auf die andine Landwirtschaft scheiterte aber nicht nur am Widerstand der Kolonisierten, sondern vor allem auch am Bedarf des Kolonialregimes an Arbeitskräften: Der Ayllu als ein Pfeiler der andinen Kultur musste als Lieferant von Mitayos und Tributen bestehen bleiben. Es gab sogar Abkommen zwischen Curacas und der Krone, in welchen sie das Ableisten der Mita vereinbarten gegen die Zusage, an ihrer Religion festhalten zu dürfen.

Einerseits mussten die Spanier aus Gründen der Herrschafts-Absicherung die Kultur der Anden unterdrücken, andererseits standen sie unter dem Zwang, diese Kultur überleben zu lassen, um Arbeitskräfte zu beschaffen. In diesem Widerspruch gefangen, verloren die "Kampagnen zur Ausrottung des Götzendienstes" an Schwung, und schliesslich interpretierte man die andine Kultur nicht mehr als "Götzendienst", den man bekämpfen muss, sondern als "Aberglauben", den man tolerieren kann...

Im Rahmen kultureller Herrschaft und Unterdrückung spielt das Essen eine wichtige Rolle: Es ermöglicht dem Eroberer, kulturell bis in den Körper des Unterworfenen hinein vorzudringen. Was wir sehen, hören oder ertasten, befindet sich ausserhalb von uns. Was wir riechen oder schmecken, haben wir - in Nase oder Mund - in uns. Kleinkinder erfahren und beurteilen ihre Umwelt und deren Gegenstände, indem sie diese in den Mund nehmen. Geruch und Geschmack, vereint im "Oralsinn", sind unsere intimsten Sinne - so persönlich, dass man in vielen Sprachen das Wort "Geschmack" nicht nur für Speisen, sondern auch für "ästhetisches Urteilsvermögen" verwendet. Der Psychologe Hubert Tellenbach formulierte den Zusammenhang: "Das Schmecken wählt die Stoffe, aus denen die Natur alle organischen Voraussetzungen für die geistige Bildung schafft. Zugleich aber nimmt diese geistige Bildung selbst im Wählen und Differenzieren des sinnlichen Schmeckens ihren Anfang. (...) So wird schon an das Schmecken des Kindes - mit der Bestimmung, seinen Geschmack zu bilden - herangebracht, was ein Geschmack (der Natur, der

Menschen) vorgebildet hat. Der Geschmack ist demnach etwas Bildendes wie auch etwas Bildbares. Das hat Geltung bis in die feinsten geniesserischen Freuden späterer Zeiten. Was dann der Zunge geboten wird, ist ein Stück Kultur. Ein delikates Gericht gibt in prominenter Weise Kunde von einer Kultur. In dieser hat der Geschmack (im allgemeinen Sinne) Ursprung und Heimat. Geschmack ist immer etwas, das seine Bildung den spezifischen Wertschätzungen gesellschaftlicher Einheiten (...) verdankt."[31] Geschmack und Geruch sind für ihn wichtige Komponenten des "Atmosphärischen". In der Umgangssprache drücken wir dies auch aus: "Ich kann ihn nicht riechen", sagen wir von einem unsympathischen Menschen, und "das schmeckt mir nicht" von einem ungenehmen Vorschlag.

Das intuitive Wissen um die Wichtigkeit des Essens hat den kulturellen Kleinkrieg bestimmt, der sich in den Kochtöpfen Boliviens seit der Conquista abspielt. Im Spannungsfeld zwischen Unterdrückung und Akzeptanz der andinen Kultur durch die Spanier bekämpften sich die Küchen, aber sie haben sich auch vermischt: In der Kolonialzeit sind durch

Teller bedeckt und in der beschriebenen Weise abgedichtet waren, über einem Glutbekken oder im nicht zu heissen Backofen gekocht.
Die klassische Picana besteht aus Huhn, Rind, Schwein und Schaf in nicht zu knappen Portionen. Sie ist jedoch für die Mehrheit unerschwinglich und zudem sehr schwer.

Puchero (Karnevalsgericht aus La Paz)

Um dieses Mahl zu kochen, braucht man nur wenige Töpfe: einen für die Früchte (das Wasser wird hinterher kalt als Getränk genossen), einen für Reis- und Kichererbsenbrei und einen für den Rest, die Würste brät man in der Pfanne.
Das nach dem Motto "quer durch Acker, Stall und Garten" zusammengestellte Karnevals-Essen ist im Grunde spanischen Ursprungs. Da in Bolivien der Karneval in den Spätsommer fällt, kann man den Puchero auch als ein Erntefest-Essen betrachten, die Portionen sind mehr als reichlich:
Man serviere pro Teller:
Eine gekochte Kartoffel, eine halbe gekochte Quitte, einen gekochten Pfirsich, eine gekochte Birne, einen grossen Chuño, den sechsten Teil einer gekochten weissen Rübe, ein Stück gekochte Möhre, eine gekochte Oca, zwei Chorizos (gut gewürzte Bratwürste), ein ordentliches Stück gekochtes Huhn, ein Stück gekochte Chalona (Charque aus Schaffleisch), etwa 70 g gekochtes Schweinefleisch, je die gleiche Menge gekochtes Schaf- und Rindfleisch und eine gekochte Süsskartoffel.
Dies alles schichtet man kunstvoll auf, bedeckt es mit zwei grossen gekochten Kohlblättern und übergiesst das Werk mit einem Brei aus verkochtem Reis und Kichererbsen. Gekrönt wird der Teller mit "Ahogado", einer Sosse aus Zwiebeln, Ají, Kreuzkümmel, schwarzem Pfeffer und Salz.
Ausserdem gehört Llajhua auf den Tisch.
Wenn man diesen ersten Gang bewältigt hat, wird die Brühe, in der Fleisch, Kartoffeln und Chuños gekocht haben, als zweiter Gang gereicht!

AJÍ DE BACALAO

Pikantes Karfreitags-Gericht aus Klippfisch

1/4 Pfund Klippfisch (gesalzener, getrockneter Kabeljau), 2 Zwiebeln, 3 El Öl, 1 feingeschnittene Tomate, 2 El gelber Ají, 1 1/2 Untertassen geschälte Erbsen und Saubohnen

Man wäscht den Fisch und weicht ihn einen Tag lang ein, wobei man das Wasser wechselt. Dann zieht man seine Haut ab und kocht ihn eine halbe Stunde. Anschliessend zerreisst man den Fisch in Stücke und entfernt die Gräten.
Die Zwiebeln schneidet man klein, dünstet sie in Öl und gibt die Tomate und später den Ají dazu, dann die Saubohnen und Erbsen und schliesslich den Fisch mitsamt dem Kochwasser. Dann kocht man alles, bis die Saubohnen gar sind und serviert zu Reis ("Arroz graneado", s.S. 164).
Gerichte aus getrockneten Meeresprodukten wie Klippfisch, getrockneten Krabben usw. sind typisch für Karfreitag. Ein Kilo getrocknete Krabben kann aber bis zu zwei Mindestlöhne kosten. Viele sind deshalb dazu übergegangen, statt Klippfisch Sardinen aus der Dose zu verwenden. Das nennt sich dann "Ají de Sardinas" und ist - aus rotem statt gelbem Ají und ohne Erbsen und Bohnen gekocht - ein "besseres" Alltagsessen in vielen Tieflandregionen und in den Yungas.

die Kombination andiner und europäischer Zutaten und Zubereitungsweisen fast alle Rezepte entstanden, die heute als "typisch bolivianisch" gelten. Die Mestizisierung war so gründlich, dass es heute schwerfällt, ein rein andines oder völlig spanisches Gericht zu finden.

Wird ein Volk unterworfen und der eigenständigen Fortentwicklung seiner Geschichte beraubt, tritt häufig eine Art kultureller Versteinerung ein, und es klammert sich fest am zuletzt erreichten Stand seiner Entwicklung. Dies scheint auch in den Anden der Fall gewesen zu sein, denn zumindest am Anfang ass man die europäischen Lebensmittel kaum. Erst nach und nach haben sie sich in der andinen Küche durchsetzen können.

Dabei haben die Köchinnen der Anden eine erstaunliche Fähigkeit gezeigt, fremde Nahrungsmittel aufzugreifen und sie in einer eigenen Weise zuzubereiten. So kochen sie heute aus Saubohnen "Mote" oder "Tostado" und Gerichte wie "Pejtu de habas" (s.S. 105). Gerste und Weizen verarbeitet man zu "Pito", isst sie als "Mote" oder "Phiri". In einigen Regionen sind sie zu Grundnahrungsmitteln des Landvolks geworden und nicht zuletzt braut man aus ihnen auch Chicha.

Wie stark eigene Küchentechniken auf neue Lebenmittel übertragen wurden, zeigt die Quinua: Um "Phissara" zu bereiten, röstet man die Körner, reibt sie in einem Tuch und wäscht sie gründlich, um sie anschliessend so zu kochen, dass sie alle Flüssigkeit aufsaugen. Diese Zubereitungweise haben die Köchinnen seit der Kolonialzeit auf den Reis angewandt: Er wird trocken geröstet, sobald er leicht Farbe annimmt, gewaschen und gekocht, bis er alle Flüssigkeit absorbiert hat (s. "Arroz graneado" S. 164). Und als später die Teigwaren in die Anden kamen, hat man sie als Stärkelieferanten ebenso behandelt: Man röstet sie - oft sogar trocken, d.h. ohne Öl - bis sie ebenfalls leicht braun sind und kocht sie danach so, dass alles Wasser aufgebraucht wird, während man sonst überall Teigwaren in reichlich Flüssigkeit siedet und diese am Schluss abgiesst.

Von den Zutaten, welche die Spanier mitbrachten, hat die Zwiebel in die meisten Gerichte Eingang gefunden. "Ahogado" - in Fett gedünstete Zwiebel, mit Ají und heissem Wasser oder Brühe abgelöscht und je nach Rezept und Köchin mit Locoto, Tomate, Kreuzkümmel und Salz gewürzt - ist das Grundrezept für rund die Hälfte aller bolivianischen Speisen geworden.

Auch die Spanier haben sich anpassen müssen. Zumindest im ersten Moment der Eroberung hatten sie nicht viel Auswahl und mussten vorlieb nehmen mit dem was sie vorfanden. Schnell haben sie jedoch begonnen, den Anbau europäischer Produkte und die Haltung europäischer Viehrassen zu fördern und gleichzeitig einheimische Lebensmittel mit europäischen Techniken zuzubereiten. Sie haben den Backofen, das Braten und Backen im Fett, die Getreidemühle und das Hefebrot, das Wursten, Käsen und Weinkeltern, die vielen Zubereitungsweisen für Süssigkeiten und Gebäck, Glas und Porzellangeschirr, Metallbesteck, -töpfe und -pfannen und vieles andere in die bolivianische Küche gebracht. Ihre Wirkung auf die Nahrungsmittelversorgung war destruktiv, aber die Kochkunst der Anden haben sie unzweifelhaft bereichert. Anders gesagt: Wenn nun die Mehrheit Hunger litt, so hat eine Minderheit feiner gegessen als vor der Eroberung.

Die Genuss-Einstellung europäischer Kulinarier geriet in Konflikt mit der Versorgungssicherheit der Anden. Gerade die Ausrichtung auf Fleisch der kolonialherrschaftlichen Küche dürfte mit ein Grund für die Versorgungsprobleme gewesen sein: Auf einer vorgegebenen landwirtschaftlichen Nutzfläche kann man mit Ackerbau mehr Menschen satt machen als mit Viehzucht. Die vorwiegend vegetarische Küche der Anden hatte ermöglicht, eine grössere Bevölkerung zu ernähren, als dies durch fleischbetontes Essen möglich ist.

Europäischer Geschmack trug so zur Störung des andinen Versorgungs-Gleichgewichts bei: Allein Potosí hatte 1603 einen Bedarf von 4000 Kühen, 50'000 spanischen Hammeln, 40'000 "einheimischen Schafen" und 100'000 "einheimischen Hammeln". Mit "einheimischen Schafen" und "Hammeln", die in vielen Chroniken erwähnt werden, sind Lamas gemeint. Möglicherweise gab es eine kurzhalsige Lamarasse - deren Existenz ist nicht endgültig nachgewiesen - die durchaus mit Schafen vergleichbar war, aber nach der spanischen Eroberung durch Übernutzung oder Seuchen ausstarb.

Neben Fleisch spielte Zucker als Luxuslebensmittel eine wichtige Rolle. Zuckerrohr war ursprünglich in Südasien beheimatet gewesen, wo man es vor allem in Indien schon lange vor unserer Zeitrechnung anbaute. Die Araber entwickelten die Technik der Zucker-Raffinierung und die Spanier haben das Zuckerrohr in die neue Welt gebracht.

In die Anden importierte man ihn zuerst noch aus dem "Reich von Mexico", aber schon Anfang des 17. Jahrhunderts beschrieb ein Spanier die "Yungas von Coroico" als "eine warme Gegend, wo es Zuckerrohrfelder gibt und Trapiches"[32] (Zuckerrohr-Pressen).

Im reichen Potosí haben sich in Nonnenklöstern die Schwestern der Herstellung von Süssigkeiten gewidmet. Ausserdem entstand eine kleine Zuckerkugelindustrie, die auf ursprünglich arabischen Techniken beruht. Eine winzige Variante dieser Zuckerkugeln, die bis heute eine Spezialität Potosís sind, opfert man zu Karneval für Pachamama: Mohammedanische Zuckerkügelchen, an einem christlichen Fest der andinen Fruchtbarkeitsgöttin geopfert. Kann man sich eine komplexere Kulturvermischung vorstellen?

LOCRO

in diesem Fall: Kürbissuppe

3 Pfund Kürbis (am besten Honigkürbis, der eine fast graue Schale und dunkeloranges Fleisch hat), Wasser, 3 Zwiebeln, 2 frische Maiskolben, 1 Untertasse frische Erbsen, 1/2 Untertasse frische Pferdebohnen, 1/2 Tl schwarzen Pfeffer, 1/2 Tl Kreuzkümmel, 1 El Oregano, 6 geschälte Kartoffeln, 1/2 Pfund Möhren (sind vor allem nötig, wenn man den helleren Kürbis nehmen muss; hat man Honigkürbis, kann man sie weglassen), etwas Öl, Salz, Käsewürfel (z.B. billigen Feta oder gut schmelzenden Käse)

Man entfernt nur die Kerne, aber nicht die sie umgebenden Fasern aus dem Kürbis, schneidet ihn in Stücke und setzt ihn mit 1 l Wasser auf. Die geschnittene Zwiebel brät man mit Kreuzkümmel und Pfeffer in etwas Öl, bevor sie zusammen mit den in Scheiben geschnittenen Maiskolben zum Kürbis kommen. Die Möhren schneidet man in feine Stäbchen und gibt sie nach einer halben Stunde zusammen mit den Erbsen und Saubohnen in den Topf (tiefgefrorene Erbsen und Bohnen später!). Die Kartoffeln werden geviertelt und dazugegeben. Kurz bevor sie gar sind, würzt man mit Oregano und schmeckt mit Salz ab. Wenn man Käse hat, gibt man am Schluss die Würfel dazu.
Der Kürbis muss praktisch zu Brei verkochen. Wenn die Suppe zu dickflüssig wird, giesst man etwas kochendes Wasser nach.
Der in Sucre zu Karfreitag gekochte Locro enthält keine Möhren. Wir brauchen sie, um den etwas anderen Geschmack des bei uns erhältlichen Kürbisses auszugleichen.

CALDO DE LECHE

Milchsuppe (3 Pers.)

2 Zwiebeln, 2 El Öl, 1 Tomate, 2 Zehen Knoblauch, 1 Tl Kreuzkümmel, 1 El roten Ají, 2 Möhren, 2 l siedendes Wasser, 2 zarte Maiskolben, 1 Unterteller geschälte Saubohnen, 1/4 Tasse Reis, 3 geschälte und halbierte Kartoffeln, 200 g Kondensmilch, 4 Eier, 70 g Käsewürfelchen, 1 Tl Oregano

Man dünstet die in feine Ringe geschnittenen Zwiebeln im Öl und gibt nacheinander die geschnittene Tomate, den gemahlenen Ají, Knoblauch, Kreuzkümmel und die Möhren in dünnen Scheibchen dazu. Dann löscht man mit dem kochenden Wasser ab, fügt die in Scheiben geschnittenen Maiskolben bei und kocht alles eine halbe Stunde. Nun kommen Reis, Kartoffeln und Saubohnen hinzu. Wenn alles gar ist, schmeckt man mit Salz ab und giesst die Milch dazu, kocht kurz auf und schlägt die Eier so hinein, dass sie am Stück gerinnen und der Dotter nicht platzt. Dann nimmt man den Topf vom Feuer, rührt die Käsewürfelchen vorsichtig hinein und streut Oregano über die Suppe.

Allerseelen: Rings um das mit Blumen, Zwiebeln, Brot und Speisen geschmückte Grab sitzen die Angehörigen und feiern, essen und trinken mit der Seele der oder des Verstorbenen. *(Bild auf Seite 73)*

Religiöse Feste und ihre Gerichte

Ich weiss nicht, ob mich die Sonne so ermüdet oder ob es die Nachwirkungen der gestrigen Feier sind. An fünf Gläser "Ambrosía" kann ich mich erinnern, dann kam der Filmriss... Nach dieser Erfahrung halte ich mich etwas abseits, als wir nach dem Aufstieg durch Kakteen und Dornengestrüpp im Gehege ankommen, in dem man die Kühe tränkt und melkt und in dem uns die Gastgeberfamilie mit Ambrosía empfängt. In den Tälern des Südostens gibt es keinen Karneval ohne diesen "Göttertrunk": Ein bis drei Finger breit Schnaps, Zimt und Zucker und alles gut gemischt vom Strahl der direkt ins Glas gemolkenen Milch, kuhwarm auf ex getrunken...

Runde um Runde serviert man die angereicherte Milch, in einer Ecke stimmen die Musiker ein Charango zum Akkordeon, der Alkohol stimuliert die Kehlen, und wer nicht singt, tanzt. Als die Kühe ausgemolken und die Anwesenden in Stimmung sind, beginnen die Besitzer des Viehs, die diesjährigen Kälber durch Schnitte in die Ohren zu markieren. Mehrere Männer halten jeweils ein Tier auf dem Boden fest. Nach der blitzschnellen Operation reisst einer dem Kalb das Maul auf, die Besitzerin stopft ihm Zuckerkugeln aus Potosí in den Rachen, als ob es Pillen wären, und schüttet Chicha hinterher. Dann verziert sie den Kopf des Kalbes mit Papierschlangen und Konfetti und lässt es laufen. Die herausgeschnittenen Ohr-Stücke aber hebt sie auf in einer Tasse Alkohol.

Sind alle Jungkälber markiert, kommen die Vorjährigen an die Reihe. Mit dem Lasso fangen die Burschen sie ein und zwingen sie zu Boden. Rauch steigt auf, wenn der Besitzer dreimal den glühenden Stempel mit seinen Initialen auf die Hinterkeule drückt, und vor Schreck leeren die Tiere den Darm. Eine Tochter des Besitzers hält die Hand hin, fängt Dreck auf und schmiert ihn in die frische Wunde, damit sie sich nicht entzünde.

Wenn alle Tiere gezeichnet sind, verteilt die Familie Coca, und die Gäste schieben sich einen dicken Priem in die Backe. Mit verbundenen Augen sucht der Familienälteste mit dem Buschmesser eine weiche Stelle im Boden, die er dann mit Alkohol weiht. Mit Löffeln gräbt nun die ganze Familie ein etwa armtiefes Loch. Nach einem Gebet, von dem ich nur "santissima" und "riqueza futura" ("heiligste" und "zukünftiger Reichtum") verstehe und das offensichtlich an Pachamama gerichtet ist, gibt der Besitzer feierlich die herausgeschnittenen Stücke der Ohren ins Loch, wo man sie mit Konfetti, Coca, Chicha, Schnaps und Zuckerkugeln bedeckt. Bevor es vorsichtig mit Erde verschlossen und nochmals mit Konfetti bestreut wird, geben wir alle die gekaute Coca dazu. Die Musik und die Stimmung nähern sich dem Höhepunkt und während des Tanzes

ARROZ CON LECHE[33]

Milchreis

1 Tasse gut gewaschener Reis, 1 Dose Kondensmilch, 5 Kondensmilchdosen voll Wasser, 1 Stück Zimtrinde, 5 Nelken, 1 Tasse geriebene Walnüsse, 1 Tasse geriebene Paranüsse, 1/2 Tasse Rosinen, 1 Gläschen süsser Rotwein, Zucker, gemahlener Zimt, Vanille, 1 Ei

Man setzt den Reis mit der Milch und fünf Dosen Wasser zusammen mit Zimtrinde und Nelken auf. Nach einer Weile gibt man die geriebenen Nüsse und die Rosinen dazu und kocht unter ständigem Rühren weiter. Ist der Reis gekocht, mischt man den Wein, Vanille und Zucker hinein, nimmt ihn vom Feuer und mischt das Ei darunter. Man serviert den Reis mit Zimtpulver bestäubt.

Milchreis wird üblicherweise in Bolivien gleich gekocht wie in Europa. Das hier angegebene Karfreitags-Luxusrezept stammt aus La Paz.

Es fällt auf, dass in den Rezepten Kondens- statt Frischmilch verwendet wird. Das liegt an den Schwierigkeiten, in den Städten des Hochlands Frischmilch zu kaufen: Ersteht man sie an der Haustür, wo sie ab und zu von Bäuerinnen angeboten wird, so ist sie meistens mit Wasser gepanscht. Kauft man sie dagegen in Plastiktüten eingeschweisst von der staatlichen Milchfirma PIL, erhält man eine Mischung aus einheimischer Kuh- und ausländischer Pulvermilch, die aus der Nahrungsmittelhilfe stammt.

treten die erkalteten Brenneisen wieder in Aktion: Mit roter Farbe aus aufgelösten Zuckerkugeln erhalten wir alle die Initialen des Besitzers aufgedrückt, "damit sich das Vieh schnell vermehre".

Mittlerweile haben Helfer vor dem Gehege Lassos um einen Stein gebunden. Alle verlassen den Corral, einige fassen einen der Stricke aus rohem Rindsleder und beginnen, den Stein von der Umzäunung wegzureissen. Die Familienmitglieder packen zwei der Lassos und ziehen ihn zum Gehege hin. Eine Weile steht der Stein zitternd in der Luft, das zukünftige Vieh der Familie symbolisierend, die alle Anstrengungen unternimmt, es ins Gehege zu zerren. Da reisst das Lasso der Gäste. Das bedeutet Glück im kommenden Jahr, und unter zustimmenden Rufen schleifen die Besitzer den Stein in den Corral, wo sie ihn auf dem Grab der herausgeschnittenen Ohrenstücke plazieren.

Auf der Nordhalbkugel war Karneval ursprünglich die Vertreibung der Wintergeister. Später haben die Katholiken das Fest zur letzten Möglichkeit umgedeutet, vor der Fastenzeit noch mal zu feiern. Da Bolivien auf der Südhalbkugel liegt, fällt der Karneval in die beginnende Erntezeit, und in den Anden ist er ein Fest, um den zukünftigen (Ernte-)Erfolg zu beschwören, und das nicht nur beim Vieh: Am Karnevalsdienstag, dem Tag der "Ch'alla", spritzt man Alkohol in alle Winkel des Hauses und streut Zuckerkügelchen aus Potosí und Konfetti als Opfer für Pachamama dazu. Fahrzeuge, Wohnungen, Büros und Äcker werden mit Papierschlangen geschmückt, und nach den Feiern putzen Sekretärinnen fluchend die klebrigen Cocktails aus den elektrischen Schreibmaschinen, denn alles wird geweiht. Längst haben auch die Nachkommen der Spanier dieses andine Verständnis des Karnevals übernommen; selbst die Bauern, die die Stücke der Kälberohren im Corral vergraben, sind - nach ihrem Äusseren zu schliessen - Abkömmlinge der Eroberer.

Ein wichtiger Aspekt der Christianisierung war der Kalender: Wie auch die europäischen waren und sind die Bauern der Anden gewohnt, die Witterung an bestimmten Tagen zu beobachten und daraus zu schliessen, wie das Wetter der kommenden Monate werde. Da der katholische Kalender jedem Tag einen Heiligen zuordnet, macht er die Bauernregeln handlicher. Unter dem christlichem Deckmantel haben die Tage und Feste aber ihre alte Bedeutung bewahrt. Einige der Heiligen dürften recht unglücklich sein über die Umdeutung, die ihnen dabei widerfahren ist: Sankt Andreas, der 30. November, ist der Tag, an dem man die guten Regenfälle beschwört. Der Apostel Andreas wurde somit zu einem bösen Geist, der den Regen verhindern könnte.

In diesem kolonialen christlich-andinen Ritualkalender hat jedes Fest seine typischen Gerichte, die allerdings regional sehr unterschiedlich sein können. So sind in La Paz "Puchero", Humintas und "Lechon al horno"

(Spanferkel aus dem Ofen) die typischen Karnevals-Essen, während man in den Tälern der südöstlichen Landesteile bei den Kühen im Corral mit Pellkartoffeln, Käse und einer pikanten Ají-Sosse feiert.

Viele christliche Feste passten erstaunlich genau auf den andinen Kalender. Das Weihnachtsfest, plaziert auf die heidnische Winter-Sonnenwende der Nordhalbkugel, hatte aber Pech und fand kein andines Pendant. Deshalb bleibt die Geburt Christi an Bedeutung weit hinter den Totengedenkfesten Anfang November und hinter Karneval zurück. Auf dem Land scheint zwar vielerorts das gekaufte Gips-Jesuskind zu einer Art Schutzgott für die Haustiere aufgestiegen zu sein, die man ihm aus Lehm geformt um die Krippe stellt. In der Stadt ist Weihnachten jedoch ein europäisches Fest geblieben, neuerdings verziert mit einem kitschigen US-Weihnachtsmann. Das klassische Weihnachtsessen ist die "Picana". Anscheinend mochte man, ihrem geringen Stellenwert entsprechend, Weihnachten kein Gericht ganz und gar zuteilen: Sie muss die Picana mit Neujahr teilen.

An das Gebot, während der Fastenzeit kein Fleisch zu essen, hält sich kaum jemand. Aber in La Paz ist dies die Zeit, in der auf den Märkten neben Fisch gelegentlich "Chichi" angeboten wird, eine Paste aus Mückenlarven, die als potenzsteigerndes Mittel gilt.

Einen dehnbaren Magen benötigt man an Karfreitag: Da zwölf Apostel mit Jesus um den Tisch gesessen haben, kocht man zwölf verschiedene, fleischlose Gerichte und lädt zwölf Personen oder Familien ein, davon zu kosten. Dabei bewirtet man die Geladenen nicht unbedingt im eigenen Hause, sondern lässt ihnen von den Kindern die Gerichte überbringen, die man auf ein bis zwei Tellern angerichtet hat. Die auf diese Weise Verköstigten schicken die Teller gleich mit ihren eigenen zwölf Speisen zurück. Wegen der Wirtschaftskrise lernte ich diesen Brauch nur noch mit einem halben Dutzend Rezepten kennen; aber selbst so vergeht der Tag mit Kochen und Essen, denn alles, was die Nachbarn schicken, probiert man sofort und kommentiert ihre Kochkünste...

Im aristokratisch katholischen Sucre ist Lamm aus dem Ofen das klassische Ostergericht. Die Bergarbeiter in Llallagua garen dagegen ihr Fleisch zusammen mit Kartoffeln und Oca als Huatia, wobei sie es in feuchte Lappen einwickeln oder in Blechdosen verpacken.

Fronleichnam ist das Fest der Früchte und gerösteten Erdnüsse. In Sucre wartet man zudem mit gebratenem Meerschweinchen und stark alkoholhaltiger Chicha auf, während man sich im Tal von Ambaná Maisstengelsirup ("Huiru miskki") und Humintas zu Gemüte führt. An diesem Tag gibt es in Llallagua oft eine heisse Schokolade zum Frühstück, die man mit Brühe aus Kuhfüssen zubereitet - ohne Zweifel eine nahrhafte Angelegenheit! Dazu isst man "Bizcocho" (süssliches Hefegebäck). Auch

TAWA TAWA

"Vier vier"

4 Tassen Mehl, 1 El Zucker, 1 Tl Salz, 2 El Öl, 1 Ei, 1 gestr. Tl Backpulver, 1 l Öl oder Backfett
Für Zuckersirup: 1 Tasse Zucker, etwas Zimtstange (besser: Roh-Rohrzucker statt Zucker)

Aus Mehl, Zucker, Salz, Öl, Ei und Backpulver knetet man mit der nötigen Menge Wasser (lauwarm) einen elastischen Teig, wallt ihn 2 mm dünn aus und schneidet daraus längliche Rechtecke.
Man schmilzt den Zucker in einer Pfanne und lässt ihn etwas caramelisieren (braun werden). (Rohzucker caramelisiert man nicht.) Dann gibt man eine Tasse kochendes Wasser mit dem Zimt dazu und kocht den Sirup, bis er dickflüssig vom Löffel tropft.
Nun bäckt man die Teig-Rechtecke im heissen Fett, taucht sie, noch heiss, kurz in den Sirup und lässt sie abkühlen.
Tawa tawa heisst "vier vier" auf Quechua. Möglicherweise wurde dieses Gebäck zu "vier für einen Real" (koloniale Münze) verkauft. Heute ist es das ganze Jahr hindurch erhältlich, gilt aber als typisch für Fronleichnam.

in Potosí bringt man Fronleichnam mit Süssgebäck wie "Tawa tawas" und "Sopaipillas" in Verbindung.

"San Juan", die andine Wintersonnenwende, feiert man mit nächtlichen Feuern und allen Arten von heissen alkoholischen Getränken. Danach folgen im religiösen Küchenkalender einige Heilige des zweiten

Was ass die weisse Oberschicht?

Das etwa fünfzig Jahre nach dem Ende der Kolonialzeit geschriebene "Manual de cocina" von Manuel Camilo Crespo ist die älteste bisher bekannte bolivianische Rezeptsammlung.
Die beiden wörtlich übernommenen Rezepte zeigen die Spannweite der "cocina criolla", der Kreolenküche: Neben dem Beispiel europäischen Luxuskonsums kastrierter Hähne (Kapaune) steht ein Rezept aus Chuños mit klassisch andiner Dampfgarung, zu dem die Alte Welt nur den Käse beigetragen hat.

"Chuño atamalado (zu Tamales verarbeiteter Chuño)

Man mahlt Chuño vom besten, den man [besorgen] kann, so dass er grob bleibt, und gibt ihn in ein Gefäss mit Wasser, bis er gut eingeweicht ist. Dann wäscht man ihn, das Wasser mehrmals wechselnd, und drückt ihn gut aus, damit sich seine Bitterkeit auflöse und verschwinde.
Wenn er gut ausgedrückt ist, gibt man eingeweichten Anis, Salz, zwei geschlagene Eier und reichlich geriebenen Frischkäse dazu. Man knetet alles ein wenig, und wenn es gut durchmischt ist, formt man die Tamales von der Grösse, die einem beliebt, indem man in deren Mitte eine gute Tranche vom gleichen Käse unterbringt.
Um sie zu kochen, bereitet man einen grossen Topf vor, gibt reichlich gewaschenes Stroh hinein und ein bisschen Wasser. Darauf legt man die Tamales, ohne dass sie das Wasser berühren, damit sie sich nicht auflösen. Man merkt, dass sie schon gekocht sind, wenn sie keinen Geruch nach rohem Chuño mehr absondern."

"Methode, um Kapaune zu mästen

Man bestimme ein passendes und sauberes Hühnergehege. An einem Ort, wo es von der Sonne beschienen wird, plaziert man ein ganzes Bein von der Kuh, damit es verderbe und faulend Maden verstreue. Man setzt vier oder sechs einjährige Kapaune hinein, und während es Würmer zu regnen beginnt, verursacht man ihnen Durchfall, indem man ihnen gequetschten, in Milch eingelegten Mais gibt, bis sie anfangen, die Maden zu picken; von da an hört man auf mit dem Mais.
Nach zwölf oder fünfzehn Tagen werden sie schon dick und zart wie Butter. In all der Zeit lässt man sie kein Wasser trinken."

Gliedes, unter denen man in Sucre Santa Ana mit speziellen Tamales ehrt und Santa Clara Anlass für besondere Empanadas gibt.

Den religiösen Höhepunkt des Jahres bilden jedoch Allerheiligen und Allerseelen: Mit seinem "Uchu de Todos Santos", in welchem man Rindszunge, Huhn und pro Person ein halbes Meerschweinchen, vereint durch "Chuño Phuti", Kartoffeln und Ají zu einem oppulenten Mahl auftischt, versucht Cochabamba seinen Ruf als kulinarische Metropole zu untermauern. Dagegen nimmt sich das Erbsengericht aus La Paz, das zu Allerheiligen auf den Tisch kommt, recht bescheiden aus. In Sucre kocht man "Mondongo" mit dem ansonsten eher selten verwendeten Gelbwurz (Curcuma). Auch den Brotteig der Tantawawas färbt man gelb ein, so wie auch die Friedhofsblumen oft in in dieser Farbe gehalten sind.

Ekekos Auferstehung

Seit Menschengedenken war Ekeko der Gott des Überflusses und der Reichlichkeit. Er stand in jeder Hütte, behängt mit den Früchten des Feldes, damit deren Ernte reichhaltig ausfalle. Das kleine Männchen nahm mit seinen offenen Armen die ihm dargebrachten Sachen an, liess aber gleichzeitig eine Umarmung ahnen, denn es war auch ein Gott der Liebe. Deshalb trug es einen überdimensionalen Phallus zur Schau, und die Mädchen flochten es in die Zöpfe, um sich gegen etwaige Untreue ihrer Geliebten zu versichern.

Den kolonialen Missionaren war dies zu sinnlich, und so verlor der kleine Gott sein Geschlecht. Heimlich blieb er trotzdem ein Gott der Liebenden: So schenkte ein verzweifelter Jüngling seiner Braut zum Abschied einen aus Lehm geformten Ekeko, als ihr gemeinsamer Herr beschloss, sie als Dienstmagd seiner Tochter, der Frau des Stadtkommandanten von La Paz, zu schenken.

Zu dieser Zeit ersannen die Kolonialverwalter eine weitere Form der Ausbeutung: Um die sinkende Silberproduktion zu kompensieren, zwang man die Bauern zum Kauf von Waren zu mehrfach überhöhten Preisen. Der Zwangshandel trieb die Geplagten immer tiefer in die Verschuldung. 1770 schrieb der Vizekönig einen Warnbrief an die Krone: "Wenn die jetzige Situation anhält, wird das Reich in kurzer Zeit in Ruinen fallen. Die Dörfer werden ausgelöscht werden, und die Indios werden auf der Suche nach Zuflucht in den Städten verschwinden, (...) oder sie werden sich in den Urwaldstämmen verlieren. Das Land wird sich in eine Öde verwandeln, und die Minen werden verlassen sein. Man kündigt es Ihnen an: Wenn die Indios verfolgt werden, um ihre aufgehäuften Schulden ein-

SOPAIPILLAS

"Sopaipilla" ist die Verkleinerungsform von "Sopaipa", einem spanischen Gebäck.

3 Tassen Mehl, 1 Tl Backpulver, 1/2 Tl Salz, 1 El Zucker, 1 Ei, 2 gehäufte El Fett, Wasser

Man knetet aus den Zutaten mit etwas Wasser einen weichen Teig, wallt ihn etwa 3 mm dick aus und sticht Rondellen aus. Diese piekst man mit einer Gabel an, legt sie auf ein Blech und bäckt sie bei mittlerer Hitze. Anschliessend klebt man sie mit Zuckersirup (s. Tawa Tawa, S. 75) zusammen. Statt des Zuckersirups kann man auch in heissem Wasser aufgelösten Roh-Rohrzucker ("Chancaca") verwenden.

Kohlenbecken und Bratpfanne: Zwei spanische Beiträge zur heutigen bolivianischen Küche. *(Bild Seite 76)*

PLATO PACEÑO

La Pazer Teller

Pro Person: 1-2 frische Maiskolben, 125 g ausgehülste Saubohnen, 1-2 gut gewaschene neue Kartoffeln, 1 Scheibe Käse, 1 Klecks Llajhua

Man entfernt die Schalen von den Maiskolben und legt einen Teil der Blätter unten in den Topf. Darauf bettet man die Kolben, die man mit weiteren Maisschalen bedeckt. Darauf plaziert man die Saubohnen (mit ihren Schoten), die man wieder mit Maisblättern abdeckt, und krönt das Ganze mit den Kartoffeln. Dann deckt man den Topf zu und kocht alles solange, wie man üblicherweise für Pellkartoffeln braucht.

Pro Person brät man eine kräftige Scheibe Käse in der Bratpfanne in etwas Öl. Auf jeden Teller legt man einen Maiskolben, zwei bis drei Kartoffeln und eine Handvoll Bohnen, darüber den gebratenen Käse und obendrauf gibt man einen ordentlichen Klecks Llajhua (s.S. 51).

Wenn wir keine Maiskolben mit Deckblättern haben, können wir Kolben und Kartoffeln im Dampftopf kochen. Müssen wir auf tiefgefrorene Saubohnen zurückgreifen, ist es besser, sie separat zu kochen.

zutreiben, wird es nicht möglich sein, die Ordnung in den Dörfern aufrecht zu erhalten."[34]

Aber nicht die Geschundenen selbst, sondern die Curacas organisierten bald den Widerstand. Sie beteiligten sich zwar selber an der Ausbeutung, verloren aber zunehmend an Macht. Der Handel, den sie trieben, kam fast zum erliegen, weil die Kolonialverwaltung den potentiellen Kunden alles Geld wegpfändete.

In dieser Situation besannen sich die Curacas ihrer indianischen Abstammung. Mit dem Wunsch, ihre alten Privilegien wieder herzustellen, verklärten sie das Inkareich als ein sozial gerechtes System. Die Brutalität der Kolonialbeamten verhalf dieser nostalgischen Illusion zu Popularität und politischer Sprengkraft.

Tupac Amaru, Chef der Aufständischen in der Gegend des heutigen Peru, war selbst reicher Händler und Haciendabesitzer. Auch Tomás Katari, der in Nord-Potosí die Erhebung organisierte, war Curaca und kämpfte ausdrücklich nur gegen Missbräuche und für die Einhaltung der Kolonialgesetze.

Den radikalsten Aufstand leitete Tupaj Katari in der aymarasprachigen Region von La Paz. Er wollte nicht nur Missstände beseitigen und das System reformieren, sondern die Spanier und deren Nachkommen, die Kreolen, vom Kontinent vertreiben. Zweimal belagerten die Rebellen La Paz. In der Stadt ass man in der Not - nachdem Maultiere, Katzen und Hunde allesamt verspiesen waren - gekochte Gürtel, Lederkoffer, Sattelzeug und in Zucker getauchtes Papier. Eine verzweifelte Mutter schlachtete ihren ältesten Sohn, um mit seinem Fleisch seine Geschwister zu ernähren.

Der Jüngling, dessen Braut kurz zuvor der Frau des Stadtkommandanten als Magd geschenkt worden war, kämpfte in den Reihen der Aufständischen. Er schlich sich nachts in die Stadt, um seiner Geliebten Tostado, K'ispiña und Charque - das war der Proviant der Aufständischen - zu bringen. Das Mädchen versteckte die Gaben beim Ekeko, der mit allerlei Lebensmitteln behangen war, und ass jeden Abend davon.

Die Herrin des Mädchens fiel eines Tages vor Hunger in Ohnmacht. Ihr Mann, der als Stadtkommandant auf's Schlachtfeld gerufen wurde, war sicher, sie bei seiner Rückkehr tot vorzufinden. Da erbarmte sich die Magd ihrer Herrin und gab ihr etwas von ihren Vorräten. Gross war die Freude des heimkehrenden Kommandanten, als er seine Frau gestärkt vorfand. Er wollte wissen, woher das Mädchen das Essen habe. Um den Geliebten nicht zu verraten, zeigte es ihm den Ekeko als Spender der Nahrung. Der Kommandant gab sich damit zufrieden, aber fortan musste die Dienerin ihre Vorräte mit ihm und seiner Frau teilen.

Vielleicht wäre es gelungen, die Stadt auszuhungern, wenn nicht aus den Reihen der Rebellen immer wieder welche vor den Toren der Stadt Märkte abgehalten hätten, auf denen sie den Eingeschlossenen zu Höchstpreisen Lebensmittel verkauften; so tief war die europäische Markt- und Gewinnideologie schon in die Andenbevölkerung eingedrungen.

Die Verstärkung kam, bevor die Stadt fiel. Der Aufstand scheiterte. Der Zwangshandel und der Posten des verhasstesten Kolonialbeamten wurden zwar abgeschafft, aber wegen der oft unklaren Ziele und der inneren Gespaltenheit waren die Bauern nicht fähig, das koloniale Joch abzuschütteln.

Tupaj Katari drohte vor seiner Hinrichtung, er werde wiederkommen, zahlreich wie die Quinua, bei der aus einem einzigen Körnchen unzählige neue wachsen. Er blieb bis heute in der politischen Kultur des Landes lebendig: Nach ihm nennen sich verschiedene Bauernorganisationen und auf seine Frau und seine Schwester, die an seiner Seite gekämpft haben, berufen sich viele Frauenorganisationen.

Nach dem Sieg über das Landvolk erliess der Stadtkommandant den Befehl, dass der 24. Januar, der Tag von "El Carmen", der Schutzheiligen der Stadt, gefeiert werde. Als Dank für seine Hilfe liess er den Ekeko öffentlich ausstellen. So wurde dieser zur zentralen Figur des Jahrmarktes von "Las Alasitas", auf dem man sich die Wünsche für das kommende Jahr erfüllt, indem man sie in Miniaturnachbildungen kauft und dem Ekeko umhängt, damit er den Haushalt im kommenden Jahr mit all diesen Sachen versorge. Ursprünglich waren das vor allem Lebensmittel und Hausrat, aber heute bürdet man ihm auch Fernseher, Lastwagen, Flugzeuge, Universitätsdiplome und Geld auf.

Bleibt zu ergänzen, dass der Jüngling und das geliebte Dienstmädchen, so überliefert es die Legende, nach dem Ende der Belagerung heiraten konnten.

Und man sollte beachten, dass der Ekeko dem Haushalt und der Hausfrau Fruchtbarkeit nur unter der Bedingung beschert, dass man ihm eine ordentliche "Ch'alla" widmet: ein Opfer mit Alkohol, Konfetti, Papierschlangen - und ein intimes Zusammensein des Paares.

Die Auferstehung des Ekeko war ein kultureller Sieg nach der verlorenen Schlacht um La Paz, die vielleicht auch verloren wurde, weil der Gott sogar dem Stadtkommandanten half. Die Grenze zwischen Anpassung und Widerstand im erzwungenen Zusammenleben begann zu zerfliessen, die Kulturen vermischten sich.

Der Konflikt hält aber an bis heute - der Hunger auch.

QUESO HUMACHA

Queso = Käse, huma = Wasser (Aym.)
"Wässeriger Käse"

4 Zwiebeln, etwas Öl, 1 Tl schwarzer Pfeffer, 2 Tl Oregano, 1 Tl gelben Ají, 1 Tasse Milch, 1 Tasse gekochter Erbsen, ca. 250 g Käsewürfel, Huacataya (Ersatz: etwas Pfefferminz), Petersilie, Pellkartoffeln, falls vorhanden: gekochte frische Maiskolben

Man dünstet die feingeschnittenen Zwiebeln im Öl bis sie glasig sind, gibt Pfeffer, Oregano und Ají dazu, dünstet diese kurz mit. Dann lässt man alles mit der Milch kurz aufkochen, gibt die Erbsen dazu und schliesslich den Käse, wobei dieser nicht kochen, sondern nur schmelzen soll.
Man serviert, indem man die geschälten Kartoffeln zusammen mit den Maiskolben auf den Teller legt, sie mit der Käsesosse übergiesst und die feingewiegten Kräuter darüberstreut.
Früher galt "Queso humacha" ebenso wie "Plato paceño" als Teil des Jahrmarkts von Las Alasitas. Heute ist Käse teurer als Fleisch, und das Gericht wurde verdrängt von "Salchipapas" (Pommes frites mit gebratenen Wurstscheibchen) und ähnlichen Kreationen.

Intendente, "englisches Rosbi" und Alkohol

Nach den Unabhängigkeitskriegen gründeten Nachkommen spanischer Kolonisten 1825 den Staat Bolivien. Befreit von den hemmenden Kolonialgesetzen stürzten sie sich auf das Land der Bauern in den Ayllus. "Es scheint paradox, aber es ist sicher, dass sich mit der (...) Unabhängigkeit die Bedingungen für die Einheimischen verschlechtert haben",[35] schrieb 1861 ein Ökonom aus Sucre.
In der Tat prallten nach der Gründung Boliviens die weisse und die indianische Kultur stärker aufeinander als in der Kolonialzeit. Dies zeigt sich unter anderem am unterschiedlichen Umgang mit Alkohol, aber auch an der Orientierung der Oberschicht an europäischen Gerichten, mit denen sie zeigen wollte, wie fein sie zu leben verstand.

Andine contra europäische Weltsicht am Beispiel Alkohol

Ein andines Fest ist mehr als gesellige Lustbarkeit. Sein ritueller Charakter lässt sich nicht trennen vom Alkoholgenuss, denn das wechselseitige Einladen zum Trinken festigt die Gegenseitigkeitsbeziehungen.
(Bild auf vorhergehender Doppelseite)

"Von sechs robusten Cholas [Mestizinnen in ihrer typischen Tracht] befördert, erscheint ein riesiger Cántaro [Keramiktopf], der mit äusserster Vorsicht in einer Ecke des Raumes aufgestellt wird. Die Stimme der Hausherrin erhebt sich gewaltig, um den Geladenen zu verkünden, die Stunde des Trunks sei gekommen. Und indem sie von ihrem Gürtel den dicken Schlüssel des Tors zur Strasse löst, das selbstverständlich mit zwei Schlüsseldrehungen abgeschlossen wurde, lässt sie ihn in den dickbauchigen, von Chicha überfliessenden Cántaro fallen.

Sodann, in ihrem rheumatischen Gang das Gleichgewicht wahrend, nimmt sie von einem Dienstmädchen einen bis zum Rand mit schrecklicher Llajhua aus Locotos gefüllten Teller in Empfang, und taucht - sich jedem der Gäste nähernd - den Finger in die höllische Llajhua und streicht ihn über die Lippen des Opfers.

Als ich diese Handgriffe sehe, glaube ich, von der reichlichen Chicha provozierte Visionen zu betrachten. Aber dann muss ich mich überzeugen, dass es Wirklichkeit ist, als meine Gastgeberin mit einem Finger, der mehr wie eine dicke Wurst anmutet, mir die Lippen mit der teuflischen Llajhua einstreicht.

Es scheint, als ob sie mir Schwefelsäure auf die Lippen gestrichen hätte. Ein Brennen, ein Jucken, ein Schmerz...! und die Not, etwas Flüssiges zu trinken, etwas, das den Brand in meinem Munde lindert. Die einzig erreichbare Flüssigkeit: die Chicha des beleibten Cántaros.

Nun erst verstehe ich die dämonischen Ränke der Chola, welche einen wunderlichen Brauch verkörpern, zum Trinken einzuladen, den sie in einigen Dörfern des Tales von Cochabamba pflegen.

Um zu vermeiden, dass die Gäste das Fest verlassen, ohne genügend betrunken zu sein, schliessen sie das zur Strasse führende Tor, welches gewöhnlich das einzige ist, und den Schlüssel werfen sie in den Cántaro der Chicha, welche [die Gäste] austrinken müssen. So verunmöglicht man die Flucht vom Opferort, bevor die Chicha ausgetrunken ist, um den Schlüssel herauszuholen und das Tor zu öffnen..."

So überlieferte uns Luis Tellez Herrero, der 1946 die kulinarische Landschaft Boliviens beschrieb, ein Fest in Tarata im Tal von Cochabamba. Die Trinkbräuche der Anden unterscheiden sich erheblich von den europäischen: Bestimmt bei uns jeder den Grad seiner Trunkenheit selbst, so wird auf den Festen in Bolivien darauf geachtet, dass alle gleichviel trinken. Meistens geht jemand mit der Kanne herum und schenkt einem Gast nach dem andern den Becher voll. Der Gast leert ihn sofort in einem Zug, damit für den nächsten eingeschenkt werden kann. Auf Festen in der Stadt serviert man oft ein Getränk nach dem anderen und achtet sorgfältig darauf, dass niemand eine Runde auslässt. Jeder, der das Glas an die Lippen führt, prostet den anderen zu und alle trinken einen Schluck. Man trinkt prinzipiell gemeinsam. Stilles Vor-Sich-Hin-Süffeln wie in Europa wird nicht gern gesehen.

Kommt jemand zu spät, erwartet ihn der Gastgeber am Eingang mit einem "Eisenbahnzug": den säuberlich auf einem Tablett in Gläsern aufgereihten Getränken, die bis zum Erscheinen des Nachzüglers serviert worden sind: Bier, "Chuflay", Wein, Sekt, Singani, wieder Bier usw. Nicht nur die Menge, auch die Mischung bleibt nicht ohne Wirkung...

Diese Trink-Bräuche gehen zurück auf die Organisation der Ayllus, die man seit der Unabhängigkeit 1825 "Comunidades" (Gemeinden) nennt. Bei den Festen der Comunidad - traditionell gibt es nur wenige Feste im familiären Rahmen, es sind meistens alle beteiligt - betrinkt sich die ganze Gemeinde. Dabei ist immer ein Mitglied der Comunidad der Gastgeber, der "Preste". Obschon der Anlass des jeweiligen Festes meistens religiös ist, liegt sein Grund darin, dass der Preste eine höhere soziale Kategorie erreichen will. Er gibt dafür seine in ein bis zwei Jahren angehäuften Ersparnisse aus.

Meistens richtet er ein Gemeindefest aus, um aufgrund des so erreichten Status' für ein bestimmtes Amt der Comunidad wählbar zu werden. Die teils religiösen, teils weltlichen Ämter werden in strenger Rotation alle Jahre neu besetzt. Alle müssen jedes Amt, jede Last einmal übernehmen. Im Gegensatz zur westlichen Demokratie, in der man ein Amt als eine zu erobernde politische Beute betrachtet, wird es hier als Dienst an der Comunidad aufgefasst, ein Dienst, der oft mit hohen Kosten und viel Zeitaufwand für den Amtsträger verbunden ist. Jeder muss seine Kraft, seinen Einsatz und seine Ersparnisse in der Amtszeit für die anderen geben. Nur wer alle Ämter einmal ausgefüllt hat, geniesst das höchste Ansehen in der Gemeinde. Dieses Ansehen wiederum verschafft ihm eine stärkere Mobilisierungskraft, wenn es darum geht, zu Ayni und Mink'a "einzuladen".

Der Ayllu hat durch die Kolonialzeit massive Veränderungen erfahren. So wurde z.B. nach den Aufständen von Tupaj Katari die Rolle des Curacas immer unwichtiger. Die beschriebene Ämter-Rotation enthält nicht nur Elemente der Andinen Gegenseitigkeit, sondern auch der mittelalterlichen spanischen Kommunalverwaltung. Mehrere Posten wurden geschaffen, um die Verbindung zwischen Staat oder Kirche und dem Ayllu aufrecht zu erhalten und z.B. die Eintreibung von "Steuern" in Geld, Produkten und Arbeit zu garantieren. Heute entsprechen die Ämter weit-

CHUFLAY

Chuflay gilt als derzeitiger National-Cocktail. Das Wörterbuch der Bolivianismen gibt an, der Name "chuflay" sei auf das US-amerikanische Lied "Shoo-fly, don't bother me" zurückzuführen...

Ginger Ale (Canada dry), Singani (Weinbrand), Zitronen- (besser: Limonen-)scheiben

Man schenkt Ginger Ale ein, rührt die Kohlensäure heraus, gibt eine Limonenscheibe hinein und füllt mit Singani auf.

COKTELITO

"kleiner Cocktail"

Wasser, Zimtstange, Zucker, Schnaps

**Das Wasser wird mit Zimtrinde gekocht und gezuckert. Wenn es abgekühlt ist, mischt man es mit Schnaps, häufig unvergälltem reinem Alkohol. Statt Zimtwasser kann man verdünnten Fruchtsaft nehmen.
Coktelito ist volkstümlicher (billiger!) als Chuflay.**

BATIDO DE VINO

Geschlagenes Ei mit Wein

1/3 Flasche Rotwein, 2 Eier, 1-2 El Zucker

Man schlägt die Eier gut mit dem Zucker und vermischt sie mit dem Wein. Vielerorts bezeichnet man den Trank als "Biblia" (Bibel). Im Tal von Cochabamba reicht man ihn gebärenden Frauen, um die Entbindung zu beschleunigen.

LECHE DE TIGRE

Tigermilch

Milch, Wasser, unvergällter Alkohol (Schnaps), Zucker

Man verdünnt die Milch mit Wasser, zuckert reichlich und erhitzt sie. Dann gibt man den Schnaps hinein und serviert in Tassen.
Die bessere Variante: Man kocht Zimtstangen und Nelken im Wasser, gibt Milch und Zucker hinein, erhitzt nochmals und vollendet mit einem reichlichen Schuss Weinbrand oder Anisschnaps.
Verwandt ist dieser Drink mit der "Ambrosía" (kuhwarme Milch mit Schnaps), die in den Tälern von Santa Cruz fester Bestandteil des Karnevals ist.

TE CON "T"

Heisser Tee mit Schnaps ("T" steht vermutlich als Abkürzung für "trago", Schnaps)

Heisser Tee, Zimtstange, Zucker, Schnaps

Man kocht einen Tee mit Zimt, zuckert reichlich und gibt einen ordentlichen Schuss Alkohol dazu.
Dies ist das Getränk der langen kalten Winternächte im Hochland. In schlecht beleumundeten Lokalen in oben am Hang gelegenen Vierteln von La Paz, in denen teilweise die Tassen an die Tische gekettet sind, versuchen sich die Obdachlosen mit diesem Getränk in der unerträglichen Kälte der zweiten Hälfte der Nacht zu wärmen. Der "Te con T" dieser Lokale ist mit übelstem Fusel zubereitet, der mit Kerosin vermischt sein soll...

gehend den Posten im "Sindicato", der Gemeindegewerkschaft und -verwaltung wie sie im 20. Jahrhundert entstanden ist. In vielen Comunidades bestehen somit die alten, andinen Autoritäten, Posten kirchlichen und staatlichen Ursprungs und gewerkschaftliche Ämter neben- und miteinander.

Dass sich vor der Wahl jeder als Gastgeber bewähren muss, ist eine Art andine Probe seiner Grosszügigkeit gegenüber der Gemeinschaft, weswegen er die Gäste auffordert und rituell nötigt, zu trinken. Zugleich festigt er durch die Feier die Bande der Gegenseitigkeit. Bestimmte Gäste bringen aus Ästen geflochtene Bögen mit, in die sie Geschenke und Geld gehängt haben. Einigen der Geladenen gibt er auch solche Bögen mit nach Hause. Diese Geschenke verpflichten im Rahmen der Gegenseitigkeit, in Zukunft dem Schenkenden den gleichen Wert zurückzuerstatten. Sie sind also eine Art formloser Darlehen, mit denen man sich gegenseitigen Beistand zusichert. Je mehr Feste jemand gegeben hat, umso mehr Unterstützung kann er erwarten, wenn er ein mit grossen Opfern verbundenes Amt übernimmt.

Neben dem Alkohol spielt das Essen eine zentrale Rolle. Eine Ethnologin berichtet,[36] dass man bei Festen in Aymara-Gemeinden auf dem Altiplano innerhalb weniger Stunden jene Gerichte serviert, die jeden auf den wichtigen Stationen seines Lebens begleiten: Man beginnt mit "Sajta de pollo" (s.S. 109), die zum Fest des ersten Haarschnitts gehört, fährt fort mit "Papas a la huancaina" (s.S. 227), dem Hochzeitsessen, und serviert dann Fricasé, ein Katerfrühstück. Anschliessend wird zu "Guiso de cordero" (Schaffleisch mit Kartoffeln, Chuño und anderen Zutaten) eingeladen, einem Begräbnis-Mahl, bevor sich alle zum "Aptapi" versammeln: gekochte Chuños, Saubohnen und Kartoffeln mit Llajhua, ausgebreitet auf den in eine lange Reihe gelegten wollenen Tragetüchern.

Auffallend die Mengen, die da jeder zu essen imstande ist: Wenn's was gibt, dann isst man... Die Reihenfolge der Gerichte symbolisiert den Lebenszyklus vom Kind bis ins Grab, um im Aptapi mit jenem Essen zu enden, an dem man sich bei der gemeinsamen Feldarbeit stärkt, und das die produktive Rolle des Einzelnen in der von Gegenseitigkeit geprägten Gemeinschaft symbolisiert.

Ausserdem sorgten diese Feste ursprünglich für eine periodische Umverteilung der Güter, ähnlich wie die Sabbat- und Jubeljahre im alten Testament. Neben der gemeinschaftlichen Kontrolle des Bodens, der Ämterrotation und der Andinen Gegenseitigkeit waren sie ein Mechanismus, der nicht allzu Reiche, aber auch nicht allzu Arme entstehen liess. Das Ergebnis war auf Gemeinde-Ebene - trotz eines ausgeprägten Sinns für Hierarchie - eine Gesellschaft, die eher einem Rhombus (mit wenig Ar-

AKKAKANKA

(Quechua: akka = Chicha, kanka = in der Pfanne gebratenes Fleischstück)

1 l Wasser, 3 Zwiebeln, 8 Locotos (Peperoncini), 1-2 Tomaten, 300g Rindfleisch, 12 Kartoffeln, Salz, Chicha (Bier)

Man schneidet das Fleisch in Tranchen, wie wenn man es in der Pfanne braten möchte, schneidet das Gemüse klein und setzt alles in Wasser auf. Dann schält man die Kartoffeln, schneidet sie in Scheiben und gibt sie dazu. Wenn Fleisch und Kartoffeln gar sind, gibt man die Chicha (oder das Bier) dazu und serviert das Ganze als Suppe - ein typisches Essen, das schnell gekocht ist, um die Zecher zu verköstigen, und dessen Pikantheit ihre "Genesung" fördern soll.

Während im Alltag die Familien alleine essen und sich so abgrenzen, wird bei Festen das kommunale Miteinander betont: Für den "Aptapi" schüttet jeder seinen Beitrag auf die am Boden ausgebreitete "Tafel" und die ganze Gemeinde isst gemeinsam.

Etliche indianische Adlige verbündeten sich früh mit den Spaniern und nahmen deren Kleidung und Sitten an - auch hinsichtlich des Alkoholkonsums: Den oben dargestellten Kaziken bezeichnete der Chronist Guaman Poma de Ayala als "grossen Säufer".

men, wenig Reichen und einer breiten "Mittelschicht") glich als der Pyramide des Kolonialregimes oder der modernen Republik.

Ein andines Fest ist mehr als eine gesellige Lustbarkeit. Sein ritueller Charakter lässt sich nicht vom Alkoholgenuss trennen; ein Fest ohne Alkohol wäre kein Fest, sondern eine Versammlung. Der Alkohol als Teil der Opfer für die Götter verleiht der Geselligkeit eine rituelle Qualität.

Wer nicht trinken will, muss gehen. Ein Getränk ablehnen, bedeutet, die Grosszügigkeit des Gastgebers auszuschlagen, ist eine Weigerung, mit ihm soziale Beziehungen und Verpflichtungen einzugehen, ist schlicht eine Beleidigung. Alkohol ist nicht wie in Europa ein Artikel individuellen Konsums, sondern ein Teil der sozialen Beziehungen.

Nicht nur untereinander hilft der Alkohol Verbindungen schaffen, sondern auch zwischen Menschen und Göttern: Der erste Schluck ist immer für Pachamama und wird auf die Erde gegossen, und auf den Passhöhen opfern Lastwagenfahrer und Reisende den Berg- und Weggeistern - nicht ohne sich selbst auch ein Schlückchen zu gönnen.

In der Kolonialzeit nahm der Alkoholkonsum zu. Im Rahmen des Zwangshandels brachten die Spanier viel Wein in die Ayllus. Auch die traditionelle Chicha wurde alkoholhaltiger, da man begann, ihr den vorher nicht bekannten Zucker beizumengen. Allein die strikte andine Trinksitte, sich während der Feste bis zum Exzess zu betrinken, zwischen den Feiern aber keinen Tropfen anzurühren, half, die ruinösen Auswirkungen zu vermeiden, die der Alkohol z.B. unter den Indianern Nordamerikas hatte.

Immer mehr musste man aber "Zutaten" für die Feste von ausserhalb einkaufen. Damit werden die Ersparnisse nicht mehr innerhalb des Ayllus umverteilt, sondern landen in der Hand der Mestizen in den "Dörfern" und Städten. Wer sich als Preste verschuldet und die Kredite nicht bezahlen kann, verliert sein Land und sinkt zum "Utawawa" ab, einer Art Paria der andinen Gesellschaft.

Daran, dass aus dem Umverteilungs- ein Verarmungsmechanismus wurde, war die katholische Kirche massiv beteiligt: Sie stülpte ihre religiösen Inhalte über die alten Feste und verlangte für Messen und Prozessionen hohe Gebühren. Waren sie erst einmal in eine klerikale Einnahmequelle verwandelt, erfanden sie zusätzliche Feste.

In den Städten und Dörfern, losgelöst vom Zusammenhalt der Comunidad, ist nur der Brauch erhalten geblieben, die Gäste regelrecht abzufüllen. Und geradezu sprichwörtlich ist heutzutage der Freitagabend als "Freitag der Ledigen": Das Besäufnis in der Kneipe (auch) der verheirateten Männer zusammen mit den Arbeitskollegen. Der individuelle Alkoholkonsum - bis hin zum Alkoholismus - ist viel weiter verbreitet.

Begierig nach Eigentum und Vermögen...

Alkoholmissbrauch war auch ein Problem des Generals Melgarejo. Seine Wiege stand in Tarata, dem Dorf, das wegen seiner kräftigen Chicha berühmt ist. Mit ihr wurde Melgarejo abgestillt, und zeitlebends war er ihr sehr zugetan. Sie soll die eigentliche Urheberin seiner kühnsten und unüberlegtesten Tyranneien gewesen sein.

Die Geschichte lässt sich nicht mit der Dummheit oder dem Suff einzelner Politiker erklären. Aber nicht nur durch seinen Alkoholismus stand Melgarejo in fundamentalem Gegensatz zur andinen Kultur: Vielmehr war er einer der exponiertesten Vertreter jener weissen Oberschicht, die nach den Unabhängigkeitskriegen auf eigene Faust die von den Spaniern begonnene Besetzung des indianischen Bodens fortsetzte.

Ideologisch von der französichen Revolution und der US-amerikanischen Unabhängigkeit beflügelt und mit teilweise aktiver Unterstützung durch Grossbritannien, hatten sich ab 1809 die Kolonien gegen die spanische Bevormundung in Wirtschaft und Handel erhoben. In einem anderthalb Jahrzehnte dauernden Krieg lösten sie sich von Spanien.

In Alto Peru, dem späteren Bolivien, waren die Kreolen zu schwach, alleine die Unabhängigkeit zu erkämpfen. In Erinnerung an die Aufstände von Tomás und Tupaj Katari fürchteten sie die einheimischen Bauern mehr als die Spanier und zögerten, sie zu bewaffnen. In verschiedenen Winkeln des Landes konnten zwar Guerillaverbände unter aktiver Beteiligung der Bauern jahrelang unabhängige kleine Republiken errichten, aber wegen der Unentschlossenheit der Oberschicht konnten sich die spanischen Truppen in Alto Peru am längsten gegen das Befreiungsheer des Venezolaners Simón Bolívar halten. Erst als die Lage hoffnungslos wurde, liefen die kreolischen Offiziere mit ihren Truppen zu den Befreiern über und verwandelten sich so in die "Patrioten der letzten Stunde". Um den Makel ihres Zauderns zu überdecken, nannten sie die neue Republik nach dem Helden Bolívar - Bolivien war geboren. In der verfassungsgebenden Versammlung sass aber kein Arbeiter der Silberminen, kein Guerrillero des Unabhängigkeitskampfes und kein Bauer, sondern nur die alte Oberschicht. Der junge Staat unterschied sich vom Kolonialregime nur insoweit, als die spanische Krone als Spitze der Pyramide wegfiel.

"Spanisch Amerika ist frei, und wenn wir unsere Angelegenheiten nicht kümmerlich verwalten, ist es englisch", hatte der britische Aussenminister schon 1824 bemerkt, und bald flossen zwei Drittel der englischen Investitionen nach Südamerika. Ausdrücklich war der Unabhängigkeits-

Zeittafel

1809 - 1825: politisch-militärische Konflikte um die Ablösung von Spanien.

6. August 1825: Erklärung der Unabhängigkeit und Gründung Boliviens. Die indianischen Bauern werden auch künftig als Unterworfene behandelt, indem man ihnen weiterhin den kolonialen Tribut abverlangt.

1864 - 1871: Präsidentschaft von General Melgarejo.

1866: Um die Staatskasse zu sanieren dekretiert Melgarejo die Privatisierung und den Verkauf des Indianerlands. Heftigen Widerstand von Seiten der Bauern lässt er gewaltsam unterdrücken. Immer mehr Bauern verlieren ihr Land und werden zu Leibeigenen auf den Haciendas.

1871: Melgarejo wird gestürzt, den Bauern aber das geraubte Land weiterhin vorenthalten.

1874: In der Landreform des Präsidenten Tomás Frías wird die Auflösung der Ayllus dekretiert. Dies wird in den folgenden Jahren juristisch und militärisch durchgesetzt. Immer mehr Haciendas entstehen.

1879-1884: Bolivien verliert im Salpeterkrieg seine Küstenregion an Chile.

1892: Eröffnung der ersten Eisenbahnlinie an die Pazifikküste. Damit wird der Zinnbergbau rentabel.

1898-1899 Bürgerkrieg zwischen den konservativen Silber- und den liberalen Zinnbergwerksbesitzern. Ermordung des Bauernführers Zarate Willka.

FRICASÉ

Katerfrühstück aus La Paz

1 Pfund trockene Maiskörner, 2 kg Schweinefleisch, 1/4 Pfund gelber Ají, 1 Knolle Knoblauch, 1 El gemahlener Kreuzkümmel, 2 Brötchen, pro Person 3-4 Chuños, Salz

Man weicht den Mais ein und kocht ihn zu "Mote" (s.S. 41), besser ist aber, wenn man "Maiz pelado" (s.S. 210) hat.
Das Fleisch schneidet man mitsamt der Schwarte in grosse Stücke und kocht sie in 2 l Wasser mit 1 El Salz. Wenn man gelben Ají hat, entkernt man die Schoten und röstet sie in der Pfanne, wobei klar wird, weswegen bestimmte Tränengassorten "Pepperfog" heissen... Dann mahlt man sie zusammen mit Knoblauch und Kreuzkümmel und gibt sie zum Fleisch. Falls man keinen Ají hat, nimmt man Chili.
Man bricht die Brötchen in Stücke, weicht sie 5 Min. ein und drückt sie gut aus. Dies wiederholt man, um die Hefe aus dem Brot zu waschen, damit das Gericht haltbarer wird. Dann mahlt man das matschige Brot und gibt es 10 Min. vor dem Servieren zum Fleisch und kocht alles nochmals auf. Wenn zuviel Wasser verdampft ist, füllt man welches nach.
Die Chuños weicht man zwei Tage vorher ein (grosse Knollen durchschneiden!) und kocht sie, wenn das Fleisch fast fertig ist, in Salzwasser.
Man gibt zuerst Mote und Chuños in den Napf, legt ein Stück Fleisch daneben und füllt dann mit der Brühe auf.
Das Rezept stammt von einer Köchin, die seit dreissig Jahren jeden Sonntagmorgen Fricasé auf der Strasse verkauft (wofür sie natürlich grössere Mengen kocht). Damit sie um neun Uhr anfangen kann zu verkaufen, muss sie das Fleisch um halb fünf aufset-

krieg geführt worden, um die spanischen Handelsmonopole, Zölle und Steuern abzuschaffen. Dadurch wurde Bolivien nun von englischen Waren förmlich überschwemmt. Grossbritannien bekämpfte mit allem Druck - bis hin zum Abbruch der diplomatischen Beziehungen - die Bestrebungen, durch Schutzzölle die bescheidenen Ansätze einer bolivianischen Industrie vor dem Ruin zu bewahren.

Auch im Salpeterkrieg bestimmten die britischen Interessen Boliviens Schicksal: Als im 19. Jahrhundert die aufstrebende europäische Landwirtschaft Dünger benötigte, erlangten der Guano der Pazifikküste und der Salpeter in der angrenzenden Atacama-Wüste eine strategische Bedeutung. "Dank dem Salpeter und dem Guano (...) entfernte sich das Gespenst des Hungers in Europa."[37] Englisches Kapital hatte sich in Chile festgesetzt und wollte die USA als Konkurrenten ausschalten. Mit diesem Ziel, und um den im bolivianischen und südperuanischen Küstengebiet vorhandenen Salpeter und Guano unter Kontrolle zu bekommen, trieben die Briten Chile dazu, 1879 einen Krieg zu beginnen. In diesem verlor Bolivien seinen Zugang zum Meer und riesige Düngervorkommen, die heute zur Überwindung des Hungers eingesetzt werden könnten: neben Guano und Salpeter gibt es Schwefel-, Phosphat- und Kalivorkommen im verlorenen Landstrich.

Die bolivianische Oberschicht fand sich schnell ab mit der Niederlage. Als Mit-Inhaber der Bergwerke war ihnen der Eisenbahn-Bau für den Silbertransport wichtiger als die Düngerreserven oder der Zugang zum Meer. Die Minen waren der einzige Zweig, der sich unter der britischen Bevormundung entwickeln konnte: Alleine die "Compañia Huanchaca", die englischen, belgischen und französischen Aktionären gehörte, förderte zwischen 1870 und 1900 einen Drittel der Silbermenge, die in fast dreihundert Jahren Kolonialzeit abgebaut worden war. Nach dem Eisenbahn-Bau kam Zinnerz dazu - vorher war dessen Transport zu teuer gewesen.

Mit Beginn des 20. Jahrhunderts musste sich alles dem Zinn unterordnen. Die "Zinnbarone" verlegten ihre Firmensitze in die Schweiz, nach England und in die Vereinigten Staaten, die zunehmend Grossbritannien in seiner Rolle als Weltmacht ablösten. In Bolivien selbst bezahlten die Zinnmagnaten nur lächerlich geringe Steuern. Das "Metall des Teufels" holten die Bergarbeiter unter elenden Arbeitsbedingungen zwar in Bolivien aus den Stollen, aber abgerechnet wurde über die Firmensitze in den Industriestaaten. Bolivien erhielt praktisch keine Entschädigung für seine Rohstoffe. Nur die Gesetze des Profits galten für die Zinnbarone. Sie setzten Regierungen nach Belieben ein und ab und diktierten ihnen ihre Politik.

Zuerst von der britischen Konkurrenz und später von der Zinnoligarchie an der industriellen Entwicklung gehemmt, wandte sich der Aufstiegs- und Bereicherungsdrang der bolivianischen Mittel- und Oberschicht nach innen: Von kolonialstaatlichen Beschränkungen befreit, entfesselten sie eine Reihe von juristischen und militärischen Feldzügen, um fortzusetzen, was die ersten Spanier begonnen hatten: die Eroberung des "Indianerlandes".

"Dieses Land den Händen des ... Indios zu entreissen"

Das wild zusammengewürfelte Schriftbild der Speisekarte eines Banketts zu Ehren des Präsidenten Melgarejo zeigt, wie europäischer Zeitstil im 19. Jahrhundert die bolivianische Oberschicht prägte. Das vermittelt einen Eindruck ihrer kulturellen Identitätskrise als "Neureiche". Das Menü selbst ist bunt gemischt: "Meerschweinchen in Ají" steht neben Mayonnaise und englischer Creme, Andines neben Europäischem. So wie man sich in der Wirtschaftspolitik gern auf einen "Adam Smit"[38] (Adam Smith) berief, versuchte man sich auch in der Küche einen weltmännischen Anstrich zu geben und übte den kulturellen Spagat: Eine zur Zeit Melgarejos verfasste Rezeptsammlung erklärte, dass "Rosbi" (Roastbeef) ein "rein englischer Braten" sei.

In der Regel hielt man es aber mit der Üppigkeit: General Ramallo, Intendant von Oruro, rief in den Schenken jeweils die Serviererin und fing an zu bestellen: "...ein Stückchen Filet, ein Scheibchen Hode, ein Würstchen oder auch zwei, ein Därmchen, ein bisschen Ranga ranga, und ein..., und etwas..."[39], bis der Teller zusammengestellt war. Mit der Zeit entwickelte sich daraus ein "Gericht", das neben den bereits genannten Zutaten ein Hühnerbein, ein Rippenstück vom Schaf, ein Schweinskotelet, ein Stück Kalbsherz, eine Schafsniere, etwas Reis, zwei Bratkartoffeln, Kopfsalat mit "Sarsa" und natürlich reichlich Llajhua umfasst. Wohlgemerkt: Es handelt sich nicht um den Fleischbedarf einer Familie für eine Woche, sondern um eine Portion. Diese passt auf keinen Teller, sondern wird traditionell in einer Schüssel serviert, aus der der Schlemmer direkt isst.

Diese kulinarischen Gewohnheiten dürfte der Intendant, nach dem das Gericht heute noch genannt wird, durchaus im Dienst entwickelt haben: die Behörden nahmen sich das Recht, bei den Bauern der Comunidades Hühner, Lebensmittel aller Art und Kleinvieh zu beschlagnahmen, unter dem Vorwand, dass man einen Regierungsvertreter auf Inspektionsreise verpflegen müsse. Der Erfinder des Gerichts war auch Brigadegeneral der "glorreichen bolivianischen Heere", die bei Bauernaufständen nach dem Motto handelten: "... nicht in die Luft schiessen,

zen, denn die Schweine suchen sich ihr Futter selbst und sind entsprechend zäh.
In La Paz haben Schweinezüchter die Müllhalden in Bezirke aufgeteilt, wo sie ihre Tiere "weiden" lassen. Sie bestechen Müllfahrer mit ganzen Schweinen, damit diese die Abfälle in ihren Bezirk kippen - Armuts-Alternative zur Hormonpantscherei in den Industriestaaten... Trotzdem ist Schwein teurer als Rind, und wenn jemand Fricasé aus Lama kocht, gilt dies als Betrug, obwohl Lamafleisch einen besseren Nährwert hat als Schwein.

RANGA RANGA

Allgemeines Prusten und Schnauben. Seufzen mischt sich ins Gabelgeklapper. Jeden Augenblick rennen die Frauen vom Tisch, um zu schneuzen. Meine Schweissdrüsen proben den Aufstand, die Nase strömt und unter Tränen versichere ich, dass es mir schmeckt. Spätestens jetzt leuchtet mir ein, weswegen pikante Gerichte wie Ranga ranga den Kater kurieren: Diese Drüsenexplosionen sind ein wahres Entgiftungsfegefeuer!

Kartoffeln (am besten eine mehlige, süssliche Sorte), 1 grosser Kopfsalat, Öl, Salz, 1 Zwiebel, 1 Tomate, 1 Locoto (Peperoncini), 1/2 Tl kleingeschnittene Quilquiña (ev. weglassen), 1/2 roher Blättermagen (Teil des Rinderpansens), 2 El gelber Ají

Während man die Pellkartoffeln kocht, wäscht man den Salat, schneidet ihn klein und vermischt ihn mit Öl und Salz. Aus Zwiebeln, Locoto und Tomate bereitet man eine Sarsa (s.S. 64). Dann schält man die Kartoffeln. Alles muss fertig sein, bevor der Blättermagen in den Topf kommt, weil es nachher keine Zeit mehr gibt, etwas zuzubereiten.

Nun wäscht man den Blättermagen gründlich und schneidet Fett, Gekröse und die Schleim-Membran auf der Aussenseite weg. Dann schnippelt man ihn in feinste Streifchen oder dreht ihn mit dem gröbsten Rad durch den Fleischwolf.

Nun kommt der Magen in den Topf. Unter ständigem Rühren erhitzt man ihn, ohne sich von den aufsteigenden Gerüchen abschrecken zu lassen. Wenn Saft austritt, giesst man ihn ab und wiederholt die Prozedur, bis keine Flüssigkeit mehr austritt.

sondern auf die Körper, sonst verliert man den Respekt vor den Streitkräften."[40]

Den Bauern hatte die Unabhängigkeit die Abschaffung der verhassten Mita gebracht. Gleichzeitig fiel aber auch der Schutz durch die spanische Krone weg, und sie sahen sich einem Staat gegenüber, der nun direkt in der Hand ihrer unmittelbaren Ausbeuter lag.

Diese erklärten alles Land der Ayllus, das zu diesem Zeitpunkt noch rund drei Viertel des kultivierten Bodens ausmachte, zum Staatseigentum. Die Angehörigen der "indianischen Rasse", die es bewirtschafteten, mussten dafür eine Kopfsteuer bezahlen, die sich kaum vom kolonialen Tribut unterschied. In den ersten Jahrzehnten der Republik mussten die Bauern nicht nur Arbeitsleistungen für den nimmersatten Klerus, den Staat und das Heer erbringen, sondern trugen mit dieser "Eingeborenen-Steuer" die Bürde des Staatshaushaltes, während Bergbau und Handel entlastet wurden.

Die unsichere Oberschicht wollte gern am internationalen "Kapitalismus" - sie benutzte das Wort ohne Klassenkampf-Beiklang - teilhaben. Sie blieb jedoch im Provinziellen stecken. Um diesen Makel zu überwinden, sollte die Fiktion des Staatseigentums des indianischen Gemeindelandes dazu dienen, es sich anzueignen. Man forderte, "dieses Land den Händen des unwissenden und zurückgebliebenen Indios zu entreissen, der keine Mittel, weder Fähigkeiten noch Willen hat, es zu bestellen, und es der unternehmerischen, aktiven und intelligenten weissen Rasse zu übergeben, welche begierig ist nach Eigentum und Vermögen, voll von Ambitionen und Bedürfnissen."[41]

Die andine Kultur, die den Boden bei individueller Nutzung gleichzeitig der gemeinschaftlichen Kontrolle unterwirft, stand dem Wunsch nach einem freien Grundstücksmarkt im Wege. Der Ayllu sollte deshalb als eigenständige Rechtsform verschwinden. Von den Dekreten Simón Bolívars, der jedem "Indio" sein privates Stück Land zusprechen wollte, zieht sich der blutige Faden der Landprivatisierung als politisches Projekt der Herrschenden bis heute durch die Geschichte.

Diese Absichten hat man gern mit einer zivilisatorischen Mission bemäntelt. Für den Fall, dass der indianische Bauer Eigentümer würde, prophezeite man 1864: "Anstatt der elenden Hütte, in der er heute lebt, würde er sich eine geräumigere und bequemere Wohnung verschaffen. Anstelle der Lumpen, die ihn heute kleiden, würde er sich kleidsame und verschiedene Stoffe suchen, welche die Industrie dem Menschen verleiht. Und anstelle des elenden und groben Essens, mit dem er seine rachitische Existenz ernährt, würde er auf den Geschmack der würzigen und angenehmen Speisen kommen, welche der Mensch sich zu verschaffen wusste."[42]

Nach rund fünf Minuten (!) kneift man in die Magenstreifchen, um zu prüfen, ob sie gar seien. Auf gar keinen Fall darf man den Blättermagen zu lange auf der Flamme lassen, da man sonst umdisponieren muss: Er wird zäh und lässt sich nur durch stundenlanges Kochen als "Ají de panza" wieder geniessbar machen. Für Ranga ranga ist er dann nicht mehr zu verwenden. Wenn der Pansen also "seinen Punkt" erreicht hat, rührt man den vorher gemahlenen Ají dazu und serviert in Windeseile zusammen mit den Pellkartoffeln und dem Salat, über welchen man die Sarsa verteilt.
Bolivien ist ein zivilisiertes Land, weswegen man auf dem Markt den Blättermagen geputzt kaufen kann. Wenn man in Europa die besagte Innerei auftreiben will, kann es vorkommen, dass man sie nur ungeputzt erhält. Dann muss man den Magen erst eine Viertelstunde in fliessendes Wasser einlegen und ihn anschliessend mit der Rückseite eines Messers gut abschaben. Am besten geht man dafür "Seite für Seite" vor - und versteht bald, warum dieser Teil des Pansens in Bolivien "libro", "Buch" heisst. Anschliessend muss man ihn wieder waschen, bis alle Teile der dunklen Magenschleimhaut weggeschwemmt sind.

Musik und Tanz sind wie Essen, Alkohol und Coca unverzichtbare Zutaten eines andinen Festes. *(Bild auf Seite 90)*

Die Landgierigen sahen ihre Stunde gekommen, als 1866 der für seine Tyrannei berühmte Melgarejo beschloss, dass innerhalb von zwei Monaten jeder Bauer aus den Comunidades einen Besitztitel für sein Land vom Staat erwerben müsse. Alles Land, das die Bauern während dieser Frist nicht durch Besitztitel "konsolidieren" könnte, werde vom Staat zwecks Sanierung seiner Finanzlage an Privatpersonen verkauft. Ein Jahr später verkündete er, dass von nun an die Comunidades als Ganzes versteigert würden.

Militärs, Bürokraten und Priester, denen der Staat Löhne schuldete, sowie Spekulanten jeder Couleur wurden so über Nacht Grundbesitzer. Die meisten Bauern hatten zu spät von dem Gesetz vernommen, hatten kein Geld für den Titel oder legten keinen Wert auf Privateigentum, das in ihrer Kultur ohne Sinn ist. Ihren Widerstand gegen die "Landkäufer" erstickte das Heer: Die Verwaltung beklagte, dass sie durch Massaker zweitausend Tributzahler verloren habe...

Auch alteingesessene Haciendabesitzer opponierten gegen Melgarejos Politik. Durch die Konkurrenz der neuen Gutsbesitzer sanken die Lebensmittelpreise in den Städten, was ihre Gewinne schmälerte. Mehr aber fürchteten sie, der allzu plumpe Landraub könnte einen "Rassenkrieg" auslösen, der neben den neuen auch die alten Hacendados wegfegen würde. Um ihre Position nicht zu verlieren, setzten sie sich an die Spitze des indianischen Widerstands und stürzten Melgarejo. Den Bauern hatten sie für ihre Hilfe versprochen, den Landraub ungültig zu erklären.

Die Politiker, die 1870 Melgarejo ablösten, gaben jedoch den Bauern das Land nicht zurück. Stattdessen trieben sie die liberale Wirtschaftspolitik auf die Spitze. Indem sie die Zollschranken und das staatliche Silber-Exportmonopol abschafften, wollten sie die Wirtschaft ankurbeln und opferten dafür den Schutz des inneren Marktes.

Die daraufhin entbrennende Diskussion über die Landfrage war geprägt von der Angst vor den ausländischen Anbietern: "Damit die Eisenbahn uns nicht im Elend ertränke, indem sie uns in lauter Konsumenten verwandelt, und damit wir etwas haben, was wir ihnen geben können, ist es nötig, sobald als möglich zu beginnen, wenigstens die Grundbedarfsgüter zu produzieren. Und das führt direkt zum Verkauf der Comunidades, weil die Landwirtschaft die Grundlage der anderen Industrien ist."[43] Damit sie mit den Importen konkurrieren könne, sollte die Landwirtschaft in einen "Agrarkapitalismus" verwandelt werden. "Der Gesetzgeber muss den Eingeborenen ihr Land zurückgeben und sie zu perfekten Eigentümern erklären. Auf diese Weise werden die Comunidades in wenigen Jahren verschwinden.."[44]

Diesem Rat folgend erklärte die Regierung 1874 die Comunidades als "aufgelöst". Jeder Bauer sollte sein individuelles Stück Land bekommen, das vermessen und im Kataster erfasst wurde. Gleichzeitig sollten auf den Grundbesitz Steuern erhoben werden. "Die Reform will grosse territoriale Werte der Stagnation entziehen und eine ganze Rasse ihrem halbwilden Zustand entreissen, um sie zu kultivieren und in ein Element des nationalen Wohlergehens zu verwandeln."[45]

Diese "Auflösung" der Comunidades war in der Praxis eine Enteignung und glich eher einem militärischen Feldzug als einer bürokratischen Agrar- und Steuerreform. Der Landraub war derart wichtig, dass die Regierung im Februar 1880 die Truppen ohne einen formalen Waffenstillstand ins Hochland zurückzog, nachdem Chile das Küstengebiet annektiert hatte. Man brauchte sie, um die "Vermessung" des Landes militärisch zu sichern.

Kam es zu Konflikten innerhalb der Oberschicht, waren die wütenden Bauern willkommene Manövriermasse: Als zum Ende des Jahrhunderts die "liberalen" Zinnmagnaten mit den "konservativen" Silberbossen im Bürgerkrieg lagen, versprach der liberale Führer Pando den Bauern, er werde ihnen das Land zurückgeben. Mit ihrer Hilfe besiegte er die Konservativen. Anschliessend liess er den Bauernführer Zarate Willka ermorden, um auf dessen Land seine eigene Hacienda zu errichten. Im 20. Jahrhundert setzte man schliesslich sogar die Luftwaffe gegen die Bauern ein.

K'ALLU

(Quechua: k'allu = Sosse, gemeint ist aber eine "Sosse" wie die Sarsa, s.S. 64)

Zwiebeln, sehr viel Locoto (Peperoncini), Tomate, Quilquiña (oder andere Kräuter), reichlich Frischkäse

Man schneidet Zwiebeln und Locotos (von letzteren wirklich viel verwenden) in Streifen, wobei man die Zwiebeln auch durch Waschen "entbittern" kann. Dann gibt man die geschnittene Tomate, die feingewiegten Kräuter und den zerkrümelten Käse dazu. Je nach Käse mit Salz abschmecken. Erhitzt man den K'allu, erhält man "K'allu arengo", der schärfer und entsprechend wirksamer ist. Mit weniger Locoto zubereitet, ist K'allu eine beliebte Zwischenmahlzeit in Cochabamba.

Die Haciendas

Wenn die neuen Hacendados das Land - wie auch immer - erwarben, wussten sie, dass es ohne Arbeitskräfte nichts wert war. Sie vertrieben die Bauern nicht. Diese blieben und wurden von freien Mitgliedern der Comunidad zu "Colonos", zu Knechten, Leibeigenen des Patróns.

Den Curaca von ehedem nachahmend wusste dieser die Überreste der andinen Gegenseitigkeit zu nutzen: Zur Arbeit erhielt der Colono Cocablätter, bei schweren Arbeiten ein Mittagessen, zu Festzeiten Alkohol. Ausserdem teilte er ihm als "Belohnung" für seine Arbeit etwa 1 - 4 ha minderen Bodens am Rande des Gutes zu. Auf diesem Boden durfte der Colono seine Felder anlegen und Tiere halten, um seine Familie zu ernähren.

Von seiner Ernte musste er dem Besitzer den Zehnten abliefern, auch vom Jungvieh, den Hühnern und Meerschweinchen und vielerorts auch vom gekauten Maismehl für die Zubereitung von Chicha. Erwirtschaftete er trotz allem Überschüsse, so bestimmte der Patrón über deren Vermarktung.

Drei bis sechs Tage pro Woche musste der Colono das Land des Hacendados mit seinen eigenen Zugtieren und Werkzeugen bearbeiten. Wenn letztere sich abnutzten und zerbrachen, musste er sie selbst reparieren oder ersetzen. Auch den Transport der Produkte in den Lagerhof des Patrons in der Stadt hatte er mit eigenen Mitteln zu erledigen. Und nicht zuletzt musste er zwei Wochen im Jahr als "Pongo", als Hausknecht seines Herrn, arbeiten. Seine Frau und seine Töchter waren ebenso als "Mitanis" zum Hausdienst verpflichtet und gezwungen, Vergewaltigungen

Rostro asado

(gebratenes Gesicht; klassische, geradezu rituelle Säufermahlzeit)

"Ich erwarte das übliche Gedeck: Bestecke, Essig- und Ölständer, Tischtuch, Brot... Aber eine dicke Serviererin kommt und stellt vor jeden einen leeren Teller. Sie kehrt zurück und stellt einen weiteren Teller in die Tischmitte, voll mit einer grünlichen Masse von durchdringendem Geruch. Neugierig strecke ich den Hals und rieche... und bin entsetzt! Es ist die grausame, die schreckliche, die berühmte 'Llajhua', der Ají, der die Lippen verbrennt, der die Zunge versengt, der mehr Appetit gibt--- es ist SIE!
Eine erneute Reise der dicken Serviererin. Nun bringt sie eine Flasche 'Singani' und drei Gläser.
Und zum Schluss der triumphale Einzug... Orureñer erhebt Euch, es sind die ROSTROS ASADOS!
Ein Schafskopf, ganz, wird auf den Teller jedes Gastes gelegt. Neugierig beäuge ich die berühmte Spezialität Oruros. Der Kopf ist mit Haut und Wolle und allem im Ofen gebacken worden. Die schwärzliche Schnauze des rechtschaffenen Wiederkäuers ist geröstet und zusammengeschmort, so dass die gelblichen Zähne unbedeckt bleiben in einem tragischen postumen Lächeln.
Ich warte auf Gabel und Messer, aber unser Freund schreit fröhlich: 'Nun werde ich Euch die speziellen Bedingungen erklären, unter denen man das bevorzugte Gericht der 'Quirquinchos' [=Gürteltiere, Spitzname der Bewohner Oruros] essen muss. Wer es essen will, muss die Nacht verbringen, ohne zu schlafen, darf keinen Appetit haben, aber einen müden Körper, damit er die wunderbare und stärkende Wirkung der 'gebratenen Gesichter' umso mehr schätze. Das Essen muss ausschliesslich mit bestem Singani begossen werden... und das Wichtigste, das Originelle und Eigentümliche an diesem Leckerbissen: MAN DARF KEINE BESTECKE BENUTZEN!' (...)
Mit einer Meisterschaft, welche Gewohnheit verrät, verfährt er beim Ausrenken der Kiefer des Schafes. Nachdem er die Kieferknochen blitzblank geputzt hat, bedient er sich des einen als Dietrich, und mit der Geschicklichkeit eines erfahrenen Diebes steckt er die Spitze in das Loch am Hinterkopf und mit einer plötzlichen Bewegung und einem unheilvollen Knirschen öffnet sich der Schädel und das weisslich dampfende Hirn wird abgedeckt.
Wir sind begeistert von dem System und verfahren ebenso. Der exquisiteste Bissen eines 'gebratenen Gesichts' ist zweifelsohne die Zunge. Welch eine Zartheit des Fleisches!... Welch ein Geschmack!...
Und dann brechen wir den Schädel auf, und mit Entzücken mischen wir den Verstand des armen Schäfchens mit ein wenig Llajhua. Der erste Bissen lässt mich zusammenkrümmen. Aber es folgt der zweite, der dritte--- und je mehr Llajhua wir essen, umso mehr Llajhua wollen wir. Bald verbleiben auf dem Teller nur ein Haufen Knochen und Hautstreifen. Selbst die traurigen und trüben Augen des Schafes haben die Reise in die Tiefe unseres Seins angetreten.
Und welch ein Wunder! Wir haben einen unglaublichen Appetit. Wir fühlen unseren Körper lebendig, kräftig und den Geist geklärt... auf einen Schlag trinken wir einen guten Schluck Singani. Unser Wunsch, zu essen, verstärkt sich..."[49]

durch den Patrón oder seine Söhne zu ertragen. Und schliesslich wollten weder Staat und Armee noch die Kirche auf Dienste und den Tribut der Bauern verzichten.

Da der Colono bei diesen Belastungen von allen Seiten oft nicht mehr dazu kam, das ihm zum Überleben überlassene Land zu bewirtschaften, liess er diese Arbeiten von "Utawawas" verrichten, landlosen Bauern, welche dafür einen Teil des Bodens für ihre eigene Ernährung bepflanzen durften.

Nur zur Saat- oder Erntezeit stellte man einige Tagelöhner ein, ansonsten funktionierten die Haciendas ohne Geld - dafür mit Stockhieben. Da die Colonos nicht nur ihre Arbeitskraft, sondern auch die Werkzeuge stellen mussten, bestand für die Hacendados kein Anlass, die Anbaumethoden zu modernisieren. "Seht die Haciendas (...), Ihr werdet nicht eine Maschine, nicht einen Pflug finden, es sei denn, einen Pflug aus der Zeit Pizarros, und dieser Pflug gehört dem armen Colono."[46] Diese Kritik wurde bereits 1871 veröffentlicht, behielt aber ihre Gültigkeit bis 1950: Da gab es 3272 Haciendas, die mehr als 2500 ha umfassten. 3.8% der Eigentümer besassen 81% des Bodens, aber nur 5.8% des kultivierten Bodens waren mechanisiert.

Nicht um Lebensmittel zu erzeugen nutzte man das Land, sondern als Mittel, die indianische Gratis-Arbeit zu erzwingen. Die Hacendados investierten die auf diese Weise erzielten Gewinne in Banken, Handel und Bergbau; und die im Bergbau geförderten Mineralien trugen aufgrund der Tauschverhältnisse auf dem Weltmarkt hauptsächlich zur Entwicklung der Industriestaaten bei.

PIQUE A LO MACHO

1 kg Kartoffeln, 1/2 l Öl, 300 g Rindfleisch, 1 gestr. Tl Kreuzkümmel, 1/4 Tl schwarzen Pfeffer, 300 g Salchicha (Wienerwürstchen), 3 Zwiebeln, 8 - 20 Locotos (Peperoncini), 2 Tomaten, Salz

Man schält die Kartoffeln, schneidet sie in Stäbchen und brät sie in reichlich Öl (praktisch wie Pommes frites). Derweil schnetzelt man das Fleisch und brät es mit etwas Öl, Pfeffer, Kreuzkümmel und Salz in der Pfanne. Anschliessend brät man im gleichen Öl die in Scheibchen geschnittenen Salchichas und gibt sie zum Fleisch. Nun dünstet man im gleichen Öl die geschnittenen Zwiebeln, Locotos und Tomaten, mischt alles unter die Kartoffeln und schmeckt - falls nötig - mit Salz ab.
"Pique a lo macho" ist eine neuere kulinarische Entwicklung aus dem Tal von Cochabamba, wo der süffigen Chicha wegen ein erhöhter Bedarf an Katerfrühstücken besteht.

... aber unfähig, das Land zu versorgen

Ein Freund führt mich durch Huanuni und zeigt mir den Bergbauort. Auf den Gleisen hinter dem Bahnhof treffen wir einen Bauern in der bunten Tracht einer Comunidad in Nord-Potosí. Er grüsst meinen Begleiter auf Quechua, wendet sich mir zu - und will mir die Hand küssen. Gerade kann ich sie noch zurückziehen.

Diese Unterwürfigkeit hatte ich nicht erwartet, am wenigsten hier in diesem Ort, dessen Bergarbeitergewerkschaften zu den kämpferischsten gehören und in dem damals die Arbeiter auf einer grossen Demonstration beschlossen, die Guerilla Che Guevaras zu unterstützen, und aus deren Mitte einer seiner treuesten bolivianischen Gefährten kam. Ausgerechnet hier will mir fünfunddreissig Jahre nach Abschaffung der Leibeigenschaft ein alter Bauer, der viel mehr Lebenserfahrung hat als ich, die Hand küssen, nur weil ich Europäer bin... Wie stark müssen ihn das Haciendasystem und die apartheid-ähnliche Rassenpolitik vor 1952 geprägt haben. Wie oft ist ihm, falls er "freier" Bauer war, von der Armee das Vieh weggetrieben worden? Oder wie oft wurde er als Pongo geknechtet?

"Ein Pongo ist das dem Menschen ähnlichste Wesen; er ist fast eine Person, aber wenige Male übt er die Tätigkeit einer solchen aus; allgemein ist er eine Sache", kommentierte eine Zeitung von 1869. "Es ist etwas weniger als das, was die Römer Rind nannten. Der Pongo geht auf zwei Beinen, weil man ihm nicht befohlen hat, es auf allen vieren zu tun, spricht, lacht, isst und gehorcht vor allem; ich bin nicht sicher, ob er denkt... Pongo ist ein Synonym für Gehorsam; er ist das aktivste, armseligste, schmutzigste und verfressenste Tier der Schöpfung..."[47] Schliesslich brachte ein 1927 erschienener Artikel die Haltung der Oligarchie auf den Punkt: "Die einfache Ausrottung der indianischen Rasse ist die heroische, von den Vereinigten Staaten angewendete Methode (...), aber wir können uns diesen Luxus der Yankees nicht leisten, weil der Altiplano, von den Indios gesäubert, sich in eine unbewohnte und unbewohnbare Wüste verwandeln würde."[48]

"Bolivianer" waren nur die Weissen und Mestizen, die anderen waren "Indios". Dieser bolivianische Staat griff die andine Landwirtschaft direkter an als vormals die Kolonialbürokraten. Die Verwaltung wollte jede Comunidad auf ein Departement, eine Provinz und einen Kanton beschränkt sehen, sonst verlor sie die Übersicht über die Steuereinnahmen. Deshalb riss man, wo immer möglich, die noch auf verschiedenen Kli-

"Rostro Asado" in den Strassen Oruros: Mit einer Meisterschaft, die Gewohnheit verrät, verfährt dieser Orureño beim Ausrenken des Unterkiefers... *(Bild Seite 96)*

Dienst am Kunden: Mit einer Schraube öffnet die Rostro-Asado-Verkäuferin den Schafs-Schädel. *(Bild unten)*

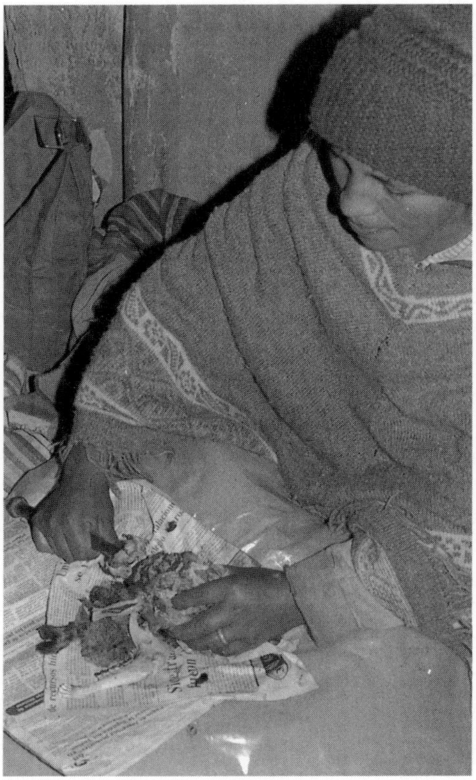

mastockwerken liegenden Teile der Comunidades auseinander und passte sie den Verwaltungseinheiten der Republik an. Die alten Strukturen der kommunalen Selbstversorgung bröckelten weiter ab. Auch die Gebühren der Kirche und die Kosten der juristischen Verteidigung des Landes zwangen die Ayllus immer mehr, sich in die Geldwirtschaft zu integrieren und ihre Produktion am Markt zu orientieren.

Aber dies wurde zunehmend schwieriger. Die liberalistische Freihandelspolitik begünstigte die Importe. 1866 klagte der Subpräfekt der Provinz Chayanta über den Weizenmarkt: "Das Mehl von Castilla (de Chayanta) wurde nicht nur in den Dörfern des Nordens der Republik konsumiert; sein Verbrauch war sogar noch stärker im ganzen Departement von Puno, Territorium von Peru. Heute, aufgrund der Einfuhr des Mehls der Republik Chile mittels Saumkolonnen über Tacna bis in das Departement La Paz, ist dieser rege Getreidekonsum verschwunden, der vormals das Leben der Provinz war."[50]

Dies verschlimmerte sich mit dem Bau der Eisenbahnen. Die inneren Verbindungen des Landes galten der Zinn-Oligarchie als zweitrangig und man baute keine Verbindung zwischen dem Eisenbahnnetz im westlichen Hochland und jenem im östlichen Tiefland. Es war billiger und schneller, über die zuverlässigen Bahnverbindungen zwischen Pazifik und Altiplano Nahrungsmittel für die Minen und die Städte zu importieren, als sie mühsam entlang der schlechten Strassen aus den Tälern oder aus der Region von Santa Cruz ins Hochland zu bringen.

Entsprechend betrug bereits 1917 der Wert der Nahrungsmittel-Einfuhren mehr als die Hälfte der Importe. Dabei handelte es sich um Landwirtschaftsgüter, die man allesamt im Inland hätte erzeugen können: Gerste, Weizenmehl, Zucker, Kartoffeln, Kakao, Kaffee, Ají, Gemüse, Früchte, Pferde, Rinder, Schafe und Schweine.

Als während der Weltwirtschaftskrise der dreissiger Jahre die Einnahmen aus dem Zinnexport sanken, fürchteten die Zinnbarone um ihre Profite und wollten deshalb die Löhne der Bergarbeiter möglichst gering halten. Das erforderte tiefe Lebensmittelpreise, weswegen die Regierung auf Betreiben der Zinnkonzerne die Nahrungsmittelimporte durch speziell günstige Wechselkurse subventionierte. Der Staat bezahlte also über den Umweg der Importsubventionen einen Teil der Bergarbeiterlöhne und entlastete den Bergbau. Zur selben Zeit hielt er durch strikte Kontrolle die Preise für einheimische Nahrungsmittel niedrig.

Gleichzeitig verlor Argentinien - schon damals ein Agrar-Exportland - durch die Weltwirtschaftskrise seine Märkte in Europa. Um seine Waren abzustossen, drängte der südliche Nachbar nun mit Weizen, Mehl, Öl und Fleisch auf den bolivianischen Markt. So kam es, dass z.B. Nahrungsmittel aus Santa Cruz selbst in Cochabamba nicht mit den importierten Waren konkurrieren konnten.

1948-49 musste Bolivien trotz seines grossen landwirtschaftlichen Potentials zwölf Millionen Dollar für Nahrungsimporte aufwenden, was 38.5% seiner Devisenausgaben entsprach. Weizen produzierte man 1949 nur zu 39% im Inland, ein Drittel des Reises und 94% des Zuckers - obschon dieser von der breiten Bevölkerung kaum konsumiert wurde - mussten im Ausland gekauft werden.

Diese Abhängigkeit war Folge der Unproduktivität der Haciendas. Sie verkörperte die Kehrseite der Verachtung, welche man für die Bauern übrig hatte. Schon 1872 hatte jemand bemerkt: "Welche Verbesserung kann eine Landwirtschaft erwarten, welche neuen Einkünfte eine Regierung, welche Prosperität die Wirtschaft des Landes, wenn der Indio, der der wichtigste Arm der Industrie Boliviens ist, sich beraubt fühlt und unzufrieden ist mit der Situation?"[51]

Um Nahrungsmittelhilfe zu empfangen, wird den Frauen vorgeschrieben, sich in Mütterklubs zu organisieren.
(Bild Seite 100/101)

Die Frauen der Bergwerksiedlungen haben dagegen Hausfrauenkommitees gegründet, in denen sie den gewerkschaftlichen Kampf unterstützen.
(kleines Bild Seite 100 unten)

COMITE
DE AMAS DE
CASA VELAR-
DE

Weissbrot statt Chuño

Für die Knechte auf den Haciendas brachte die Revolution von 1952 eine Agrarreform und die Befreiung aus der Leibeigenschaft. Kurzfristig verschlechterte sich die Versorgung der Städte, denn die alten Vermarktungskanäle der Haciendas brachen zusammen.

Lebensmittelhilfe aus den USA stopfte das Loch. Auch als sich die Lage normalisierte, hat man sie beibehalten - als Mittel der politischen Einflussnahme. Sie hat die Ernährung der Stadtbevölkerung nachhaltiger verändert als drei Jahrhunderte spanischer Kolonialherrschaft: Weissbrot wurde zum Hauptnahrungsmittel.

Die Revolution war mit einer nationalistischen Ideologie angetreten. Aber eine nationale Kultur ist kaum entstanden. So sind es die regionalen Küchen, die das Gegengewicht zur zunehmenden Verwestlichung bilden.

Die Campesinos als Nahrungsproduzenten werden Bolivianer

Zeittafel

1932-1935 Chaco-Krieg gegen Paraguay

9. April 1952: Beginn der Strassenkämpfe, die der Revolution zum Durchbruch verhalfen

17. April 1952: Gründung des Gewerkschaftsdachverbandes COB

2. August 1953: Verkündung der Agrarreform, Befreiung der Bauern aus der Leibeigenschaft auf den Haciendas.

15. Dezember 1956: Durch die von einem US-Amerikaner ausgearbeiteten Wirtschaftsmassnahmen werden zentrale Entwicklungsziele der Revolution aufgegeben.

1964: Militärputsch durch General Barrientos, Unterzeichnung des Militär-Bauern-Pakts.

1967: Eine Guerilla unter der Führung von Che Guevara wird im Südosten des Landes militärisch zerschlagen. Nachträglich gewinnt der Befreiungsversuch viele Anhänger, was zu einer weiteren Guerilla und schliesslich zu einer linksnationalen Militärregierung anfangs der siebziger Jahre führt, die eine "Volksversammlung" der Gewerkschaften als eine Art Ersatzparlament zulässt.

22. August 1971: Oberst Banzer beendet durch einen blutigen Putsch die Demokratie.

Kardanwellen-Brühe

Wir rühren in der weissen Brühe. Ein Stück Fleisch, etwas Rindskopf, ein Stück... aber - welch eine Enttäuschung - es ist nicht die Spitze! Dabei hofft jeder, der hier bei diesem "Kiosk" unterhalb der Universität Kardanwellensuppe bestellt, die Spitze auf seinem Teller zu finden, denn wer die Spitze kriege, dürfe eine Woche lang hier gratis essen...

Populär wurde diese Suppe in den dreissiger Jahren. Die von den Zinnbaronen abhängige Regierung sah sich unter Druck. Bergarbeiter und Bauern liessen sich nur durch Repression und Massaker unter Kontrolle halten. Als sich aufgrund des Streits zwischen Esso und Shell um Ölvorkommen im Chaco die Grenzstreitigkeiten mit Paraguay zuspitzten, wollte die Oligarchie durch einen Krieg den Druck nach aussen lenken: Die bolivianische Armee marschierte in Paraguay ein.

In diesem Krieg zwischen den zwei ärmsten Ländern Südamerikas verloren Hunderttausende das Leben und Bolivien ein riesiges Territorium an Paraguay. In den Schützengräben hungerten und dürsteten zwangsrekrutierte Fabrik- und Bergarbeiter, Handwerker, städtische Intellektuelle und indianische Bauern gemeinsam. In der Verzweiflung kochten sie Schuhe und Sattelzeug, während weit hinter der Front Oberschichtssöhne als Offiziere das Leben genossen.

Die Überlebenden kehrten derart ausgezehrt aus dem Krieg zurück, dass ihre Frauen alles taten, um sie aufzupäppeln. Als erstklassiges Stärkungsmittel, das den blutarmen Männern wieder zu ihrer Potenz verhelfe, galt vor allem der "Caldo de nervio", eine milchig weisse Suppe. Zu diesem Ruf dürfte vor allem beigetragen haben, dass man die Haupt-Zutat vor dem stundenlangen Kochen unbedingt in Stücke schneiden sollte, da der Stierpenis sonst in einer postumen Erektion den Topfdeckel abhebt...

Auch als die Nachkriegszeit überstanden war, blieb die Kraftbrühe populär, und mit dem Aufkommen der Lastwagen erhielt sie vom Volk, das immer um Anschaulichkeit bemüht ist, ihren heutigen Namen: "Kardanwellenbrühe".

Entscheidend waren aber die politschen Kriegsfolgen: Die indianischen Bauern hatten als Soldaten die Erfahrung gemacht, gemeinsam mit Städtern zu kämpfen, und waren nicht mehr bereit, die Versklavung auf den Haciendas hinzunehmen. Sie hatten den Wert des Lesens und Schreibens erfahren und begannen, heimlich und gegen den Widerstand der Hacendados Schulen zu organisieren. Revolutionäre Arbeiter unterstützten sie und verbreiteten unter den Colonos gewerkschaftliche Ideen. Waren vor dem Krieg die Bauern der freien Comunidades die Träger des bäuerlichen Widerstands gewesen, so traten nun die Colonos der Haciendas an ihre Stelle.

In den Städten hinderte die absolute Herrschaft der Zinnbarone Kleinindustrielle und Handwerker an ihrer wirtschaftlichen und politischen Entfaltung. Dieses Kleinbürgertum begann deshalb von einer "nationalen" Wirtschaft zu träumen, deren Gewinne im Inland bleiben und nicht mehr ins Ausland abfliessen sollten. Es dachte nicht an Sozialismus, sondern schrieb sich jenen Kapitalismus auf die Fahnen, den man schon in den Diskussionen des 19. Jahrhunderts in Bolivien als die grosse Zukunft gepriesen hatte.

Auf dem Schlachtfeld waren Bauern, Arbeiter und Kleinbürger gemeinsam durch die Hölle gegangen. Aus diesen ersten Kontakten entstanden nach dem Chacokrieg nationalistische Strömungen als Gegensatz zum "antinationalen" Verhalten der Oligarchie. Die wichtigste wurde die "Nationalrevolutionäre Bewegung" (spanische Abkürzung: MNR).

Die Revolution

Nach jahrelangem politisch-militärischem Tauziehen mit der Oligarchie gewann die MNR 1952 die Wahlen. Ein Putsch hinderte sie, die Regierung zu übernehmen. Der im April organisierte Gegenputsch entglitt der Partei und mündete in einem Massenaufstand. Arbeiter und Bauern stürmten Kasernen, bewaffneten sich, und zusammen mit der Polizei besiegten und entwaffneten sie nach dreitägigen Kämpfen die Armee.

Der Kern der MNR hatte zwar beabsichtigt, mit Unterstützung des Volkes von oben gelenkte Reformen durchzuführen, ohne es aber an der Macht zu beteiligen. Nun sah er sich von der unerwarteten Revolution vorübergehend ins Abseits gedrängt:

- Auf Druck der Arbeiter verstaatlichte man die Minen der drei Zinnbarone, wenn auch gegen Entschädigung, um die USA nicht zu verärgern.
- Man führte das allgemeine Wahlrecht ein. Bisher waren Analphabeten, Frauen, Geistliche, Militärs und Personen ohne festes Einkommen von den Wahlen ausgeschlossen gewesen.
- Die dritte Errungenschaft war die Agrarreform von 1953, welche die Leibeigenschaft aufhob, einen Teil des Grossgrundbesitzes enteignete und ein ländliches Schulwesen einführte.

CHANFAINA

Innereien-Gericht

1 Schafslunge (beide Flügel), 1 Schafsleber, 1 Schafsherz, 2 Zwiebeln, 2 El Fett, 4 Zehen Knoblauch, 2 mittlere Tomaten, 2 Tl Kreuzkümmel, 2/3 Tl schw. Pfeffer, 3-4 gehäufte El gemahlener roter Ají, 1-2 Untertassen frische Erbsen oder Saubohnen, gekochte Kartoffeln und/oder Arroz graneado (s.S 164) (gekochte Oca)

Falls man die Innereien zusammenhängend gekauft hat, schneidet man Zwerchfell und Luftröhre weg (letztere essen die Campesinos gebraten und mit viel Salz zu Kartoffeln), schneidet die Organe auseinander, wäscht sie einzeln und setzt sie in einem Topf mit etwas Salzwasser auf. Besondere Vorsicht muss man beim Wegschneiden der Galle walten lassen, und wenn man es etwas feiner mag, schneidet man die gröbsten Adern aus den Organen.
Je nach Alter des Tieres müssen sie bis zu einer Stunde kochen. Wenn man das Fleisch mit dem Daumennagel ohne Mühe verletzen kann, ist es gar. Das Wasser muss bis auf etwa einen halben Liter Brühe verkochen. Derweil hat man die Zwiebeln geschnitten, angedünstet und Knoblauch, Tomaten, Ají und Kreuzkümmel dazugegeben. Nun löscht man mit der Brühe ab, fügt Erbsen und Saubohnen dazu und lässt alles kochen. Lunge, Herz und Leber schneidet man in Würfelchen von etwa 1 cm Kantenlänge, gibt sie mit in die Sosse, kocht alles nochmals auf und serviert mit Arroz graneado oder Kartoffeln und Oca.
Dass auf den Märkten Chanfaina auch mit Teigwaren serviert wird, empörte die Köchin, die dieses Gericht vorkochte: So werde die bolivianische Küche verdorben!

RIÑON

Niere
(Rezept aus einer Fernfahrerkneipe auf der Strecke Santa Cruz - Cochabamba)

1 Rinderniere, 1 Zwiebel, etwas Knoblauch, 1/2 Tl Kreuzkümmel, Salz, 2 feingeschnittene Tomaten, etwas geschälte Saubohnen, Öl, ca. 1 l kochendes Wasser, 1 Locoto (Peperoncino), gekochte Kartoffeln, Llajhua

Man legt die Niere eine Nacht lang in kaltes Wasser ein, schneidet sie am Morgen in sehr dünne Scheibchen und legt sie nochmals in Wasser.
Die geschnittene Zwiebel dünstet man mit Knoblauch, Kreuzkümmel und Tomaten in etwas Öl, gibt die Saubohnen dazu und löscht mit siedendem Wasser ab. Dann entkernt man den Locoto, schneidet ihn in Streifen und gibt ihn dazu. Wenn die Saubohnen gar sind, nimmt man den Topf vom Feuer, gibt die abgetropften Nieren hinein, mischt etwa 2 Minuten lang und schmeckt mit Salz ab. Dann zerkrümelt man die gekochten Kartoffeln auf den Suppentellern und richtet die Niere darüber an (als Vormittagsessen 4-5 Portionen, wichtig: Llajhua!).
Wenn man um halb elf einen Teller dieser Suppe geniesst, setzt man sich um halb eins erneut mit Appetit zu Tisch, zufrieden mit der Welt, die leichtgeschürzte Reklameschönheit bewundernd, welche direkt über dem Bild des Papstes hängt, der für gemahlenen Kaffee wirbt. Die fetteste Lastwagenfahrerkneipen-Kohlsuppe verschlingt man mit Lust, auch die fade Discomusik aus den lärmenden Boxen erträgt man gelassen. Kurz: Diese Niere öffnet den Magen und besänftigt das Gemüt.

Arbeiter und Bauern hatten die alte Macht beseitigt, besassen aber nur wenig politische Erfahrung und kaum Vorstellungen, wie die Gesellschaft in ihrem Interesse zu organisieren wäre. Sie überliessen die Regierung dem in der MNR organisierten Bürgertum, das eine eigene, vom Ausland unabhängige, besondere Form der Marktwirtschaft aufbauen wollte:

Die Schlüsselsektoren befanden sich in der Hand des Staates, was viele Beobachter als "sozialistisch" werteten. Was sie übersahen: Der Staat war praktisch Privateigentum der sich jeweils an der Macht befindlichen Fraktion der herrschenden Klasse. Diese eignete sich die Erträge und oft genug auch das Kapital der Staatsbetriebe an, die mangels Investitionen und durch Entkapitalisierung veralteten und völlig unrentabel wurden. Mittels derart praktizierter "Kleptokratie" - Herrschaft der Diebe - entwickelte sich das "nationalrevolutionäre" Bürgertum bald zur neuen Oligarchie.

Das Gegengewicht zu diesem herrschenden Block bildete der Gewerkschaftsbund, die "Bolivianische Arbeiterzentrale" (spanische Abkürzung: COB). Ihr stärkstes Druckmittel waren die Streiks der Bergarbeiter, mit denen sie den Schlüsselsektor des Landes lahmlegen konnte. Die COB begriff sich nicht nur als gewerkschaftliches, sondern auch als politisches Instrument des Volkes, als Gewerkschaft und Volkspartei in einem.

Nationalkultur und regionale Küche

"Achtung!" kommandiert der Lehrer. Alle, ob in Sandalen oder barfuss, stehen stramm. Ein Junge zieht langsam die Nationalflagge am knorrigen Mast hoch, und die ganze Schar brüllt in Reih und Glied die Nationalhymne, bevor sie im Gleichschritt in den Schulraum ohne Fensterglas marschiert und sich in die Bänke quetscht, zu dritt oder viert, wo eigentlich Platz für zwei wäre. Nach dem Unterricht lässt der Lehrer erneut antreten und nationalistische Lieder absingen. Die Zeremonie schliesst mit einem martialisch gebrüllten "Auf zum Meer!", worauf die Kinder davonspurten.

Vor der Revolution waren die Bauern aufgrund ihrer Kultur und Rasse Fremde im eigenen Land, das von einem anderen Staat - dem bolivianischen - besetzt war. Die von den Führern der Revolution angestrebte und von den USA bevorzugte Marktwirtschaft erforderte dagegen einen modernen Staat mit einem freien Arbeitsmarkt. Dies liess sich nur verwirklichen, indem man die Bauern integrierte. Man gewährte ihnen Bürgerrechte, schaffte den diskriminierenden Kolonialbegriff "Indio" ab und ersetzte ihn durch "Campesino", Landbewohner.

Die Nation sei "eine Lebensgemeinschaft von Menschen mit dem Bewusstsein gleicher politisch-kultureller Vergangenheit und dem Willen zum Staat",[52] vermerkt das Lexikon. Als Staat wurde Bolivien 1825 geboren, als Nation bis heute nicht; höchstens erfolgte 1952 ein Zeugungsversuch: Da mit der Revolution die auf bolivianischem Staatsgebiet lebenden indianischen Völker Bürgerrechte erhielten, wurden auch sie zu Bolivianerinnen und Bolivianern. Eroberer und Eroberte, Ausbeuter und Ausgebeutete, Herren und Sklaven waren nun Bürger des gleichen Staates. Von einer gemeinsamen politisch-kulturellen Vergangenheit kann jedoch nicht die Rede sein.

Nationalflagge, Hymne und die immer wieder versprochene Rückeroberung des an Chile verlorenen Küstengebiets begleiten alle Bolivianerinnen und Bolivianer von der Wiege bis ins Grab. Die regelmässig mit kultischem Ernst abgespulten patriotischen Rituale belegen die Sorge der Herrschenden um "nationales" Bewusstsein. Ist es gelungen, eine nationale Kultur zu entwickeln?

Die "Indios" wurden zu Staatsbürgerinnen und -bürgern, was nicht bedeutet, dass sich der Staat kulturell ihnen angepasst hätte. Hatten sich die Herrscher vorher in offenem Rassismus gegen die andine Kultur abgegrenzt, so entschieden sie sich nun, sie weitgehend zu ignorieren. Sie akzeptierten sie bestenfalls auf der Ebene der Folklore. Grundsätzlich ging man davon aus, dass die Campesinos sich in den modernisierten Staat einzugliedern hätten. So wurden nicht die indianischen Muttersprachen Unterrichtssprache in den ländlichen Schulen, sondern das Spanisch der Herrschenden. Die Diskriminierung erreichte nicht mehr frühere Ausmasse, überwunden wurde sie aber nicht.

Der niedrigeren Intensität der Unterdrückung entsprechend schwächte sich der Widerstand ab: Aymara hatte dem Zwang der Inkas zum Quechua als Staatssprache, der kolonialen Missionierung in Quechua und Spanisch und dem kulturellen Frontalangriff im Staat der Oligarchen vor 1952 standgehalten. Seit der Revolution hat sich nun eine wachsende Zahl spanischer Worte im Aymara eingenistet. Indem die Campesinos Bürgerrechte erhielten, weichte man ihre Kultur auf.

Ein der Sprache ähnlich zentraler Teil der kulturellen Identität ist das Essen. Die Art, wie jemand seine Speisen zubereitet, was er mag oder verabscheut, kann man als seine "kulinarische Identität" bezeichnen. Von dieser Wichtigkeit des Essens in der menschlichen Existenz war auch der englische Schriftsteller James Boswell im 18. Jahrhundert überzeugt: "Meine Definition des Menschen lautet, dass er 'ein kochendes Tier' ist. Tiere haben zwar in einem gewissen Grade Gedächtnis, Urteil und andere Fähigkeiten wie auch Leidenschaften unseres Geistes; aber kein Tier kann kochen. Nur der Mensch kann ein gutes Gericht zubereiten; und jeder

PEJTU DE HABAS

"Mischung aus Saubohnen"
(Quechua: pijtuy = Mischung),
Rezept einer Bergarbeiterfrau

1/2 - 3/4 kg geschälte Saubohnen, 12 geschälte Kartoffeln, Salz, 5 Zwiebeln, 1 Tomate, 1 Locoto (Peperoncino), etwas Fett, 5 Zehen Knoblauch, 150 g Rindfleisch, 1-2 El roter Ají, Salz

Zwiebeln, Locoto und Tomate schneidet man und dünstet sie in Öl, gibt den Knoblauch und zuletzt das geschnetzelte Fleisch und Salz dazu. Den Ají löst man in etwas Wasser, gibt ihn dazu, löscht mit kochendem Wasser ab und lässt alles auf kleiner Flamme lange kochen. Die Zwiebel muss gut verkocht sein, vermutlich weil die grosse Höhe Blähungen begünstigt. Selbst wenn der Ahogado eine halbe Stunde lang gekocht hat, ist er für viele Bergarbeiter noch "halb roh". Wenn sie ihren "lonche" (von engl. "lunch") in die Mine mitnehmen, kommentieren die Kollegen: "Deine Frau serviert Dir das Essen halb roh. Sicher geht sie mit einem andern, dass sie keine Zeit hat, anständig für Dich zu kochen", - Kommentare, die sie später oft handfest eingebläut kriegt...
Derweil kocht man die Kartoffeln zusammen mit den Saubohnen. Man entfernt in Bolivien meistens auch die Schale der einzelnen Bohnen, vor allem wenn diese etwas älter sind. Dies bedeutet einen gewissen Nährwertverlust. Man kann auch eingeweichte harte Saubohnen verwenden, diese brauchen aber länger, um zu kochen. Wenn beides gar ist, zerstösst man mit einer Holzkelle die Kartoffeln etwas, gibt das Fleisch mit der Sosse dazu und schmeckt mit Salz ab. Wenn man das Fleisch weglässt und stattdessen am Schluss Käsewürfelchen darunter-mischt, ist Pejtu de habas ein Karfreitagsgericht.

x-beliebige Mensch ist ein mehr oder weniger guter Koch, indem er würzt, was er selbst zu essen gedenkt."[53]

Wie intim die Essgewohnheiten sind, zeigt sich auch daran, wie oft sie Zielscheibe für Hohn und Beschimpfungen sind. Worte wie "Knoblauchfresser" oder "Meiser" - italienerfeindliches Schimpfwort in der Schweiz, das sich auf den Verzehr kleiner Vögel in Süditalien bezieht - wollen verletzen, unter die Gürtellinie treffen. Das könnten sie nicht, wenn das Essen nicht ein zentraler Teil des Selbstverständnisses der Personen und Völker wäre.

Auch in Bolivien gibt es eine Reihe von spöttischen Spitznamen, die sich auf das Essen beziehen (s. Kasten). Die mit der Revolution entstehende "Nation" war nicht nur in verschiedene Klassen und Rassen geteilt, die geschichtlich nur ihren Kampf gegeneinander gemeinsam hatten, sondern auch in die verschiedenen Regionen und Völker, die sich oft gegenseitig scheel betrachteten.

Eines der wichtigsten kulturellen Anliegen der Revolution war die Integration des Landes. Das wohl ehrgeizigste Projekt in diesem Sinne war die Besiedlung des Ostens. Der Bau neuer Strassen, Lastwagen und Busse brachten die verschiedenen Gegenden näher zueinander. Heute ist es üblicher, dass jemand in eine andere Region zieht, da er mit den besseren Verbindungen auch über weite Strecken mit der Verwandtschaft Kontakt halten kann.

Die kulinarischen Gewohnheiten verschiedener Regionen vermischen sich teilweise. "Pacumutu", Fleischspiesschen aus Santa Cruz, kann man z.B. auch auf dem Jahrmarkt von "Alasitas" in La Paz essen, und umgekehrt gibt es in Santa Cruz viele Stände auf den Märkten und Kneipen, wo man für die aus dem Hochland umgesiedelten "Collas" kocht.

"Lomo montado" steht auf der Tafel am Eingang. Bestellt man diesen "gesattelten Rücken", erhält man in der Pfanne gebratenes Muskelfleisch - theoretisch Filet -, über das man ein bis zwei Spiegeleier angerichtet hat, mit Reis, Bratkartoffeln und Salat. Verlangt man dagegen "Churrasco", bringt die Bedienung einen ordentlichen Happen gebratenes Fleisch mit Reis. Beim Imbiss gegenüber verkündet ein Schild "Pollo al spiedo": Hähnchen vom Spiess. Es hat sich so etwas wie eine interbolivianische Restaurantkost entwickelt, aber besonders "national" ist sie nicht.

Wer Bolivianisches sucht, muss auf die regionalen Küchen zurückgreifen. Aufgrund der klimatischen Vielseitigkeit, der unterschiedlichen Völker, die im Laufe der Jahrtausende das Land besiedelt haben, und der ungleichen geschichtlichen Entwicklung in der Kolonialzeit ist Bolivien kulturell derart vielseitig, dass auch Einheimische leicht den Überblick verlieren. Wer sich an die Beschreibung der regionalen Küchen wagt, muss entweder sein Leben ethnokulinarischer Forschungsarbeit

Auf das Essen bezogene Schimpf- und Spitznamen in Bolivien

"Tauri mankhani" *(Aym.: Tarwi-Esser): Bewohner von Cobacabana am Titicacasee*

"T'ako pitu" *(Quech.: Algarrobo-Mehl): Bewohner der Provinz Tomina in Chuquisaca, wo man Mehl von den Früchten des Algarrobo-Baumes isst.*

"Chuñoyacuan bautisasta" *(Quech./Span.: Mit Chuñowasser Getaufter): Bewohner des Departements Oruro*

"Peskhe Bolsillo" *(Aym./Span.: Peske-Beutel): Bewohner von Tambillo, Provinz Los Andes in La Paz, die viel Peske (s.S. 32) essen.*

"Pico verde" *(Span.: Grünschnabel), sagt man in La Paz von Leuten, deren Lippen vom Cocakauen grün sind.*

"Pokhotero" *(Aym.: Bananenschlemmer): Bewohner von Coripata in den Yungas von La Paz.*

"Runtu phuti" *(Aym.: gekochte Eier): Bewohner von Luquisani, Provinz Muñecas in La Paz, die gekochte Eier als Katerfrühstück essen.*

"Suyru puraca" *(Aym.: Sauermilch-Magen): Bewohner von Pucarani, Provinz Los Andes in La Paz, denen verdorbene Milch zu schade ist, um sie wegzuschütten.*

"Tatacur mankhani" *(Aym.: "Diejenigen, die den Priester gegessen haben"): Bewohner von Taraco, deren Ahnen bei einem antikolonialen Aufstand einen Priester gefressen haben sollen.*

"Khuñi Capacho" *(Aym.: Wurmbeutel): Bewohner von Chuma, Provinz Muñecas in La Paz. Sie essen Würmchen, die "Khuñi" heissen und auf den Blättern eines Baumes gezüchtet werden.*

"Lomeños pitu waykhes" *(Span./Quech.: "Bewohner der Höhe, die ihre Säcke mit Pito tragen", "Sack" bedeutet auch "Bauch"): Bewohner von drei Comunidades in der Provinz Azurduy in Chuquisaca, wo man sehr viel Pito isst.*

"Manq'a gasto" *(Aym./Span.: "Wer beim Essen Kosten verursacht"): Wer isst, ohne zu arbeiten.*

"Tragadevalde" *(Span.): unnützer Esser, der nichts arbeitet.*

"Mula p'ata" *(Span./Aym.: Maultierknochen-Nager): Bewohner von La Paz. Beleidigung, da Maultiere, Esel und Pferde in Bolivien als absolut ungeniessbar gelten. Der Spitzname entstand bei der Belagerung von La Paz durch die aufständischen Bauern unter Tupaj Katari.*

"Come-petas" *(Span.: Schildkröten-Esser): Bewohner des Departements Beni.*

"Lawa-chhojjo" *(Aym./Quech.: Lagua-Pisser): Leute, die soviel Lagua essen, dass man annimmt, sie könnten selbst im Urin nichts anderes ausscheiden...*

"Chamqa-puraka" *(Aym.: Breibauch): Bewohner von Cochabamba, die viel Lagua essen*

"Aka-talega" *(Quech./Span.: Exkrementen-Sack): Vielfrass*

"Fierro-Bolsa" *(Span.: Eisensack, Eisenmagen): Person mit unverwüstlichem Magen, die unglaubliche Mengen verdrücken kann, ohne Magenbeschwerden zu erleiden.*

"Khuchi senkha" *(Aym.: Schweinenase): Bewohner von Aucapata, Provinz Muñecas in La Paz, die auf ihren Festen jeweils Spanferkel aus dem Ofen servieren.*

"Jabas ch'utas" *(Quech.: Esser von geschälten Saubohnen): Bewohner von Puna, Provinz Linares in Potosí. Diese Comunidad ist in zwei Hälften geteilt (oben und unten). Wer oben wohnt wird als* ***"Papa ttejwas"*** *(Quech.: Kartoffelschäler), wer von unten kommt als* ***"Chakhallo tejwas"*** *(Saubohnen-Schäler) bezeichnet.*

"Chsullu mankheri" *(Aym.: Der die Stengel von Wasserpflanzen isst): Bewohner von Huarina am Titicacasee.*

"Ch'ama luquis" *(Quech.: Der das Vollkornbrot in der Achselhöhle trägt): Bewohner von San Lucas, Provinz Nor Cinti in Chuquisaca, die den Brauch haben, ein Kleiebrot unter dem Arm zu tragen.*

ALMUERZO DE FIDEO

Suppe ("Mittagessen") aus Teigwaren (2-3 Pers.), Alltagsrezept einer Bergarbeiterfrau

Etwas Knochen, 1 1/2 Zwiebel, 2 Möhren, 3 Blätter Mangold, 1/2 Locoto (Peperoncino), 1 Tomate, 5 Kartoffeln, 50-100 g Teigwaren, Öl, Salz, Wasser

Man setzt die Knochen mit Wasser auf, schneidet Zwiebel, Mangold, Möhren, Locoto und Tomate und gibt sie in den Topf. Dann schält man die Kartoffeln, schneidet sie in Stäbchen und gibt sie in die Suppe. Die trockenen Teigwaren brät man in etwas Öl in der Pfanne, bis sie leicht braun werden, gibt sie in den Topf und kocht die Suppe, die man mit Salz abschmeckt, bis Nudeln und Kartoffeln gar sind.
Man kann die Knochen am nächsten Tag ein weiteres Mal für die Suppe verwenden.

widmen und ein vielbändiges Werk vorlegen oder riskieren, als Ignorant die Verachtung der Bewohner ganzer Regionen auf sich zu ziehen. Zu leicht kann er die Sünde begehen, eines "ihrer" Gerichte einem anderen Ort zuzuschreiben, denn die kulinarische Landschaft ist verwirrend:

"Mondongo" ist im Tal von Cochabamba ein dem "Chanfaina" ähnliches - ich höre schon das verächtliche Schnauben ob diesem groben Vergleich - Innereien-Gericht. In Chuquisaca ist Mondongo dagegen ein Allerheiligen-Essen aus Schweinefleisch und Mais.

Als "Chajchu" bezeichnet man in Oruro eine Art "Puchero". In Potosí und Sucre ist es ein Stück gekochtes Schweinefleisch, auf Kartoffeln angerichtet und mit einer Sosse aus rotem Ají übergossen, während man in Cochabamba gekochtes Rindfleisch mit Kartoffeln, Chuños, Saubohnen, Zwiebelkraut, Ají, Frischkäse und hartgekochtem Ei genauso als "Chajchu" serviert.

Auch "Jolke" stiftet Verwirrung: Ist er in Cochabamba ein Kürbispüree mit Erbsen und Käse, so versteht man in La Paz und Sucre darunter ein Gericht aus Niere. Der Glaubenskrieg, ob man es als trockenes Gericht oder als Suppe zubereiten müsse - beides ist lecker -, sei hier nur am Rande erwähnt. Um das Labyrinth zu vervollständigen heisst der gleiche Teller in Tarija "Silicu" und im Osten des Landes "Soltero". Aber aufgepasst! Soltero ist in Cochabamba ein Salat mit Käse und in Sucre ein Gericht mit Fleisch...

Trotz all der bereitstehenden Fettnäpfe möchte ich für Europäerinnen und Europäer versuchen, wenigstens einen Querschnitt durch die Hochland-Küche zu wagen, während ich das kulinarische Universum des Ostens ins nächste Kapitel verbanne:

In den Altiplano-Departamenten Potosí, Oruro und La Paz herrschen im Süden die Quinua und im Norden Kartoffel, Chuño und Tunta vor. Potosí und Oruro sind bekannt für ihre Eis-Spezialitäten, die man im Winter mit Hilfe der Nachtfröste zubereitet, und die sicher schon vor der Kolonialzeit Zuspruch fanden. Sind die Tage besonders kalt, wärmt man sich in beiden Städten an einer "Lawa" (Lagua) oder einer mit heissen Steinen gekochten Maissuppe - "Kalapari".

Die Stadt La Paz, in einem Talkopf direkt am Rande des Altiplano und in relativer Nähe zu den Yungas gelegen, bietet ein kulinarisch weites Spektrum: "Chairo", "Fricasé", "Queso humacha", "Puchero" und "Plato paceño" sind bereits an anderer Stelle erwähnt, "Jakonta" (Schafskopf), "Huarjata" (Schweinskopf), "Wallakhe" (Suppe aus Titicacasee-Fischen) und "Thimpu" bezeugen eine bodenständige Esskultur.

Von Cochabamba über Sucre nach Tarija verläuft der Klimagürtel der Täler mit ihrem kulinarischen Reichtum. Tarija wird von seinen Bewohnern, den Chapacos, als Filiale des Paradieses gelobt, was von ihrer

Bescheidenheit zeugt, denn sie könnten das Paradies ja auch als Filiale Tarijas betrachten. Wie dem auch sei, das Tal war immer eine Grenzregion: zuerst zwischen den Völkern der Anden und jenen des Chaco, später zwischen Argentinien und Bolivien. Wein, Süsswasserfische aus den Flüssen des Chaco, Spezialitäten aus geronnener Milch und aus Walnüssen geben der dortigen Küche ihr eigenes Gepräge. Auf den Märkten findet man reichlich Waren aus dem europäisch geprägten Argentinien.

Auch in Sucre, dem kolonialen Bischofs- und Verwaltungssitz, haben sich viele europäische Elemente gehalten. Da es ein beliebter Residenzort der kolonialen Bergwerksbesitzer aus Potosí war, teilt es mit dieser Stadt viele Gerichte und Süssigkeiten. Die verfassungsmässige Hauptstadt gilt als die Hochburg der "Chorizos" (Bratwürste) und "Salteñas" (s.S. 10), als Stadt der Intellektuellen und Künstlerinnen und Künstler, die Gaumengenüssen nicht abgeneigt sind.

Cochabamba, seit Urzeiten ein Mitimae-Völkermischtopf, muss man wohl als das Schlemmerzentrum Boliviens bezeichnen. Unzählige verschiedene Kulturen der Anden haben ihre Spuren hinterlassen, und nicht zuletzt haben die Spanier in der Kolonialzeit diese Gegend für ihre Haciendas erkoren. Um die Leckerbissen bewältigen zu können, legt man in dem breiten Tal mehr Zwischenmahlzeiten ein als anderswo. Einige behaupten, Cochabamba bestehe überhaupt nur aus Essen und Chicha, woraus aber sicher nichts weiter als der Neid der kulinarisch weniger gesegneten Regionen spricht...

In all den regionalen Eigenarten eine nationale Küche zu entdecken, fällt nicht leicht. Wenn es Lebensmittel gibt, die man im ganzen Land isst wie z.B. das Brot, stammen diese aus dem Ausland. Die Grenzlinie der Kulturen verläuft zwischen dem Regionalen und dem Internationalen. Anders gesagt: Die bolivianische Küche ist stark regionalisiert.

Die Herrschenden orientierten sich nach der angeblich nationalen Revolution nach aussen, ebenso wie ihre Vorgänger vor dem Umsturz. Weil sie das Nationale dem Transnationalen unterordneten, wurde das Regionale zur Fluchtburg des Nationalcharakters. Es gelang der Revolution nicht, eine nationale Kultur hervorzubringen, die mehr ist als ein Konglomerat der viel älteren örtlichen Traditionen.

Dies ist nicht nur in der Küche zu beobachten. Angesichts des politischen Stellenwerts der kulturellen Identität eines Volkes stellt der kulturelle Regionalismus mehr dar als nur rückwärtsgerichtetes Hinterwäldlertum oder Streit und Neid zwischen den Landstrichen: Er ist auch eine Verteidigung eigener Werte gegenüber einer weltweit immer gleichförmigeren kulturellen Einöde. Das in Bolivien überhandnehmende Weissbrot schmeckt überall auf der Welt ähnlich, die lokalen Rezepte dagegen zeigen Charakter.

SAJTA DE POLLO

Pikantes Hühnergericht, La Paz und Cochabamba, Essen für Taufe und das Fest des ersten Haarschnitts.

2 Zwiebeln inkl. Kraut, 2 kinderfaustgrosse weisse Rüben (Kohlrabi oder Teltower Rübchen), 6 El gelber Ají, 1 Huhn, 2 Unterteller geschälte Saubohnen, 2 Unterteller frische Erbsen, 18 geschälte Kartoffeln, 1 Pfund eingeweichte Chuños, 1 Zwiebel, 1 El Öl, 1 feingeschnittene Tomate, 1 Ei, Salz

Man schneidet die Zwiebeln mitsamt ihrem Kraut. Die Rüben schnippelt man entweder in ganz feine Stäbchen oder reibt sie grob und dünstet sie zusammen mit den Zwiebeln in Öl, löst den Ají in etwas Wasser auf, gibt ihn dazu und löscht mit dem kochenden Wasser ab. Nun zerlegt man das Huhn und gibt die Stücke mit 1 El Salz in den Topf und lässt alles kochen. Nach 45 Min. fügt man Erbsen und Saubohnen dazu.
In einem anderen Topf kocht man in etwas Salzwasser die geschälten Kartoffeln.
Die Chuños reisst man in kleine Stücke und kocht sie separat. Eine Zwiebel schneidet man sehr fein, dünstet sie in etwas Öl, gibt die geschnittene Tomate dazu, schmeckt mit 1/4 Tl Salz ab und schlägt schliesslich das Ei dazu. Dieses lässt man unter ständigem Rühren fest, aber nicht trocken werden, bevor man die gekochten Chuños daruntermischt (Chuño phuti).
Man serviert auf jeden Teller drei Kartoffeln, daneben das Huhn, gibt über beides Sosse und plaziert den Chuño daneben.

Die Kuh als Siphon für einen göttlichen Milchshake
In den Tälern des Südostens gibt es keinen Karneval ohne "Ambrosía" (Göttertrunk): Ein bis drei Finger breit Schnaps, Zimt und Zucker - alles gut gemixt vom Strahl der direkt ins Glas gemolkenen Milch und kuhwarm auf ex getrunken. Salud!

LAWA CAMPESINA

Bäuerliche Mehlsuppe

"Lawa" ist eine der beliebtesten Suppenarten für kalte Tage und wird je nach Region aus verschiedenen Mehlsorten, einschliesslich Chuñomehl, gekocht. In Cochabamba kennt man eine Lawa aus sieben verschiedene Mehlsorten.
Wichtig ist, dass man immer in die gleiche Richtung rührt, da sie sonst nicht dick wird, was für den Ruf der Köchin eine mittlere Katastrophe bedeutet. Aufgeschrieben habe ich das Rezept in La Paz, aber die Köchin meinte, es stamme aus Nord-Potosí.

2 l Wasser, ca. 50 g getrocknetes Schaffett, Kraut von 2-3 Zwiebeln, 1/2 Tl Kreuzkümmel, 5 eingeweichte grosse Chuños, 1 Tl Oregano, 1 Zwiebel, 2 El Öl, 2 El gemahlener roter Ají, Salz, ca. 8 - 10 El Mehl

Man schlägt das Schaffett - Fett von Schafs-Charque (Chalona) - mit dem Morokho auf dem Batán (wir behelfen uns mit dem Fleischhammer und einem Brett) und setzt es mit dem Wasser, dem fein geschnittenen Zwiebelkraut und den in Stücke gerissenen Chuños auf.
Die Zwiebel schneidet man fein, dünstet sie in etwas Öl, gibt den Ají dazu, löscht mit etwas Brühe von der Suppe ab und lässt alles auf kleinem Feuer kochen.
In der trockenen Pfanne röstet man das Mehl (am besten Vollkornmehl), bis es sich beige bis hellbraun färbt, löst es in einer Tasse mit etwas Wasser auf und gibt es unter ständigem Rühren in die Suppe. Von nun an muss man fleissig und regelmässig rühren, damit die Suppe nicht anbrennt. Unmittelbar bevor man serviert, gibt man die Ají-Sosse in die Suppe und schmeckt mit Salz ab.

Die Agrarreform

"Das Land denjenigen, die es bearbeiten!" hatte die MNR vor der Revolution gefordert. Nach dem siegreichen Aufstand hatte sie es aber damit nicht mehr eilig. Da besetzten die Colonos vielerorts die Haciendas und verjagten die Patrones und deren Verwalter.

Das war der MNR zu radikal. Aufgeschreckt bildete sie eine Kommission. "Leider waren wir Campesinos nicht darauf vorbereitet, was wir - abgesehen von Land - erreichen wollten. Also haben sie angefangen, die Agrarreform von oben her zu planen. Das Agrarreformgesetz wurde nicht von Bauern gemacht, sondern von einer Gruppe von Doktoren, die selber Söhne der Patrones und nicht Söhne der Campesinos waren",[54] beschrieb im Rückblick ein Sekretär der Bauerngewerkschaften die Lage. Es sass nur ein einziger Campesino, von dem man sagt, er sei damals noch Analphabet gewesen, in der Agrarreform-Kommission.

In der Diskussion kristallisierten sich bald zwei Entwürfe für eine Agrarreform heraus: Der eine wollte den Grossgrundbesitz völlig abschaffen und die Gemeindestrukturen der Kultur der Anden entsprechend stärken. Ausgeführt wurde dann aber der andere, der die Entwicklung mittels "Agrarunternehmen" in den Vordergrund stellte, wofür "mittlere Besitztümer" erlaubt sein sollten, sofern sie "produktiv" bewirtschaftet würden. Dabei hatten die Väter der Agrarreform den Bauern der Industrieländer vor Augen - sie dachten an den US-amerikanischen Farmer -, der auf eigener Scholle als "Unternehmer" für den Markt produziert. Am bolivianischen Campesino geht dieses Modell völlig vorbei. Seine wirtschaftliche Logik ist nicht der maximale Gewinn, sondern die höchstmögliche Sicherheit der Ernährung. Er produziert, was er für die Versorgung seiner Familie als nötig befindet. Dabei achtet er darauf, möglichst viele Arten und Sorten zu säen, um die Arbeitskraft der Familie möglichst kontinuierlich zu nutzen und bei ungünstigem Wetter das Risiko zu mindern. Wenn er Geld benötigt, verkauft er etwas von seinen Reserven. Ob er Chuño, Kartoffeln oder Pferdebohnen auf den Markt bringt, ist dabei mehr oder weniger zufällig. Das Angebot ist spontan und die Mengen gering, denn er verkauft nur soviel wie nötig ist, um die augenblicklich anfallenden Ausgaben zu bestreiten.

Aber an den Campesino dachte die MNR nicht in erster Linie. Vielmehr standen bei der Agrarreform Vorschläge Pate, wie sie bereits vor der Revolution Kommissionen der USA und der UNO unterbreitet hatten: die Selbstversorgung des Landes durch Agrarfirmen im Osten des Landes.

Man wich mit den Grossbetrieben nicht nur ins Tiefland aus, um die dort liegenden Ressourcen für die Entwicklung des Landes zu erschliessen, sondern auch, um Konflikte mit den Campesinos auf dem Altiplano und in den Tälern zu vermeiden. Deren unmittelbare Forderung nach Land erfüllte man teilweise, was aber nicht alle Missstände beseitigte. Die Colonos erhielten die Möglichkeit, für jenes Land, das ihnen der Patrón vorher zum Überleben zugewiesen hatte - marginale Böden zweitklassiger Qualität - Besitztitel zu erwerben. Nur in Regionen mit kämpferischen Bauerngewerkschaften erhielten sie noch ein Stück zusätzlich.

Man fasste zudem ins Auge, Campesinos vom Hoch- ins Tiefland umzusiedeln, als Ventil für den sozialen Druck im Hochland, der nicht zuletzt durch die Inkonsequenz bei der Enteignung des Grossgrundbesitzes entstand: Die Klausel der "mittleren Besitztümer" hatte vielen Hacendados die Hintertür geöffnet. Mittels falscher Angaben und Bestechungsgelder liessen sie ihr Land als "mechanisierten Betrieb" oder "Viehzuchtbetrieb" einstufen und erhielten so Besitztitel für ausgedehnte Ländereien. Diese blieben unproduktiv, da die Besitzer nach der Agrareform nicht mehr über die indianische Gratisarbeit verfügten, denn die Leibeigenschaft war aufgehoben worden.

Nachdem die Bauern jahrhundertelang entmündigt worden waren, hatten die Colonos nach dem Chaco-Krieg angefangen, sich als Arbeiter zu begreifen und in Gewerkschaften zu organisieren. Diese "Sindicatos" leiteten nach der Revolution die Besetzung der Haciendas und zwangen letztlich die MNR, die Agrarreform zu verkünden.

Dadurch war die Partei auf das politische Potential der Bauern aufmerksam geworden und begann, von oben her Campesinogewerkschaften zu organisieren. Die Parteimitglieder auf dem Land waren vor allem "Nachbarn" aus den Dörfern. Diese Dörfer sind Marktflecken, in denen Mestizen leben, Viehhändler, Wirte, Transportunternehmer und Wucherer, die ländliche Oberschicht. Sie gehen zurück auf die Zwangsansiedlungen der Spanier, während die Comunidades der Campesinos ihre Wurzeln im andinen Ayllu haben.

Die MNR machte mit Vorliebe solche Nachbarn zu kantonalen oder provinzialen Führern der Bauerngewerkschaften und drängte so die indianischen Organisationen weiter in die Ecke. Die Struktur dieser Gewerkschaften entsprach von Anfang an den bolivianischen Verwaltungseinheiten (Kanton, Provinz, Departement) und nicht dem Gebiets-Mosaik der andinen Ordnung. Das lockerte zusätzlich die Verbindung der Ayllus zu ihren verbliebenen Gebieten auf anderen Klimastockwerken.

Indem die MNR die örtliche Durchführung der Agrarreform den Bauerngewerkschaften übertrug, die sie gleichzeitig dazu benutzte, den Campesinos die Parteimitgliedschaft aufzudrängen, schuf sie ein Instrument der Manipulation. Damit kontrollierte sie nicht nur das Wahlverhalten,

THIMPU

"Gekochtes" (Aymara)

Der Thimpu mit dem Aymara-Namen ist eine Art verkleinerter "Puchero", der selbst spanischen Ursprungs ist. Die Verwandtschaft liegt vor allem im verkochten Reis und der Brühe als zweitem Gang. Den populärsten Thimpu bieten in La Paz die Strassenköchinnen in El Alto an, bei denen man ein letztes Mal isst, bevor man auf dem Lastwagen eine lange Reise auf's Land unternimmt.

3/4 kg Schaffleisch, 1 El Salz, 3 Zwiebeln, 1 Möhre, 1 Tasse Reis, Salz, 8 Kartoffeln, 1/2 Pfund eingeweichte Chuños, 2 El Öl, 2 El gelber Ají, 1/2 El Salz, 1/2 Tl Kreuzkümmel, 1/2 Tl schw. Pfeffer, 2 Zehen Knoblauch

Man schneidet das Fleisch in Portionen und kocht es mit 3 l Wasser, 1 El Salz, einer geschnittenen Zwiebel und der in feine Stäbchen geschnittenen Möhre.
Die Tasse Reis kocht man mit 5 (!) Tassen Wasser und 1 El Salz. Wenn der Reis gut verkocht ist, mischt man 2 Suppenkellen Brühe hinein.
Die geschälten Kartoffeln setzt man in Salzwasser auf und gibt die eingeweichten und in Stücke gerissenen Chuños dazu.
Dann schneidet man 2 Zwiebeln fein, dünstet sie in etwas Öl, gibt Ají, Kreuzkümmel, Pfeffer und Knoblauch dazu, löscht mit Brühe ab und lässt alles kochen.
Auf jeden Teller serviert man zuerst die Kartoffeln und Chuños, verteilt den Reisbrei darüber, plaziert das Fleisch obenauf und übergiesst es mit der pikanten Sosse. Die Brühe serviert man als zweiten Gang.

Lebensmittelhandel ist Frauensache. Der Markt in den grösseren Städten ist fest in der Hand einer Schicht von Mestizinnen.

sondern setzte die bewaffneten Bauern gegen streikende Bergarbeiter in Marsch.

Noch bevor die Armee, die auf Druck der USA wiederaufgebaut worden war, 1964 die MNR stürzte, sicherte sie sich durch einen "Militär-Bauern-Pakt" die Unterstützung der Campesinos. Der Diktator, General Barrientos, bezeichnete sich als "obersten Führer der Bauern". Er verstand es, durch Teilnahme an ihren Festen und indem er Quechua statt Spanisch sprach, eine gewisse Akzeptanz für diesen Pakt zu erreichen, den er zudem durch eine "Acción cívica" - Zivil-Aktion - unterstützte, bei der die Armee mit Geld aus den USA Strassen und Schulen baute, um die Sympathie der Bauern zu erkaufen.

Erst die Massaker, welche die Armee 1974 unter den Bauern des Tals von Cochabamba anrichtete, öffneten ihnen die Augen. 1979 gelang es ihnen, endlich eine sich als unabhängig begreifende Bauerngewerkschaft auf nationaler Ebene zu organisieren. Nach wie vor sehen aber politische Parteien in den Campesinos vor allem Stimmvieh und politische Manövriermasse, und es fehlt nicht an Versuchen, ihre Führer zu vereinnahmen und zu korrumpieren.

Die Agrarreform gab den Bauern Bürgerrechte, aber dass sie politisch selbständig handeln, versucht man seither mit allen Mitteln zu verhindern. Im Süden Chuquisacas setzten sich Grossgrundbesitzer an die Spitze der Gewerkschaften und sicherten so ihren Besitz durch Agrarreform-Titel. Sie konnten sogar Campesinos von dem Land vertreiben, das diesen nach dem Sinn des Gesetzes eigentlich zugestanden hätte. Selbst die Leibeigenschaft blieb in einigen Regionen bestehen.

Durch solche Ränke und die jahrelange Praxis, nach 1964 den Anhängern der jeweiligen Militärdiktatur riesige Ländereien zuzuschustern, führte die Agrarreform schliesslich erneut zu einer Konzentration des Bodens in wenigen Händen: 1980 besassen 93% der Besitzer Betriebe unter 50 ha, der Rest verfügte über mehr als 50 ha. Die 93% Kleinen nannten 7% des verfügbaren Acker- und Weidelands ihr eigen, während die 7% Grossen 93% des Landes beanspruchten.

Die Grossgrundbesitzer liessen im gleichen Jahr 0.31% ihres Bodens kultivieren und nutzten weitere 5% als Weide. Die Kleinbauern bauten dagegen auf 54% ihres kultivierbaren Landes Nahrungsmittel an. Da sie auf relativ wenig Land zusammengedrängt sind, müssen sie dieses intensiv nutzen, weswegen sie vielerorts die ökologisch notwendigen Brachzeiten nicht mehr einhalten können.

"Die Comunidades indígenas sind Privateigentümer des Landes, das sie gemeinsam besitzen." Mit diesem Artikel anerkannte das Agrarreformgesetz zwar die Comunidades, aber sofort folgte die Einschränkung: Das Land, das durch das Gesetz von 1874 zwangsweise in Privateigentum von Mitgliedern der Comunidad umgewandelt worden war, sollte privat bleiben.

Indem die Agrarreform das individuelle Eigentum betonte, beschleunigte sie den Zerfall der andinen Landwirtschaft. Hatte man in den Ayllus den Familien von Zeit zu Zeit Land nach ihren sich wandelnden Bedürfnissen zugeteilt, so erstarrte nun die Besitzgrösse. Das führte zu grösseren Unterschieden zwischen den Campesinos, während der Ayllu ausgleichend gewirkt hatte, und das Land wurde durch Erbteilung in immer kleinere Parzellen zerstückelt.

Dieser Kleinstgrundbesitz (Minifundium) gilt oft als das Hauptproblem der Agrarreform. Die betroffenen Bauern sind aber anderer Meinung: Bei einer Umfrage nach ihren Problemen nannten sie an erster Stelle "die Regierungen", dann die politische "Desorganisation der Campesinos" und die fehlenden Kredite als gravierendere Sorgen als das Minifundium. Trotzdem: Die Agrarreform hat das Landproblem nicht gelöst. Sie hat nur die Arbeitskraft befreit, indem sie die Leibeigenschaft gesetzlich abschaffte.

Agrarpolitik

Stehen kann er noch, aber sein Gang hat die schwankende Unstetigkeit des Betrunkenen. Den ganzen Tag hat er einen Bauern der Comunidad nach dem anderen zu einem Glas Bier eingeladen, und es waren etliche da. Diese haben schon längst die Lamas gepackt und sich auf den Rückweg in ihre Comunidad gemacht, als er sich endlich ans Steuer setzt.

Der Lastwagen ist in einem erbärmlichen Zustand. Ein grosses Loch in der Ladefläche wird notdürftig abgedeckt, und die vielen Passagiere - Händlerinnen, Bauern und Bäuerinnen mit ihren Kindern - machen es sich so bequem es eben geht. Die Nacht ist schon hereingebrochen, als der Lastwagen sich zur Passhöhe auf über 5000 m ü.M. quält um dann mit unwahrscheinlichem Drive und beschwingter Eleganz auf der anderen Seite in die Tiefe zu sausen. Die Abgründe sind mal links, mal rechts, und angesichts der stattlichen Promille des Fahrers ist mir ob dem flotten Fahrstil unheimlich. Leise schimpfen die Leute über die Unvernunft des Chauffeurs. Aber er ist der einzige, der in dieser Woche in diese Region kam, um an der Weggabelung eine Feria, einen Markt, abzuhalten.

Vor der Revolution waren die Colonos weitgehend vom Markt, den die Hacendados kontrollierten, ausgeschlossen gewesen, und auch die Comunidades beteiligten sich nur so weit als nötig an ihm. Nach der Revolution kehrten die Hacendados nicht auf's Land zurück. Die Campe-

CHANKHA DE POLLO

Chankha ist in Cochabamba ein schnell zubereitetes Gericht aus Huhn oder Meerschweinchen , das man willkommenen, unvorhergesehenen Gästen serviert. Geschmacklich liegt der Witz in der Llajhua.

1 Huhn, 3 l Wasser, 2 mittlere Zwiebeln, 2 grosse Möhren, 2 kinderfaustgrosse weisse Rüben (Ersatz s. "Sajta", S. 109) 18 geschälte Kartoffeln, 2 Unterteller geschälte Saubohnen. Zwiebelkraut, Salz, gute Llajhua (s.S. 51)

**Man wäscht das Huhn und setzt es mit dem Wasser und 1 1/2 - 2 El Salz auf, schneidet Zwiebeln, Möhren und weisse Rüben in Streifen und feine Stäbchen, gibt sie dazu und kocht alles, bis das Huhn gar ist.
In einem anderen Topf setzt man die geschälten Kartoffeln mit Salzwasser auf. Wenn sie halbgar sind, gibt man die Saubohnen dazu. Nun schneidet man das Zwiebelkraut in dünne, etwa 3 cm lange Streifchen, so dass rund 2 Unterteller davon bereitstehen. Sobald Kartoffeln und Saubohnen gar sind, gibt man das Zwiebelkraut dazu und giesst nach etwa einer Minute das Wasser ab (man kann es später für eine Suppe verwenden).
Pro Teller serviert man ein Stück Huhn, 2 Kartoffeln, etwas Saubohnen und Zwiebelkraut und verteilt dann die Brühe darüber. Llajhua gehört auf den Tisch!**

AJÍ DE PELADO

pikantes Gericht aus geschältem Mais, Cochabamba

2 Zwiebeln, 1 1/2 El Öl, 1 Tomate, 1 Zehe Knoblauch, Kreuzkümmel, schw. Pfeffer, 350 g Rindfleisch, 2 El gemahlener roter Ají, 1 Pfund Kartoffeln, 1 Unterteller Saubohnen und Erbsen, 1 Pfund vorgekochten geschälten Mais

Man dünstet die geschnittenen Zwiebeln in etwas Öl, gibt die geschnittene Tomate, Kreuzkümmel, Pfeffer, Knoblauch und schliesslich das geschnetzelte Fleisch dazu. Dann löst man den Ají in etwas Wasser auf, gibt ihn zu den anderen Zutaten und kocht alles mit 1/2 l kochendem Wasser.
Dann schält man die Kartoffeln, halbiert sie und fügt sie hinzu. Etwa fünf Minuten später gibt man die Erbsen und Saubohnen in die Sosse, und wenn alles gar ist, den fertig vorgekochten Mais. Man lässt alles kurz aufkochen und serviert, nachdem das Gericht durchgezogen ist.

sinos verbesserten als erstes ihren Eigenkonsum und tauschten ihre Produkte auf speziellen Märkten auf dem Land untereinander aus.

Die Versorgung der Städte brach zusammen. Erst im Laufe der Zeit entstand eine Händlerschicht, welche die Lebensmittel von den Campesinos aufkaufte und in die Stadt verfrachtete. Diese Aufkäufer haben gegenüber dem Bauern eine Machtposition, je abgelegener der Ort, umso stärker ist sie. Und da Bolivien wegen der schlechten Strassen fast durchweg aus abgelegenen Orten besteht, können die Händler nach Belieben mit verfälschten Waagen betrügen und die Preise drücken. Oft wissen sie mit Ayni- und Patenschaftbeziehungen die Bauern an sich zu binden - Methoden der andinen Kultur, bei denen Alkohol eine Rolle spielt.

So wie unser betrunkener Fahrer sind sie häufig selbst ehemalige Campesinos. Irgendwann haben sie ihr Vieh verkauft und sind in die Stadt oder in ein Dorf gezogen. Die Felder in der Comunidad lassen sie von Verwandten bestellen. Ihr Kapital investieren sie in Viehhandel, eine Kneipe, einen Laden oder eben einen Lastwagen. So wandern die Wohlhabenderen aus der Nahrungsproduktion ab, zurück bleiben die Armen.

Wegen Landknappheit ziehen auch die ärmsten Bauern in die Stadt, wo sie das Heer der Gelegenheitsarbeiter und Arbeitslosen vergrössern. Im Gegensatz zur Landflucht in anderen lateinamerikanischen Ländern verliert jedoch der in die Stadt ziehende Campesino seine Wurzeln in der Comunidad nicht vollständig: Er reist regelmässig in die Comunidad, wo er oft noch einige Furchen Kartoffeln pflanzt, bei der Ernte den Verwandten in Form der Mink'a hilft, und wann immer er kann wird er auch an den Festen teilnehmen.

So findet die Tradition des Zugangs zu verschiedenen Produktionszonen ihren aktuellen Ausdruck, denn auch für die Comunidad ist es wichtig, Söhne und Töchter als eine Art Mitimaes in der Stadt zu haben. Diese wohnen oft im gleichen Viertel und bilden eine kleine Kolonie: Als wir endlich spät nachts trotz des Suffs des Fahrers in El Alto ankommen, der Trabantenstadt von La Paz, fährt der Lastwagen in eine Seitenstrasse, wo fast alle aussteigen. Wer in die Stadt reist, kann sicher sein, nicht verloren zu gehen, sondern ein bekanntes Gesicht, eine hilfreiche Hand und ein Dach über dem Kopf zu finden. Nur der Besitzer und Fahrer des Lastwagens wohnt nicht mit den anderen, sondern unten in der Stadt.

Er gehört zu jener Schicht, die den Weg der Nahrung vom Campesino zum Konsumenten verlängert. Bis Kartoffeln, Orangen oder Mais im Lagerhof in der Stadt landen, hat meist nicht nur der Aufkäufer an ihnen verdient, sondern auch sein Kreditgeber, ein Grosshändler und Transportunternehmer und ein bisschen auch die auf- und abladenden Gehilfen des Fahrers. Im Lagerhof werden die Waren an die Marktfrauen weiterverkauft. Ausser ihnen profitiert vom Schweiss des Bauern der Taxifahrer, der das Warenbündel zum Stadtteilmarkt fährt, und der Gemeindepolizist, der seinen Lohn mit Schmiergeldern aufbessert, die er verlangt, wenn er bei unhygienischer Handhabung der Lebensmittel wegsieht oder wegen der manipulierten Waage nicht einschreitet.

Jede Marktfrau hat nur geringe Mengen vor sich liegen und selbst davon verkauft sie oft nur wenig am Tag. So wie das zerfaserte Angebot auf dem Land die Folge der Armut der Campesinos ist, so ist die ausgefranste Vermarktungsstruktur in der Stadt ein Auffangbecken für die Arbeitslosigkeit: In Oruro kommen auf 42, in La Paz auf 26 Einwohnerinnen und Einwohner je ein Lebensmittelladen oder -stand.

Dass die Händler die Kontrolle über die Produkte der Campesinos an sich reissen konnten, liegt nicht zuletzt daran, dass diese ausser von ihnen keine Kredite erhalten können. Die staatliche Agrarbank hat sie im Stich gelassen. Der "Banco Agricola" war eigentlich nach der Revolution als Förderinstrument für die Landwirtschaft gegründet worden, nicht zuletzt mit dem Ziel, das Land von Importen unabhängig zu machen. Er hat sich aber zu einem aufgeblähten Apparat entwickelt. Durch dessen hohe Kosten haben sich für die Landwirte die Zinsen auf bis zu 25% verteuert für Kredite, die im Ausland zu Zinssätzen von 1 bis 4% aufgenommen worden waren. Und nicht zuletzt hat oft nur derjenige einen Kredit erhalten, der die entsprechenden Beamten bestach. Von Glück konnte er schliesslich reden, wenn er die Summe während der Saatzeit ausbezahlt erhielt und nicht, wenn es bereits zu spät war...

Die Agrarbank hat bei der Kreditvergabe Sicherheiten verlangt, z.B. Land-Besitztitel, die im Kataster des militärgeographischen Instituts eingeschrieben sein müssen. Das hat alle Campesinos ausgeschlossen, die entweder das Geld für die verschlungene Bürokratie, die immer wieder geschmiert sein will, nicht aufgebracht, oder aber aus guten Gründen das andine Gemeinschaftseigentum vorgezogen haben. So haben die Reichen, welche sich schon das Land ergaunert hatten, auch die Agrarkredite erhalten.

Die Kleinbauern produzieren u.a. 70% des Mais, 85% des Reis, 80% des Weizens, 100% der Kartoffeln, Gerste, Yucca und Quinua, empfingen jedoch von 1967-71 nur 1.1% der Kredite der Agrarbank.

Das ergab 1971 Kredite von 4.17 Pesos pro Hektar Kartoffeln, 0.7 Pesos/ha Weizen und 0.6 Pesos/ha Mais, alles in allem nur Pfennigbeträge. Die Agrarfirmen wurden bevorzugt: Es gab 998 Pesos Kredit pro ha Baumwolle und 544 Pesos für jeden Hektar Zucker. Auch nach der Revolution war der Staat die Beute der reichen Oberschicht, die ihn als Selbstbedienungsladen betrachtete. Deren Land und Kredite dienen aber

Abwiegen von einheimischem Getreide auf einem Markt im Tal von Cochabamba, der ehemaligen Kornkammer Boliviens. Die traditionellen Säcke sind aus handgesponnener Wolle und halten ein Leben lang. Das Muster mit den schmalen Streifen neben den breiten bedeutet: "Im Licht ist Schatten und im Schatten ist Licht".

CHORIZOS CHUQUISA-QUEÑOS

Bratwürste aus Chuquisaca

Dünndarm vom Schwein, Saft von 2 Zitronen, 1/2 Tl Salz
1 kg Schweinefleisch (oder 1/2 kg Schwein und 1/2 kg Rind), 2 El gemahlener roter Ají, 1/4 Tl Zimt, 8 gemahlene Knoblauchzehen, 1 geriebene kleine Zwiebel, 4 El starker Essig, 1/2 El Oregano, 1/2 El geraspelte Orangenschale, 3/4 Tl geraspelte Muskatnuss, 1/2 Tl schwarzen Pfeffer, 1 Tl gemahlenen Kreuzkümmel, Salz nach Belieben (ca. 2 Tl)
reichlich Öl, helles Brot, Kopfsalat, Zwiebeln, Tomate, Locoto (Peperoncino) Salz

Man drückt den Darminhalt gut hinaus, wäscht den Darm, wendet ihn und schabt mit der Rückseite eines Messers die Schleimhaut ab. Dann wäscht man ihn mehrmals und legt ihn eine Nacht lang im Zitronensaft mit dem Salz ein. Vor dem Stopfen wendet man den Darm erneut.
Man kann sich diese Arbeit sparen, indem man beim Metzger fertig vorbereiteten Darm kauft.
Das Fleisch dreht man durch den Fleischwolf und mischt es dann von Hand gut mit dem Essig, den Gewürzen und dem Salz. Diese Mischung lässt man eine Nacht lang ruhen und stopft sie am nächsten Morgen in den vorbereiteten Darm. Dazu verwendet man einen nicht zu engen Trichter, den man sich auch aus einer Plastikflasche selbst schneiden kann. Dabei kann man für den Daumen, mit dem man das Fleisch in den Darm drückt, eine Aussparung aus der Trichterwand schneiden. Beim Stopfen "melkt" man das Fleisch im Darm vorwärts. Ist alles Fleisch im Darm, dreht man diesen im Abstand von 10 cm, so dass die einzelnen Würste voneinander getrennt werden.

in der Regel nicht der Nahrungsproduktion, sondern als Sicherheit für Kredite, die sie als Spekulationskapital nutzen.

Neben dem parasitären statt unternehmerischen Bürgertum ist nach der Revolution nicht nur in der Agrarbank eine Schicht von Bürokraten entstanden. Das "Ministerium für Landwirtschaft und Campesino-Angelegenheiten" - bezeichnenderweise werden die Campesinos nicht unter der Rubrik "Landwirtschaft" geführt - hat sich im Laufe der Jahre zu einem Wasserkopf entwickelt. Er umfasst zwölf Organisationen für technische Beratung, zehn für Forschung, acht für die Regelung von Produktionsmitteln und Produkten und sieben für die Kontrolle von Schädlingen und Krankheiten, mit insgesamt 250 Büros auf dem Land.

Dazu kommt der "Brauch", alle sechs Monate eine Kabinettskrise zu inszenieren, um andere Flügel der Regierungspartei, der Koalition oder der Armee mit Ministerposten zu beglücken. Die neuen Amtsträger bringen dann ihre Klientel in den Stellen des Ministeriums unter, wo sie sich nicht nur ein halbes Jahr lang Bestechungs- und Haushaltsgelder in die Tasche steckt, sondern dank ihrer Inkompetenz auch jegliche Kontinuität verhindert. 1983 stand gerade ein Fünfzigstel des Staatshaushalts für die Landwirtschaft zur Verfügung, wovon fast alles für die Bezahlung der Gehälter der Bürokratie aufgewendet wurde. Wieviel blieb da für die Campesinos, immerhin 60% der Bevölkerung?

Marktpolitik

Da es gelang, die Bauern mittels Manipulation ihrer Gewerkschaften vorerst zu neutralisieren, ging es der MNR in erster Linie darum, die Konsumentinnen und Konsumenten in den Städten und Minenzentren ruhig zu halten. Um gleichzeitig den Aufschwung des "nationalen" Unternehmertums durch niedrige Löhne zu fördern, mussten die Lebensmittelpreise niedrig bleiben. Deshalb setzte die MNR für die Grundnahrungsmittel Preis-Obergrenzen fest - eine Politik, die später die Militärdiktaturen und auch die sich als links begreifende UDP-Regierung fortsetzten. Betroffen waren aber nur die von den Campesinos produzierten Lebensmittel, die Agrar-Grossbetriebe im Osten des Landes erhielten für ihre Produkte Preisgarantien und erhebliche Subventionen.

Später hat man für "Sparprogramme" des Internationalen Währungsfonds den Arbeitern einen Teil ihrer Kaufkraft weggenommen, indem man die Lebensmittelpreise anhob. Das betraf die Preise für Brot, Öl, Mehl, Zucker und Teigwaren - alles Produkte der Industrie und Agrarfirmen. Die Campesinos gingen nicht nur leer aus, sondern verarmten, da die Preise für ihre Produkte ebenso eingefroren blieben wie die Löhne der Arbeiter. Die Preise für Werkzeuge, Dünger, Kleider und die industriell hergestellten Lebensmittel wie Zucker und Teigwaren stiegen aber ständig. Die Produkte der Kleinbauern verloren allein zwischen 1963 und 1976 mehr als einen Drittel ihres Tauschwerts. Dramatisch war dies beim Chemiedünger: Konnte der Bauer anfangs der sechziger Jahre mit dem Erlös eines Sacks Kartoffeln einen Sack Dünger kaufen, so benötigte er dafür zwanzig Jahre später zehn Sack Kartoffeln.

Dünger wird schnell unentbehrlich: Da die Campesinos immer weniger in die andine Gemeinschaft eingebettet und praktisch auf die Kernfamilie zurückgeworfen sind, müssen sie sich durch eine hohe Zahl von Kindern absichern. Erbteilung und immer kleinere Parzellen machen eine zunehmend intensivere Nutzung des Landes notwendig, die Brachzeiten fallen weg, und die Erschöpfung des Bodens muss durch Dünger, Pestizide und ertragreichere Saatgutsorten aufgefangen werden. Der Technologieeinsatz hilft also einem Teil der Bauern, die Landknappheit zu kompensieren. Auf ihre Kosten kommen sie aber nicht: Ende der siebziger Jahre lag bei keinem der untersuchten Campesinos auf dem Altiplano der Verkaufspreis seiner Kartoffeln höher als die Kosten für Arbeit, Zugtiere, Saatgut, Dünger und Abnutzung der Werkzeuge. 1980 ergab ein Kalkulationsbeispiel für den Süden einen Verlust von 50 DM pro Hektar Weizen. Wenn der Bauer Kunstdünger verwendete, stieg zwar seine Ernte, aber auch der Verlust: auf 300 DM pro Hektar! An eine Steigerung der Nahrungsmittelproduktion glaubt unter diesen Bedingungen niemand.

Der Campesino verkauft zwischen 40 und 50% seiner Ernte. Aber sie bringt ihm nur etwa 10% seiner Einkünfte. Aus dem Verkauf von Rindern, Schafen und Schweinen nimmt er dagegen 40 bis 50% seines Geldes ein. Das Vieh ist die wichtigere Einnahmequelle und zugleich die "Sparkasse" des Bauern. Er ist deshalb gezwungen, mehr Vieh zu halten, als ökologisch zuträglich ist.

Den Rest seines Geldes verdient er je nach Konjunktur mit Handel, Schmuggel, Goldwaschen in den Flüssen der Yungas, Erntearbeit auf den Zuckerplantagen und vor allem als Saisonarbeiter in der Stadt, wo man ihn schlecht bezahlt. Er hilft damit die Löhne drücken, die gleichzeitig eine Ursache der niedrigen Preise für seine Produkte sind: Die Lebensmittelpreise könnte man nur zusammen mit den Löhnen anheben.

Metallbesteck hat die Holzlöffel ersetzt, emaillierte Blechteller die traditionellen Keramiknäpfe, Leichtmetalltöpfe die irdenen Kochgefässe, Petrolfunzeln und -lampen die Talglichter. Abgetragene Kleider aus der Stadt und Synthetikstoffe verdrängen zusehends die selbstgenähten Kleider aus handgewebten Stoffen und neue Lebensmittel wie Weissbrot, Zucker, Speiseöl, Nudeln, Reis, Kekse etc. sind immer beliebter gewor-

Diese brät man langsam in nicht zuwenig Öl. Gleichzeitig bereitet man aus Zwiebeln, Locoto, Tomaten und Öl eine "Sarsa" (s.S. 64), zu der man den geschnittenen Kopfsalat mischt.
Sind die Würste fertig, brät man in ihrem Fett das in Scheiben geschnittene Brot, richtet Würste, Brot und Salat auf einem Teller an und serviert.
Chorizos sind ein typisches Vormittagsessen für die Zwischenmahlzeit, die man "Sajra hora" (Quechua: Sajra = Teufel; Span.: hora = Stunde) nennt.
In Spanienläden kann man auch Chorizos kaufen, die aber mit sehr viel Paprika (=Ají) zubereitet sind und anders schmecken. Diese sind aber ein Beispiel dafür, wie die Zutaten aus der neuen Welt die spanische Küche verändert haben.
Die Paprika aus den spanischen Chorizos färbt viel intensiver als die im deutschsprachigen Raum angebotene. Man kann deshalb das ausgelaufene Fett verwenden, um Llauch'as, Pukacapas (s.S. 51, 180) etc. zu bepinseln.

PIERNA MECHADA

Gespicktes Schafsbein (Oruro, La Paz und Cochabamba)

1 hintere Schafskeule von etwa 2 kg, Salzwasser (1 gehäufter El Salz auf 3 l Wasser), 2 Möhren, 1 Locoto (Peperoncino), 1 grosse Zwiebel, 5-7 Knoblauchzehen, 1 Tl Kreuzkümmel, 1 Tl schw. Pfeffer, Saft von 1 oder 2 Zitronen, 2 El Öl, 1 gehäuften Tl Salz

Man legt das Bein 2 Stunden in 3 l Wasser mit 1 gehäuftem El Salz ein. Dann schneidet man Möhren, Locoto und Zwiebel in grobe Streifen. Den Kreuzkümmel mahlt man zusammen mit Pfeffer und Knoblauch und rührt mit dem Zitronensaft und einem gut gehäuften Tl Salz eine Paste an, die man dem geschnittenen Gemüse beimengt.
Mit einem spitzen Messer sticht man 6-7 cm in das Bein hinein und stopft das gewürzte Gemüse in die Einstiche. Wenn man diese nicht zu weit macht, bleibt das Gemüse im Fleisch, ohne dass man es zunähen muss.
In einem grossen Drucktopf erhitzt man 2 El Öl und brät darin das Bein ringsherum braun, löscht es mit 1/2 l siedendem Wasser ab und lässt es etwa 20 Min. unter Druck kochen.
Man serviert mit Bratkartoffeln, Reis und Salat oder - noch besser - mit Pure de papas (s.S. 190).

den: Häufig verkaufen Campesinos hochwertige Nahrungsmittel wie Eier, Käse oder Quinua, um dann billige Teigwaren zu erstehen.

Die zunehmende Eingliederung in den Markt mit der ständigen Verschlechterung der Austauschverhältnisse für die bäuerlichen Produkte trieben die Campesinos in die Verarmung. Sie produzieren 70% der in Bolivien konsumierten Nahrungsmittel, aber laut einer UNICEF-Studie von 1984 sind alle Campesinos als notleidende oder extrem notleidende Arme einzustufen. 95% aller extrem notleidenden Armen Boliviens sind Campesinos. Als extrem notleidend galt nach dieser Aufteilung, wer nur 30% des zum Leben nötigen Warenkorbs kaufen kann.

Das Ernährungsniveau der Bauern liegt unter dem der meisten Städter. Campesinos mit relativ produktiven Böden nehmen 1500-1800 kcal/Tag zu sich, die ärmsten dagegen 1350-1500 kcal/Tag. Als eine vernünftige Ernährung gelten 2400 kcal/Tag. Wie sollen derart unterernährte Bauern die Nahrungsproduktion steigern, damit das Land von Importen unabhängig wird?

Die Agrarreform der MNR hat sich letztlich nur als Modernisierung der vorangegangenen Unterdrückung erwiesen: Auf den Haciendas war die Ausbeutung durch die Gratisarbeit der Colonos erfolgt, beim nachrevolutionären Modell garantiert der Markt die Abschöpfung des ländlichen Überschusses.

Volksernährung und Politik

"Und, wie zum Hohn, brachte dieselbe Armee Lebensmittel und verteilte sie. Das ist eine von den Sachen, die sehr, sehr weh tun. Und das Schlimmste ist, dass die Leute so elend leben, dass viele (...) Schlange standen und sich stritten um diese Lebensmittel. Es war erniedrigend und schmerzlich, das zu sehen. Ich erinnere mich immer daran. Sie haben so viele Leute getötet, und jetzt bringen sie uns mit einem Stück Brot oder einer Büchse Sardinen zum Schweigen",[55] erzählt die Bergarbeiterfrau Domitila über die Armee, die nach einem Massaker unter den Arbeitern Lebensmittel verteilte.

Seit 1952 standen die Politiker zunehmend vor dem Problem, dass sie, wenn sie ihre Macht erhalten wollten, ein Mindestmass an Zustimmung oder wenigstens murrende Akzeptanz des Volkes erringen mussten, denn mit der Revolution hatten die Arbeiter und Bauern nicht nur Rechte erhalten, sondern sich auch zunehmend organisiert und emanzipiert.

Das Volk denke mit dem Magen, sagt man in Bolivien. Und dieser Magen übernahm eine wichtige Aufgabe bei der Besänftigung z.B. der Bergarbeiter: Die Pulpería war schon vor der Revolution der zur Mine gehörende Laden gewesen, in dem die Arbeiter verbilligte Lebensmittel einkaufen konnten. Nach der Verstaatlichung wurde die Zahl der subventionierten Artikel erhöht.

Die Bergleute hatten beim Aufstand die wichtigste Rolle gespielt, und ihr Gewerkschaftsprogramm zielte auf Sozialismus und nicht eine bürgerliche Demokratie. Entsprechend musste man ihnen etwas bieten. So beteiligte man sie an der Regierung, bis vier Jahre später auf Druck der USA die Zahl der subventionierten Artikel in der Pulpería auf vier reduziert wurde. Jeder Bergmann sollte jetzt nur noch Zucker, Reis, Fleisch und Brötchen zu bezuschussten Preisen erhalten. Nach dieser Provokation zogen sich die Gewerkschaften aus der Regierung zurück. Der bürgerliche Charakter der Revolution war nun stabilisiert. Sie drohte nicht mehr, in eine soziale Revolution überzugehen, und so konnte man in der Regierung keine Gewerkschafter mehr brauchen...

Die Subventionen für Lebensmittel war Teil des Lohns. Daneben bot die Pulpería eine Reihe von Artikeln zu den marktüblichen Preisen an. Der scheinbare Vorteil für den Arbeiter bestand darin, dass er auf Kredit kaufen konnte: Seine Frau holte, was sie brauchte, und der Betrag wurde ihm am Monatsende vom Lohn abgezogen.

Nur allzu häufig hat jedoch die staatliche Bergbaugesellschaft die Pulpería nicht mit den vergünstigten Lebensmitteln beliefert. Den Arbeitern wurde also ein Teil ihres Lohns nicht ausbezahlt. Einige haben es auf Guthaben von mehr als einer Tonne Fleisch oder über dreissigtausend Brötchen gebracht. Da der Hunger nicht wartet, bezogen ihre Frauen die teureren Waren der Pulpería auf Kredit, mit der Folge, dass die Abzüge am Monatsende oft den Lohn überstiegen. Die Arbeiter bekamen nichts ausbezahlt und schoben einen Schuldenberg vor sich her, der sie an die Mine band. Gleichzeitig verloren sie die Selbständigkeit bei der Verwaltung ihrer Ausgaben.

Die fehlenden Lebensmittel oder deren schlechte Qualität waren nicht nur der Grund für viele Arbeitskämpfe, sondern auch ein Druckmittel. Mehrfach haben die Regierungen bei Streiks die Kumpel buchstäblich ausgehungert, indem sie ihre Siedlungen von der Aussenwelt abschnitten.

Die Versorgungspolitik diente immer dazu, Spannungen zu dämpfen. Die MNR erkaufte sich in den fünfziger Jahren die Ruhe der politisch brisanten Teile des Volkes dadurch, dass sie anfangs mit einem System von Bezugsscheinen, sogenannten Cupos, Lebensmittel verteilte. Indem sie die Lebensmittelpreise auf Kosten der Campesinos niedrig hielt, benutzte sie diese für die Stabilisierung des städtischen Konsens. Dadurch verarmten die Bauern, was die Nahrungsmittelproduktion nachhaltig geschädigt hat.

CHICHARRON

im eigenen Fett gebratenes Schweinefleisch

1 3/4 kg fettes Schweinefleisch inkl. Haut und Knochen, 1 Tl Kreuzkümmel, 1 Tl schw. Pfeffer, 3 Knoblauchzehen, 1 Tl Salz, 1 dl helles Bier oder Chicha, Mote (gekochte Maiskörner, (s.S. 41), Llajhua (s.S. 51)

Man schneidet das Fleisch in Stücke von der Grösse der halben Handfläche. Das Fett lässt man an der Schwarte, die man in fingerlange Streifen schneidet. Die Knochen hackt man in Stücke, an denen man etwas Fleisch lässt.

In einer grossen Bratpfanne kocht man Knochen, Schwarte und Speck mit 1 Tasse Wasser, wobei man die Pfanne bedeckt. Wenn es verdunstet ist, prüft man, ob Speck und Schwarte weich sind. Falls nötig, gibt man nochmals siedendes Wasser dazu.

Ist alles verdampft und tritt der Schmalz aus, gibt man das Fleisch dazu. Nach 5 Min. holt man den Speck heraus, schneidet die Schwarte ab und gibt alles zurück in die Pfanne. Von Zeit zu Zeit rührt man, damit der Chicharron ringsherum knusprig brät. Ist das Fleisch gar, würzt man mit Salz, Kreuzkümmel und Pfeffer und rührt von nun an ständig. Wenn nun das Fleisch anfängt, knusprig zu werden, giesst man das Bier dazu, mischt gut und schmeckt nochmals mit Salz ab.

Mit dem Schaumlöffel holt man das Fleisch aus dem Fett und serviert es mit Mote und Llajhua.

Dieses Gericht ist in ganz Bolivien beliebt, aber die unumstrittene Hochburg des Chicharrons ist Cochabamba.

KOKO

Hühnergericht aus Sucre

1 Huhn, 3 Zwiebeln, 2 Tomaten, 2 Locotos (Peperoncini), 2 grüne Ajíes (Peperoncini), 1 Tasse zu Brei gemahlener gelber Ají, 1 Tl schw. Pfeffer, 1 1/2 Tl Kreuzkümmel, 1/2 Tasse rohe geschälte Erdnüsse, reichlich Öl, 1 Tasse Chicha (oder Weisswein oder Bier), 2 El Zucker, gekochte Kartoffeln, Chuño phuti (s.S. 109), Reis

Man wäscht das Huhn, zerlegt es und brät die Teile in Öl. Dann setzt man sie in etwa 2 Tassen Salzwasser auf.
Zwiebeln und Locotos schneidet man klein, dünstet sie im Öl und gibt Ají, Pfeffer, Kreuzkümmel und die kleingeschnittenen Tomaten dazu, lässt alles kurz sieden und gibt die Sosse in den Topf zum Huhn.
Nun mahlt man die Erdnuss, die man schon vorher geschält hat, mit Wasser zu einem feinen Brei und erhitzt diesen, ständig rührend, in der Pfanne. Wenn das Wasser verdampft ist, gibt man reichlich Öl dazu und röstet die Erdnuss unter permanentem Rühren und Kratzen, bis sie leicht krümelig und bräunlich wird. Dann mischt man sie zum Huhn.
Wenn dieses gar und das Wasser fast verkocht ist, gibt man die Chicha dazu, schmeckt mit Zucker und Salz ab, nimmt den Topf vom Feuer und lässt das Gericht etwas ziehen.
Man serviert mit gekochten Kartoffeln und "Chuño phuti".
Selbst wenn man ein kleines Huhn von bloss 1 kg verwendete, kosteten die Zutaten für Koko 1986 rund einen Viertel des Basislohns. Die "typische" Küche ist für die meisten Bolivianer unerschwinglich geworden.

Ihre eigenen Interessen verfolgend, sprangen die USA in die Lücke. Die Kontrolle über die Nahrungsversorgung als Methode der politischen Konsensbildung gab der Macht aus dem Norden ein erstklassiges Instrument in die Hand, sich jederzeit in die Angelegenheiten des Landes einzumischen.

Da man die Lebensmittelpreise missbraucht hat, um den Armen die Zustimmung zur Politik der Reichen abzukaufen, kann man nicht behaupten, dass die bolivianische kulinarische Identität das Ergebnis der angeblich "nationalen" Revolution gewesen sei. Im Gegenteil: Heute essen die Armen der Städte mehr ausländische Produkte denn je, allem voran Weizen.

So verspielte man ein zentrales Stück der nationalen Unabhängigkeit und Kultur: Im Pulpería-Warenkorb, auf den jeder Bergmann Anspruch hatte, standen 24 kg Zucker, 24 kg Reis, 34 kg Fleisch und 600 Brötchen - dies waren die vier subventionerten Artikel - nur 2 kg Quinua, 4 kg Mais, 2 kg Chuño und 24 kg Kartoffeln gegenüber. Auch andere Artikel wie 4 kg Mehl, 8 kg Teigwaren und 4 Büchsen Sardinen zu Marktpreisen bestätigen die Tendenz, nicht auf die Produkte der Campesinos zu bauen, sondern auf Importe und die Agrarindustrie im Osten des Landes. Von andiner, knollenfrucht-betonter Ernährung kann bei einem solchen Schwergewicht auf Getreide und Zucker nicht die Rede sein...

Brot

"Die Bezeichnung für Brot ist dort ebenfalls gebräuchlich", schrieb um 1570 Padre Acosta über die 'Colonias de las Indias'. "In Peru nennen sie es Tanta (...) Die Qualität und Substanz des Brotes, das die Indios hatten und verwendeten, ist eine vom unseren sehr unterschiedliche Sache, weil sich keine Art von Weizen findet, den sie hätten; auch nicht Gerste, Hirse (...) und auch nicht die anderen Getreide, welche in Europa für Brot benutzt werden (...) Das Brot der Indios ist der Mais: Sie essen ihn allgemein gekocht, so als Korn und warm, was sie 'Mote' nennen (...) Manchmal essen sie ihn geröstet. Eine andere Form, ihn köstlicher zu essen, ist, ihn zu mahlen und aus seinem Mehl Teig zu machen und (...) Fladen, welche sie ins Feuer legen. Und derart nennen sie diese 'Arepas' (...) Sie machen auch aus dem gleichen Teig runde Brötchen, sie auf eine bestimmte Art würzend, dass sie sich halten, und essen sie als Köstlichkeit."[56] Mit diesen Köstlichkeiten meinte Acosta wohl Humintas und Tamales.

Auffallend häufig bezogen sich die Chronisten in ihren Beschreibungen des Essens der eroberten Völker auf das Brot. Brot war ein kulinarischer Massstab, den die Spanier an fremde Kulturen anlegten. Die ersten Eroberer vermissten es und suchten Ersatz für das gewohnte Weizenmehl: Der Chronist Inca Garcilaso de la Vega beschrieb, wie man für die Spanier den auf dem Batán gemahlenen Mais siebte: "Das Mehl trennten sie von der Kleie, indem sie es auf ein sauberes Baumwolltuch schütteten, auf dem sie es mit der Hand, es über die ganze Decke verteilend, verstrichen. Das Feine des Mehls, als derart delikate Sache, klebte am Tuch fest. Die Kleie, da sie gröber ist, trennt sich von ihm, und mit Leichtigkeit entfernen sie diese und sammeln in der Mitte der Decke das Mehl, das an ihr haften geblieben ist (...) Aber das Sieben des Mehls war mehr für das Brot, das sie für die Spanier machten und nicht für das, welches die Indios assen, weil diese nicht so feinschmeckerisch waren, dass ihnen die Kleie zuwider gewesen wäre. Sie siebten es in der besagten Weise aus Mangel an Sieben, die dort aus Spanien nicht ankamen, solange es keinen Weizen gab."[57]

Brotsorten

Durch die Weizenpolitik nach der Revolution nahm der Brotkonsum erheblich zu. Aber Brot war keine Neuigkeit, sondern bereits seit langem in der kulinarischen Identität Boliviens verankert. Entsprechend gibt es für die verschiedenen Brotsorten einen differenzierten Wortschatz. Brot wird sehr selten in Laiben gebacken, sondern als Brötchen (laut Gesetz sollten sie 60 g schwer sein), die verschiedene Namen tragen:
***"Redondos"** (Span.: Runde) sind weiche Weissbrötchen in La Paz. Bestreut man ein "Redondo" vor dem Backen mit Käse, der eine schmackhafte Kruste bildet, nennt sich das Brot **"Sarna"** - "Räude" oder "Krätze".*
*Richtig knusprig dagegen sind die **"Maraquetas"**, deren Namen aus Frankreich stammen soll, und deren Teig ohne Fett zubereitet wird. Ausserdem gibt es **"Cuernitos"** (Hörnchen) und **"Kaukas"**. Letztere werden vor dem Backen mit Butter oder Schmalz bestrichen, zusammengeklappt und in den Ofen geschoben. Sind sie halb gebacken, klappt man sie auf, so dass die bestrichene Fläche in der Hitze knusprig wird. "Kauka" heisst "Lüge" auf Aymara. Vermutlich bezieht sich der Name aber auf das Geräusch, wenn man in die krosse Kruste beisst.*
*Die viereckigen **"Colisas"** sind auch aus weissem Mehl, aber nicht mit Hefe gebacken, sondern mit Backpulver. "Backpulver" ist ein Thema für sich. In Oruro und in den Bäckereien von COMIBOL werde z.B. Kaliumbromat als Treibmittel verwendet. Das Brot aus der Pulpería von COMIBOL gilt aber als besonders nahrhaft. Wenn Kinder von Bergarbeitern in die Stadt gehen, um eine Ausbildung zu machen, schicken ihnen die Eltern regelmässig Brot aus dem Minenladen, weil dieses besonders gut sei.*
*Bisher sprachen wir von Brot aus Weissmehl. Es gibt aber auch eine Reihe von dunklen Broten. In La Paz heissen sie **"Chamillo"** (ch'ama = "stark" auf Aymara, "grob" auf Quechua) oder **"Khaspa"** (Aym.: "geröstet"). In Sucre heissen die Vollkornbrötchen **"Molletes"**. Sie werden traditionell als Armeleutebrot betrachtet.*

ESCABECHE DE AJO

Eingelegter Knoblauch (Tarija)

Knoblauchzehen in grossen Mengen,
guter Essig

Man kocht die geschälten, ganzen Knoblauchzehen dreimal sehr kurz in Wasser auf, das man jeweils abgiesst. Dann lässt man sie abkühlen und gibt sie in guten Essig. Sobald sie "reif" sind, kann man sie als Beilage zu Fleisch etc. verwenden oder mit Salz bestreut auf Brot essen. Im Kühlschrank sind sie wochenlang haltbar, und der Essig kann hinterher für die nächste Portion Knoblauch verwendet werden.

In späteren Chroniken erwähnten die Spanier den Weizen immer als Reichtum einer Provinz. 1639 berichtete Padre Ramírez über die Täler von Chuquisaca: "Nie hat man in diesen Gegenden Hungersnöte gesehen (...) Der Weizen ist sehr weiss und von viel Substanz, woraus man ein köstliches Brot macht, das alle Tage gegessen wird, weil das aus ganzem Mehl nur für Sklaven und Neger gemacht wird."[58]

Seit biblischen Zeiten ist Brot mit der abendländischen Tradition verbunden. Im Vaterunser bitten die Christen: "... unser tägliches Brot gib uns heute". Jesus verteilte beim Abendmahl seinen Leib als Brot. Wäre er in den Anden geboren, hätte er seinen Leib in Form von Humintas oder Tamales austeilen können. Für den gleichen Zweck liessen sich auch K'ispiñas verwenden, oder "Mukkunas" vom Zentralaltiplano, Klösse aus Quinuamehl und Lamafett. Daneben hätte er, um seinem Leib im alltäglichen Essen der Gläubigen zu symbolisieren, zu "Phuti" (gekochte Kartoffeln, Chuños, Caya etc.) Mote oder "Jacuu" greifen können, denn diese geniesst man so wie Brot zur Suppe. Auch "Wilutas", gekochte Brote aus Maismehl und Lamablut vom Süd-Altiplano, hätte er seinen Jüngern anbieten und damit an Bräuche der Anden anknüpfen können: Brötchen aus dem Blut geopferter Lamas und dem Mehl des heiligen, in den Tempeln kultivierten Mais verteilte man im inkaischen Cuzco an die Untertanen. Sie essend verpflichteten sie sich zur Treue gegenüber dem Inka.

Für Europäerinnen und Europäer geniesst das aus dem Nahen Osten stammende Brot nicht nur religiöse Bedeutung, sondern ist ein Synonym für "Nahrung" schlechthin. Dieser zentralen Bedeutung für die abendländische Kultur entsprechend war Weizen als Brot-Rohstoff für die Spanier eine Überlebensfrage. 1547 schrieb König Carlos V. Prämien aus für diejenigen, welche sich in der Neuen Welt seinem Anbau widmeten.

In kolonialen Quellen findet man Hinweise auf ein blühendes Bäckergewerbe in den Minenzentren, wo sich die Bergwerksbesitzer den Luxus des Weizenbrotes leisten konnten. Auf dem Land aber entstanden aus vorkolonialen Brotsorten mit europäischen Zutaten neue Köstlichkeiten: "Roscas de pelado" aus Käse und mit Asche geschältem Mais in den Tälern des Südostens, "Chimas" und "Arepas" ebenfalls aus Käse und Mais, "Cuñapés" aus Yucastärke und Käse und nicht zuletzt "Pan de arroz" aus gekochter Yuca und Reismehl.

Im Volk gab es bis vor wenigen Jahren eine Tradition dunkler Brote. In La Paz nennt man sie "Chamillo", "Mollete" heissen sie in Sucre. Aber ihr Sozialprestige ist gering: "Für Sklaven und Neger" habe man Vollkornbrot gebacken, berichtete Pater Ramírez. Und seit der Revolution, die sich so gern einen populären Anstrich gab, ist das Weissbrot auf dem Vormarsch. Die soziale Wertigkeit des Weissbrots, wie sie der Pater schon vor über dreihundert Jahren beschrieb, hat sich ausgeweitet. Das Verschwinden dunkler Brotsorten ist so offensichtlich, dass der Musiker Ernesto Cavour dem Sterben des "Indio Chamillo" ein Lied widmete...

Die Erkenntnis, dass Vollkornbrot nährwertreicher sei, setzt sich kaum durch. Wer in La Paz dunkles Brot kaufen will, muss es in den Vierteln suchen, wo Ausländerinnen und Ausländer wohnen. In Sucre kann auf dem Markt nur mit Glück dunkle Brötchen finden. Diese "Molletes" werden meistens von Campesinos gebacken, und über sie sind allerlei unappetitliche Geschichten im Umlauf. Die Abschätzigkeit der Städter gegenüber den Campesinos und die heimliche Angst vor ihnen wandeln sich in dieser Weise um in Abscheu gegenüber ihrem Brot.

Aber auch bei den Bauern selbst geniesst Weissbrot - so wie auch Teigwaren und andere industriell hergestellte Lebensmittel - ein hohes Prestige: Da sie aus einer anderen Produktionszone (fast könnte man sagen: einem anderen Klimastockwerk) stammen und man für ihren Erwerb viel opfern musste, setzt der Campesino sie gern den Gästen als Zeichen seiner Grosszügigkeit vor.

Erstickende Umarmung

Die Gründe für den Siegeszug des Weissbrötchens, trotz der bolivianischen Brotsorten sowohl aus der Kultur der Anden als auch der kolonialen Tradition, sind jedoch vielfältiger:

Der Konflikt zwischen bäuerlicher und industrieller Produktionsweise ist nicht auf Bolivien beschränkt - im Gegenteil: Weltweit führte die Integration der Bauern in den Markt, dessen Mechanismen sie nicht kontrollieren, zu Existenzproblemen. Die Höfe und Farmen als Familienbetriebe sind eingeklemmt zwischen den ihnen zuliefernden Giganten der Landmaschinen- und Düngerindustrie und den Konzernen der Lebensmittelindustrie, denen sie die Produkte ihres Ackers verkaufen. Die einen bestimmen die Preise für Traktoren und Mähdrescher, die anderen diktieren die Preise für Agrarprodukte. Diese schrauben die Preise für Produktionsmittel kontinuierlich hoch, jene drücken laufend die Preise für die Erzeugnisse der Bauern. Als Kleinproduzenten können diese den Preisen nur noch zustimmen. Sie stehen bei steigenden Produktionskosten sinkenden Einnahmen gegenüber.

Sie geraten durch diese Preis-Kostenschere in eine Tretmühle: Um zu überleben, müssen sie ständig mehr produzieren, um so die rückläufigen Gewinne auszugleichen. "Wachsen oder weichen" heisst die Devise. Dieser Mechanismus führt zu anhaltender Überproduktion und gleichzeitigem Bauernsterben.

REVUELTO

"Umgerührtes"

400 g altbackenes Brot, 2 Zwiebeln, 2 Locotos, 1 Untertasse Erbsen, 2 Knoblauchzehen, 3 Tomaten, 1 El Oregano, 1 Tl schwarzer Pfeffer, 4 Eier, Öl

Man schneidet die Zwiebeln in feine Würfelchen und brät sie zusammen mit den Erbsen in etwas Öl. Dann gibt man Knoblauch, Pfeffer, Oregano und Tomaten dazu. Das Brot bricht man in kleine Würfel und gibt es in die Pfanne. Wenn das Brot sehr hart ist und die Tomaten zuwenig Saft abgegeben haben, kann man etwas Brühe zufügen. Zuletzt schlägt man die Eier in die Pfanne, salzt und lässt die Eier unter ständigem Rühren fest werden.
Dieses Gericht ist eine Möglichkeit, Gemüse- und Brotreste zu verwerten.
Es gibt ein Rezept für Chuño phuti, das diesem Revuelto stark ähnelt: Statt Brot verwendet man gekochte Chuños. Meiner Vermutung, dass es sich um eine Verdrängung der Chuños durch das Brot handle, wurde aber widersprochen: Vielmehr sei es eine verarmte Version eines anderen Rühreigerichts, für das man zusätzlich Corned Beef verwendet habe.

Während der Weltwirtschaftskrise der dreissiger Jahre erkannte Franklin D. Roosevelt, dass die Farmer gegen die Macht der Getreidekonzerne sich nicht halten konnten. Mit der Politik des "New Deal" führte er Agrarsubventionen ein, um die Zahl der Farmer-Konkurse zu begrenzen.

Die Überschüsse wuchsen damit weiter. Während des Zweiten Weltkriegs verwendete man sie zur Versorgung der alliierten Truppen, nach dem Krieg lösten der Marshall-Plan für Europas Wiederaufbau und der Koreakrieg vorübergehend das Überschuss-Problem. Dann aber musste sich die traditionelle US-Agrarpolitik, die ihr Heil immer in der Nachfrage-Steigerung sucht, auf die Suche nach neuen Märkten begeben: 1954 beschloss der Kongress das Gesetz PL-480, das seither unter dem Namen "Food for Peace" in aller Welt berühmt wurde.

Sein Untertitel hiess damals: "Ein Gesetz, um den Verbrauch amerikanischer Landwirtschaftsprodukte in anderen Ländern zu erhöhen, die Auslandsbeziehungen der Vereinigten Staaten zu verbessern und für andere Zwecke."[60] Es sah vor, die Überschüsse auf der Basis von Dollarkrediten (Titel I) oder gegen Währung des Empfängerlandes (Titel III) zu exportieren. Die durch Verkäufe unter Titel III eingenommenen Gelder sollten im jeweiligen Land für entwicklungspolitische Ziele der USA eingesetzt werden, z.B. für Projekte, die eine Nachfrage nach US-Produkten bewirken. Als "Titel II" bezeichnete das Gesetz die von den USA gespendeten Lebensmittel.

Nach der Revolution kamen in Bolivien vorübergehend weniger Nahrungsmittel auf die städtischen Märkte: Das Angebot an Kartoffeln und Mais sank 1950-54 um einen Drittel, das von Weizen um drei Fünftel. Das gab den USA Gelegenheit, mit Care-Paketen den Fuss in die Tür zu setzen. Die Weizenlieferungen stiegen sprunghaft an, sanken dann aber langsam wieder ab: die Vereinigten Staaten drohten, Nahrungsmittel- und sonstige Hilfe einzustellen, wenn Bolivien nicht seine Politik ändere, die Armee wieder aufbaue und die Wirtschaftsziele der Revolution weitgehend ausser Kraft setze. Im Dezember 1956 beugte sich die bolivianische Regierung. Zahlreiche bolivianische Betriebe mussten schliessen, und die geöffneten Grenzen bewirkten die Zunahme von Konsumgütereinfuhren wie dänischem Käse und französischem Wein. Die Armee aber wurde ab den sechziger Jahren zum verlässlichsten Garant der US-Interessen und "arbeitete", wie bereits erwähnt, unter anderem mit Lebensmittelspenden.

Nach Verkündung des von den USA gewünschten Programms betrugen 1957 die Weizen- und Mehlimporte das Vierfache vom Vorjahr... "Der Wachstumseffekt der Nahrungsmittelhilfe war gleich Null. Diese hatte sogar negative Auswirkungen auf die einheimische Agrarproduktion. (...) So wurde z.B. der Weizenanbauplan im Rahmen des Wirtschaftsprogramms von 1954 zurückgestellt, da die USA ausreichende Weizenmengen zur Verfügung stellten."[61]

Die Anbaufläche in Bolivien nahm ab: Hatte man noch 1950 auf 150'000 ha Weizen gesät, so waren es 1971 weniger als 60'000 ha. Durch die Einfuhr von Mehl wurde auch weniger in Bolivien gemahlen: 1953 produzierten bolivianische Müller noch 58'735 t Mehl, zehn Jahre später waren es noch 7'200 t. "Von Anfang an ersetzten die PL-480-Mehllieferungen die einheimische Produktion eher als sie zu ergänzen. (...) Endlich, als Bolivien 1968 von Mehlimporten abhängig war, um fast den ganzen inländischen Bedarf zu decken, änderte die US-Regierung das Programm um von Schenkungen in langfristige Dollar-Kredite."[62]

Der Rektor der Universität La Paz berichtete zwanzig Jahre später in einem Vortrag, wie er damals im Ministerium für Industrie und Handel gearbeitet habe. Dem Minister gefiel die Abhängigkeit nicht. Er suchte in aller Stille in Santa Cruz Agrarbetriebe, damit diese mit Weizen als Wintersaat Versuche anstellten. Da erschien eines Tages der US-Botschafter und legte Fotos vor: "Diese Bilder beweisen, dass Ihr in Santa Cruz versucht Weizen anzubauen. Wir können dies nicht dulden." Das Programm wurde eingestellt.

Der Botschafter dürfte konkrete Druckmittel in der Hand gehabt haben: Durch den unter Titel III verkauften Weizen hat USAID, eine im Rahmen der "Allianz für den Fortschritt" gegründete US-"Hilfs"-Organisation, beträchtliche Summen bolivianischen Geldes zur Verfügung. Aus diesen Mitteln bestreitet sie einen grossen Teil des Haushalts des bolivianischen Ministeriums für Landwirtschaft und Campesino-Angelegenheiten. Wer zahlt, befiehlt...

Das Land hat ab 1968 ohnehin knappe Devisen ausgegeben, um Weizen zu importieren, der eigentlich im Land erzeugt werden könnte. Das provozierte anscheinend eine Wende: Seit Anfang der siebziger Jahre wird wieder mehr in bolivianischen Mühlen gemahlen. Auch die Weizenanbaufläche nahm wieder zu, so dass sie Anfang der achtziger Jahre um 100'000 ha pendelte - immer noch ein Drittel weniger als vor Beginn des US-"Hilfs"-Programms!

Der unter dem Titel I des PL-480 auf Kredit gekaufte Weizen ist nicht billig: 1984 wurden für eine Tonne 139.14 Dollar in Rechnung gestellt. Zählt man die Zinsen für 41 Jahre Rückzahlungszeit dazu, kostete der Weizen aber fast das Dreifache: 378.33 Dollar. Zudem bezahlte die bolivianische Regierung im gleichen Jahr pro Tonne 143.51 Dollar Subventionen an die Mühlen, welche mit Import-Abwicklung und Mahlen ihr Geschäft machen. Auch in früheren Jahren hatte die Regierung den Importeuren, teilweise Tochterunternehmen von US-Firmen, auf diese Weise die Gewinne garantiert.

PASTEL DE TRIGO PELADO[59]

Auflauf aus geschältem Weizen
(8 Personen)

Da Brot aus Importweizen gebacken wird, bleiben nur die typischen Weizengerichte als Markt für den nationalen Weizen. Um den Absatz zu beleben, hat der Verband der Weizenbauern aus Cochabamba eine kleine Rezeptsammlung herausgegeben, aus der die folgenden drei Rezepte stammen.

10 Tassen gut gekochter geschälter Weizen, 5 Eier, 1 Tl Backpulver, 3 El Milch, 2 El Öl, 1 Gemüsepaprika, 1 Tasse feingeschnittene Zwiebel, 1/2 Tl gemahlener schwarzer Pfeffer, 1/2 Tl gemahlener Kreuzkümmel, 2 Tl scharfer roter Ají, 1/2 kg Rinderhack, 2 Tomaten, 2 El gehackte Petersilie, Salz

Man mischt aus dem erkalteten Weizen, den Eiern, Milch und Backpulver einen Teig, den man mit Salz abschmeckt (Weizen kocht man ohne Salz, so wird er schneller gar). Dann schneidet man die Gemüsepaprika und brät sie zusammen mit den anderen Zutaten im Öl.
In eine gefettete Auflaufform verteilt man zuerst eine Lage Weizen, gibt darauf eine Schicht von dem gebratenen Fleisch, deckt dies mit Weizen zu und schliesst mit Fleisch ab und bäckt den Auflauf etwa 30 Min. im Ofen.

RELLENO DE TRIGO[63]

Gefüllte Weizenkugeln (8 Personen)

8 Tassen geschälter Weizen, 5 Eier, 1/2 Tasse Öl, 1/2 Tasse feingeschnittene Zwiebel, 2 El gemahlener roter Ají, 1/2 Tasse Brühe, 2 Tassen Frischkäse, 3 El Mehl, 1 El Milch, Salz, 1 - 2 Tassen Öl zum Backen

Man kocht den Weizen in reichlich ungesalzenem Wasser. Wenn er aufplatzt, giesst man das Wasser ab (man kann es für eine Suppe verwenden) und dreht die abgekühlten Körner durch den Fleischwolf, schlägt 2 Eier dazu und schmeckt mit Salz ab.
Man dünstet die Zwiebel 5 Min. im Öl, gibt den Ají dazu, löscht mit der Brühe ab und lässt sie etwas einkochen. Den Käse zerkrümelt man und gibt ihn zum Ají und schmeckt nötigenfalls mit Salz ab. Nun formt man aus jeweils 2 - 3 El von dem Weizenteig Kugeln und füllt sie mit etwas Käsemischung.
Die 3 Eier schlägt man mit Milch, Mehl und etwas Salz zu einem Teig, in dem man die Weizenkugeln wälzt, bevor man sie im heissen Öl goldbraun brät. Man serviert mit Salat.

Den Weizen anbauenden Campesinos wurden hingegen noch nie Gewinne garantiert. Im Gegenteil: Jahrelang war Mehl ein Spekulationsartikel, der gehortet wurde, um die Preise in die Höhe zu treiben. Die Regierung begegnete der Verknappung, indem sie zusätzlichen Weizen importierte. Wenn nun die Campesinos mit ihrem Weizen auf den Markt kamen, drückten ihnen Händler und Müller mit Hinweis auf die mit Importweizen gefüllten Lager die Preise.

Oft bleiben die bolivianischen Bauern ganz auf ihrem Weizen sitzen. Wen wundert es, dass in Grenznähe lebende Campesinos sich lieber mit Schmuggel über Wasser halten als die Produktion auszuweiten? Jahrelang haben sie geholfen, das Mehl, das aus dem mit US-Subventionen verbilligten Weizen mit bolivianischen Zuschüssen gemahlen worden war, in die umliegenden Länder zu verschieben, wo man es so teuer verkaufen kann, als ob es nie subventioniert worden wäre.

Allergisch gegen alle Ansätze zu eigenständiger Entwicklung in Lateinamerika, haben die Vereinigten Staaten viele Versuche eines eigenen Weges gewaltsam beendet: Im Falle Boliviens entschlossen sie sich aber, die Revolution durch brüderliche Umarmung zu ersticken. Nahrungsmittel-"Hilfe" spielte eine wichtige Rolle dabei, gleichzeitig öffneten sie sich einen Markt: 1984 stellte sich heraus, dass drei Viertel der Nahrung von Familien in den Armenvierteln von La Paz aus Brot und Teigwaren aus importiertem Weizen bestehen.

Caritas-Käse

Man nehme den kleinen runden Käse und werfe ihn kräftig flach auf den Boden. Bleibt er ganz, ist er aus Kuhmilch. Bricht er dagegen auseinander, ist es "Caritas-Käse", hergestellt aus dem Milchpulver der Lebensmittelhilfe. Zwar habe ich nie jemanden gesehen, der beim Kauf auf dem Markt diese Probe gemacht hätte, aber dass es überhaupt solche Regeln gibt, zeigt den Stellenwert, den die aus dem Ausland gespendeten Lebensmittel mittlerweile haben.

Neben den Agrarprodukten, die unter Titel I (Dollardarlehen) und Titel III (Verkauf in Landeswährung) importiert werden, steigt die Menge der unter Titel II eingeführten, von Nicht-Regierungs-Organisationen verwalteten Nahrungsmittel-"Hilfe" stetig.

Verteilt werden sie vor allem von "Catholic Relief Services", Caritas (beide katholisch), Care und - via USAID - durch OFASA (Adventisten), die "Stiftung gegen den Hunger" und den "Nationalen Gemeinde-Entwicklungsdienst".

Aus diesem unübersichtlichen Klüngel von Organisationen fliessen die Lebensmittel in einen Dschungel verschiedenster Programme, an denen unter anderem die Ministerien für Erziehung und Gesundheit, die departementalen Entwicklungskorporationen, die FAO, die staatlichen Milchfabriken, die Zivilverteidigung und die bolivianische Marine beteiligt sind. Dazu kommen die Lebensmittel-Spenden der Europäischen Gemeinschaft, des Welternährungsprogramms und anderen, die über OFINAAL kanalisiert werden, eine Stelle, die zumindest in den achtziger Jahren dem Verteidigungsministerium unterstand.

Die Wege haben sich im Laufe der Zeit geändert: Zur Zeit des Militär-Bauern-Paktes lagen die Kompetenzen im Landwirtschaftsministerium; aus dieser Zeit stammt der "Nationale Gemeinde-Entwicklungsdienst". Unter Banzer wurde die Lebensmittelhilfe direkt dem Präsidenten unterstellt, in der demokratischen Öffnungsphase vertraute man sie 1979 dem Planungs- und Koordinationsministerium an, bis sie schliesslich unter einer Militärdiktatur 1982 im Verteidigungsministerium landete. Offensichtlich ist die Lebensmittelhilfe nicht nur für die Spenderländer, sondern auch für die einheimischen Machthaber ein Mittel, ihren Einfluss auszuweiten. Schamlos verteilte 1983 der sozialdemokratische MIR das Katastrophenhilfe-Mehl aus der EG als "persönliches Geschenk von Jaime Paz Zamorra [Chef des MIR] an das bolivianische Volk".[64] Er kopierte dabei nur die USA: Ihre Spenden kommen mit dem Signet des freundschaftlichen Händedrucks der "Allianz für den Fortschritt" und der Aufschrift "gespendet vom Volk der Vereinigten Staaten".

Könnte trotz der politischen Kuhhändel das Ganze wenigstens den positiven Nebeneffekt haben, dass die Menschen mehr und besser essen? "Man muss sich fragen", meint José Luis Roca, Christdemokrat und ehemaliger Landwirtschaftsminister, "ob in Bolivien, nachdem es dreissig Jahre lang Nahrungsmittelhilfe erhalten hat, der allgemeine Ernährungszustand sich verbessert, die Landwirtschaft Fortschritte gemacht und im allgemeinen das Wohlergehen und Einkommen der Einwohner sich verbessert hat. Die Antwort auf die Frage ist klar negativ. (...) Das Land erhält landwirtschaftliche Lebensmittel in irrationaler und unverantwortlicher Form, was zur Folge hat, dass Bolivien dazu verdammt ist, seine Entwicklung zu bremsen und den Ernährungszustand der Bevölkerung noch kritscher zu machen."[65]

Deutlich wird dies z.B. in den Mutter-Kind-Programmen: Die Ernährung der Zielpersonen, der Kleinkinder, verbessert sich nicht. Einerseits isst die ganze Familie von der Ration, andererseits verkauft man häufig die teuren, proteinhaltigen Nahrungsmittel weiter. Das Milchpulver, das vielen Bolivianerinnen und Bolivianern Durchfall bereitet, wird nicht selten zu "Caritas-Käse" verarbeitet. Mit dem Erlös erstehen die Familien

REFRESCO COCIDO DE TRIGO[66]

Weizen-Getränk

2 l Wasser, 2 Gewürznelken, 1 Stück Zimtrinde, 1 Tasse Weizenkörner, ca. 1/2 Tasse Zukker, 1 Fenchelzweig

Man setzt das Wasser mit den Nelken und dem Zimt auf.
In einer sauberen Pfanne röstet man den Weizen bis er braun wird, mahlt ihn grob auf dem Batán oder mit einer Mühle und gibt ihn in das siedende Wasser, wo man ihn mindestens eine halbe Stunde lang kochen lässt. Wenn man den Topf vom Herd nimmt, gibt man den Fenchelzweig dazu, schmeckt mit Zucker ab und lässt das Getränk abkühlen. Vor dem Servieren siebt man.

CH'AKE DE TRIGO

Weizensuppe

1 Tasse geschälter Weizen, 1/2 kg Fleisch (inkl. Knochen), 1/4 feingewiegte Zwiebel, 2 geriebene Möhren, 3 l Wasser, 1 Zwiebel, 3 El Öl, 1 El roter Ají, 2 Knoblauchzehen, 1/4 Tl Kreuzkümmel

Man wäscht den Weizen, trocknet ihn in der Sonne und röstet ihn in der Pfanne, bis er leicht braun wird. Dann mahlt man ihn grob (mit dem Batán oder dem Fleischwolf) und weicht ihn in etwas Wasser ein.
Das Fleisch kocht man mit der feingeschnittenen Zwiebel und 1 geriebenen Möhre im Wasser. Die andere Zwiebel schneidet man und dünstet sie zusammen mit der anderen geriebenen Möhre, Kreuzkümmel, Knoblauch und dem Ají im Öl, löscht mit etwas Brühe ab und lässt sie auf kleiner Flamme kochen.
Nun schüttet man das Weizenschrot durch ein Sieb und fängt das Wasser auf, wäscht den Weizen mit neuem Wasser, siebt erneut und fängt auch dieses Wasser auf. Das Weizenschrot aus dem Sieb kommt nun in die Suppe, zusammen mit der Sosse aus Zwiebeln und Ají. Wenn der Weizen weich ist, kommt das Waschwasser des Weizens zusammen mit den Kartoffeln dazu. Man schmeckt mit Salz ab und wenn die Kartoffeln gar sind, streut man vor dem Servieren Oregano darüber.
Die Technik, Getreide nass zu sieben, ist typisch für die andine Küche.

billige Nahrung, die den Magen besser füllt: Brot und Teigwaren - aus ebenfalls importiertem Weizen.

Die Widersprüche gehen noch weiter: Eine Sozialarbeiterin weiss zu berichten, dass Mütter bei jeder Gewichtskontrolle hoffen, dass die Kinder nicht zugenommen haben, denn sie wollen die Unterstützung nicht verlieren... Gratis ist diese aber nicht. Neben der ständigen Teilnahme an Versammlungen und Kursen der Mütternklubs müssen die Frauen auch Geld investieren. Dabei müssen sie immer ganze "Rationen" kaufen, können sich die Zusammenstellung der Artikel also nicht aussuchen. Die Spender, d.h. die Industrieländer, erreichen dadurch, dass sie nicht nur jene Artikel loswerden, die in die traditionelle bolivianische Esskultur passen, sondern das ganze Sortiment ihrer Überschüsse. So verändern sich nicht nur die Essgewohnheiten. Das Geld fehlt den Familien hinterher für die Einkäufe einheimischer Artikel. Den Campesinos geht ein Teil ihres Absatzmarktes verloren, und dies zunehmend: Die Nahrungsmittel-"Hilfe" verdoppelt sich fast alle acht Jahre.

"Hilfe zur Selbsthilfe!" kaum eine entwicklungspolitische Organisation, die diesen Slogan nicht auf die Fahnen geschrieben hätte. Also fing man an, die Lebensmittel nicht nur billig zu verkaufen, sondern von den Empfängerinnen und Empfängern zusätzlich Arbeiten zu verlangen.

In La Paz sah ich Frauen mit Drähten die Ritzen zwischen den frisch verlegten Pflastersteinen auskratzen. Geht es angesichts der schlechten Ausrüstung mit Werkzeug bei diesen "Food for Work"-Programmen um produktive Arbeit, um das Selbsthilfe-Prinzip oder um Entwürdigung der Armen?

Selbst wenn oft die Arbeit sinnvoller ist als im genannten Fall, z.B. wenn Stadtteilbewohnerinnen und -bewohner ihre eigene Kanalisation bauen, so wird ihnen doch mit diesen Programmen die Eigeninitiative - Voraussetzung für Selbsthilfe - abgewöhnt. Das geht so weit, dass Mitarbeiter eines Alphabetisierungsteams der Universität Siglo XX als erstes von Campesinos mit der Frage konfrontiert wurden, wieviel Lebensmittel sie für den Kursbesuch bekämen. Zufällig vorbeikommende Ausländer werden gebeten, schriftlich zu bestätigen, dass die Comunidad X oder Y einen Bewässerungsgraben oder Sanitätsposten baue, oder dass die Frauen Decken weben, damit sie im Rahmen von "Food for Work" Lebensmittel beantragen könnten...

Ursprünglich wurden solche Arbeiten in andiner Gegenseitigkeit von der Comunidad organisiert oder in der Familie erledigt. Selbst die Kinder erzog man zur Eigeninitiative, indem sie z.B. auf den ihnen in Sataqa überlassenen Furchen selber ihr eigenes Saatgut vermehren mussten. Niemandem blieb erspart, für sich selbst zu sorgen und gleichzeitig zum Wohle aller beizutragen. Die andine Kultur bestand aus Selbsthilfe in

Gegenseitigkeit lange bevor Entwicklungstheoretiker "Selbsthilfe"-Slogans erfanden.

Nachdem man dem Campesino die wirtschaftlichen Lebensgrundlagen entzogen hat, soll nun durch Almosen seine Identität zerstört werden. Unter diesen Aspekten betrachtet ist die heutige "Food for Work"- und Lebensmittelhilfe-Praxis in Bolivien eine Form humanitär verbrämter Vernichtung seiner Kultur.

Brotverkauf auf dem Sonntagsmarkt in Quillacollo. *(Bild unten)*

Neben den grossen Raffinerien bestehen die handwerklichen Zuckermühlen weiter, wo mit dem Trapiche (kleine Presse mit Pferdeantrieb) das Zuckerrohr entsaftet wird. *(Bild auf Doppelseite 132/133)*

Von Delikatess-Holzwürmern über Zucker zum Kokain

Während die Völker der Anden vom Ackerbau lebten, findet man in der ursprünglichen Küche des östlichen Tieflands viele gejagte und gesammelte Tiere der Wälder und Steppen.
Nach der Revolution von 1952 wurde die Bindung zwischen Hoch- und Tiefland enger. Unter anderem wurden viele landlose Bauern aus dem Hoch- ins Tiefland umgesiedelt.
Lieblingskind der Agrarpolitik waren aber die Grossgrundbesitzer, welche das Geschäft mit Zucker, Rindfleisch und Baumwolle kontrollieren. Sie rükken dem Wald mit grossen Maschinen zu Leibe. Aus den Reihen dieser Agrarunternehmer rekrutierte sich ein Teil jener Oberschicht, die in den siebziger Jahren die Macht übernahm und sich zunehmend im lukrativeren Kokain-Markt engagierte. Auf der Strecke bleibt dabei ein weiteres Mal die Versorgung des Landes mit Lebensmitteln.

Zeittafel

1521-1526: Expedition des Spaniers Alejo García von Brasilien her durch den Chaco bis in die Südostprovinzen des Inkareichs. Seine Goldbeute half die Legende von einem Land der unermesslichen Schätze zu verbreiten.

Ab 1537: Verschiedene spanische Expeditionen vom Paraguay-Fluss aus in den heutigen bolivianischen Osten.

1561: Gründung von Santa Cruz de la Sierra, Ausgangspunkt kolonialer Besiedlung und heutige Hauptstadt des Departements Santa Cruz.

17. Jahrhundert: Gründung einer Reihe von Jesuitenmissionen im Osten des heutigen Bolivien.

1767: Ausweisung der Jesuiten, Fortsetzung der Mission durch andere Orden.

1892: Der Widerstand der Chiriguanos im Südosten des Landes wird durch ein Massaker gebrochen.

Ab 1952: Verbesserung der Verbindung zwischen Hoch- und Tiefland.

22. August 1971: Oberst Banzer beendet durch einen Putsch die Demokratie. In seiner Regierungszeit bis 1978 steigt die Auslandsverschuldung des Landes extrem an.

1978-1980: Schnelle Abfolge von Wahlen und Militärputschen kennzeichnen den schwierigen Übergang zur Demokratie.

17. Juli 1980: Durch den Putsch von General García Meza übernimmt zum ersten Mal die Kokainmafia offen die Regierung.

Die Eroberung des Ostens

Leben im Dschungel

Mit geübten Axthieben zerteilt er den Kopf der gefällten Palme und holt das Palmherz heraus, von dem wir sofort probieren: welch saftige Erfrischung an einem schwülen Nachmittag! Dann wendet er sich dem Kopf einer vor einiger Zeit gefällten Palme zu und spaltet ihn. Aus dicken Gängen holt er die fast daumengrossen Maden des "Bulco"-Käfers und bald krabbelt es weiss in der halbgefüllten Plastiktüte. Einen der Würmer isst er lebendig.

Die Bauern hier in den unteren Yungas sprechen Aymara, aber ihre Lebensweise haben sie von den Lecos übernommen, einem der vielen Völker, die in den Wäldern und Savannen des Ostens leben. Die Majopalme fällen sie, um aus dem Fleisch der Früchte ein schokoladeartiges Getränk zuzubereiten. Aus dem Palmherz machen sie Salat und im Holz legen Käfer ihre Eier. Die Maden des "Bulco" erntet man nach drei Wochen, jene des "Tuyu tuyu" nach fünf Monaten. Man kocht sie in heissem Wasser, bis dieses verdampft und das Fett der Würmer austritt, worin man sie dann knusprig brät. Sie schmecken nach Harz, aber gesalzen sind sie eine willkommene Beilage zum ewigen Reis. Das proteinhaltige Fett bewahrt man auf und nutzt es als Tonikum gegen Lungenkrankheiten.

Nichts geht verloren: Das wie ein Speer senkrecht im Zentrum der Palme stehende jüngste Blatt zerfasern die Bauern und binden daraus Besen. Mit den anderen Blättern decken sie die Dächer, und nach der Ernte der Tuyu-tuyu-Maden dient der Stamm als Brennholz zum Kochen. Im Umgang mit dieser Palme wird bruchstückhaft sichtbar, wie früher die Ethnien des Tieflands ökologisch verträglich überlebten.

Vor der Kolonialzeit hatten diese Völker in lockeren Austauschbeziehungen zu den Kulturen der Anden gestanden. Nicht selten war das Verhältnis aber kriegerisch: die Chiriguanos im Südosten galten als Barbaren - "Chunchus" - und Schrecken der Bauern der Talregionen. Vergeblich versuchten die Inkas, das Tiefland in ihr Imperium zu integrieren, und mussten sich schliesslich damit begnügen, die Ostflanken der Anden durch strategisch plazierte Mitimae-Kolonien bewachen zu lassen.

Diese angeblichen Barbaren lebten vor allem als Wanderbauern, Jäger und Fischer entlang der Flüsse. Heute noch siedeln z.B. die Chimane an den Flussufern, verlassen aber ihre Behausungen oft monatelang, um

Fischschwärmen zu folgen. Privateigentum ist ihnen fremd. Fänge verteilen sie, ohne von den Begünstigten eine andere Gegenleistung zu erwarten, als dass sie später einmal selbst an deren Beute beteiligt werden. So ist die Ernährung der Sippe gesichert.

Andere Ethnien perfektionierten die Landwirtschaft. Die Moxos bauten ein ausgedehntes System von künstlichen Hügeln, Dämmen und Kanälen. Boten die Dämme in der überschwemmungsreichen Regenzeit trockene Wege, so blieb in der Trockenzeit Wasser in den Kanälen stehen, auf denen man die Ernte mit dem Kanu transportieren konnte.

Überreste ähnlich gigantischer landwirtschaftlicher Bauten hat man auch in anderen Teilen des Kontinents entdeckt. Eine gewisse Ähnlichkeit mit den erhöhten Feldern der Tiwanaco-Kultur spricht für die Theorie, dass der Ursprung der andinen Kulturen im Amazonasbecken gelegen habe. Sicher scheint zumindest, dass für die massiven Erdbewegungen ein gut organisiertes Gemeinwesen existiert haben muss.

In Nord-Santa-Cruz mischen sich, durch die Umsiedlerinnen und Umsiedler aus den Anden, Elemente aus den Küchen des Hoch- und des Tieflandes.

Bibelstunden und Rinderzucht

Die kolonialen Eroberer stiegen nicht von den Anden herab, sondern kamen über den Paraguay-Fluss vom Atlantik. Sie suchten das "Paitití", ein gelobtes Land indianischer Mythen, worunter sich die Spanier aber nur Gold vorstellen konnten. Sie fanden es nicht und begannen, Land zu besetzen und neben ihren Nahrungsmitteln vor allem Rindshäute, Reis und Zucker für die Märkte in den Minenzentren der Anden zu produzieren. Schon 1629 waren in Santa Cruz 25 Zuckerpressen in Betrieb, und Ende des 18. Jahrhunderts produzierte man mehr als 1700 Tonnen des süssen Stoffs im Jahr. Arbeitskräfte besorgten sich die Haciendabesitzer durch Sklavenjagden bis ins entfernte Moxos und brachten so die überkommenen Lebensweisen aus dem Gleichgewicht.

Da wegen tropischer Krankheiten und des indianischen Widerstands die Kolonisierung des Hinterlandes Probleme bot, überliess man sie den Jesuiten, welche im Osten des Kontinents - auch im Gebiet des heutigen Ostboliviens - eigene Staaten errichteten. Sie pferchten die bis dahin in zerstreuten Gruppen siedelnden Menschen in Zwangsdörfern zusammen, wo ein grosser Teil in kurzer Zeit an europäischen Krankheiten starb. Wer überlebte, wurde zur Arbeit "erzogen", vor allem zu handwerklichen Tätigkeiten und Rinderzucht. Bis heute behandelt die Kirche die Einheimischen als unmündig.

Nachdem die Missionare das Terrain vorbereitet hatten, konnte der zweite, noch skrupellosere Schub von Kolonisatoren das Land besetzen. Damit sich die Jesuiten nicht schützend vor ihre "Kinder" stellen konnten,

wurden sie 1767 aus den spanischen Kolonien Lateinamerikas ausgewiesen.

Da das heutige Tiefland Boliviens zum wirtschaftlichen Hinterland der Silberstadt Potosí gehörte, schlug man es zur gleichen Kolonialprovinz wie die Anden von "Alto Peru". So wurde es nach der Unabhängigkeit ein Teil Boliviens.

Die Bolivianer versuchten, das Staatsgebiet zu konsolidieren, indem sie die Urbevölkerung wo immer möglich unterwarfen, vertrieben und abschlachteten und das Land in weissen Grossgrundbesitz umwandelte. Den Widerstand der Chiriguanos, die allen Kolonialansprüchen der Spanier getrotzt hatten, brachen sie 1892 mit einem grossen Massaker. Die Überlebenden verteilten sie als Sklaven an "bewiesenermassen christliche Familien"[67] - so nannte man das damals.

Als sich in den Industriestaaten das Auto durchsetzte, benötigte man Kautschuk für die Gummireifen. Im damaligen bolivianischen Norden befanden sich die weltweit grössten Vorkommen von Kautschukbäumen. Bolivien verlor aber durch einen kurzen Krieg das Gebiet an Brasilien, nicht zuletzt, weil man die Truppen erbärmlich ernährte. Auf dem verbleibenden bolivianischen Territorium führte der Gummiboom zu einem Feldzug gegen die ansässigen Regenwald-Völker.

Sie seien hochintelligent, würden ihre Führer geordnet wählen und hätten, "obschon sie die Polygamie praktizieren, eine sehr hohe Moral".[68] So beschrieb Anfang des 20. Jahrhunderts ein Herr Donayres die Angehörigen einer Volksgruppe im Norden Boliviens, mit der er lebte, um sie im Auftrag einer deutschen Kautschukfirma auszukundschaften. Ihr Genuss von Menschenfleisch, meinte er, sei ein vernünftigeres Motiv, jemanden zu töten, als die "zivilisierten" Kriege Europas.

Er hätte in seinem Vergleich nicht so weit ausholen brauchen: Sklavenjäger der Kautschukfirmen, welche als "Sport" indianische Säuglinge in die Luft warfen, um sie mit der Spitze des Buschmessers zu fangen, oder der Schweizer und der Deutsche, die Köpfe von Kleinkindern an Baumstämmen zertrümmerten, gaben durch Taten zu verstehen, dass die angebliche moralische Überlegenheit der Weissen leeres Geschwätz ist.

Der englische Geograph Fawcett, der damals die Region bereiste, kam zum Schluss, dass jede Tonne Gummi ein Menschenleben kostete. Zugleich beobachtete er, wie mit der Ausrottung der einheimischen Ethnien auch deren Ess-Kultur verschwand und die Ernährung des Ostens verarmte: "Die Person mit guter Gesundheit wurde als Seltenheit betrachtet, als etwas Ausserordentliches. Beri-Beri, eine Art Wassersucht, war das übliche Leiden am Fluss, verursacht womöglich durch die schlechte Qualität der Nahrungsmittel und ihren Mangel an Vitaminen (...). Der Charque war allgemein von Würmern verpestet. Er hatte einen derart üblen

Geruch, dass er nur nach dreimaligem Kochen gegessen werden konnte. Trotzdem verkaufte man ihn in Riberalta zu einem Schilling und acht Pennies das Pfund."[69] Fawcett stellte fest, wie sauber und ordentlich dagegen die Felder der indianischen Bevölkerung angelegt waren.

Im Gummifieber baute man in Brasilien eine Eisenbahn bis an die bolivianische Grenze. Die Linie wurde erst fertig, als es den Engländern gelungen war, Kautschukbäume in Plantagen zu ziehen. Die Preise sanken, der bolivianische Gummi-Boom brach zusammen. Die Eisenbahn brachte aber von nun an chinesischen Reis, kubanischen Zucker und brasilianischen Kaffee in den Norden Boliviens. Bisher hatte man diese Produkte mit Ochsenkarren aus Santa Cruz herbeigeschafft, dessen Landwirte nun ihren Markt verloren.

Im westlichen Hochland hat die einheimische Bevölkerung der europäischen Herrschaft physisch und kulturell wenigstens teilweise standgehalten. Von den vielen grossen und kleinen Ethnien des östlichen Tieflandes haben dagegen nur wenige überlebt: 1975 zählte man noch 41 verschiedene indianische Volksgruppen im Osten, von denen jedoch zwölf bereits fünf Jahre später verschwunden waren. Vermutlich wird langfristig nur ein Dutzend überleben können.

Im Laufe der achtziger Jahre wurden auch für die Völker des Ostens Organisationen gegründet, um ihre Interessen zu vertreten. Dies steigert die Überlebensmöglichkeiten der Ethnien. Ihre Lebensräume werden aber weiter eingeengt. Sie sind deshalb einem starken Druck ausgesetzt, ihre Lebensweise der bolivianisch-westlichen Kultur anzupassen.

Reis ist die Hauptnahrung in den tropischen Regionen. Die Bäuerinnen und Bauern entspelzen ihn im Mörser ("Mortero" oder "Tacú"). Dabei geht auch das vitaminhaltige Silberhäutchen verloren, wovon die Hühner profitieren.
(Bilder auf Seite 136)

Zerstörerische Modernisierung

Das Mädchen weint leise und ohne Tränen. Es ist vom Durchfall längst zu ausgetrocknet, um noch Augenwasser zu haben. Vom tagelangen Liegen auf verdreckten Laken ist es über und über mit Geschwüren bedeckt. Der Arzt sucht im Sanitätsposten nach einer Wundsalbe, vergebens. Der Posten ist im Zimmer des Lehrers untergebracht, und sein Vorgänger hat, als er den Ort wechselte, die wichtigsten Sachen mitgehen lassen, was nur möglich war, weil die hiesigen Campesinos ihn nicht kontrollierten. Also wäscht der Arzt das Kind mit verdünntem Desinfektionsmittel. Als wir den Sack mit Watte öffnen, stossen wir auf ein Mäusenest; hier hat schon lange niemand mehr Watte angefasst...

Die Mutter des Mädchens ist vor einem Jahr in den tropischen Alto Beni gekommen und hat einen halben "Lote" gekauft. Ein Lote ist eine

Die Kleinbauern lassen nach dem Abbrennen die verkohlten Stämme liegen und säen den Reis dazwischen *(kleines Bild oben)*. ***Mühsame Handarbeit wie beim Unkraut-Jäten ist der Nachteil dieser Methode.***

Dieser Bauer in Nord-Santa-Cruz hat sich einer Genossenschaft angeschlossen *(kleines Bild unten)*. ***Um die Feldern zu planieren und von den Strünken zu befreien, wurden mit Entwicklungskrediten schwere Maschinen angeschafft. Wegen der sinkenden Reispreise gibt es Probleme bei der Rückzahlung der Schulden. Dafür beteiligen sich die Frauen der Genossen im Mütterklub, wo sie Nahrungsmittelhilfe erhalten...***

Genossenschafter betrachten ihre ehemalige Weide: Wo die Baumleiche auf der Sandbank liegt, war der Stall *(grosses Bild)*.

Das Flussbett lag ursprünglich mehrere Kilometer entfernt. Da die schützende Vegetation abgeholzt wurde, verändert Fluss bei Überschwemmungen seinen Lauf drastisch.

Parzelle von 12 ha, welche die Kolonisationsbehörde den Umsiedlerinnen und Umsiedlern vom Hochland zuweist.

Als die MNR nach der Revolution die Überwindung der Importabhängigkeit bei Nahrungsmitteln als wirtschaftspolitisches Ziel formulierte, fasste sie zwei Wege ins Auge: Die Förderung von Agrarfirmen und eine Umsiedlung von Campesinos aus dem übervölkerten Hoch- ins Tiefland. Ab Beginn der sechziger Jahre leitete man die staatlichen Kolonisations-(Siedlungs-) Programme ein. Als Kolonisationsgebiete hatte man die Regionen "Alto Beni" nördlich von La Paz, "Chapare" nordöstlich von Cochabamba und den Norden von Santa Cruz ausgewählt. Dabei ignorierte man von Anfang an die dort lebenden Ethnien und deren Rechte.

Die ersten staatlich dirigierten "Colonizadores", so nennt man die Umsiedler, förderte man mit einer Hütte, teilweise gerodetem Land, einigen Rationen Lebensmitteln aus US-Beständen und Krediten. Finanzierung und Durchführung lagen in der Hand von US-Organisationen, die Wert auf die Vereinzelung der Campesinos legten und ihnen verboten, sich gewerkschaftlich zu organisieren. In der Regel setzte man sie in den abgelegenen Gegenden, die sie erschliessen sollten, einfach aus. Landwirtschaftliche Beratung, um in dem ungewohnten Klima zu überleben, erhielten sie nur selten. Während der Regenzeit blieben sie monatelang von der Aussenwelt abgeschnitten. Ohne medizinische Versorgung, mit äusserst rudimentären Schulen, und oft ohne Möglichkeit, ihre Produkte zu vermarkten, hat man sie dem Schicksal überlassen. Die extreme Ausbeutung durch Lastwagenbesitzer und die fehlenden Zukunftsaussichten für die Kinder liessen viele verzweifeln. Oft ist die Hälfte der staatlich dirigierten Colonizadores schliesslich ins Hochland zurückgekehrt.

Von jenen, die auf eigene Faust ins Tiefland ziehen, gibt nur ein Viertel auf, denn meistens gelingt es ihnen schneller, sich gewerkschaftlich zu organisieren und so den Schwierigkeiten nicht allein gegenüberzustehen.

Für einen Stier, eine Kuh, ein neues Fahrrad und eine Summe Geld hatte die Mutter des Mädchens ihren halben Lote von einem Colonizador erstanden, der sechs Lotes besass. An diesem Handel war so ziemlich alles faul: von Gesetzes wegen ist es verboten, mit dem staatlich zugewiesenen Land Handel zu betreiben, die Parzellen dürfen nicht geteilt werden und niemand darf mehr als eine besitzen...

Bald nachdem die Witwe mit ihren Kindern auf das Land gezogen war, starb der Vorbesitzer. Sein Erbe wollte den Handel nicht anerkennen und bestach den zuständigen Beamten der Kolonisationsbehörde. Dieser erklärte der Frau, ihr Landkauf sei illegal und sie müsse die Parzelle verlassen. Von einer Rückzahlung des Kaufpreises war nicht die Rede, und dies unter einer Regierung, die allgemein als demokratisch und von vielen als links bezeichnet wird. Aber die sitzt weit weg in La Paz...

Vor zwei Jahren hatte ich diese Kolonie schon einmal besucht. Damals erzählten die Bauern von den Mühen der ersten Siedlungsjahre, in denen ein Drittel der Neusiedler starb. Jahrelang hatten sie für einen Zufahrtsweg zu ihrer Kolonie gekämpft, ihn letztlich selbst gebaut. Die Campesinos galten als geschlossen und kämpferisch: Beim Putsch von García Meza wollten sie sogar die Kaserne im Provinzhauptort angreifen, um die Demokratie zu verteidigen. Sie zeigten sich sehr zufrieden, dass eine kleine Institution half, einen Sanitätsposten einzurichten, und gewerkschaftliche Bildungsarbeit anbot. Ein deutscher Lehrer, der mit uns die Kolonie besuchte, verglich fast neidisch den offen gezeigten Bildungshunger mit der fehlenden Motivation seiner Schüler.

Der damalige Beginn war hoffnungsvoll. Doch nun gehen die Bauern dem Bildungsteam aus dem Weg. Der Sanitäter der Kolonie hat es abgelehnt, das kranke Mädchen zu behandeln. Es werde sowieso sterben - wozu noch Medikamente und Verbandsmaterial verschwenden?

In diesem einen Jahr, in dem die betrogene Familie hier gelebt hat, sind drei Geschwister des Mädchens mit den gleichen Symptomen gestorben. Wenn die Menschen vom Altiplano kommen, haben sie kaum Abwehrstoffe gegen die Krankheiten des tropischen Klimas.

Tagelang hat die Mutter das Kind auf seinem Lager liegen lassen. Vielleicht hat auch sie es schon aufgegeben, oder sie wird von den Problemen erdrückt: In diese Kolonie fährt nur ein einziger Lastwagen. Sie hatte mit einem der Besitzer Streit und nun weigert er sich, sie und ihre Reisernte - das letzte, was ihr geblieben ist - mitzunehmen. Ich bin entsetzt und ratlos.

Die Gründe für den Umschwung liegen auf dem Tisch des Postens: "Es gibt nichts wichtigeres als Liebe", steht auf den Plakaten neben einem Stapel Sektenbibeln. Ausgerechnet auf die beiden gewerkschaftlich engagiertesten Kolonien haben sich Adventisten gestürzt. Sie kommen mit auf Lastwagen montierten Filmprojektoren und füllen die Leute mit Propagandastreifen ab - unter anderem dem "Deutschen Spiegel", einem monatlich veröffentlichten Werbefilm der bundesdeutschen Regierung. Sie versprechen Gelder von USAID, bekehren die Leute zu ihrer Sekte und spalten die Gemeinden. Diese Kolonie hat nun zwei Schulen: die staatliche und jene für die Adventisten.

Auch der Sanitäter wurde Adventist. Irgendwie kam er zu Geld und einem Anteil am Lastwagen. Ob zwischen dem Geld und seiner Bekehrung ein Zusammenhang besteht, weiss ich nicht, aber ich kann es mir gut vorstellen. Seither ist er der Tyrann der Kolonie, denn wer kann sich mit ihm anlegen und riskieren, dass seine Ernte nicht abtransportiert wird? So muckt niemand dagegen auf, dass der Posten nicht mehr funktioniert und er dem zweiten Sanitäter den Schlüssel vorenthält. Und ge-

Wer eine kleine Reisschälmaschine besitzt, steigt dank Aufträgen von Nachbarn zur ländlichen Oberschicht auf.

MAJAO

"Zerstampftes", typisches Reisgericht in Santa Cruz und im Beni

1/2 Pfund Charque (s.S. 21), 2 Tassen Reis, 3 grüne Kochbananen, Zwiebeln, Tomaten, Salz, Achiote (ersetzen durch etwas süsse Paprika), Spiegeleier

Man wäscht den Charque und kocht ihn in 4-5 Tassen Wasser bis er weich ist, holt ihn heraus und stampft ihn im Tacú. Dann zerreisst man das Fleisch in seine Fasern, die man in Öl brät. Inzwischen kocht man den Reis in der Charque-Brühe zusammen mit den geschälten Kochbananen.
Man schneidet die Zwiebeln und brät sie im Öl, gibt die Tomate dazu und schliesslich Achiote, der dem Ganzen Farbe verleiht.
Sind Reis und Bananen gekocht, mischt man den Charque und die Zwiebeln dazu. Das Gericht muss saftig sein.
Auf jedem Teller krönt man den Reis mit einem Spiegelei. Gekochte Yucastücke gehören als Beilage auf den Tisch.
Statt Charque kann man frisches Rind oder andere Fleischsorten verwenden. Wenn man Majao mit Ente kocht, würzt man die Brühe mit Kreuzkümmel und Gelbwurz.
Sind die Bananen schon reif, brät man sie in langen Streifen anstatt sie mitzukochen.

Der mit dem Trapiche ausgepresste Zukkerrohrsaft wird in einer grossen, fest eingemauerten Pfanne eingekocht. Anschliessend wird er in kleineren Pfannen weiter eingedickt. Dabei wird der schmutzige Schaum abgeschöpft.
(Bilder auf Seite 143)

werkschaftliche Bildungsarbeit ist für die Sekten "Kommunismus" und "Sünde"...

Wo man Wüsten sät

Trotz des erstickenden Verkehrs ist die Luft in La Paz meist so, wie man es auf 4000 m ü.M. erwartet: kristallklar. Aber im September 1988 waren die Häuser an den gegenüberliegenden Hängen des Talkessels nur als Schemen im Smog zu erahnen, und die Leute klagten über Bronchien- und Augenbeschwerden. Cochabamba, bekannt für sein paradiesisches Talklima auf 2500 m ü.M., musste zur gleichen Zeit wegen der auf 30 m gesunkenen Sichtweite den Flughafen schliessen.

In Trinidad (240 m ü.M.), der Hauptstadt des Departements Beni, muss man den Flughafen alle Jahre sperren. Der Grund ist jeweils der Rauch von den Brandrodungen riesiger Waldflächen. Aber erst als er 1988 auch das Hochland erreichte und Hunderte von Kilometern von den Brandherden in die Lungen der Menschen biss, schreckte die Regierung vorübergehend auf und verbot für 45 Tage die Brandrodung.

Die Campesinos im Osten reklamierten: Nicht sie, sondern die Grossgrundbesitzer seien die Verursacher des Rauches. Da sie für den Reisanbau die Felder erst im Oktober abbrennen, seien sie von dem Verbot zu unrecht betroffen.

Ausser der eigenen Arbeitskraft verfügen sie nur über Axt und Buschmesser. Sie holzen Bäume und Strauchwerk ab, lassen alles trocknen und zünden es an. Nur die kleinen Holzteile verbrennen, die dicken Stämme bleiben verkohlt liegen, die Strünke überdauern das Feuer. In die von Asche bedeckte Erde säen die Bauern ohne weitere Vorbereitung des Bodens den Trockenreis.

Der erste Regen schwemmt die Asche in die Flüsse und mit ihr den grössten Teil der Fruchtbarkeit. Im Dschungel sind die Böden arm, die organische Substanz befindet sich grösstenteils in der Vegetation oder eben in deren Asche. Zurück bleiben Felder, die nach zwei Jahren Reisanbau bereits erschöpft sind. Der Kleinbauer muss in unvorstellbar anstrengender Arbeit das nächste Stück Wald schlagen.

Wenn er schliesslich nach einigen Jahren die ganze ihm vom Staat zugewiesene Parzelle gerodet hat, kehrt er auf den ersten Acker zurück, dessen Sekundärwald er leichter schlagen kann. Der Ertrag liegt aber nur bei einem Drittel dessen, was er auf jungfräulichem Land ernten könnte. Um den Boden besser zu nutzen, müsste er die Stämme und Strünke entfernen, pflügen und düngen können. Dafür fehlt im jedoch das Kapital, und Kredite erhält er in der Regel keine.

Allein in Nord-Santa-Cruz roden Kleinbauern jährlich 400 km^2, die Nutzniesser sind aber letztlich Grossgrundbesitzer: Steckt der Campesino in der beschriebenen "Brachenkrise", bleibt ihm nichts anderes übrig, als sein Land, das er mit Muskelkraft und Schweiss urbar gemacht und oft durch einen selbstgebauten Weg erschlossen hat, billigst an die grossen Agrarunternehmen zu verkaufen. So kommen diese bequem zu riesigen Ländereien, während die Bauern in die Stadt abwandern oder tiefer im Dschungel von vorne beginnen.

Die neuen Besitzer lassen die Strünke entfernen und als erstes Zuckerrohr säen. Dieses erschöpft die Erde rasch. Da aber neues Land billiger ist als Dünger, wandelt man die ausgelaugten Felder in Viehweiden um, die durch Überweidung rasch versteppen. Der Rektor der Universität La Paz fasste den Prozess zusammen: "In Santa Cruz säen wir Wüsten."[70]

Im tropischen Teil des Landes hat die Agrarreform praktisch nicht stattgefunden, die vorrevolutionären Haciendas wandelte man fugenlos in "Agrarfirmen" um. Diese widmen sich in Santa Cruz der Produktion von Zucker, Soja, zeitweilig Reis, Mais und Baumwolle, im Departement Beni vor allem der grossflächigen Viehzucht. Diese Viehzüchter waren die Grossbrandstifter, welche die Dürre von 1988 genutzt hatten, um ihre Weideflächen auszuweiten.

Bitterer Zucker

Zum Frühstück vor Sonnenaufgang stark gesüssten Kaffee mit fettgebackenen Mehlfladen, als Mittagessen gekochten Reis ohne Beilage oder Teigwarensuppe auf Wasserbasis, zum Abendbrot dasselbe... "Was uns hier am meisten fehlt, ist Fleisch. Nichts als Reis! Und diese Mehlfladen, die den Magen blähen, wie können sie uns Kraft geben? Manchmal stillt nicht einmal die Coca den Hunger",[71] klagen die für die "Zafra", die Zuckerrohr-Ernte, angeheuerten Arbeiterinnen und Arbeiter. Eine Untersuchung über ihre Ernährung ergab, dass sie pro Woche 4.4 kg Mehl, 2.3 kg Zucker, 4.4 kg Teigwaren (d.h. Mehl in anderer Form), 4.4 kg Reis, etwas Fett, Kaffee und Mate zu sich nehmen. Mit mehr als einem Viertel der Ausgaben für Lebensmittel stehen Coca und das zum Kauen der Blätter benutzte Kaisernatron an erster Stelle. Zwei Pfund Coca braucht man pro Woche, um dieses Leben auszuhalten...

Durch den Eisenbahnbau Ende des 19. und Anfang des 20. Jahrhunderts waren die Zuckerproduzenten von ihren Märkten im Norden und

MASACO DE YUCA

Mit Käse gestampfte Yuca

1 Pfund Yuca (kauft man als tiefgefrorene "Tapioca" im Asienladen oder frisch und teuer in den Delikatessabteilungen gewisser Warenhäuser), 200 g vollfetter, gut schmelzender Käse, 1 geh. El Butter, ein Gefäss zum stampfen

Man schält die Yuca und kocht sie. Inzwischen reibt man den Käse. Wenn die Yuca gar ist, holt man sie heiss heraus, gibt sie in den Tacú und stampft sie zusammen mit dem Käse und der Butter zu einem Brei. Statt Käse kann man auch gebratenes Fleisch oder Charque verwenden.
(Wir kochen sie im Dampftopf etwa so lange wie grosse Kartoffeln, wobei man etwas mehr Wasser einfüllen muss, da sie Wasser aufsaugt, geben sie in ein festes Gefäss und stampfen sie mit dem Kartoffelstössel.)
Man serviert Masaco warm zu stark gesüsstem Kaffee und isst ihn von Hand.

im Hochland abgeschnitten worden: 1944 kostete der Transport einer Tonne Zucker von Santa Cruz nach La Paz das fünffache der Fracht von einem peruanischen Pazifikhafen in die gleiche Stadt. Damals entdeckte aber die US-amerikanische "Kommission Bohan", die während des Weltkriegs Möglichkeiten der Rohstoff-Beschaffung für die USA studierte, das Agrarpotential von Santa Cruz. Sie empfahl den Bau einer leistungsfähigen Strasse. Diese wurde 1956 fertig und verbindet Santa Cruz wieder mit dem dicht besiedelten Hochland.

Nach der Revolution waren die USA an einer ihr politsch verbundenen Schicht von Unternehmern interessiert. Sie bauten deshalb als Entwicklungshilfe ein Netz von asphaltierten Zubringer-Strassen im Norden von Santa Cruz, was das Land der zu "Agroindustriellen" umgetauften Hacendados ungemein aufwertete. Diese konnten zudem fast unbegrenzt Kredite erhalten und günstig US-Landmaschinen kaufen. So wurden in zehn Jahren 17 Millionen Dollar allein in die Zuckerunternehmen investiert. Kleinbauern - Umsiedlungsprogramme inbegriffen - erhielten im gleichen Zeitraum nur 155'500 Dollar.

Wegen des zerstörerischen Umgangs mit dem Boden müssen die Zuckerrohrfelder wandern. Lagen sie ursprünglich in der Nachbarschaft der Raffinerien, so sind sie mittlerweile über hundert Kilometer entfernt. Zu den langen Transportwegen kommen niedrige Hektarerträge - nicht zuletzt als Folge der selbst verschuldeten Wind-Erosion. So liegen die Kosten für bolivianischen Zucker wesentlich über dem Weltmarktpreis.

Trotzdem ist das Zuckergeschäft attraktiv, denn der Staat garantiert hohe Preise. Die Subventionen waren sinnvoll, um die Produktion zu fördern und um von Importen unabhängig zu werden. Das erreichte man in den sechziger Jahren. Seither kämpft die nationale Zuckerbehörde gegen die Überproduktion. Ein Quotensystem soll die von den Raffinerien gekaufte Rohrmenge begrenzen. Die Preisgarantie blieb aber bestehen, vor allem auf Kosten der Konsumentinnen und Kosumenten, die für ihren Zucker mehr als den Weltmarktpreis bezahlen müssen. Allein 1982 wurden so - laut Weltbank - 50 Millionen Dollar vom hungernden Volk an die Zuckerbosse transferiert.

Das Quotensystem dient vor allem dazu, die Campesinos aus dem Geschäft herauszuhalten: Die Raffinerien kaufen ihnen oft trotz ihrer Quoten das Zuckerrohr nicht ab und so müssen sie es vor den Fabriktoren unter Verlust an Grossgrundbesitzer oder Händler verkaufen, denen eigentlich keine Quote zusteht. Macht und Schmiergelder regeln den Markt.

Der verwertbare Zucker befindet sich vor allem in den untersten Abschnitten des Rohrs, weswegen es bei der Ernte so knapp wie möglich über dem Boden geschnitten werden muss. Das ist Handarbeit. Ab Mai benötigt man 30-40'000 Erntearbeiterinnen und -arbeiter für die Zafra.

Aus Chuquisaca und Potosí holt man 20'000 quechua-sprachige Campesinos. Agenten fallen in den benachbarten Kolonisationsgebieten von Nord-Santa-Cruz, bei den Chiquitos, Guarayos und Chiriguanos - landwirtschaftlich sesshaften Völkern des Tieflands - ein und heuern Leute an. Sie ködern die Opfer mit Vorschüssen, und während der mörderischen Arbeit - oft 14 - 16 Stunden pro Tag - hält man sie damit bei der Stange, dass man ihnen den Lohn vorenthält und erst am Ende der Saison auszahlt.

Da sie über kein Bargeld verfügen, müssen die Arbeiter die Verpflegung vom Agenten beziehen, der als Subunternehmer die Felder im Auftrag des Besitzers ernten lässt: Mehl, Nudeln, Reis und Coca... Das Geld dafür wird vom Lohn abgezogen. Wegen der überhöhten Preise und der betrügerischen Buchführung sind die Arbeiter am Schluss oft verschuldet und müssen im nächsten Jahr wiederkommen, um die "Schuld" abzuarbeiten.

Die Comunidades der Chiriguanos im Süden von Santa Cruz sind oft von den grossen Viehzüchtern mit Hilfe der "Agrarreform" auf schlechteres Land abgedrängt worden, die Landwirtschaft allein ernährt sie kaum noch. An einigen Orten fahren alljährlich bis zu 80% der Familien zur Zafra. Oft bleiben nur die Alten und Arbeitsunfähigen zurück, denn die Frauen müssen während der Arbeit für die Männer kochen, die Kinder unterstützen den Mann bei der Arbeit. Nach Monaten kehren sie zurück, krank, unterernährt und erschöpft. Mit wenig Energie bestellen sie die Felder. Säten sie früher drei Hektar Mais, Reis und Kartoffeln, schon im September mit der Feldarbeit beginnend, so können sie nun erst im Oktober anfangen und gerade noch einen Hektar bestellen. Frucht- und Gemüsekulturen haben sie ebenfalls eingeschränkt. Und wenn sie der Lastwagen zu früh zur Zafra holt, verlieren sie auch diese kleine Ernte, da niemand sie einbringt. Später müssen sie sich verschulden, um nicht zu verhungern, die Kredite vergibt der Agent, der Arbeiter für die Zafra anheuert... Ausserdem funktionieren die Schulen nur noch das halbe Jahr, die Kinder werden Analphabetinnen und Analphabeten bleiben, die man leichter betrügen kann.

Die Agrarpolitik nach der Revolution, mit ihrer Orientierung auf Grossbetriebe, hat Santa Cruz zur wichtigsten Landwirtschaftsregion Boliviens gemacht: 85% des Zuckers, 100% der Baumwolle, 90% der Sojabohnen, 80% des Reis, 30% des Mais und des Rindfleisches stammen aus dem Departement Santa Cruz. Aber die staatliche und internationale Förderung kam nur einer kleinen Schicht zugute, die sich zu einem der mächtigsten Sektoren des Landes mauserte.

Dies zerstört nicht nur die Ökologie. Die Entwicklung der Zuckerbarone bedeutet die soziale Herunterentwicklung der Heimatgemeinden der Erntearbeiter.

Hat der Zuckersaft "seinen Punkt" erreicht, wird er in Formen gegossen, wo er abkühlt und zu "Empanizado" (Rohzukker) aushärtet.

ZONZO

"Dummkopf"

Yuca, Käse, ein Gefäss zum Stampfen, ca. 35 cm lange Holzspiesschen, offene Glut

Man kocht die Yuca und stampft sie wie für Masaco zusammen mit dem Käse zu einem Teig, wobei man etwas mehr Käse nimmt. Aus dieser Masse formt man rings um die Spiesschen eine Art Stockbrot und bäckt es, indem man die Enden der Spiesschen mit Backsteinen unterstützt und sie waagrecht über die Glut legt. Der "Dummkopf" soll ringsum eine braune Kruste kriegen. Seinen Namen verdankt er dem Umstand, dass er so lecker schmeckt, dass man leicht wie ein Narr zuviel isst...

Reis, Yuca und Bananen

Als der Reis schon dickflüssig verkocht auf dem Tisch steht, schickt sie die Tochter nach frisch gemolkener Milch, mit der wir den Brei auf unseren Tellern übergiessen. "Tujuré" sei das, was man im Hochland "Tojorí" nenne, erklärt sie beim Essen. Früher hätten auch die Cambas, so nennt man allenthalben die Tieflandbewoher, den Tujuré aus Mais gekocht. Aber das würde so lange dauern, und heutzutage sei man eben "faul" geworden und greife deshalb auf den Reis zurück. So sei der "Tujuré de arroz" entstanden.

Vor einer dreiviertel Stunde war ich in ihre Küche gekommen. Sie hat zwei Tassen Asche abgemessen und mit heissem Wasser übergossen. Nicht jede Asche eigne sich, erzählte sie, unterdessen mit einem Löffel die schwimmenden Holzkohlestücke abschöpfend; die Asche müsse sich vollständig absetzen und das Wasser sich klären. Dann setzte sie den Reis in reichlich Wasser auf den Herd, bevor sie sich wieder der "Lejía", so nennt sie das Aschenwasser, zuwandte: Vorsichtig, um die auf den Beckenboden gesunkene Asche nicht aufzuwirbeln, goss sie es durch ein Sieb. Von der Flüssigkeit mitgerissene Asche liess sie nochmals in einer Tasse absinken, bevor sie von der klaren "Lejía" zum Reis schüttete. Je nach Holz, von dem die Asche stamme, müsse man mehr oder weniger dazugeben. Erst wenn der Reis gelblich wird, sei er genug mit Lejía gewürzt.

In den Tälern wässern die Campesinos den Mais, den sie mit Asche kochen um ihn zu schälen oft tagelang, um den Geschmack nach Asche herauszuwaschen. In diesem Reis-Tojorí ist dagegen Asche das einzige Gewürz. Soll sie das Salz ersetzen?

Salz fehlte früher im Osten, und es zu beschaffen war für die von Paraguay herüberkommenden Guaraní-Völker einer der Gründe gewesen, plündernd in das Inkareich einzufallen. Später, zum Teil erst in der Kolonialzeit, haben sie sich am Fuss der Anden niedergelassen. Sie vermischten sich mit den vorher dort lebenden Chané. Es gibt Berichte, sie hätten diese aufgefressen. Das scheint aber eher Greuelpropaganda der Spanier zu sein, vielleicht auch Teil der psychologischen Kriegsführung: Man verspeiste den Feind, um ihm die eigene militärische Überlegenheit zu beweisen.

Sicher ist, dass wenige Kilometer nördlich von unserem Tujuré-Frühstückstisch ein Ort namens Chané liegt. Und so wirr wie die Geschichte des Ostens verlaufen ist, so undurchschaubar scheint mir auch die Überlagerung der verschiedenen Kulturen. Gestern abend auf dem Folklore-Festival, auf dem verschiedene Gruppen aus der Region spielten, gab es fast nur Musik aus den Anden, denn heute ist die Region Kolonisationsgebiet, in dem man häufiger Quechua als eine der Tieflandsprachen hört.

Bevor sie kulturell überrollt wurden, waren neben Mais, Yucca und Früchten die Tiere der Flüsse und des Waldes die Nahrung der Tiefland-Völker: Schildkrötensuppe oder -braten, Gürteltiere, Echsen und Schlangen, Eier wildlebender Vögel und Schildkröten, Honig von unzähligen Bienenarten, Wildbret (Tapir, Sari, Jochi, Wildschweine usw.) und eine grosse Zahl von Fischen waren begehrte Leckereien. Pfeil und Bogen, Speer und Fallen waren ihre wichtigsten Jagd- und Fischereigeräte. Fische haben sie auch mit Wurzelgiften betäubt, um sie von der Wasseroberfläche einfach nur aufzusammeln, während jene, die mit der Strömung abtreiben, später wieder erwachen.

Fisch, Fleisch und Geflügel auf einem Rost aus grünem Holz haben sie über einem sehr "langsamen" Feuer gegart, eine Zubereitung, die zwischen Grillieren und Räuchern liegt. Funde alter Keramikscherben lassen aber ahnen, dass es schon früh auch Kochtöpfe gab.

Vergorener Palmblattsaft oder Chicha aus Yuca, Mais, Süsskartoffeln oder Johannisbrot waren unentbehrlich für Feste. Die Trinksitten waren nicht so streng wie in den Anden, was sich die Weissen zunutze machten: Gummizapfer vergifteten die Araonas im Norden, indem sie in die Bäume Flaschen mit Schnaps hängten, den sie mit Gift oder Typhusbakterien versetzt hatten.

Die Spanier trugen Reis, Bananen, Rindfleisch, Milch und Käse zur kulinarischen Welt des Ostens bei. Anbau von Gemüse ist dagegen bis heute eine Seltenheit, man "importiert" es aus den Tälern der Anden. Die Üppigkeit der subtropischen Vegetation steht in eigenartigem Kontrast zur Abschätzigkeit gegenüber pflanzlicher Nahrung. Das Grünzeug sei "für's Vieh". Ein richtiger "Camba" zieht Fleischspiesschen (Pacumutu), Parrillada (Fleisch und Innereien vom Grill) oder grosse gebratene Fleischstücke (Churrasco) vor. Doch dies gilt nur für jene, die es sich leisten können, die Arbeiterinnen und Arbeiter der Zafra speist man mit Mehl und Reis ab...

Die Camba-Küche ist weniger gewürzt als jene der "Collas", der Hochlandbewohner. Statt den Speisen mit dem pikanten Ají Farbe zu verleihen, verwendet man rote Achiote-Samen. Selbst Gerichte, die "Picante ..." heissen, enthalten oft nicht ein Milligramm Ají oder Pfeffer. Dafür ist man aber überzeugt, dass grillierter Darm besser schmecke, wenn er vorher nicht zu gründlich gereinigt worden sei. In der Hühnersuppe ("Locro de gallina") kann es einem passieren, dass man das Rückenstück erhält, an dem noch die unbearbeiteten Eingeweide hängen.

CUÑAPÉ

"cuña" = Frau (Guaraní), "pé" = pues (span. verstärkend bejahender Ausruf)
"Glorie und Berühmtheit von Santa Cruz und Bestätigung des guten Geschmacks der Ostbolivianer."[72]

1 Pfund Yuca-Mehl, 1 Pfund geriebener leichtschmelzender Vollfettkäse (Gouda, Raclette, Butterkäse...), etwas Milch

Man mische die Yuca-Stärke mit dem geriebenen Käse, gebe vorsichtig etwas Milch dazu und verknete das Ganze zu einem trockenen Teig. Dann forme man kleine flache Brötchen und backe sie im heissen Ofen (200°C). Sie dürfen nicht zu dunkel werden, sondern sollen blond bleiben.
Die Yuca-Stärke - ein anderes schneeweisses Pulver aus dem Osten des Landes - geht zurück auf ein Verfahren der Völker des Amazonasbeckens, auch die mit Blausäure belasteten "bitteren" Yucasorten geniessbar zu machen. Dieses Mehl ist extrem reich an Kleber und kann deswegen benutzt werden, um sonst nicht backfähige Mehle (z.B. aus Quinua) zu Brot oder Kuchen zu verarbeiten. In einem Zeitungsartikel wurde vorgerechnet, dass alleine mit dem Wert der potentiellen Yucastärken-Produktion die Auslandsschuld bezahlt werden könnte. So weit braucht man gar nicht zu gehen: Es würde reichen, damit die Weizenimporte zu ersetzen...
In Europa kann man sie unter der Bezeichnung "Tapioca-Mehl" in Geschäften für asiatische Lebensmittel kaufen.

Bei einem Mittagessen bemerke ich, wie meine Gastgeberin mit dem Löffel in der Suppe herumfischt, und sehe mir den "Caldo de choquisuela" (Suppe aus dem Knollen am Rinderknie) unter der Fettschicht etwas genauer an. Die dunklen Punkte erweisen sich nicht als gerebbeltes Gewürzkraut. "Da sind Ameisen in die Suppe geraten", meine ich und fange auch an, sie zu sammeln. "Ja, die sind aus dem Knochen, den ich zum Trocknen aufgehängt hatte..." Das erinnert mich an Luis Tellez Herrero, der in den vierziger Jahren die bolivianischen Küchen erforschte und über die "Gewürze" der Bewohnerinnen und Bewohner von Santa Cruz mokant vermerkte: "Zarazo ist ein Knochen, der weder frisch noch trocken ist (...) Er hat deswegen ein spezielles Gerüchlein, das mich auf keinen Fall befriedigt. Die Cruceñer, treffend und bissig in ihren Spitznamen und Bezeichnungen, nennen diese Gerüchlein 'olor de señora' [Damengeruch]!"[73]

Der Köchin dieser Rinderkniesuppe verdanke ich viele Einblicke in die Tieflandküche. Die kulinarische Demonstration hat zum Frühstück mit einem "Masaco" begonnen: In einem Topf mit Schweinefett frittierte sie grüne Kochbananen und stampfte diese im "Tacú" zusammen mit gebratenem Rindfleisch. Das Resultat erinnerte verblüffend an "Röschti mit Speck", das Frühstück der Emmentaler Bauern.

Der Tacú, ein grosser Mörser aus Hartholz, ersetzt im Tiefland den Batán, denn hier gibt es praktisch keine Steine. Und in diesem Mörser beginnt sie nun nach dem Frühstück, Reis zu mahlen, den sie die ganze Nacht in Wasser eingeweicht hatte und, während wir den Masaco assen, an der Sonne etwas trocknen liess.

Morgens Reis, mittags Reis, abends Reis. Damit ist der Speisezettel der Armen schon fast beschrieben. Als Beilage, "Jacuu", reicht man entweder gekochte oder gebratene Kochbanane oder gekochte Yuca, ab und zu ein Spiegelei. Die Ernährung ist wesentlich einseitiger als im Hochland, dafür sind Darmparasiten umso verbreiteter. Doch der Reis, den sie nun im Tacú stampft, soll nicht gekocht werden. Stattdessen siebt sie ihn zu einem feinen Mehl. Dann fischt sie gekochte Yuca aus dem Topf, gibt sie in den Tacú und zerstösst sie zu einem feinen Brei, der den Stössel jedesmal festhält, wenn sie ihn wieder zurückzieht. Kochen als Schwerarbeit...

Danach mischt sie Reismehl, Yucabrei, geriebenen Käse, Schmalz aus dem Topf, in dem sie die Bananen gebraten hat, und Kochwasser der Yucca zu einem dickflüssigen Brei, den sie mit einem Tuch bedeckt an die Sonne stellt, damit er aufquillt. Die Funktion der Hefe übernimmt die Yuca.

Nach schweisstreibendem Holzhacken beheizt sie den Ofen hinter dem Haus. Die Bleche hat sie mit Stücken von Bananenblättern belegt.

Auf jedes gibt sie einen Klecks von dem Teig, schiebt die Bleche in den Ofen und nach kurzer Zeit ist das berühmte "Pan de arroz", Reisbrot, fertig.

Käse ist eine zentrale Zutat vieler Gerichte aus dem Osten - ein Zeichen nicht nur für die Bedeutung der Viehwirtschaft, sondern auch dafür, wie weit die europäische Kultur die indianischen Lebenweisen zurückgedrängt hat. Doch auch hier haben die Weissen von den Unterworfenen gelernt. So ist Käse in der "Cuñapé" eine äusserst schmackhafte Ehe mit der aus Yuca gewonnenen Stärke eingegangen. Auch als "Masaco" wird Käse zusammen mit gekochter Yuca gestampft, und diesen Teig bäckt man wie Stockbrot an Spiesschen über der Glut zu "Zonzo".

In der täglichen Ernährung kann Reisbrot längst nicht mehr mit Weizenbrot konkurrieren, das wegen der subventionerten Weizenpreise billiger ist. Ähnlich geht es auch der Cuñapé. Auch im Osten steht die in schmerzhafter kolonialer Vermischung gewachsene kulinarische Identität Boliviens unter dem Druck der wirtschaftlichen Macht des Nordens.

Kokain statt Lebensmittel?

Ab Mitte der sechziger bis Ende der siebziger Jahre bauten die USA nicht nur auf Entwicklungs- und Nahrungsmittel-"Hilfe", um ihre Interessen zu sichern, sondern mehr noch auf Militärdiktaturen. Diese regierten in Bolivien als Folterer und Henker im Dienste der "Nationalen Sicherheit", verstanden sich aber auch als Unternehmer in Uniform. Ein zivil-militärisches Bündnis etablierte sich als Machtblock. So konnte z.B. General Banzer, der sich 1971 an die Regierung putschte, nicht nur auf den Segen und die Schecks des US-Botschafters zählen, sondern war auch Repräsentant der Agrarunternehmer aus Santa Cruz.

Während seiner Regierungszeit suchten die international tätigen Banken der Industrieländer nach Anlagemöglichkeiten für die Petrodollars, die auf ihre Konten flossen. Wegen einer Absatzkrise wollte im reichen Norden kaum jemand Kredite aufnehmen. So wandten sich die Banker an die Entwicklungsländer, wo das Geschäft mit Gebühren, Kommissionen und Zinsen lockte. Der Präsident der US-amerikanischen Citibank erklärte offen, diese Pfründe wolle man nicht internationalen Behörden wie Weltbank und Währungsfonds überlassen.

Unter Banzer war der Vertreter dieser Citibank zeitweilig Finanzminister Boliviens, wo eine Clique von Financiers den grössten Teil der im Namen des Staates aufgenommenen Auslandskredite in private Taschen

MASACO DE PLATANO

Masaco aus Kochbananen

Kochbananen, Öl, Käsewürfel

Man lässt erst einmal die Kochbananen, die in Europa zumeist grün verkauft werden, reifen bis sie gelb und an einigen Stellen schon schwarz sind. Dann schält man sie und schneidet sie in etwa 5 mm dicke Ringe, die man in reichlich Öl in der Pfanne brät, abtropfen lässt und heiss zusammen mit dem Käse stampft. Dies wird kein homogener Brei wie beim Masaco aus Yuca. Man serviert diesen süss-salzigen Masaco warm zu Kaffee. Auch hier kann man statt Käse gebratenes Fleisch oder Charque verwenden.

Sonntäglicher Cocamarkt im Chapare (1980): Keine Branche ist so unrentabel wie die bäuerliche Nahrungsmittelproduktion. Deshalb verdrängen die Cocablätter im Chapare den Anbau von Reis, Kochbananen und Früchten. *(Bild Seite 151)*

leitete. Die staatlichen Banken gaben unbeschränkt Garantien für Projekte, die auch die ausländischen Gläubiger nicht auf ihre Rentabilität prüften.

Banzers Freunde aus Santa Cruz hätten gern das Agrobusiness als neue Wirtschaftsachse des Landes gesehen. Hohe Baumwollpreise Anfang der siebziger Jahre liessen sie auf eine goldene Zukunft hoffen. Riesige Auslandskredite flossen in ihre Plantagen, bis ein Sturz der Weltmarktpreise die Träume platzen liess.

Als Ersatz entdeckten sie einen anderen weissen Stoff: Kokain. Ab 1976 bauten sie die Droge systematisch zum blühenden Wirtschaftszweig aus. Die Liste der damaligen Kokshändler Boliviens liest sich wie ein "who is who" der Baumwoll- und Zuckerkönige aus Santa Cruz, Rinderfürsten aus dem Beni, der Mehl- und Getränkefabrikanten, Minister und Offiziere jener Zeit.

Coca

Cocablätter waren und sind in der andinen Gesellschaft ein Luxus- und Prestigeartikel. Wer Coca als Geschenk empfängt, fühlt sich dem Schenkenden im Rahmen der andinen Gegenseitigkeit verpflichtet. Diese Verpflichtung der Untertanen gegenüber Adel und Priesterschaft zu erzeugen, war der Sinn des Privilegs dieser Kasten, Coca zu verteilen. Coca weist viele Kalorien, einen hohen Anteil an Proteinen, Eisen, Kalzium und Vitaminen auf. Ihr Genuss hebt den Glukosespiegel im Blut, was den Eindruck erweckt, dass Coca Kraft gebe. Sie ist deshalb seit Jahrtausenden als sanft stimulierendes Nahrungsmittel bekannt, das schwere Arbeit, grosse Höhe und Hunger erträglich macht. Man nimmt die Blätter zusammen mit "Lejía" in den Mund, kaut sie etwas und schiebt sie als Ballen in die Backen. Die Lejía aus Kalk und Asche aus Quinuastengeln hilft dem Speichel, das in den Blättern enthaltene Kokain in Ecgonin umzuwandeln, einen Stoff, der stimuliert, aber keine Rauschdroge ist. Eine Person löst in einem Jahr Cocagenuss nicht mehr als 1 g Kokain aus den Blättern. Diese traditionelle Form des Cocakauens mit dem Kokainkonsum des Westens gleichzusetzen ist deshalb, "als ob man den Gebrauch von Eseln und Überschallflugzeugen als Transportmittel vergleicht."[74]

Coca wird in Bolivien als ein Teil der Ernährung empfunden, es ist aber strittig, ob man sie als "Nahrungsmittel" bezeichnen kann. Zumindest für sich allein ist sie es nicht, und es gibt keine verlässlichen Untersuchungen, wieviel Proteine, Vitamine oder Spurenelemente man aus den Blättern löst, bevor man sie ausspuckt. Aber seit der Kolonialzeit entwickelte sie sich in den Extremsituationen der Ausbeutung zu einer Art Nahrungsersatz. Es war den Verwaltern der Minen und Haciendas leichter, ihren Arbeitern eine Handvoll Coca zu geben, als sie anständig zu ernähren. Die Betäubung des Hungergefühls ermöglichte die ständige Überanstrengung des Körpers, Auszehrung und Tod folgten. Da man die indianischen Arbeitskräfte in den Bergwerken benötigte, brachte man für den Coca-Anbau schwarze Sklaven in die Yungas.

So wurde zum Schmiermittel der Ausbeutung, was in der andinen Kultur Teil der sozialen Beziehungen und religiösen Rituale ist. Coca gilt als heilig und wird nicht nur den Göttern geopfert, sondern ermöglicht auch, die Zukunft vorherzusagen. "Die Coca in Kokain zu verwandeln, ist eine Missachtung unserer Religion, etwa so, als ob man die Hostie der Katholiken benutzen würde, um Sandwiches zu machen."[76]

Die Köchin fischt die gekochte Yuca aus dem Topf und zerstösst sie im Tacú zu einem zähen Brei: Kochen als Schwerarbeit. *(Bild rechts)*

Zu Beginn der achtziger Jahre schlug die weltweite Konjunktur um: Für den Rüstungswettlauf benötigten die USA immense Kreditsummen. Geld wurde knapp, die Zinsen stiegen. Die Entwicklungsländer können seither den Schuldendienst für ihre Auslandskredite kaum noch aufbringen.

Weltweit haben sich die Gewinnchancen von der Produktion auf die Finanzmärkte verlagert: Die Spekulation mit der Schuldenkrise trieb die Gewinne der Banken in Rekordhöhen. Das Geld fliesst von Süden nach Norden, wo man es immer weniger in neue Produktionsanlagen, sondern in die Übernahme bereits bestehender Unternehmen steckt. Die Betriebe konzentrieren sich so in immer weniger Händen, und der Welthandel wird zu etwa 80% von transnationalen Konzernen kontrolliert. Im Rahmen der Verschuldungskrise finanziell leergepumpte Länder sind dagegen uninteressant und finden sich im Abseits wieder. Sie bleiben aber eingebunden in den Weltmarkt, auf dem die Preise für ihre Rohstoffe kontinuierlich sinken.

Zudem hat die Revolution der Mikrochips die Produktivität in den Industrieländern derart gesteigert, dass die Ausnutzung von Billig-Arbeitskräften in der Dritten Welt unwichtiger wurde. Die transnationalen Konzerne investieren fast nur noch - mit Ausnahme einiger Schwellenländer - in den Industrienationen.

So bleiben "Entwicklungs"-Länder zusehends am Rand des Marktes liegen: Boliviens Anteil am Welthandel sank in den achtziger Jahren von 0.052 auf 0.026%. Man spricht von einer "Abkoppelung vom Weltmarkt wider Willen"[75].

In dieser Situation bieten Coca-Anbau und die Kokainproduktion die Möglichkeit, die illegalen Drogenmultis zu beliefern. Je mehr Fabriken unter dem Konkurrenzdruck des Weltmarkts schliessen, und je tiefer die legale Wirtschaft in der Schuldenkrise versinkt, umso abhängiger wird Bolivien vom weissen Pulver.

Nachdem Bolivien vierhundertfünfzig Jahre lang ein Bergbauland war, sollte es nun wieder ein Agrarland werden, das vom Coca-Anbau ebenso bestimmt wird wie vorher von Silber und Zinn. Damit ist für die neue Oligarchie die Rechnung aufgegangen: Mit dem Drogenhandel beherrscht sie seit 1980 den wirtschaftlichen Schlüsselsektor.

Vor dem Cocaboom war für das dichtbesiedelte Tal von Cochabamba die benachbarte tropische Region des Chapare das bevorzugte Kolonisationsgebiet. Die Umsiedler hatten aber ihre Wurzeln in den Herkunfts-Comunidades nicht verloren, waren regelmässig zurückgekehrt und hatten Helferinnen und Helfer für die Reisernte angeworben. Bezahlt haben sie nach dem System der Mink'a mit einem Anteil der Ernte - meistens Reis. Oft behielten sie auch ihr Land in der Comunidad, wodurch sie in bescheidenem Umfang die traditionelle Klimazonen-Ergänzung wieder belebten: Überschüssige Arbeitskraft aus dem Hochland wurde ins Tiefland umgeleitet, Lebensmittel verschiedener Klimastockwerke wurden ausgetauscht. Und nicht zuletzt hatten sie sich in gewerkschaftlicher Selbstverwaltung zusammengeschlossen und so in den Kolonisationsgebieten Gesetz und Ordnung in ihre Hand genommen. Meistens akzeptierten sie nur Bekannte als neue Siedler auf ihrem Territorium, da sie unter den schwierigen Bedingungen auf gute Nachbarn angewiesen sind. Oft stammten die Neuen deswegen aus der gleichen Comunidad wie die Pioniere; Strukturen der Heimatgemeinde wurden in die neue Umgebung verpflanzt, was den Mitimae-Charakter der Siedlungen noch betonte.

Doch die keimende Ergänzungswirtschaft ist ab 1976 vom Coca-Boom abgewürgt worden. Viele Campesinos sind nun ganz in den Chapare gezogen, um sich der neuen Monokultur zu widmen. Ihre Einnahmen schnellten zeitweilig auf 10-12'000 Dollar jährlich; das durchschnittliche Einkommen eines Campesinos liegt sonst bei 50-160 Dollar pro Jahr... Sie produzieren zwar nach wie vor für einen ausbeuterischen Markt, aber die zeitweise hohen Preise für Cocablätter haben es vielen ermöglicht, sich dem allgemeinen Verarmungsprozess der Bauern zu entziehen. Sie haben einen gewissen Wohlstand erreicht, Land ausserhalb des Chapare gekauft, haben ein festes Haus gebaut und ihre Kinder ausbilden lassen. Ein eigener Lastwagen und diverse Luxusgüter der westlichen Konsumgesellschaft vervollständigen den neuen Status. Für sie ist Coca ebenso eine Überlebens-Nische wie für die Wirtschaft des Landes.

In Bolivien ist keine Branche so undankbar wie die bäuerliche Produktion von Nahrungsmitteln. Entsprechend verdrängte Coca im Chapare den Anbau von Reis, Yuca, Bananen, Mais, Früchten und Kakao. Selbst im Tal von Cochabamba ist die Lebensmittelproduktion rückläufig. Die relativ hohen Löhne im Umfeld des Kokains haben den ländlichen Arbeitsmarkt aus der Balance gebracht: Auch für legale Arbeiten fordern Landarbeiter nun Löhne, die von den niedrigen Lebensmittelpreisen nicht mehr gedeckt werden. Viele Comunidades des Hochlands leiden in Boomzeiten unter ähnlichen Folgen der Wanderarbeit wie die Guaraní-Gemeinden der Zafra-Arbeiter: Die stärksten Männer sind als Hilfsarbeiter der Coca-Wirtschaft im Chapare, zurück bleiben die Frauen, die mit den Kindern alleingelassen den Äckern nur magere Ernten abringen. Doch was die Wanderarbeiter zurückbringen ist nicht nur Geld: In Llallagua (Nord-Potosí) wird auf den sonntäglichen Märkten Penicillin zur Bekämpfung der Syphilis angeboten... Und nicht zuletzt führen Kenner der Szene den zunehmenden Einsatz von Pestiziden auf dem Altiplano auf die Erfahrungen im Cocaanbau im Chapare zurück.

Handwerker, unterbezahlte Lehrer, Arbeitslose, Bewohner der Armenviertel und ihre Ausbildung abbrechende Jugendliche arbeiten im

Damit der in den Yungas geerntete Tee fermentiert, stampfen die Bäuerinnen die Blätter zuerst im Mörser und reiben sie dann auf einem Rost. Dann lassen sie ihn zu Schwarztee trocknen. *(Bild oben)*

An den fest installierten Straßensperren (hier in Santa Cruz) dienen dem Inkasso von Weggebühren und Bestechungsgeldern. Hier drängen sich die Verkäuferinnen und Verkäufer von Getränken und Proviant. Auch im "wohlhabenden" Osten müssen zahlreiche Arbeitslose mit Strassenhandel überleben. *(Bild rechts)*

Chapare als Cocapflücker oder -stampfer bei der Kokainpasten-Herstellung. In wenigen Nächten können sie mehr verdienen als in einem Monat mit regulärer Arbeit. Statt mit Geld bezahlen die Cocafirmen oft mit Koks-Zigaretten. Für ihren Lebensunterhalt müssen die Arbeiter diese verkaufen, ein Drogenmarkt im Inland ist entstanden.

Kerosen, Äther, Schwefelsäure und was man sonst für die Kokainproduktion in den Dschungelfabriken benötigt, entsorgen die Mafia-Chemiker in die Bäche und Flüsse. Die Techniker eines Trinkwasser-Programms der UNO klagen, 70% des Wassers der Region sei chemisch verseucht.

Das unkontrollierte Abholzen des Waldes für die Cocafelder hat den Abfluss des Regenwassers derart beschleunigt, dass die Flüsse nicht mehr kontrollierbar sind. Den Schlammfluten halten die stärksten Brücken nicht mehr stand, und das Dorf Todos Santos wurde samt vielen Bewohnerinnen und Bewohnern ein Opfer des Hochwassers.

Trotz der destruktiven Auswirkungen auf Ökologie, Kultur und Zukunft des Landes stösst der Coca-Anbau auf eine beträchtliche gesellschaftliche Akzeptanz. Niemand weiss, was man unter Gesichtspunkten der Rentabilität stattdessen produzieren könnte. Auch die von US-Beratern ausgebildete Drogenpolizei weiss es nicht. Vielmehr beschränkt sie sich darauf, mit Terror gegen die Campesinos den Coca-Anbau in einigen Regionen zu erschweren. Mit der Begründung, die Bauern könnten sich ihre persönliche Habe nur mit Coca-Erlösen gekauft haben, "beschlagnahmen" sie alles, was diese besitzen und verursachen "Hunger durch Drogenkrieg".

Da die "kommunistische Gefahr" als politisch-militärischer Interventionsvorwand wegfällt, hat die USA den "Drogenkrieg" gegen die Länder Lateinamerikas erklärt. Zwar sterben in den Vereinigten Staaten oder Europa die Drogenopfer vor allem an Heroin oder Alkohol, aber als politisches Druckmittel erfüllt Kokain seinen Zweck:

In den Drogenhandel verstrickte Oberschichten, Parteien und Diktatoren können von den USA jederzeit zu "Wohlverhalten" erpresst werden, da es ihnen ansonsten erginge wie Noriega in Panama. Vom Drogenhandel hängen aber in Bolivien zentrale Sektoren der Wirtschaft ab, so dass praktisch niemand darauf verzichten will oder kann. Dies nutzen die Vereinigten Staaten, um durch "Militärberater" und paramilitärische "Drogenpolizei" die Präsenz von US-Truppen im Land auszuweiten. Seit bekannt wurde, wie die CIA mit Kokaingeld die Contra in Nicaragua finanzierte, hat das Argument der Drogenbekämpfung weiter an Glaubwürdigkeit verloren. Man spricht davon, dass die USA in Bolivien einen Stützpunkt errichten.

Bei legalen Agrarprodukten spezialisieren sich jeweils die Grossgrundbesitzer auf die rentablen Bereiche. Erst als z.B. im Osten das Geschäft mit Reis und Mais unwirtschaftlich wurde, überliessen sie es praktisch den Kleinbauern. Weshalb haben die Agrarbosse nicht auch den viel lukrativeren Coca-Anbau in Eigenregie organisiert? 70'000 Kleinbauern sind für die Drogenbekämpfungsbehörden viel schwieriger zu kontrollieren als zwei Dutzend Grossproduzenten. So werden die Campesinos als soziales Bollwerk für den Drogenhandel benutzt.

Würde man harte Drogen wie Kokain legalisieren, liesse sich damit vielleicht das Problem der Beschaffungskriminalität in den Industrieländern lösen. Dem Campesino in Bolivien wäre aber nicht geholfen: Falls der Anbau von Coca dann noch rentabel wäre, würde er rasch von Agrarfirmen monopolisiert.

Nur ein Bruchteil der Gewinne bleibt in Bolivien. Um Kokain herzustellen braucht man 42 verschiedene Zutaten, wovon 41 aus Europa, den Vereinigten Staaten und der chemischen Industrie der Nachbarländer stammen. Nur die Blätter kommen aus Bolivien, aber gegen die Cocabauern richtet man die Repression. Sie haben die weltweite Drogenwirtschaft nicht erfunden. Sie haben das "Pech", sicht- und angreifbarer zu sein als beispielsweise Banker, die mit der Geldwäsche "ehrbare" Geschäfte machen. Sie sind buchstäblich die Bauern im Schach.

Auf der Strecke bleiben in Bolivien nicht nur die Campesinos, ihre Kultur (die Coca ist heilig) und die Souveränität des Landes, sondern auch eine der Möglichkeiten einer besseren Nahrungsmittelversorgung: Reis, Yucca und Bananen für's Volk anstelle von Kokain für Schickeria und Randständige im Norden...

Macht ist, nichts zu essen zu geben

(Ernesto Cavour, bolivianischer Musiker)

Nachdem die Militärs das Land in die Verschuldung geführt hatten, traten sie ab und überliessen die von Zinszahlungen ausgepowerte Wirtschaft der "Demokratie". Eine sozialdemokratische Regierung scheiterte an der Aufgabe der Sanierung, ihre konservativen Nachfolgerinnen haben schliesslich ab 1985 die neoliberalen Rezepte des Internationalen Währungsfonds in die Tat umgesetzt. Die legale Wirtschaft ist zusammengebrochen.

Die auf die Strasse geworfenen Arbeiter müssen sich dort einrichten: als Händlerinnen, Lastenträger, Schuhputzer und nicht zuletzt Köchinnen mit ihren Garküchen.

Die achtziger Jahre sind auch die Zeit, in der fundamentalistisch neoliberale Kreise in den USA den "kulturellen Krieg" als Mittel zur Machterhaltung propagiert und dieses Konzept in Bolivien angewendet haben. Entsprechend formiert sich der Widerstand auf der kulturell-ethnischen Ebene. Der kulturelle Konflikt polarisiert sich auch an der kulinarischen Front.

FALSO CONEJO

"Falsches Kaninchen"
(So heisst das Gericht unabhängig von der Politik. Aber während der März-Protesttage sangen die Arbeiter Spottlieder auf das "Kaninchen", Spitzname des damaligen Präsidenten)

2 Zwiebeln, 1 Tomate, 3 Knoblauchzehen, 2 El roter Ají, 1/2 Tl Oregano, 1 Unterteller frische Erbsen, 1 Unterteller Saubohnen, 300 g Rind, 1/2 Tl schwarzer Pfeffer, gemahlenes Brot, Öl, gehackte Petersilie, gekochte Kartoffeln, Chuño phuti

Die geschnittenen Zwiebeln werden im Öl angedünstet. Nach einer Weile gibt man die geschnittene Tomate, Knoblauch, Kreuzkümmel, den in Wasser aufgelösten Ají, Oregano, Erbsen und Saubohnen dazu, löscht mit 1 l siedendem Wasser ab und lässt alles gut kochen.
Das Fleisch schneidet man in drei Tranchen, die man im gemahlenen Brot und Pfeffer mit dem Morokho klopft. Dann brät man es in Öl und gibt es in die fast fertige Sosse, die man mit Salz abschmeckt.
Man serviert die Sosse über die Kartoffeln, schöpft etwas Chuño phuti daneben und überstreut alles mit der Petersilie. Viele Strassenköchinnen servieren Falso conejo stattdessen mit "Arroz graneado" (s.S. 164).

(vorhergehende Doppelseite:) ***Eine leere Pulpería (Minenladen) der staatlichen Gruben in Potosí: Die vergünstigten Lebensmittel waren ein Teil des Lohns. Mit der "Neuen Wirtschaftspolitik" sind die Subventionen gestrichen worden, ohne die Löhne anzuheben. Entsprechend fordern die Arbeiter: "Nieder mit der Hunger-Regierung."***

Hunger als Totengräber einer Epoche

Kaninchen in den Kochtopf

März 1985: "Achtung, Dynamit!"

Die Arbeiter hatten einen Abstand im Demonstrationszug gelassen, in dessen Mitte nun die Dynamitstange lag. Die Detonation liess Passanten taumeln, Scheiben zittern.

"Die Regierung", rief ein Demonstrant.

"Nieder mit ihr!" erwiderten die andern im Chor.

"Den Bäckern...", schrie der gleiche.

"Den Tod!" kam donnernd die Antwort.

"Den Schlachtern..."

"...den Tod!"

"Dem IWF..."

"...den Tod!"

Die Demonstranten, die in disziplinierter Marschordnung das Ende der Regierung, der "Demokratischen Volkseinheit" (span. Abk: UDP), forderten, waren die gleichen Bergarbeiter, die vor zweieinhalb Jahren mit lebensgefährlichen Streiks gegen die Militärs diese Regierung auf den Schild gehoben hatten. Was war passiert?

Das Parteienbündnis UDP hatte 1982 die Diktatur der Kokainoffiziere abgelöst. Diese waren nicht nur dem Druck der Gewerkschaften gewichen, sondern hatten auch vor den Folgen der Auslandsverschuldung kapituliert, die ihr Kollege Banzer in den siebziger Jahren gemacht hatte.

Die Oligarchie hatte damals beträchtliche Summen gleich wieder ausser Landes gebracht: 1471 Millionen Dollar verschwanden bis 1980 auf Fluchtgeldkonten im Norden. Mit dem, was vom Kreditsegen und den damals hohen Export-Einnahmen in Bolivien blieb, wurden Wolkenkratzer gebaut, Konsumgüter importiert und spekuliert: In der Regierungszeit Banzers (1971-78) wuchsen die Versicherungen und Banken um 172%.

Die Industrie verzeichnete demgegenüber ein Wachstum von 59%; die Landwirtschaft wuchs um 25% und die Schlüsselsektoren des Landes - Bergbau, Öl und Erdgas - um nur 8%. Der einzige produktive Sektor, in den man investierte, war das Kokain.

Da in der legalen Wirtschaft kaum produktiv investiert wurde, konnte man auch keine Devisen erwirtschaften, um die stetig wachsenden Forderungen der Gläubiger für Amortisationen und steigende Zinsen zu bezahlen. Der Schuldendienst verschlang einen immer grösseren Anteil der Exporteinnahmen, und auf dem Weltmarkt sanken die Rohstoffpreise.

Gleichzeitig waren die Banken im Norden nicht bereit, neue Kredite zu vergeben. Sie und auch internationale Organisationen wie die Weltbank machten neue Kredite davon abhängig, dass Bolivien ein Abkommen mit dem Internationalen Währungsfonds schliesse. Das war politisch nicht durchzusetzen. So ist ab Beginn der achtziger Jahre mehr Kapital aus Bolivien abgeflossen als es erhielt.

Ständiger Kapitalabfluss aus einem Land bewirkt Inflation. In Bolivien kamen in der ersten Hälfte der achtziger Jahre wegen der galoppierenden Inflation Geldbeutel aus der Mode: Man musste die Notenstapel in Plastiktüten auf den Markt und in die Läden tragen.

Viele Inflationsursachen verflochten sich im Krisendickicht: Die für den Schuldendienst aufgewendeten Summen fehlten für den Import von Maschinen, Ersatzteilen und Rohstoffen für Bergbau und Industrie. In nur fünf Jahren schrumpfte dadurch die Produktion in vielen Branchen um mehr als die Hälfte. So reduzierte sich das Angebot, die Preise schnell-

Die Inflation raubte das Fleisch aus den Töpfen

Vom Dezember '82 bis zum September '85 nahmen die Preise um das 6822-fache, die Löhne aber nur um das 3028-fache zu. Die Löhne verloren somit über die Hälfte ihrer Kaufkraft.
Bei den Lebensmitteln war der Reallohnverlust noch dramatischer: Vom Dezember '83 bis zum Dezember '84 stieg der Lohn eines Arbeiters um das 6-fache. Der Preis für Brot nahm in der gleichen Zeit um das 26-, für Teigwaren um das 20-, für Zucker und Kartoffeln um das 16-fache zu.

So war das Volk in den Städten gezwungen, sich auf immer weniger, billigere und energiereichere Lebensmittel zu konzentrieren: 1976 hatte das Planungsministerium nach Umfragen einen Warenkorb von 67 Produkten zusammengestellt, die in La Paz konsumiert wurden. Darunter befanden sich Frisch-, Kondens- und Pulvermilch, acht Sorten Fleisch, zehn unterschiedliche Früchte und Luxusartikel wie Säfte, Schokolade etc.
1981 ermittelte eine Frauenorganisation im Stadtteil San Luis Pampa einen Ernährungskorb von 39 Artikeln, der u.a. drei Sorten Früchte, Schaf- und Rindfleisch, Eier, Käse und Milch enthielt.
Als 1984 das Sozialinstitut CERES eine Recherche durchführte, war der Warenkorb auf 29 Produkte geschrumpft. Zehn Monate später hatte sich die Ernährung der Familien von San Luis Pampa auf 22 verschiedene Lebensmittel reduziert.
Die Ernährung konzentrierte sich auf einige wenige Artikel: Familien mit geringem Einkommen nahmen 59.5% ihrer Kalorien und 63.7% ihrer Proteine durch Weissbrot zu sich. Rechnet man die Teigwaren dazu, war ihre Kalorienversorgung zu fast drei Vierteln von importiertem Weizen abhängig.
Um die schwindende Kaufkraft auszugleichen, ersetzten die Familien die damals aufgrund der Missernten knappen und teuren Kartoffeln durch Yucca, Tee durch die Schalen der Kaffeekirschen und Weiss- durch Maismehl. Zugleich schränkten sie den Verbrauch von Früchten, Chuño, Weissmehl, Huhn, Eiern, Teigwaren und Milch ein. Im kurzen Zeitraum der Untersuchung gelang es den Familien, durch die Konzentration auf billige, stärkehaltige Produkte die Ernährung auf etwa dem gleichen Niveau zu halten, wobei pflanzliche Proteine an Stelle der tierischen traten. Aber für Früchte, Milch und Fleisch gibt es keinen billigeren Ersatz.

SAISI

Hackfleischgericht, typisch für die Strassenköchinnen

200 g Rindfleisch, 1 grosse Zwiebel, 1/2 Tassen Erbsen, 2 El Ají, 1/4 Tl Kreuzkümmel, 1/4 Tl schw. Pfeffer, 1 grosse Zehe Knoblauch, 1 kleingeschnittene Tomate, 1/2 Tl Oregano,
2 Tassen kaltes Wasser, 1 Tl Salz
Zutaten für Sarsa (s.S. 64), Kartoffeln, Reis

Man gibt alle Zutaten kalt in einen Topf und kocht sie. Gleichzeitig kocht man Arroz graneado (s.S. 164) und Kartoffeln und macht die Sarsa.
Auf jeden Teller gibt man Kartoffeln, Reis und über diesen die Sosse mit dem Fleisch, das man mit der Sarsa krönt.

ten hoch. Als Ausgleich für die Teuerung erstreikten Arbeiter und Staatsangestellte höhere Löhne. Die UDP-Regierung konnte diese nicht bezahlen: Aufgrund der Geldentwertung waren die Steuereinnahmen 1984 auf einen Zehntel derjenigen von 1978 gesunken. Die Oberschicht, die an der Inflation verdiente, verhinderte mit der rechten Parlamentsmehrheit eine Steuerreform. So setzte die UDP die Notenpresse in Gang, um die Löhne zu bezahlen.

Dem neu gedruckten Geld stand kein reales Angebot gegenüber. Alle tauschten ihre Pesos eilends in wertbeständige Dollars. Ein Heer von Devisenspekulanten bevölkerte die Gassen. Der Dollarkurs - mittlerweile Preismassstab vom Autoersatzteil bis zum Brötchen - schnellte nach oben.

Jeder wollte seinen Lohn schleunigst ausgeben, da das Geld täglich an Wert verlor. Aber Händler und Marktfrauen verkauften ihre Ware nur, wenn sie Geld brauchten und der Nachschub gesichert war - Lebensmittel waren wertbeständiger als Banknoten. In geheimen Lagern wurde gehortet, die Versorgung brach praktisch zusammen: Mal gab es kein Fleisch, dann kein Öl, einige Tage kein Brot, Eier wurden selten, Zucker und Reis zu kriegen war ein Problem. Lange Schlangen zeugten von der Knappheit, während vom Staat subventionierte Lebensmittel über Schmuggelwege ins Ausland verschwanden. Eine skrupellose Schicht von Händlerinnen und Händlern setzte Fett an: Einige Marktfrauen brachten es zu Lastwagenflotten und Mietshäusern.

Deswegen wünschten ihnen nun die demonstrierenden Bergleute den Tod...

Die Campesinos profitierten nicht von den hohen Lebensmittelpreisen - im Gegenteil: Sie mussten ihre Produkte zu staatlich festgesetzten Preisen verkaufen, während alles, was sie aus der Stadt bezogen, der rapiden Teuerung unterworfen war. Ihre Kosten stiegen schneller als die Erlöse.

Eine Dürrekatastrophe im Hochland und Überschwemmungen im Tiefland vernichtete zudem drei Viertel der Ernte. Der Mangel trieb die Preise weiter in die Höhe. Im Dezember '83 kostete in La Paz eine einzige Kartoffel mehr als ein Liter Benzin. Die Stadtbevölkerung erlitt durch die Dürre einen Reallohnverlust von 45%.

Die Kredite für die Wiederbelebung der Landwirtschaft erhielten abermals die Grossgrundbesitzer, die sie lieber für Dollar-Spekulationen als für die Nahrungsmittelproduktion verwendeten. Und die Nahrungsmittelhilfen aus dem Ausland waren ein lukratives Geschäft für Staatsangestellte und Wahlkampfmunition für die Parteien.

"Die Regierung hat sich vor die Alternative gestellt gesehen, dem Volk zu essen zu geben oder Auslandsschulden zu bezahlen. Wir mussten uns folglich für das erstere entscheiden."[77] Mit diesen Worten rechtfertigte im Mai '84 der christdemokratische Wirtschaftsminister der UDP den Beschluss, vorübergehend die Zinszahlungen an die ausländischen Banken einzustellen.

In der Tat: wenn man die 300 Millionen Dollar, die Bolivien 1983 für die Schulden ans Ausland überwies, auf die Bevölkerung umrechnete, ergab dies rund 50 Dollar pro Kopf, was dem Jahreseinkommen vieler Campesinos entspricht. Eine fünfköpfige Familie in den Armenvierteln von La Paz hätte mit diesem Betrag ihre Nahrungsmittel-Einkäufe um rund einen Viertel steigern können!

In ihrer Schwäche konnte die UDP aber weder die Schulden der Militärdiktaturen zahlen noch das Volk ernähren. Als sie die Regierung übernahm, hatte sie die Oberschicht, die Kokainwirtschaft, den Unternehmerverband, Teile der Armee, den Justizapparat und die Gläubigerbanken im Norden gegen sich und verfügte nicht einmal über eine Mehrheit im Parlament.

Ihre einzige Machtbasis war die Sympathie des Volkes, das angeführt vom Gewerkschaftsdachverband COB jahrelang gegen die Militärdiktaturen und die Rechte gekämpft hatte. In diesem Kampf hatte sich ein

Der Internationale Währungsfonds (IWF)

Länder, die mehr Devisenausgaben als -einnahmen haben, könnten durch Importbeschränkungen und andere protektionistische Massnahmen ihre Devisenausgaben senken. Ziel des IWF ist es, dies zu verhindern. Deswegen vergibt er Überbrükkungskredite. Zugleich fordert er aber, dass die Wirtschaftspolitik des Landes geändert werde.

Der IWF glaubt, das Zahlungsungleichgewicht sei die Folge der Inflation im entsprechenden Lande. Die Inflation führt er darauf zurück, dass der Staat sich zu stark an der Wirtschaft beteilige, unrentable Betriebe subventioniert oder durch Übernahme der Verluste ihre Weiterexistenz garantiert. Auch zu hohe Sozialausgaben fördern in den Augen des IWF die Inflation.

Die Kreditbedingungen des IWF enthalten deshalb eine rigorose Sparpolitik, die Hinwendung zu reiner Marktwirtschaft und die Öffnung des Landes zum Weltmarkt. Die Löhne sollen gesenkt und damit die Nachfrage gedrosselt werden. Die Produktion werde sich dann dem Export zuwenden und so schliesslich die Devisenbilanz wieder ins Gleichgewicht kommen.

Insgesamt soll ein "gesundes Investitionsklima" geschaffen werden, um in Zukunft hohe Unternehmergewinne zu ermöglichen. Dies führe zum Erstarken der Wirtschaft.

In der Praxis begünstigen die Massnahmenpakete des IWF Teile des nationalen und vor allem das internationale Kapital, die Folgen der Krise werden auf die arme Bevölkerungsmehrheit abgewälzt.

Länder, die sich weigern, mit dem IWF ein entsprechendes Abkommen zu schliessen, gelten international als "kreditunwürdig". Dies verleiht dem IWF seine Machtposition, denn die eigenen finanziellen Mittel sind relativ bescheiden.

Der IWF als überstaatliche Organisation wird beherrscht von den Industrienationen. Die USA und die EG verfügen bei Abstimmungen je über eine Sperrminorität. Die Bundesrepublik gehört mit 6% der Stimmrechte zu den fünf wichtigsten Ländern, die im IWF mit einem eigenen Direktor vertreten sind.

Über ihre Politik im IWF sind die Industrienationen in der Lage, die Weltwirtschaft nach ihren Interessen zu gestalten.

Die Bevölkerung der reichen Länder weiss meistens kaum etwas vom IWF, während er in den von seinen Massnahmen betroffenen Ländern heftig diskutiert wird und Hungeraufstände auslöst.

ALMONDIGAS

Frikadellen, typisches Garküchengericht

1/2 kg Rindfleisch, 2 feingeschnittene Knoblauchzehen, 1/2 Tl gemahlener Kreuzkümmel, 1/2 Tl gemahlener schwarzer Pfeffer, 1/2 Tasse feingeschnittene Tomaten, 1 Tl Oregano, 2 El Essig oder Zitronensaft, 1 Ei, ca. 1 Tasse gemahlenes Brot, 1/2 El gehackte Petersilie, Salz, gemahlenes Brot, um die Frikadellen darin zu wenden, Öl
Für die Sosse: 5 Zwiebeln, etwas Öl, 2 geschnittene Tomaten, 4 El roten Ají, Salz

Man dreht das Fleisch mit der gröbsten Scheibe durch den Fleischwolf und mischt es mit den anderen Zutaten. (Man kann auch einfach Hackfleisch nehmen, aber das bolivianische Hackfleisch ist wesentlich gröber als das europäische und schmeckt anders.) Dann formt man die Frikadellen, wälzt sie in gemahlenem Brot und brät sie im Öl.
Für die Sosse schneidet man die Zwiebeln in Streifen, dünstet sie in Öl, gibt die Tomaten, Ají und Salz dazu, löscht mit etwas kochendem Wasser ab und lässt die Zwiebeln verkochen. Dann gibt man die gebratenen Frikadellen hinein, kocht nochmals kurz auf und serviert zu "Arroz graneado" (s.S. 164) und Kartoffeln. Statt Reis kann man auch "Fideo graneado" (s.S. 165) servieren, die Kartoffeln aber sind obligatorisch.
Eine in Bolivien beliebte Variante ist, die Fleischkugeln etwas kleiner zu machen und sie ungebraten in die Sosse zu geben. Man muss sie dann etwa 20 Minuten darin kochen lassen.

antimilitärischer und fortschrittlicher Konsens gebildet, der vom Volk bis weit in die Mittelschichten hinein reichte.

Durch ihre Devisenpolitik schenkte die UDP der Oligarchie praktisch drei Milliarden Dollar (womit man die Auslandsschuld beinahe hätte bezahlen können). Auch sonst machten die Reichen wie kaum zuvor Spekulationsgewinne auf Kosten des Volkes. Trotzdem betrieben sie eine furiose Obstruktionspolitik über den Hebel der Parlamentsmehrheit und liessen die dringend benötigten Gelder im Ausland verschwinden: von 1980 bis '84 verdoppelten sie die Kapitalflucht auf zweieinviertel Milliarden Dollar. Das US-Handelsministerium schätzte die bolivianischen Investitionen allein in den USA auf eine Milliarde Dollar.

Gleichzeitig forderte der IWF ein ums andere Mal, die galoppierende Inflation durch ein Stabilisierungsprogramm unter Kontrolle zu kriegen. Ergriff aber die Regierung Massnahmen in diese Richtung, streikten sofort die Gewerkschaften, um sich gegen das weitere Sinken der Reallöhne zu wehren.

Die zerstrittene Linke spielte lieber die Oppositionsrolle, als konkrete Machtperspektiven zu entwickeln. Durch ihre Fehler und Inkonsequenz spielte sie - sowohl vom Regierungssessel als auch von der Strasse aus - der Rechten in die Hände.

Diese Rechte empfand die Sympathie des Volkes für die Linke, den vorhandenen fortschrittlichen Konsens, als ein Hindernis auf dem Weg zur Macht. Sie nutzte die Fehler ihrer Gegner, und indem sie die Lebensmittel von den Märkten verschwinden liess, kochte sie das Volk weich. Auf den leeren Märkten schlug die gegen die Oligarchie gerichtete Stimmung um, versickerte in den leeren Läden der Minenzentren, in den leeren Töpfen der Hausfrauen, in leeren Kindermägen.

Im Chaos der Schiebereien, der Schmiergeldgeschäfte, der Spekulation und Korruption wurden die "Pulperías" der staatlichen Bergbaugesellschaft besonders schlecht beliefert. Die Arbeiter erhielten nichts zu essen. Aufgebracht darüber, dass ihnen damit ein Teil ihres Lohnes vorenthalten wurde, marschierten schliesslich sie und ihre Frauen im März '85 nach La Paz. Mehr als zehntausend an der Zahl demonstrierten über zwei Wochen lang jeden Tag mit Märschen, Dynamit, Strassenblockaden und Meetings. Zuerst forderten sie Lohnerhöhungen und die Versorgung ihrer Minenläden, dann die Abdankung der Regierung. Diese liess die Strassenkreuzungen mit Panzern besetzen. Zermürbt von Diskussionen wichen die Kumpel der Gewaltandrohung, kündigten aber an, mit Waffen zurückzukehren.

Politisch waren diese "Märztage" ein Misserfolg und ein Zeichen dafür, dass der Konsens zwischen Gewerkschaften und Regierung am Hunger zerbrochen war.

"Wie schön, wie schön, wie schön wird es sein: Kaninchen in den Kochtopf, das Volk an die Macht!" texteten die Märzdemonstranten auf eine "jingle-bells"-ähnliche Melodie. "Kaninchen" symbolisierte nicht nur den Traum von einem vollen Topf, "Kaninchen" war der Spitzname des Präsidenten...

"Das Volk an die Macht": Daraus wurde nichts. Bei den vorverlegten Wahlen wenige Monate später steckte die Linke, die sich ausserstande gezeigt hatte, die Folgen der Verschuldung unter Kontrolle zu bekommen, eine vernichtende Niederlage ein: Obschon Banzer der sichtbarste Verantwortliche für die katastrophale Kreditpolitik der siebziger Jahre ist, erhielt er am meisten Stimmen. Sein Wahlkampfargument: Damals hatte es wenigstens Brot gegeben...

Sieger blieb die Rechte - und der Hunger.

Die Speisung der Zehntausend

Ermutigend an den "Märztagen" war jedoch die Solidarität, mit der die selbst von der Krise gebeutelten Stadtbewohner - allen voran Hausfrauen und Strassenköchinnen - die Bergarbeiter aufnahmen.

Essensverkäuferinnen, die umgeben von grossen Töpfen und Kerosenbrennern auf der Strasse sitzen, gehören zum traditionellen Bild eines jeden grösseren Ortes in Bolivien. Vor allem die vielen auf dem Markt arbeitenden Menschen machen ein weites Netz von Köchinnen nötig. Sie versorgen die Marktfrauen an ihrem Platz, damit diese zum Essen die Ware nicht im Stich lassen müssen. Lastenträger, Arbeiter und Handwerker nehmen ihre Mahlzeit direkt bei der Garküche ein.

Je nach Tageszeit bieten diese Ein-Frau-Kantinen Kaffee und Brötchen, selbstgekochte Erfrischungsgetränke oder ein komplettes Essen an. Auf vielen Märkten sind diese Stände zu einem "Volksspeisesaal" zusammengefasst. Andere, die sich nicht dort etablieren können, postieren sich irgendwo auf der Strasse, wo sie hoffen, ihr Selbstgekochtes oder -gebackenes loszuwerden.

Als die 10'000 - 15'000 Bergarbeiter in La Paz erschienen, ausgerüstet nur mit Decke und Grubenhelm, mussten sie nicht nur untergebracht, sondern auch verpflegt werden.

Hausfrauenkomitees aus den armen Stadtteilen und die Strassenköchinnen sammelten Lebensmittel bei den Marktfrauen und kochten in grossen Gemeinschaftstöpfen für die Kumpel, die in der Universität, in Schulen, Büros, Gemeindesälen und Gewerkschaftslokalen kampierten.

Zeittafel

10. Oktober 1982: Rückkehr zur Demokratie, die UDP tritt die Regierung an, es folgt die Zeit der rasenden Inflation

März 1985: zehn- bis fünfzehntausend Bergarbeiter halten durch ihre Proteste wochenlang La Paz in Atem ("Märztage").

6. August 1985: nach vorgezogenen Wahlen tritt Paz Estenssoro das Präsidentenamt an.

Ende August 1985: Verkündung des Dekrets 21060, das die ganze Wirtschaft im neoliberalen Sinn reformiert. Die Preise stabilisieren sich, aber die Leute haben kein Geld mehr, um etwas zu kaufen.

Ende August 1986: "Marsch für das Leben und den Frieden" der Bergarbeiter wird militärisch gestoppt, die Arbeiter zur Umkehr in ihre Minenorte gezwungen.

ARROZ GRANEADO

"gekörnter" Reis

1 Tasse Reis, Wasser zum Waschen, Salz, Fett

Man röstet den Reis trocken, d.h. ohne Fett, unter ständigem Rühren in der Pfanne, bis er leicht braun wird. Dann wäscht man ihn in kaltem Wasser und siedet ihn anschliessend in einem Topf mit 2 Tassen Wasser, Salz und etwas Fett, bis er trocken ist.

Diese im Hochland vom Volk praktizierte Zubereitung des Reis erinnert daran, wie Phissara (s.S. 31) gekocht wird.

In Mittelschichts-Haushalten macht man den Reis wie bei uns: er wird gewaschen, in etwas Öl angebraten (oft mit Knoblauch) und dann in Salzwasser gekocht. Damit der Reis körnig bleibt, gibt die Köchin oft etwas Zitronensaft ins Wasser.

Diese Speisung der Zehntausend über mehr als zwei Wochen war nicht das Resultat vorausschauender Organisation der Gewerkschaftsleitung, sondern der zupackenden Solidarität der Köchinnen, obschon sie in diesen Tagen selbst mit der Knappheit zu kämpfen hatten.

Häufig denken Intellektuelle, dass das Volk nicht wisse, wie die Probleme zu lösen seien. Aber in jenen Märztagen haben die Frauen das Gegenteil bewiesen.

Essen auftreiben, wo auch immer es sei...

Heftig kurbelt der Fahrer am Lenkrad des Busses, der nun mit seiner Nase die Strasse in Richtung Universität hinuntersticht. Auf halber Höhe bleibt er in der langen Schlange Privatwagen vor der Ampel stecken. Jeden Tag quetschen sich mehr Autos durch die engen Strassen von La Paz, die diesem Verkehr nicht mehr gewachsen sind.

Auf dem Gehweg gegenüber durchsuchen ein Mann und ein Junge den Müll, den sie gegen ein Trinkgeld von den Haushalten in einem Hochhaus auf die Strasse hinuntergetragen haben, damit er abgeholt werden kann. Der Junge findet ein Stück Kochbanane, das sicher achtlos nach dem Mahl von einem Teller in den Abfall flog. Ohne es abzuwischen steckt er es in den Mund und würgt es hastig hinunter.

Mindestlohn: 500 Brötchen

Nach ihrem Wahlsieg setzte die Rechte 1985 den greisen Revolutionshelden von 1952, Victor Paz, noch einmal als Präsidenten ein. In jungen Jahren hatte er den Aufstieg der neuen Oligarchie eingeleitet, nun sollte er ihn vollenden: Kurzum dekretierte er ein Programm, das ein US-Amerikaner ausgearbeitet hatte und das alle Elemente der IWF-Politik enthielt: Der Staat zieht sich aus der Wirtschaft zurück und überlässt sie völlig privaten Interessen. Arbeitsschutzgesetze wurden abgeschafft, Lebensmittelsubventionen gestrichen, Ausgaben für das Gesundheits- und Bildungswesen drastisch gekürzt, die Importbeschränkungen aufgehoben und der Devisenhandel freigegeben.

Es wirkte wie Zauberei: Über Nacht waren Läden und Marktstände voll. Plötzlich gab es überall Brot, Öl, Mehl, Eier, Fleisch - alles Artikel, für die man vorher Schlange stand. Die neoliberale Politik hatte es geschafft, die Angebots-Seite des städtischen Marktes wieder ins Lot zu bringen.

Aber wie sieht es mit der Nachfrage aus? Der eingefrorene Mindestlohn reichte zu Beginn der neuen Politik für 500 Brötchen. Eine fünfköpfige Familie konnte sich also täglich dreieinhalb Brötchen á 60 g pro Person leisten - vorausgesetzt, dass sie keine Miete, keinen Strom, kein Wasser und kein Fahrgeld bezahlen musste und keine Kleider kaufte...

Im September '85 lag der Durchschnittslohn bei 33 Dollar. Allein die Kosten für eine gesunde Ernährung einer fünfköpfigen Familie betrugen 126 Dollar! Seit der Verkündung der neuen Politik liegt der Mindestlohn ständig unter 10% der von der Regierung ermittelten Lebenshaltungskosten einer fünfköpfigen Familie.

Mit dieser Rosskur konnte die Inflation gebremst, aber nicht gestoppt werden: Im ersten Jahr des neuen Systems stiegen die Preise für Kartoffeln um 120, für Teigwaren und Öl um 100, für Zucker um 60 und für Reis um 160 Prozent. Die Löhne wurden jedoch nicht angehoben. Die Märkte sind voll mit Lebensmitteln, aber die hungrigen Menschen können sie nicht bezahlen.

Mit Kokain finanziert: Billigimporte

Zugleich gibt es immer mehr Boutiquen für anspruchsvolle Kunden. Die Schmuggelmärkte quellen über von Stereo- und Videogeräten. Und verstopft werden nicht nur die Gassen durch neue Wagen der gehobenen Mittelklasse, sondern auch die Märkte durch importierte Lebensmittel: Peruanische Zitronen und Margarine, chilenische Hühner, Eier und Zwiebeln, argentinische Nudeln und Äpfel und brasilianischer Pulverkaffee verdrängen die einheimischen Artikel.

Womit werden die Importe bezahlt? Mit den Dollars, die die Zentralbank "am Schalter" kauft ohne nach deren Herkunft zu fragen. Als "Waschanlage" für Kokaingelder verfügt der Staat über genügend Dollar, um künstlich dessen Kurs und so die Inflation niedrig zu halten. Der niedrige Dollarkurs verbilligt die Importe derart, dass die legale Wirtschaft Boliviens der Konkurrenz des Weltmarkts nicht standhält und ein Betrieb nach dem anderen schliesst.

Die schonungslose Öffnung der Märkte ist erklärtes Ziel der Industrienationen und des IWF. Indem man diesen Freihandel im Falle Boliviens mit Hilfe der Drogenmillionen finanziert, sind die illegalen Gewinne der neuen Oligarchie hoffähig geworden - auf Kosten der legalen Branchen.

FIDEO GRANEADO

"gekörnte" Teigwaren

Teigwaren (z.B. Nudeln, Spiralen, kleine Makkaroni usw.), Öl, Salz, Wasser

Man brät die Teigwaren in etwas Öl (oder auch trocken) in der Pfanne, bis sie leicht braun werden. Dann siedet man sie in Salzwasser, das man so bemisst, dass die Teigwaren alles aufsaugen.
Diese Art des Nudelkochens geht zurück auf Phissara (s.S. 31) und "Arroz graneado" (s.S. 164). Oft kocht man die gerösteten Teigwaren direkt in der Sosse oder der Suppe. Bolivianische Teigwaren, die man nicht röstet, werden matschig. Die aus Chile, Brasilien oder Argentinien importierten lassen sich dagegen zubereiten, ohne sie vorher zu toasten. Offenbar haben sich die bolivianischen Teigwarenfabrikanten auf die Gewohnheiten des Volkes eingestellt.

"Marsch für das Leben und den Frieden" (Aus dem Bericht einer Teilnehmerin)

"Ab dem Dekret 21060 gab es fast elf Monate lang keine Löhne für die Bergarbeiter und in den Lagern begann der Hunger zu regieren. (...) So wurde die Unzufriedenheit Tag für Tag grösser, denn trotz des Plans der Lebensmittelhilfe, den sie mit Nicht-Regierungs-Organisationen ausarbeiteten, reichten die Lebensmittel nicht: Obwohl sie in diesem Programm Lebensmittel zu reduzierten Preisen verkauften, reichten diese für nicht mehr als zwei Wochen. Und der Monat hat dreissig Tage, nicht wahr? (...) So wurde die Situation schrecklich unerträglich, und deshalb haben die Bergarbeiter in einer Versammlung der Gewerkschaftsdelegierten beschlossen, einen Marsch von Oruro nach La Paz zu machen, den man den 'Marsch für das Leben und den Frieden' nannte. (...)
Nun, der Marsch hat mit so viel Solidarität rechnen können, dass in den Dörfern, wo wir vorbeikamen, die Leute mit Essen warteten. Sie hatten Posten organisiert, wo sie uns halfen. Sie rieben uns die Füsse mit Alkohol, behandelten unsere Blasen. (...) Und auf dem Weg begegneten wir immer wieder Campesino-Compañeras und Compañeros, sogar Kindern, die uns Essen anboten, die uns Frühstück gaben.
Einmal liess der Asphalt unsere Fussohlen stark schmerzen, und jemand hatte uns gesagt, dass es besser sei, auf Erde zu laufen. Also fingen wir an, über Nebenpfade zu gehen. Und dabei begegneten wir zwei kleinen Kindern (...). Und sie trugen eine Schüssel, und in dieser Schüssel hatte es reichlich "Tostado" (s.S. 43). Sie näherten sich uns, boten uns an und gaben dem Compañero, damit er sich etwas in die Tasche fülle.
"... nimm eine Handvoll mehr!"
"Danke"
"Noch eine!", so sagten sie ihm.
Und sie kamen auch, um mir geröstete Körner anzubieten, und der Junge sagte:
'Señorita, Du musst aufpassen. Um es schnell zu machen für Euch, haben wir die Steinchen nicht herausgelesen. Du musst aufpassen beim Essen.' So haben sie uns an vielen Orten zu essen gegeben."

Die Arbeiter und Hausfrauen, die den Marsch mitmachten, wurden eines Nachts, als sie schon in der Nähe von La Paz in einem Dorf übernachteten, von der Armee umzingelt.

"Da erhoben wir uns schnell, packten unsere Bündel und rannten hinaus auf die Strasse. Und als wir ankamen, waren schon viele Leute da. Das Heer liess niemanden durch, wir waren komplett umzingelt. (...) Paramilitärs drangen von oben ins Dorf und holten die Leute aus den Häusern. Sie trieben alle auf die Strasse. Nun, wir blieben dort, den ganzen Tag blieben wir dort. Und in der Nacht schliefen wir dort, mitten auf dem Altiplano, draussen. In dieser Nacht hat es viel geschneit, und wir waren am erfrieren. Von Zeit zu Zeit haben wir unsere Decken geschüttelt, um das Eis abzuschütteln. (...) Und so waren wir dort bis zum nächsten Tag.
Und das Heer liess kein Essen zu uns durch. Sie schnitten uns das Essen ab, das Wasser, alles. Sie liessen nichts herein. (...)
Vorne, den Soldaten gegenüber, sassen die Hausfrauen, diskutierten, sprachen, protestierten und weinten vor Wut, als wir sagten, dass wir nichts im Hause hatten, um unseren Kindern zu essen zu geben, dass wir nicht Komplizinnen des Verbrechens sein wollten, unsere Familien langsam sterben zu lassen an Krankheit, an Hunger, weil keine Lebensmittel da waren. Wir wollen nicht Komplizinnen des Mordes sein, unseren Mann ohne Nahrung in die Mine an die Arbeit zu schicken!"

Die Regierung hatte den Ausnahmezustand ausgerufen. Es gab Verhandlungen zwischen Regierungsvertretern und den Gewerkschaftsführern. Die Regierung forderte, den Marsch abzubrechen und in die Minenzentren zurückzukehren. Nach anderthalb Tagen und Nächten ohne Essen, ohne Schutz gegen die Kälte gaben die Arbeiter, gegen den Widerstand ihrer Frauen, von denen viele weitermachen wollten, auf.

"Und als wir aus dem Ring der Soldaten herauskamen, sahen wir, dass auf der Strasse viele Frauen waren mit ihren Kochtöpfen, mit selbstgekochten Getränken, mit allem, aber dass das Heer sie nicht zu uns durchgelassen hatte. Dort weinten die Leute.
Und als wir nach Oruro kamen, hatte es auch Leute auf der Strasse, die weinten und uns Lebensmittel auf die Lastwagen hochwarfen, als wir vorbeifuhren.
Und schliesslich kamen wir in unseren Distrikt. Dort warteten die Leute auf uns. Aber es war wirklich ein Gefühl der Niederlage."

So leidet auch die Landwirtschaft: Die Menschen in den Städten können weniger Nahrungsmittel kaufen und ziehen zudem wegen des günstigeren Preises die importierten vor.

Es lohnt sich nicht mehr, für den Anbau von Nahrung in Dünger zu investieren, die Hektarerträge sinken. Auch die Anbaufläche ist schon in den ersten Jahren (1985-'87) der "Neuen Politik" zurückgegangen: Die Bauern säten 69'000 ha weniger Mais, 10'000 ha weniger Weizen, 8'000 ha weniger Gerste und 22'000 ha weniger Reis. 1988 wurde ein weiterer Rückgang der Produktion gemeldet, vor allem bei Mais, Sorgum, Weizen und Reis. "Mit der Politik des 'freien Imports' produziert das Land 50% weniger Lebensmittel als 1985",[78] resümierte eine 1989 von der katholischen Kirche veröffentlichte Analyse.

Beim Reis war die Selbstversorgung in den sechziger Jahren erreicht worden. Noch in den unmittelbar vor der "Neuen Politik" liegenden fünf Jahren hatten die Bauern die Anbaufläche um 70% ausgeweitet. Nun zeichnet sich eine Entwicklung ab wie früher beim Weizen: Über die Hälfte der Importe stammte 1986 aus den USA, ein grosser Teil aus Argentinien. Besser geschält, reiner und billiger machen die Importe dem einheimischen Reis derart Konkurrenz, dass man die Anbaufläche in zwei Jahren um einen Fünftel verkleinerte.

Die EG subventioniert einzelne Kühe mit Beträgen, die über dem Jahresverdienst eines bolivianischen Campesinos liegen. Auch die US-Regierung ist der Ansicht, dass die Nahrungsmittelversorgung zu heikel ist, um sie den Marktkräften anzuvertrauen. Was für die Landwirtschaft reicher Länder gut ist, soll aber für bolivianische Campesinos nicht gelten: Schutzlos müssen sie sich gegen die subventionierte Konkurrenz aus anderen Ländern behaupten.

Immer wieder fordern die bolivianischen Bauerngewerkschaften ein Importverbot für Reis, Mais, Kartoffeln, Zwiebeln und Zitrusfrüchte. Doch die Regierung weigert sich. Einzig für Zucker dekretiert sie einen Einfuhrstopp. Die Interessen der Zuckerbarone sollen von der ausländischen Konkurrenz verschont bleiben.

Subventionen zugunsten billiger Nahrung für die Armen wurden gnadenlos gestrichen. Für den Export hat die Regierung dagegen Wechselkurs-Vergünstigungen von 40% des Ausfuhrwerts geschaffen. Damit ordnen sie und ihre ausländischen Berater die Versorgung der Bevölkerung dem Ziel unter, durch Exporteinnahmen die Schulden zu bezahlen.

Deutlich wird dies bei Soja: Finanziert durch USAID hat eine Privatfirma im äussersten Osten des Landes einen Getreide-Terminal gebaut, um Soja über den Paraguay-Fluss an den Atlantik zu verschiffen.

Gleichzeitig leidet unter anderem die staatliche Speiseölfabrik in Villamontes, die vor allem Soja verarbeitet, ständig an Rohstoffmangel. In

Mit der neoliberalen Wirtschaftspolitik hat die Nahrungsmittelhilfe zugenommen: Ein Arbeiter im Lager der CARITAS in Santa Cruz.

RELLENO DE PAPA

Gefüllte Kartoffelkugeln (werden spätnachmittags und abends auf den Strassen verkauft)

3 Pfund Kartoffeln, 1/4 Tl schw. Pfeffer, Salz
2 Zwiebeln, 4 El Öl, 1 El roterAjí, 1 Tomate,
2 Zehen Knoblauch, 1/4 Tl schwarzer Pfeffer,
250 g Rindfleisch (oder -hack), 1/2 Tl Zucker,
1 Tl Oregano, 1 Tl feingewiegte Petersilie,
2-3 Tl Rosinen ohne Kerne, 2 Eier, 3 gehäufte El Mehl, 1/4 Tl Backpulver, Oliven, hartgekochte Eier, Kopfsalat, Sarsa (s.S. 64)

Man schält die Kartoffeln, kocht sie in Salzwasser, holt sie heraus und lässt sie trocknen. Dann stampft man sie mit Pfeffer zu einem trockenen Brei und schmeckt mit Salz ab. Die Zwiebeln schneidet man in feine Streifen, dünstet sie im Öl, gibt den in etwas Wasser angerührten Ají, die geschnittene Tomate, Knoblauch, Pfeffer und schliesslich das kleingeschnittene Fleisch dazu. Danach mengt man den Zucker, Oregano und 1/2 Tasse des Kartoffelwassers bei und lässt alles kochen, bis die Sosse fast trocken ist, schmeckt mit Salz ab und gibt die Rosinen dazu. Die Eier verrührt man mit Mehl, Backpulver, 1/2 Tl Salz und etwas Wasser zu einem dickflüssigen Teig.
Nun formt man aus Kartoffelbrei in der Hand eine Hohlkugel, die man mit etwas Fleischsosse, 1 Olive und einem Stück gekochtem Ei füllt, bevor man sie mit der Masse verschliesst. Man flacht die Kugeln etwas ab, wälzt sie im Eier-Teig und brät sie im heissen Öl ringsum braun. Damit der Teig nicht von den Kugeln fliesst, während man die erste Seite brät, schwappt man mit der Kelle heisses Öl darüber.
Serviert wird mit Kopfsalat, den man fein schneidet, mit Öl übergiesst und mit Sarsa garniert.

den siebziger Jahren ist sie mit Entwicklungskrediten aus den USA völlig überdimensioniert gebaut worden. Durch die finanzielle Förderung des Soja-Exports gräbt nun die USA selbst ihrem damaligen Projekt das Wasser ab...

Die Prognosen sprechen für 1996 von Soja-Exporten im Wert von 124 Millionen Dollar. 1986 waren es erst 20 Millionen Dollar. Ob diese Voraussagen eintreffen, hängt ab von der Entwicklung der Weltmarktpreise, und die ist unsicher.

Auf dem Weltmarkt ist Soja vor allem als Viehfutter gefragt. Mit der proteinreichen Bohne lassen sich vortrefflich Milchpulver-, Fleisch- und Butterfettberge produzieren. Von uns Steuerzahlerinnen und -zahler in den Industrieländern finanziert und subventioniert landen diese schliesslich als Nahrungsmittel-"Hilfe" (unter anderem) in Bolivien, wo die Kleinbauern verzweifelt gegen diese Dumpingkonkurrenz kämpfen.

Auf der Strasse überleben

Nachdem Victor Paz das neoliberale Wirtschaftsdekret verkündet hatte, leisteten die Gewerkschaften sofort Widerstand.

Die Regierung antwortete, indem sie im Rahmen der internationalen Zinnkrise rund 80% der Bergarbeiter auf die Strasse setzte. Damit war die COB ihrer kämpferischen Vorhut beraubt. Die Schliessung von rund 70% der Industrie schwächte auch die Fabrikarbeitergewerkschaft - vormals die zweitstärkste Gruppe der COB.

Was von der ehemals mächtigen Organisation des Volkes übrig blieb, ist als politisches Gegengewicht zur Oligarchie zu schwach. Diese hält die COB relativ leicht im Schach. Das Volk hat damit sein Instrument verloren, mit dem es sich über Jahrzehnte hinweg politisch artikuliert hatte. Diese Verschiebung der Machtverhältnisse war ein ebenso tiefer Einschnitt in die Geschichte wie die Revolution von 1952.

Die Bergarbeiter mussten die Minensiedlungen verlassen und zogen in die Städte, wo sie jahrelang in improvisierten Zelten aus Plastikplanen kampiert haben, oft bei Temperaturen unter dem Gefrierpunkt...

Durch die Massenentlassungen ist die Arbeitslosigkeit auf 25% emporgeschnellt. Da es keine Arbeitslosenversicherung gibt, versuchen viele, sich mit Gelegenheitsarbeiten und Strassenhandel durchzuschlagen - der letzte Ausweg, danach kommen Betteln, Kriminalität oder Prostitution. Gestern produzierten sie in den Stollen den Reichtum des Landes, und ihre Streiks liessen die Herrschenden zittern. Heute stehen sie auf der Strasse und verkaufen importierte Schmuggelware: Schnürsenkel, Kaugummis, Aspirin, Armbanduhren, Kugelschreiber, Wagenheber, Poster leichtgeschürzter Frauen, Schlüsselanhänger, Glühbirnen...

In Hochhäusern den Müll auf die Strasse tragen, für bessergestellte Haushalte waschen, morgens Zeitungen verkaufen, für den Strassenverkauf Essen kochen: Jede und jeder ist Mikro-"Unternehmer" oder "-Unternehmerin", praktisch ohne Kapital, nur durch Einsatz von Zeit und Arbeitskraft, individuell ums Überleben kämpfend. Die Tätigkeiten in diesem "informellen Sektor" sind unproduktive Dienstleistungen: Selbst Kleinhandwerker müssen ihre Produktion einstellen; was sie herstellen, ist der Importkonkurrenz nicht gewachsen.

Wo immer es geht, versuchen die Menschen trotzdem etwas zu erzeugen. Wer Platz hat in seinem Innenhöfchen, pflanzt Kartoffeln oder Gemüse, züchtet Kaninchen, Meerschweinchen und Hühner oder "mästet" ein Schwein, das er die Strassen nach fressbaren Abfällen und Fäkalien absuchen lässt.

Wer die Wurzeln in seiner Heimatcomunidad noch nicht verloren hat, fährt dann und wann zu seinen Verwandten auf's Land und kauft dort direkt Kartoffeln, Chuño oder Gemüse. Diese tauscht er in der Stadt bei Nachbarn gegen andere Lebensmittel.

Das Geld reicht nur gerade für die Nahrung. Wenn's auch dafür nicht mehr langt, verkaufen die Familien ihren Hausrat. Wird jemand krank, so gibt es keine Reserven, um den Arzt oder Medikamente zu bezahlen.

Oft von der Polizei misshandelt, geschlagen, weggescheucht, höchstens geduldet sind die Kinder, die auf der Strasse arbeiten. In Stosszeiten schreien sie sich heiser, wenn sie den Zielort der vielen Busse und Kollektivtaxis ausrufen, um ein paar Centavos dafür zu kassieren. In der Morgenkälte warten sie schlotternd auf gehetzte Kunden, die sich vor der Arbeit im Büro noch die Schuhe putzen lassen. Zwischendurch steigen sie in Busse und verkaufen Schokolade, Kaugummis und "Lebensretter" - ringförmige Zuckerbonbons, natürlich importiert...

Immer mehr Strassenkinder werden geschnappt, wenn sie Benzin oder Lösungsmittel schnüffeln. Bei Kaffeeverkäuferinnen auf den Märkten gibt es die Billigdroge bereits portionsweise in Plastiktüten. Auf die Frage, weswegen sie schnüffeln, antworten sie: "Um den Hunger nicht zu fühlen."

Da sie arbeiten müssen, gehen sie nicht mehr zur Schule. 1985-1989 hat eine Million Kinder die Schule vorzeitig abgebrochen. Zudem widmen sich die Lehrer, mit etwa einem Fünftel des Existenzminimums hoffnungslos unterbezahlt, irgendwelchen "Nebentätigkeiten" und weniger dem Unterricht. Dieser leidet auch unter der sinkenden Konzentrationsfähig-

SILLPANCHO

Quechua: sillp'a = einfach, dünn, wenig Volumen
dünne, panierte Fleischstücke

200 g Rindfleisch, gemahlenes trockenes Brot, Salz, Kartoffeln, Zwiebeln, Tomaten, Locotos (Peperoncini), Öl, 3 Eier

Man schneidet das Fleisch in drei Stücke und klopft sie mit dem Morokho mit reichlich gemahlenem Brot. Dabei versucht man, dem immer flacher werdenden Fleisch eine gleichmässig runde Form zu geben. Wenn das Fleisch an der Unterlage kleben bleibt, muss man mehr gemahlenes Brot verwenden. Schliesslich sollten Fleisch und Brot nur noch so dünn wie ein Pfannkuchen sein. Inzwischen kocht man die geschälten Kartoffeln, schneidet sie in Scheiben und brät sie in etwas Öl. Aus den Zwiebeln, Tomaten und Locotos bereitet man eine Sarsa (s.S. 64).
Sind Kartoffeln und Sarsa bereit, brät man die dünnen Fleischstücke ("Sillpanchos") und gleichzeitig die Spiegeleier. Das Fleisch darf nur kurz braten, sonst wird es "Wellblech". Auf jeden Teller legt man einen Sillpancho, richtet das Ei darüber an, verziert es mit Sarsa und schichtet die Kartoffeln daneben auf.

Für den Oca-Anbau werden die Schollen mit dem Huisu aus dem Brachboden gestochen und und zum Trocknen aufgerollt *(kleines Bild)*. ***Dann werden sie zu Haufen aufgeschichtet und angezündet*** *(grosses Bild)*.

Tagelang glimmt das Wurzelwerk des Unkrauts. Während der Arbeit vergraben die Bauern Kartoffeln und Oca in die heisse Erde. Diese bolivianische Urform der Baked Potatoes wird als "Huatia" zu Mittag genossen.

AJÍ DE FIDEO

pikantes Nudelgericht der Strassen-Köchinnen

5 mittlere Zwiebeln, 1 grosse Tomate, 1 Zehe Knoblauch, 250 g Rindfleisch, 3 Zweige glatte Petersilie, 2 El roter Ají, 2 grosse Kartoffeln, 1 Handvoll frische, geschälte Erbsen, 250 g Teigwaren, Salz, Öl

Man schneidet Zwiebeln, Knoblauch, Tomate und Fleisch klein und brät alles in etwas Fett an. Dann gibt man die feingewiegte Petersilie dazu, den Ají, etwas kochendes Wasser und die geschälten und in Stücke geschnittenen Kartoffeln und zuletzt die Erbsen und Salz.
Dann röstet man die Teigwaren in wenig Öl in der Pfanne bis sie braun werden. Wenn die Kartoffeln fast gar sind, gibt man die braunen Nudeln in den Topf mit so wenig siedendem Wasser, dass sie zwar kochen können, aber dabei fast alle Flüssigkeit aufbrauchen, so dass ein relativ trockenes Gericht entsteht.

keit der Kinder. Oft schlafen sie vor Schwäche im Unterricht ein oder fallen in Ohnmacht.

Die grösste Last tragen die Frauen: Kochen und backen für den Strassenhandel, Kleinvieh züchten und Gemüse ziehen im Höfchen, Teilnahme an "Mütterklubs", um Lebensmittel in Empfang zu nehmen, nächtliches Strassenkehren (um im Rahmen von "Food for Work" Nahrungsmittel zu erhalten) und als letzte Möglichkeit die Prostitution - alles ist Frauenarbeit. Die Sorge um das Überleben der Familie wird immer mehr den Frauen aufgebürdet, die als soziale Stossdämpfer die Wirtschaftskrise auffangen müssen (daneben aber weiter den Haushalt machen, Kinder empfangen, austragen, zur Welt bringen, stillen und grossziehen).

Wer spricht da, mit welchem Recht, vom "schwachen" Geschlecht? Und wer hat angesichts derartiger Anstrengungen den Mythos vom "apathischen Armen" erfunden?

"Wir essen mittags, abends nichts..."

Wer nicht arbeitslos wurde, konnte nach der Verordnung der neoliberalen Politik zwei Drittel weniger kaufen, der Reallohnverlust betrug 65%. Die Nachfrage nach Lebensmitteln ging zurück: In La Paz sank der Fleischverbrauch von 90 auf 45 Tonnen täglich, in den Minengebieten von 13 auf 2 Tonnen.

Die wenigen nicht entlassenen Bergarbeiter nahmen nach dem ersten Jahr der neuen Politik 46% weniger Kalorien zu sich, Proteine assen sie 36% weniger.

Laut Angaben des lateinamerikanischen Instituts für Sozialforschung nahmen 1978 die Durchschnittsbolivianerinnen und -bolivianer 431.6 kg Nahrung pro Jahr zu sich. 1986 waren es noch 258.5 kg. Dabei haben sie den Verzehr von Eiern, Fleisch und Käse stärker verringert als den von Kartoffeln und Gemüse.

Eine weitere Studie nennt für 1982 einen täglichen Verbrauch von 1509 Kalorien und 41 g Protein. 1986 waren diese Werte auf 1020 Kilokalorien und 27 g Protein gesunken.

Die Menschen lassen immer mehr Mahlzeiten aus. Da die "Haus"-Frau den ganzen Tag mit "Nebenverdiensten" beschäftigt ist und kaum noch Zeit zum Kochen findet, besteht das Abendessen nur noch aus aufgewärmten Resten. Oder sie lassen es ganz weg: "Wir essen mittags, abends nichts. Mittags essen wir Suppe mit Kartoffeln, Reis und Zwiebeln, kein Fleisch", sagt eine Mutter. Eine andere berichtet: "Wir kennen Suppe - gekochtes Wasser mit Kartoffeln und Reis - und Kaffee. Das ist, was wir essen. Nun stellen Sie sich vor, wie es für jene ist, die noch ärmer sind."

"In Wirklichkeit hat der dritte Weltkrieg schon begonnen - ein stiller Krieg, in dem statt Soldaten Kinder an Unternährung sterben, in dem es statt Verletzten Arbeitslose gibt, anstelle von Waffen die Börsenkurse der Bankzinsen ...", zitiert Victor Codina, in Oruro arbeitender Jesuit, einen brasilianischen Gewerkschafter. "Die Priester (...) machen die Erfahrung", fährt der fort, "dass die Zahl der Nottaufen von Kindern, die in Todesgefahr sind, alarmierend steigt. Viele dieser Kinder sterben an einfacher Unterernährung. Wirklich, der Krieg hat schon begonnen."[79]

Der kulturelle Krieg

Von Krieg sprechen nicht nur jene, die versuchen, das Ausmass der Verelendung zu schildern:

"Im Krieg gibt es keinen Ersatz für den Sieg; und die Vereinigten Staaten befinden sich im Dritten Weltkrieg."[80] So beschrieb Anfang der achtziger Jahre der "Rat für Interamerikanische Sicherheit" im "Dokument von Santa Fé" seine Weltsicht. In diesem Papier formulierte er die Strategie der USA gegenüber Lateinamerika, die von den folgenden Regierungen weitgehend übernommen wurde.

"Der Krieg wird um das Bewusstsein der Menschheit geführt", erläuterte er. "Bewusstseinspolitik wird den Sieg erringen. (...) Wir [die USA] sollten Ideen und Vorstellungen exportieren, die individuelle Freiheit, politische Verantwortung und den Respekt für Privateigentum ermutigen."[81]

General Frederik F. Woerner, der damals als Befehlshaber des Südkommandos der USA für die militärische Umsetzung dieser Ziele zuständig war, formulierte später: "...wir müssen die fundamentalste Verantwortung auf uns nehmen - das Überleben unseres *way of life* zu garantieren..."[82] Und: "Die Demokratisierung in Lateinamerika sichert unsere Südflanke..."

Mit "Demokratie" ist aber nicht "Volksherrschaft" gemeint. Dies wird im zweiten, 1988 verfassten Santa-Fé-Papier deutlich: Danach gilt jegliche staatliche Einmischung in die "autonome Sphäre der zivilen Gesellschaft" als undemokratisch, denn "das dirigistische Regime setzt sich selbst zunehmend an die Stelle der Initiative der Bürger"[83]. Lateinamerika habe einen Hang zu Systemen mit Staats-Interventionismus, was aber allein durch demokratische Regierungsformen nicht überwunden werden könne: "Das eigentliche Problem ist jedoch kulturell (...) Die soziale Kultur

REFRESCO DE PIÑA

Ananas-Getränk

Die Schale einer gut gewaschenen Ananas, 3 cm Zimtstange, 1-2 Nelken, 2 Tassen Zukker, 2-3 l Wasser

Man kocht die Zutaten eine halbe Stunde, lässt sie abkühlen und siebt das Getränk. Kalt servieren.
Die Frauen sind mit zwei Eimern ausgerüstet: Im einen das Wasser, mit dem sie die Gläser spülen, im anderen - mit einem Dekkel gegen den Strassenstaub - das selbstgekochte Getränk. Dies schöpfen sie mit der Suppenkelle ins Glas, und wenn man getrunken hat, gibt's "Yapa", eine halbe Kelle Rabatt.

In der andinen Kultur galt Arbeitskraft derart viel, dass Faulheit zu den drei schlimmsten Sünden zählte.
Heute herrscht dagegen Arbeitslosigkeit. So wie diese Verkäuferinnen selbstgekochter Getränke in Potosí verlieren verlieren Zehntausende ihre Zeit mit stundenlangem Warten auf Kundschaft.
(Bild Seite 175)

und das System müssen modelliert werden, um die demokratische Gesellschaft zu schützen."

Christen aus sieben Dritte-Welt-Ländern beschrieben in einem gemeinsamen Dokument diese kulturelle Offensive 1989 aus der Sicht der Opfer:[84]

"Die kolonialistischen und imperialistischen Kräfte haben auf den Widerstand des Volkes mit der Einführung verschiedener Programme reagiert, mit denen der Widerstand gebrochen werden soll (...). Konfrontiert damit, dass Völker der Dritten Welt als neue historische Grösse in Erscheinung treten, haben sie etwas entwickelt, was sie für eine modernere Antwort auf diese Entwicklung halten. Dies hat verschiedene Namen: 'low intensity conflict' (LIC), 'low intensity' Krieg, totaler Krieg, totale Strategie, totale Sicherheit.

Eine Bäuerin erzählt:

"Früher (...) standen wir um vier oder fünf Uhr morgens auf und bereiteten eine Mahlzeit. Damals machten wir einen guten Teller Chuño mit Kartoffeln, mit Käse und ein bisschen Charque. Das ass [unser Mann] und ging gut gesättigt. Jetzt aber, da unsere Einkäufe weniger wurden und wir wenig Nahrungsmittel nach Hause bringen, ist das Einzige, was wir geben können, eine Tasse Sultana [Schale der Kaffeekirsche] mit einem Stück Brot, oder manchmal nur Pito. Das ist das Einzige, was sie essen, also sind sie auch schwächer, um zu arbeiten.
Die andere Mahlzeit, die man macht, ist sein Proviant den er mitnimmt und der vor allem aus Chuño mit ein bisschen Ají und Kartoffeln besteht. Manchmal, je nach Jahreszeit, haben wir auch Mote. Hin und wieder, wenn wir auf den Markt gehen, haben wir Glück und verkaufen unsere Produkte gut. Dann [gibt es] ein wenig Pansen, ein bisschen Darm, das, was man schliesslich [beschaffen] kann, für den Proviant. Dann kommt am Nachmittag schon die Suppe und das Abendessen, das auch die Mahlzeit für die Nacht ist. Aber jetzt nicht mehr. Das haben wir auch aufgegeben, jetzt ist es nur noch ein Mahl, nun gibt es nicht einmal mehr Tee (= traditionelle Zwischenmahlzeit)...
So haben wir also vieles reduziert, auch für die Kinder. Früher nahmen sie den Tee mit einem, zwei Brötchen. Jetzt ist es auf dem Land nur noch Pito und, wenn es gibt, Süppchen. Manchmal machen wir Quinua mit Milch, aber sehr selten. Meist ist es nur Kaffee, Kaffee mit Brot, Sultana mit Brot, Tee mit Brot. Und wir machen den zweiten Gang oder wir machen Suppe, eins von beidem."[85]

Eine Frau aus der Stadt berichtet:

"Seit die Krise begonnen hat, ist die Situation schwieriger geworden. Wir kaufen schon seit drei Jahren keine Milch mehr für die Kleinen, ich gebe ihnen nur noch Essen und Maisgetränk. Oft essen wir auch kein Fleisch. Ich besorge Knochen, und das lasse ich einen Augenblick kochen und bewahre sie dann auf für den nächsten Tag. Eier kennen wir nicht mehr. Ich kaufe auch Innereien vom Rind, das ist billiger, denn das Fleisch ist sehr teuer. Zu Mittag essen wir nur einen Teller, entweder Suppe oder zweiter Gang mit ein wenig Fleisch. Abends, wenn ich nichts von der Suppe vom Mittagessen übrig habe, mache ich Reis, das ist alles. Am Morgen essen wir alle Kaffee mit Brot."[86]

Für die Imperialisten mag dies ein 'low intensity'-Konflikt, ein Konflikt mit geringer Intensität, sein, aber für die Bevölkerung der Dritten Welt ist es ein totaler Krieg. Der LIC benutzt alle militärischen Waffen ausser den nuklearen. Es wird nicht nur die Infanterie eingesetzt, sondern auch die Artillerie, Kampfhubschrauber, gepanzerte Fahrzeuge (...). Anders als im herkömmlichen Krieg konzentriert man sich im totalen Krieg auf die psychologische und ideologische Kriegsführung. (...) Das Santa-Fé-Dokument nennt ihn den 'kulturellen Krieg'. Dabei wird versucht, all jene zu diskreditieren, die sich für Veränderung einsetzen, indem sie Kommunisten genannt werden. Gleichzeitig wird versucht, die Regierung als demokratisch darzustellen."[87]

Die "Neue Politik" in Bolivien trägt den Stempel des neoliberalen Fundamentalismus der Santa-Fé-Papiere: Eine Minderheit entscheidet im Namen der Demokratie, dass die Mehrheit zu (ver-)hungern habe. Und wie immer, wenn es um "kulturellen Krieg" geht, wenn "Bewusstseinspolitik den Sieg erringen" soll und eine Weltmacht "Ideen und Vorstellungen exportieren" will, spielt das Essen seine Rolle. Erinnern wir uns: Die Geruchs- und Geschmacksorgane bestimmen schon beim Kind über seine Wahrnehmung der Umwelt. Das Schmecken des Kindes dient dazu, seinen Geschmack zu bilden. Und "Geschmack ist immer etwas, das seine Bildung den spezifischen Wertschätzungen gesellschaftlicher (...) Einheiten verdankt".[88] Mit anderen Worten: Das Essen ist ein entscheidender Teil der kulturellen Identität.

"Sie ist auf keinen Fall weich"

"Bolivien kann bald eine US-Truppenstationierungszone (...) in Übereinstimmung mit der Ideologie der Nationalen Sicherheit (...) und 'Low-Intensity-Conflict'-Praxis werden. Erzbischof Sainz von La Paz hat diese Praxis scharf in Frage gestellt. Erhöhte US-Nahrungs- oder Finanzhilfe ist nun völlig verdächtig", schrieb 1989 ein US-Priester an Catholic Relief Services. James A. Taylor, Oberstleutnant der US-Armee, ist zum gleichen Schluss gekommen: "Humanitäre Hilfe in einem Low-Intensity-Conflict ist ebenso verteidigungsorientiert wie das Liefern von [militärischer] Ausbildung und Technologie." Kommentar: "Sie ist auf keinen Fall weich."[89]

"Schwangere Frauen haben ihr Kind verloren. Wir gehen hin, weil es sonst keine Arbeit gibt, nicht für uns und nicht für unsere Männer", klagt eine Frau auf einem Treffen von Nahrungsmittelhilfe-Empfängerinnen in La Paz. "Sie bezahlen uns einen Hungerlohn, der die Arbeit nicht aufwiegt."[90]

Sie alle arbeiten in den "Food for Work"-Programmen der Stadtverwaltung. Vom Bau der Kanalisation bis zur Strassenreinigung bezahlt diese die Löhne nur noch mit Lebensmitteln, seit durch die neue Wirtschaftspolitik die öffentlichen Ausgaben - "zwecks Inflationsbekämpfung" - drastisch gekürzt wurden. Lebensmittel aus den Industrieländern haben vielfach das Geld ersetzt, allein von 1985 auf '86 wurde die Nahrungsmittelhilfe praktisch verdoppelt. Jeder Empfänger der Hilfe erhielt durchschnittlich 36 kg Lebensmittel - 1970 waren es noch 800 g gewesen.

Kirchliche Quellen rechneten für 1989 mit einer Lebensmittelhilfe im Wert von 350 Millionen Dollar. Das entspricht dem halben Wert aller im Inland erzeugten Agrarprodukte. Einheimische Lebensmittel werden einerseits durch die ausländischen Agrarsubventionen benachteiligt. Andererseits arbeitet die eigene Regierung gegen die Bauern: Sie befreite die "Hilfs"-Importe von der Mehrwertsteuer.

In Achacachi, einem Ort auf dem Altiplano mit besonders rebellischer Aymara-Tradition, fallen dem Reisenden zwei Sachen auf: der Stützpunkt des bolivianischen Heeres und das überwältigende Übergewicht des Brotes auf den Verkaufsständen rings um den Hauptplatz. Soll das Brot des Herrschers im Magen des Beherrschten nur die Situation erträglicher machen und politische Sympathie wecken, oder soll es im Bereich des Essens die kulturelle "Überlegenheit" der Mächtigen beweisen?

Die Unvereinbarkeit

Schroffe Kontraste bestehen zwischen andiner Bauernkultur und dem als Demokratie getarnten Prinzip "freie Bahn dem Mächtigen". Dies äussert sich in den folgenden *Gegensätzen*:

Mangel contra Umverteilung: Ansehen, Autorität und Macht erlangt man in den Anden durch Umverteilung. Die Macht der Curacas und des Inkas beruhte auf der Verwaltung und Umverteilung der von den Mitayos erzeugten Vorräte. Auch in der andin-kolonialen Comunidad dienen die Feste dem Prestigegewinn durch Umverteilung. Wer ein Amt ausübt, muss seine Ersparnisse für die Gemeinschaft verbrauchen. Wer empfangen will, muss geben. In der westlichen Kultur dagegen erringt soziale Geltung, wer Güter anhäuft. Ohne dieses Akkumulationsprinzip wäre die Marktwirtschaft undenkbar. Die Vertreter des (Neo-)Liberalismus treiben das individuelle Recht auf Güteranhäufung auf die Spitze, indem sie die Eingriffe der Gemeinschaft, mit denen man Härten mildern könnte, ablehnen. So basiert die Macht letztlich auf gezielt erzeugtem Mangel.

Privateigentum contra Andines Bodenrecht: Wie vor hundert Jahren im Liberalismus möchten die Vertreter des Neoliberalismus das Land dem Grundstücksmarkt zuführen. "Sie beabsichtigen, neue Latifundien auf dem Altiplano und in den Tälern zu bilden, transnationale Agrarunternehmen mit ausländischem Kapital zu schaffen. Und indem hier die kleinen Campesino-Produzenten ihr Land verlieren, werden sie zu Lohnarbeitern der Fremden und verwandeln sich in ein Agrarproletariat."[91]

So analysierte 1988 eine Bauernversammlung in Oruro den Entwurf für ein neues Agrar-Entwicklungsgesetz. Galt nach der Agrarreform von 1953 theoretisch der Grundsatz "Das Land demjenigen, der es bearbeitet", so sah der Entwurf vor, dies abzuändern in "Das Land demjenigen, der für den Markt produziert". Und ein Bulletin US-amerikanischer, katholischer Missionare stellte fest, das Ziel des Entwurfs sei, die rund viertausend noch existierenden Comunidades aufzulösen. In diesen gilt wenigstens zum Teil noch das andine Bodenrecht: gemeinschaftliches Eigentum bei individueller Nutzung.

Essen und andine Sitten

Gefeiert wird der Geburtstag eines Sohnes. Ein deutscher Freund und ich waren einigermassen pünktlich und sitzen nun mitten am Nachmittag etwas verloren in der guten Stube, während hinten in der Küche, die in der Ecke eines Höfchens liegt, noch eifrig gearbeitet wird. Nach einer Weile bringt man uns je eine zugebundene Plastiktüte mit selbstgebackenen Keksen. Wir wundern uns etwas über die Art, das Gebäck zu servieren, aber da wir sonst nichts zu tun haben und die Gespräche mit den anderen Gästen noch etwas zäh fliessen, öffnen wir die Tüten und fangen an zu essen. Spätestens beim gehäuft vollen Teller mit Kartoffeln, Chuño, Tunta und Huhn, der etwas später serviert wurde, habe ich dies bereut. Wo in meinem Magen sollte ich diese Mengen unterbringen?

Ich war Opfer meiner Unkenntnis: Wenn man Gäste einlädt, dann serviert man nicht nur Essen während des Festes, sondern gibt ihnen auch etwas mit nach Hause. Dafür war die Kekstüte also bestimmt...

In Sucre gilt dies nicht nur bei Festen. Vielmehr pflegen viele Familien den Brauch, einen vollen Teller den am nächsten wohnenden Nachbarn zu schicken, wenn sie besonderes Essen kochen. Und wenn man von einem Gericht zuviel hat, ruft man andere dazu: Besser ist teilen als das Essen verkommen zu lassen.

Überhaupt gilt alleine essen als unfein. Wer andere nicht zum Essen einlädt, gilt als "Mich'a" (Quechua), als Geizhals. Das gilt auch innerhalb der Familie: Zwischen den Mahlzeiten alleine in der Küche etwas zu essen, ist verpönt. Das geht soweit, dass es als höchst unfein gilt, beim Kochen von dem Gericht zu probieren!

Unvorhergesehenem Besuch darf man keine Reste anbieten, sondern muss ihm etwas frisches kochen. Reste werden vielmehr anderntags aufgewärmt und als "Khoñichi" (Quech.: Aufgewärmtes) als gemeinsame Zwischenmahlzeit verzehrt.

Nach jeder Mahlzeit bedankt man sich. In der Stadt und in den Quechua-Regionen antworten alle auf das "Danke" des Einzelnen mit einem "Provecho!", der Kurzformel von "Buen provecho!" (Span.: "Guten Appetit!"). Bei den in ihrer Höflichkeit sehr förmlichen Aymara des Altiplano von La Paz gehört es zum guten Ton, sich nach dem Essen bei jeder Person zu bedanken, die am Mahl teilgenommen hat.

CHICHA DE MANÍ

Unvergorene Erdnuss-Chicha

1/2 - 1 Tasse Maismehl, 3 l Wasser, etwas Zimtstange, Zucker, 1 Tasse geröstete Erdnüsse

Man kocht den Mais mit Wasser und Zimtstange rund drei Stunden lang. Dann gibt man Zucker nach Belieben dazu und hat ein "Refresco de maiz", ein einfaches Maisgetränk.
Nun mahlt man die Erdnuss mit etwas Wasser zu einem sehr feinen Brei. In Bolivien mahlt man diesen auf dem Batán solange, bis sich das braune Öl der Erdnüsse absondert. Dieses hebt man gesondert auf und gibt es kurz vor dem Servieren in das kalte Getränk, so dass Fettaugen obenauf schwimmen. Wenn wir die Nüsse im Mixer mahlen, wird uns das kaum gelingen. Aber selbst so erhalten wir ein angenehmes Getränk, wenn wir den Brei in das Maisgetränk geben und sehr gut umrühren.

Geringschätzung contra optimale Nutzung der Arbeitskraft: Der Wert der Arbeitskraft zwang den Inka dazu, den Ayllus ihre Automnomie zu belassen. In der Kolonialzeit war Arbeitskraft eine derartige Mangelware, dass auch die Spanier viele Grundzüge der Ayllus respektieren mussten. Selbst in der Republik vor der nationalen Revolution hielt der Wert der Arbeitskraft die weissen Bolivianer davon ab, die "heroische Methode" der "einfachen Ausrottung der indianischen Rasse" anzuwenden. Heute muss ein grosser Teil des Volks seine Zeit und Kraft in unproduktiven Dienstleistungen verschwenden - und darbt, denn durch die Öffnung des Landes importiert Bolivien nicht nur Konsumgüter und Nahrungsmittel, sondern vor allem Arbeitslosigkeit. Der Wert der Arbeitskraft hatte jahrhundertelang der andinen Lebensweise einen gewissen Schutz geboten. Nun ist Arbeitskraft wertlos, der Schutz fällt weg. Die Arbeitskräfte und damit die Menschen sind überflüssig geworden.

Damit erreicht der Angriff auf die Kultur der Anden eine neue Qualität: Der kulturelle Krieg ist nicht nur in Dokumenten erklärt worden. Er wird auch geführt.

Das kulinarische Schlachtfeld

Beängstigend wie ein möglicher Hinterhalt muss die ungezähmte Llajhua den Verfechtern genormten Ketchups erscheinen. Anbeter von Standard-Hamburgern wittern in einer "Salteña" mit undefinierbarem Inhalt eine Falle. Bei trüben Maisgetränken oder gar den braunen Fettaugen auf der "Chicha de maní" ekelt sich, wer auf die scheinbare Transparenz von Coca-Cola schwört. Und wer schliesslich Brot für hygienisch hält, weil es weiss ist, dem müssen Chuños, diese Schrumpelknollen, als Horrorvision erscheinen. Auf! Die Lanze zum Kampfe gesenkt, ihr weissen Ritter der properen Industriemenüs!

"Sie geben uns Nahrungsmittel, die unsere Gewohnheiten verändern",[92] stellten Teilnehmerinnen des Treffens von Lebensmittel-Empfängerinnen fest. Die Rationen enthalten oft Artikel, die durch die industrielle Verarbeitung zuerst ungewohnt sind, dann aber den Hunger nach mehr wecken. Familien, die bisher ihre Lebensmittel traditionellerweise frisch kauften, haben so Büchsenfleisch und -fisch kennengelernt und nun auch Konservendosen in ihren Speiseplan aufgenommen. Viele sind auch auf den Geschmack der Pulvermilch gekommen und kaufen sie auf dem Markt. Schritt für Schritt wird Bolivien Absatzgebiet für die Produkte transnationaler Konzerne wie z.B. Nestlé. Dabei ist es vorerst nicht entscheidend, ob die Leute sofort die teuren Markenartikel kaufen. Wichtig ist vielmehr, dass sich entsprechende Konsum-Muster durchsetzen.

Niemand bezweifelt, dass Büchsen weniger nahrhaft sind als frische Lebensmittel, Päckchensuppe weniger gehaltvoll als eine hausgemachte "Lawa". Aber da die Frauen sich um das Überleben der Familie kümmern müssen, wird die Zeit immer knapper; der Griff nach dem Fertig- oder Halbfertigprodukt (z.B. Teigwaren) liegt nahe.

Es scheint abwegig, dass sich Menschen, wenn sie weniger Geld haben, zum Kauf teurerer Nahrung verleiten lassen. Jedoch spielen da sozialpsychologische Faktoren eine Rolle, die sich wirtschaftlicher Logik entziehen. Beispiele gibt es bei uns genug: Der Schnorrer in der Fussgängerzone geht zum Würstchenstand und kauft eine Bratwurst für seinen Hund. Ein Passant ärgert sich, nicht über die Tierliebe des Bettlers, sondern, dass der Hund mit teurem Luxusfleisch von fragwürdigem Nährwert gefüttert werde... Während sich der Nachwuchs des hochbezahlten Rechtsanwalts mit vergleichsweise primitiven Holzklötzen vergnügt, spielen Kinder von Sozialhilfe-Empfängern oft mit ferngelenkten Autos, die schnell kaputt gehen und gemessen am Einkommen der Eltern übermässig teuer sind. Wer arm ist, konsumiert deswegen nicht "rational".

Und so nuckeln auf den Strassen bolivianischer Städte Kleinkinder der Bettlerinnen an almosenfinanzierten Zuckerstengeln - Süssigkeiten, mit deren Verkauf sechs- bis siebenjährige Jungen zu überleben suchen. Importierte Süssigkeiten überschwemmen die bolivianischen Gassen und Märkte: Kaugummis, Bonbons, Limonaden, "Flips", "Chips", "Crackers", "Snacks" und "Crunchies"... Feilgeboten werden sie von Armen, gekauft von der Mittelschicht, oft aber auch von Ärmsten.

Im Norden des Kontinents nennt man all diesen fett-und zuckerhaltigen Luxus "Junkfood", "Plunder-" oder "Müll-Nahrung". In Boliviens Strassen ist der überteuerte Plunder mittlerweile leichter zu finden als Quinua, Pito de Cañawa, gekochten Tarwi oder andere hochwertige Anden-Nahrung.

Der Junkfood-Markt ist hart umkämpft. Die Werbefeldzüge der Limonadenfirmen setzen schonungslos auf die Not und erzeugen falsche Hoffnungen: Wer mit Buchstaben, die innen auf die Flaschendeckel gedruckt sind, ein bestimmtes Wort schreiben kann, darf an einer Verlosung teilnehmen. Oder für eine bestimmte Zahl von Flaschendeckeln gibt es Bleistift und Lineal für die Schulkinder, Utensilien, die ohne den Umweg über gefärbtes Zuckerwasser wesentlich billiger zu kaufen wären...

Die Kampagnen haben Erfolg. Ein Methodistenpastor berichtet von Säuglingsflaschen, die mit Coca-Cola statt Milch gefüllt sind. Der katholische Sender "Radio Santa Cruz" beklagt, dass die Bolivianer mehr Coca-Cola als Milch trinken. Für das Phänomen, dass vom Geld der Armen ein Teil in Form gefärbten Zuckerwassers durch die Kehlen rinnt, anstatt

REFRESCO DE LINAZA RETOSTADA

Getränk aus gerösteten Leinsamen

2 El Leinsamen, 2 l siedendes Wasser, 1 Stück Zimtstange, 1/2 - 1 Tasse Zucker

Man kocht das Wasser mit dem Zimt. Dann röstet man die Leinsaat in einer Pfanne mit Deckel, wobei man schüttelt, damit die Samen nicht anbrennen. Die gerösteten Samen gibt man in den Topf und kocht sie sechs Minuten, bevor man das Getränk vom Herd nimmt.
Der Zucker schmilzt man in einem kleinen Pfännchen und lässt ihn braun, aber nicht zu dunkel werden. Dann rührt man ihn in das noch heisse Getränk.
Kalt servieren.

Dieses Süssen mit caramelisiertem Zucker ist das Grundrezept für eine Reihe von "Refrescos". So kann man z.B. getrocknete Pfirsiche (mit Stein) zusammen mit Zimt znd Nelken etwa eine Stunde lang auskochen und versüsst und färbt das Getränk ("Refresco de mokho chinchi") anschliessend mit dem caramelisierten Zucker.

Oft genug werden diese Getränke mit geliehenen Zutaten "spontan" gekocht, um z.B. das Geld für's Abendbrot aufzutreiben. Verzweifelt den Trank ausrufend irren diese Frauen dann mit ihrem Eimer in den Gassen umher, denn die guten Plätze sind meist schon von anderen Verkäuferinnen besetzt.

PUKACAPAS

"Rotdeckel"

3 Tassen Mehl, 3 Tl Backpulver, 8 Tl Zucker, 1 Tl Salz, 3 Eier, 3 gehäufte El Fett, ca. 3/4 Tassen lauwarme Milch
1 grosse Zwiebel, 2 El Öl, 2 El roter Ají, 1/2 Tl Salz, 250 g Käse (z.B. Feta), 2 hartgekochte Eier, Oliven, Locotos

Aus Mehl, Backpulver, Zucker, Salz, Eiern, Fett und Milch knetet man einen Teig.
Die feingeschnittene Zwiebel dünstet man in Öl, gibt nach einer Weile den in etwas Wasser aufgelösten Ají dazu, lässt alles kochen, bis die Zwiebel gar und die Sosse ziemlich trocken ist, nimmt die Pfanne vom Feuer und mischt den geriebenen Käse dazu.
Nun wallt man den Teig aus und schneidet Kreise von etwa 10 cm Durchmesser. Auf die Hälfte der Teigrondellen verteilt man die Zwiebel-Käse-Füllung zusammen mit Stücken der gekochten Eier, Locoto-Streifen und je einer Olive. Nun legt man die anderen Teigstücke obendrauf, drückt den Rand ringsum sehr gut an und bördelt ihn wie die Naht bei den Salteñas (s.S. 10).
Nun erhitzt man 1 - 2 El Öl, löst 2 El roten Ají in Wasser auf und kocht ihn kurz im Öl. Mit dieser Sosse bemalt man die fertigen Pukacapas und bäckt sie etwa 20 Min. im heissen Ofen. "Puka" heisst "rot" auf Quechua, und wenn wir richtigen Ají haben, werden die Empanadas rot aus dem Ofen kommen. Wenn wir uns mit Paprika behelfen, die leicht verbrennt, bemalen wir sie erst, wenn sie heiss aus dem Ofen kommen.

Um die Pukacapas warm zu halten, verbrennt die Strassenverkäuferin im unteren Teil ihres Verkaufskastens Holz von Obstkisten. *(Bild auf Seite 181)*

dass damit Eier, Milch oder Fisch gekauft würden, haben Soziologen den Ausdruck "kommerziogene Unterernährung" geprägt.

Die industriell genormten Import-Süssigkeiten verdrängen vergleichbare einheimische Artikel, denn auf der Strasse verkaufte Schleckereien sind keine Neuigkeit in Bolivien: Der Stammbaum der "Tawa tawas" (mit Zuckersirup übergossenes Schmalzgebäck), "Chamuñas" (caramelisierter Zucker mit Erdnüssen), "Tablillas" und "Coquitos" (s.S. 66) reicht bis in die Kolonialzeit zurück. Die überlieferten Spezialitäten werden meist von den Strassenverkäuferinnen zu Hause selbst zubereitet. Nur die "Confites", die Zuckerkugeln aus Potosí, stammen von einem spezialisierten Gewerbe.

Auch bei den Zwischenmahlzeiten hat die kulturelle Invasion begonnen: In der Vorhut verkauft sich die "Hamburguesa" abends an hunderten von fahrbaren Ständen. Als Haupttrupp marschieren die "Salchichas" (Wienerwürstchen), unterstützt vom "Hotdog", den "Papas fritas" (Pommes frites) und dem Sprachbastard "Pollo broaster" (Broasted Chicken). Die etwa 1987 im Strassenverkauf aufgetauchte Pizza schlägt sich wacker in der Nachhut...

Mathematik bei Tisch

"Sag mal schnell eine Zahl!"
"Fünf."
"Und Du auch."
"Drei."
So fragte sie alle am Tisch nach einer Zahl, rechnete kurz und fing dann an, das Alphabet aufzusagen. Bei "P" stoppte sie und fing an zu sinnieren: "Pedro? Pepe? Pablo...?"
Ich verstand gar nichts, machte mir aber erst Gedanken, als sich nach wenigen Minuten das Gleiche wiederholte. Diesmal war "J" dran: "Juan? José...?"
Ich überlegte und kam auf eine Idee: "Sag mal, erwartest Du ein Kind und suchst einen Namen?"
Das hätte ich nicht fragen sollen! Schliesslich war sie noch ledig, wenn auch frisch verliebt. Beleidigte Gesichter, aber keine Auskunft...
Erst später klärte mich jemand auf: "Wenn Dir beim Essen etwas vom Löffel oder gar aus dem Mund fällt, dann denkt gerade jemand an Dich. Um herauszufinden, wer es ist, müssen alle am Tisch spontan eine Zahl sagen. Die Zahlen addierst Du und ziehst dann die Anzahl Personen, die mitessen, ab. Sagen wir, das Resultat sei die Zahl Drei: Dann zählst Du im Alphabet bis zum dritten Buchstaben, also bis zum C. Dann denkt jemand an Dich, dessen Vornamen mit C beginnt."
Das leuchtet ein. Aber ich habe nie herausgefunden, ob es nur mit dem spanischen Alphabet geht oder ob das Spiel auch mit dem deutschen ABC funktioniert.

5.15437
PLAY BOY

Das Mädchen bietet Gelatinepudding an. Mit der Cholera geht selbst das Einkommen solcher Kinderarbeit für das Überleben verloren: Die potentielle Kundschaft zweifelt an der Sauberkeit der feilgebotenen Speisen.

Nationale Zwischenmahlzeiten geraten in die Defensive. Doch noch sind sie nicht geschlagen, zu gross ist ihre Vielfalt: Das heisse Maisgetränk "Api" hat sich frühmorgens mit schmalzgebackenen "Pastelitos" verschanzt, unterstützt von den "Llauch'as", die sich am Vormittag von Salteñas ablösen lassen. Deren Widerstand bröckelt aber: Schon gibt es Firmen, die in La Paz "Salteñas" nach "ihrem" Rezept herstellen, mittels Fernsehwerbung anpreisen und Ketten von Verkaufsbuden aufziehen. So ist die Mittelstands-Salteña auf dem besten Weg, wie die Hamburger zur Norm zu konvertieren, während die Volks-Salteña mit der Krise zu einem Kartoffel-Krapfen mit Maggiwürfelaroma verkommt.

Den an tausend Strassenecken gekochten Mittagessen folgen knusprig gebratener Rinderdarm, eine Abteilung charakteristischer Sandwiches und (je nach Jahreszeit und Region) "Humintas", um der kulinarischen Belagerung zu trotzen. Dem Eindringling schon fast erlegen ist dagegen der Gelatinepudding, den man früher aus Kuhfüssen kochte, nun aber meist aus importiertem Pulver anrührt. Abends halten dann die "Rellenos de Papa", "Sillpanchos" und "Anticuchos" (gegrilltes Rinderherz) beim Licht einer blakenden Funzel bis tief in die Nacht die Stellung. Fauchen und Geruch der Kerosenkocher simulieren die Atmosphäre einer Schlacht, und die Scherzwortgeplänkel der Kunden mit den schlagfertigen Köchinnen stärken die Moral der Truppe.

Hoffentlich hält sie dem Angriff stand! Ob das Volk von Hand zubereitetes Essen vom Acker des Campesinos isst, oder industriell aufbereitete Nahrung aus dem Ausland, hat mehr als nur wirtschaftliche Auswirkungen. "Essen" im menschlichen Sinn ist nicht nur Auftanken mit Kalorien und Proteinen, sondern ein kultureller Akt, Teil der sozialen Beziehungen, des seelischen Wohlbefindens und der kulturellen Identität. Schon Brillat Savarin bemerkte: "Das Schicksal der Völker hängt von dem ab, was und wie sie essen."[93]

Pachamama oder Tod?

Das scheinen auch radikale Indigenisten zu empfinden, die sich vermehrt zu Wort melden. Sie schlagen vor, "die Besetzungen der unterdrückerischen und kapitalistischen Städte in die Länge zu ziehen, bis Strassen und Plätze den Geruch der pflanzlichen Coca angenommen haben, mit Geruch nach Feuer und Erde, Geruch nach Indio-Campesino."[94] Übersetzt in psychologische Begriffe heisst dies: Sie wollen die mit dem Oralsinn elementar und sinnlich wahrnehmbare Heimat-Atmosphäre wieder in Städten durchsetzen, die von einer fremden Kultur besetzt sind.

Doch zuerst zur Geschichte des Indigenismus: Seit der Kolonialzeit haben die Ayllus und Comunidades ihre Tribut- und Arbeitsverpflichtungen gegenüber der Krone und später dem bolivianischen Staat erfüllt. Sie haben dafür vom Staat im Rahmen der Gegenseitigkeit die Respektierung ihrer Interessen, die Einhaltung der Gesetze und dementsprechend einen gewissen Schutz erwartet. Nach andinem Rechtsverständnis ist dies immer ein ungeschriebenes Abkommen der vertikalen Gegenseitigkeit zwischen der andinen Gesellschaft und dem "weissen" Staat gewesen. Immer wenn dieser durch Überausbeutung oder Landraub die Gegenseitigkeit missachtete, kam es zu bewaffneten Aufständen der Campesinos, um das Recht wieder herzustellen.

Auch nach der Revolution von 1952 hat sich nach andiner Rechtsauffassung ein Gegenseitigkeitsverhältnis zwischen Campesinos und dem nationalrevolutionären Staat entwickelt. Dieser hat ihnen durch die

Lebensmittelhygiene I

Laut einer Untersuchung des Gesundheitsministeriums gibt es in La Paz 36'000 Personen im Alter zwischen 10 und 50 Jahren, die auf der Strasse Essen verkaufen. 85% davon sind Frauen. Durchschnittlich sollen die angebotenen Gerichte 568 kcal und 23 g Proteine enthalten, aber auch eine ganze Menge unerwünschter Mikroben: Über die Hälfte der untersuchten Speisen war mit Aerobiern, 30% mit Kolibakterien, 65% mit Pilzen und Hefen und 14% mit Koli-Fäkalbakterien belastet.

Die Köchinnen stammen vorwiegend aus Stadtteilen, die nur einige Stunden am Tag mit Wasser versorgt werden, das sie zudem an öffentlichen Zapfstellen beziehen müssen.

Andererseits beseitigen die herumstreunenden Schweine nicht alle Fäkalmasse. Diese zerfällt dann von der Sonne getrocknet zu Staub. Wo es keine Kanalisation gibt, verrichten Hunderttausende ihre Notdurft auf der Strasse. In Windwirbeln über der Stadt kann man das Spiel der tanzenden Papierfetzen beobachten, die ihren letzten hygienischen Verwendungszweck bereits hinter sich haben... Entsprechend ist die bakterielle Qualität des vom Wind in grossen Wolken über die ganze Stadt verteilten Staubs: in Zeiten der Cholera tödlich!

Als Lösung des Problems, das nicht nur Bolivien betreffe (bei solchen Peinlichkeiten macht es sich gut, darauf zu verweisen, dass man nicht alleine steht), wird vorgeschlagen, ein lateinamerikanisches Gesetzeswerk für den Strassenverkauf von Speisen auszuarbeiten. Sollte man nicht stattdessen eine leistungsfähige Wasserversorgung und Kanalisation bauen?

LLAUCH'AS

Aymara: llauch'i = etwas schlüpfrig Dickflüssiges

1/2 Tasse Reis, 250 g Käse, 3 Tassen Mehl, 1 El Zucker, Salz, 1 Tl Trockenhefe, 3 gehäufte El Fett oder stattdessen 6 El Öl, gut färbender roter Ají

Den Reis verkocht man mit 3/4 l Wasser gründlich und drückt ihn anschliessend durch ein Sieb, so dass ein feiner Brei entsteht, den man mit dem geriebenen Käse vermischt. Je nach Käse muss man den Brei nachsalzen.

Die Hefe löst man in 1/2 Tasse lauwarmem Wasser auf und lässt sie quellen. Nun siebt man das Mehl in eine Schüssel, gibt den Zucker und 1 1/2 Tl Salz, die Hefe und das geschmolzene Fett dazu und knetet alles mit lauwarmem Wasser zu einem elastischen Teig, den man fünfzig Mal mit aller Kraft auf das Knetbrett schlägt und an einem warmen Ort gehen lässt.

Dann wallt man die Masse etwa 3 mm dünn aus, schneidet Kreise von 15 cm Durchmesser und gibt je 2 El von der Füllung darauf. Nun klappt man die Kreise zusammen, drückt den Rand sehr gut an und bördelt sie wie die Salteñas (s.S. 10). Die Naht bleibt aber an der Seite, so dass die fertigen Empanadas wie Halbmonde aussehen.

Einen Löffel der Füllung behält man zurück und färbt ihn mit Ají. Damit bepinselt man die fertigen Krapfen, lässt sie auf dem Blech kurz aufgehen und bäckt sie im heissen Ofen.

An Stelle des verkochten Reises verwendet man häufig einen Mehl-Wasser-Brei. Die heutzutage auf der Strasse angebotenen Llauch'as enthalten oft nur noch diesen gesalzenen Mehlpamp, der Käse ist der Krise zum Opfer gefallen.

PASTELITOS FRITOS

im Fett gebackene Krapfen

500 g Mehl, 2 Tl Backpulver, 3 Tl Zucker, etwas Salz, 1 1/2 El Fett, lauwarmes Wasser, 1 grosse Zwiebel, 1 1/2 Tassen geriebenen Käse (Feta), 1-2 Locotos (Peperoncini), Fett zum Backen, Puderzucker

Man verknetet Mehl, Backpulver, Zucker, Salz und die nötige Menge warmen Wassers zu einem mittelweichen Teig.
Zwiebel und Locotos schneidet man in kleine Würfelchen und mischt sie mit dem geriebenen Käse.
Man wallt den Teig sehr dünn aus, schneidet Kreise, gibt etwas Füllung darauf, verschliesst die Krapfen ohne sie zu bördeln und bäckt sie im heissen Fett. Damit sie sich gut aufblähen, schwappt man mit der Kelle etwas heisses Fett über sie, wenn man die erste Seite bäckt. Anschliessend bestäubt man sie mit Puderzucker und isst sie heiss.

Nur mit Käse gefüllt werden diese Krapfen morgens zusammen mit "Api", einem heissen, dickflüssigen Maisgetränk, verkauft, vor allem in Oruro und Cochabamba.
Alternativen für die Füllung: Ají mit Käse oder Eiweiss-Schnee mit Käse (das Eigelb knetet man dann in den Teig).

Agrarreform teilweise das Land zurückgegeben und auch Bürgerrechte zugestanden. Die Herrschenden missbrauchten dieses andine Verständnis der Gegenseitigkeit zur Manipulation der Bauern bis hin zum Militär-Bauern-Pakt. Nach den Massakern im Tal von Cochabamba (1974) verlor dieser seine Legitimität.

Entsprechend sind ab den siebziger Jahren immer mehr Gruppen mit einer Indio-Ideologie entstanden. Sie betrachten die kulturell-ethnische Dimension des Konflikts zwischen andiner Gesellschaft und dem "weissen" Staat als den Grund-Widerspruch. Sie beziehen sich auf Tupaj Katari, den Führer des Aufstands von 1781, und werden deswegen "Kataristas" genannt.

Nach langer Zeit der Manipulation durch MNR und Militärs haben sich die Campesinos Ende der siebziger Jahre einigermassen unabhängig organisiert, was nicht zuletzt ein Verdienst des Katarismus war. Mit Strassenblockaden gegen ein Paket von IWF-Wirtschaftsmassnahmen legten sie im Dezember '79 die Nation lahm.

Viele erschraken über die Kraft des "erwachenden Riesen", und seither wird der ländliche Raum mit einer verwirrenden Vielfalt von Entwicklungsprojekten bombardiert. Ein Schwarm von Nicht-Regierungs-Organisationen versucht, die ideologische und politische Führung auf dem Land zu übernehmen.

Es sieht so aus, als wolle man den andinen Giganten wieder einschläfern, in der Hoffnung, dass er die Entwicklungshilfe-Projekte akzeptiere und so die Gegenseitigkeit wieder ins Gleichgewicht komme. (Dabei sage ich bewusst "es sieht so aus...", denn ich habe andererseits in verschiedenen Projekten auch Menschen kennengelernt, deren persönliches Engagement zugunsten der Befreiung des Volks ich nicht bezweifle. Und viele andere Mitarbeiter in Nicht-Regierungs-Organisationen hegen keine bösen Absichten, sondern wollen schlicht ihren Arbeitsplatz behalten.)

Wie Pilze vermehren sich Sekten fundamentalistischen Zuschnitts, die nicht nur durch Hilfsprojekte Seelen kaufen, sondern diesen auch die Teilnahme an den gemeinsamen Arbeiten, Festen und Fussballspielen der Comunidad untersagen - eine Verletzung der Regeln andinen Gemeindelebens, das gerade durch die Feste, das gemeinsame Essen und Trinken zusammengehalten wird.

So erzeugen sie zusätzliche Konflikte unter den Bauern, denn oft sind es aktive Charaktere, die sich für eine Mitgliedschaft in einer Sekte entschliessen, die das moralische Vakuum der bestehenden Gesellschaft scheinbar zu füllen weiss. Teilweise besteht eine erstaunliche Verträglichkeit indianischer Werte - z.B. des Arbeitsethos - mit der Sektenmoral. Die Harmonie besteht allerdings nur innerhalb der Gruppe, die sich vom Rest der Comunidad abkapselt.

Noch in den siebziger Jahren sind die Bergarbeiter-Siedlungen das Ziel der militärischen Repression gewesen. Gegen Ende der achtziger Jahre, nachdem die Kraft der Bergarbeitergewerkschaften gebrochen war, hat sich das Operationsfeld in den ländlichen Raum verlagert. Selbst die US-Armee schickt Ärzte, Zahnärzte, Veterinäre und Ingenieure, um bei den Campesinos auf dem Altiplano, in den Tälern und im Chaco "Kopf und Herz" zu erobern.

Offensichtlich misstraut man in La Paz und Washington den Nachfahren jener Bauern, die unter Tupaj Katari "die grösste Rebellion der gesamten spanischen Kolonialgeschichte"[95] organisiert haben. Nach wie vor sind sie mit rund der Hälfte der Bevölkerung die grösste soziale Klasse. Sie sind die Erben der rechtmässigen Eigentümer des Landes, die Produzenten des grössten Teils der im Land gegessenen Lebensmittel.

Lebensmittelhygiene II

Wir betreten das Lager der "Stiftung gegen den Hunger" in Oruro. Es ist in einer geräumigen Halle untergebracht, die ursprünglich erbaut wurde, damit die Campesinos unter hygienischen Bedingungen ihre Produkte direkt vermarkten können.
Nach etlichen politischen Querelen dient sie nun als Lager jener ausländischen "Hilfs"-Nahrung, welche den Bauern den Markt verengt und das Land in Abhängigkeit hält.
Zwei Arbeiter wischen gerade den Betonboden. An den Rändern der Halle finden wir aber reichlich Katzenkot - ein Zeichen für eine zahlreiche Mäusebevölkerung. Die zusammengekehrten Mehlhaufen sind mit Mäusedreck durchsetzt, viele Säcke sind aufgenagt.
Von den drei Lagern von Nahrungsmittelhilfe-Programmen in Oruro sei dies noch das sauberste, klärt mich mein Begleiter auf. Die Lager von Caritas und OFINAAL seien wegen des Mäuse-Gestanks unerträglich, während hier die moderne Halle einigermassen Bedingungen biete, die Plage zu bekämpfen. Auf dem Land klagen Campesinos, dass die Mäuse zugenommen haben, seit die Mütternklubs Lebensmittelspenden empfangen. Zudem erregt eine neue, besonders grosse Rattenart Alarm. In La Paz tauchte sie zuerst in jenem ansonsten sauberen Mittelschichtsviertel auf, in dem das Krankenhaus der Sozialversicherung liegt, wo man die Patienten mit Nahrungsmittelhilfe ernährt...
Über die gesundheitlichen Folgen des mit Ratten- und Mäuse-Urin und -Exkrementen verseuchten Mehls für die Patienten liegen keine Daten vor.
Aber mein Begleiter - als Amtstierarzt arbeitete er oft auf dem Land - ist überzeugt, dass viele Campesinokinder an den verpesteten Lebensmitteln gestorben seien.

API

Heisses Maisgetränk

In der Morgenkälte an irgendeiner Strassenecke genossen, ist dies ein erlesenes Frühstück: Der dünnflüssige Maisbrei hält die Hitze in einer besonderen Weise; man fühlt die Wärme jedes Schlucks bis zum Magen hinunter. In La Paz gehören Llauch'as, anderswo Pastelitos fritos (nur mit Käse oder nicht gefüllt) dazu. Nicht selten kostet ein guter Api mit Pastelitos mehr als ein Mittagessen an einer Strassenecke.
Das folgende Rezept ist europäisiert: Da wir den violetten Mais nicht bekommen können, ist der Api mit Kirschen gefärbt. Original lässt man das Maismehl oft einige Tage gären. Den damit erreichten säuerlichen Geschmack erzielen wir durch Zitronensaft.
In Bolivien wird Api zunehmend aus Instant-Mischungen gekocht.

2 l Wasser, 1 1/2 Zimtstange, 10 Nelken, 120 g sehr feines Maisgriess, 150 g Zucker, 500 g schwarze Kirschen, 2 - 3 Zitronen

Man rührt das Maisgriess ins Wasser und kocht es mit Zimt und Nelken gut eine Stunde auf kleiner Flamme (öfter rühren!). Daneben setzt man die Kirschen mit ein wenig Wasser und einem Teil des Zuckers auf und verkocht sie. Anschliessend drückt man sie durch ein Sieb, damit Kerne und Haut entfernt werden. Den so gewonnenen "Farbstoff" rühren wir nun in die eine Hälfte des Maisgetränks und schmecken mit Zucker (muss sehr süss sein) und Zitronensaft ab. Man serviert in hohen Gläsern, wobei man den violetten zum weissen Api gibt ohne zu mischen.
Wenn man in Tassen serviert, braucht man sich die Mühe nicht zu machen und färbt allen Api.

Und nicht zuletzt verfügen sie mit ihrem kulturellen Erbe über eine relativ eigenständige Identität, die für jeden antikolonialen Freiheitskampf unabdingbar ist.

Mitte der achtziger Jahre hat ein Ethnologe die politische Taktik der Kataristen beschrieben, indem er sie mit der Landwirtschaft der Anden verglich: So wie die Bauern eine möglichst grosse Zahl von Produkten in verschiedenen Mikroklimaten und auf verschiedenen ökologischen Stockwerken anpflanzen, um sich gegen Katastrophen abzusichern, so würden sie auch in der Politik auf verschiedene politische Parteien des "weissen" Staates setzen. Nach dem neoliberalen "Vertragsbruch" sind aber die Töne zumindest eines Teils des Katarismus schärfer geworden:

"Unser Kampf der einheimischen Nationen wurde von den Mächtigen der parasitären bürgerlichen, kreolischen und kolonialen Kaste weder in Betracht gezogen noch tiefgehend behandelt. Nicht einmal die sogenannten linken marxistisch-christlichen Parteien, Schwätzer und Fälscher des ursprünglichen Marxismus, haben es verstanden, unserem Kampf der verschiedenen Aymara-, Quechua- und Tugiguaraní-Nationen seinen Platz zu geben..."[96] So leitete die Gruppe "Rote Offensive der tupak-kataristischen Ayllus" ihren "Vorschlag einer politisch-gewerkschaftlichen Erklärung" ein, den die politische Kommission des IV. Kongresses der Bauerngewerkschaften Mitte 1989 als Minderheitenpapier verabschiedete.

Sie wendet sich an die "Rassenbrüder der schwarzhaarigen Pachamama" und analysiert: "Wir subventionieren die unterdrückerischen Städte mit unseren Agrarprodukten, damit auf dem Tisch des bürgerlichen Schweins die leckeren Gerichte nicht fehlen und seine Weiber mit vollen Backen gierig essen."[97]

Die "Rote Offensive" äussert sich auch zur Nahrungsmittelhilfe: "...sie bringen uns ausländische Lebensmittel, vergiftet und verseucht mit Atombomben, Atomkraftwerken und Aids, um sie uns zu verteilen, und uns zwischen Familien und Brüdern wie Hunde um den Knochen streiten zu lassen. (...) Wir leben von fremden Sachen und warten darauf, dass die Gringos uns ihre verfaulten Reste schicken, die sie von ihren Müllhaufen zusammengesammelt haben."[98] Und ebenso drastisch ist ihr Aktions-Vorschlag: "Unser Protest muss gewaltsam sein, unsere Strassenblockaden bewaffnet, Lebensmittelblockaden, um die weissen Städter zu zwingen, ihre Kinder, Ratten, Hunde, Katzen etc. zu fressen, so wie bei der glorreichen Belagerung von Tupaj Katari und Bartolina Sisa ..."[99]

Gut informierte Quellen berichten, dass die "Rote Offensive" von einer weissen Ausländerin geführt werde. Formulierungen wie "bürgerliche Schweine" erinnern wirklich an den Jargon gewisser Teile der Linken aus den Industriestaaten. "Pachamama oder Tod!" lautet eine der Parolen, und man dürfe nicht "in den Irrtum des Westens und den Machismo verfallen, wo der Mann alles sein will".[100] Die Forderung "unsere CSUTCB [nationale Bauerngewerkschaft] muss von einer Frau geführt werden"[101] klingt für Bolivien reichlich exotisch. Zwar sind in der andinen Kultur Mann und Frau in der Aufteilung der Haus- und Landarbeit gleichwertig, aber eine politische Führung durch eine Frau entspricht weder der Tradition des Katarismus noch der des Inkareichs, das als Ziel des Rassenkampfes propagiert wird: "Es lebe die Wiederkehr des letzten Inkas Túpak Katari! (...) Nur wenn wir unser Indio-Campesino- und Arbeitergewehr in die Faust nehmen, (...) werden wir eine triumphale Rückkehr zu unserer grossartigen Vergangenheit in einer verbesserten Form unserer natürlichen und kosmischen Philosophien erleben, unser soziales, politisches und wirtschaftliches Leben zum Funktionieren bringen und unsere unsterbliche kollektivistische und kommunitaristische Moral glänzen lassen: NICHT LÜGEN, NICHT STEHLEN, NICHT FAUL SEIN..."[102]

Indigenistische Strömungen haben (wie die meisten oppositionellen Richtungen in Bolivien) von Anfang an Geld aus dem Ausland erhalten. Neben echter Solidarität spielt bei vielen Europäern eine Rolle, dass sie aus Enttäuschung über die Defizite des Abendlands ihre Wünsche als Idealisierung auf andere Kulturen projizieren: die Winnetou-Krankheit des weissen Mannes - oder in diesem Fall vielleicht der weissen Frau?

Anscheinend besteht aber bei einer wachsenden Zahl von Betroffenen eine Bereitschaft, derartige Idealisierungen der Vergangenheit für bare Münze zu nehmen - Ausdruck eines sich zuspitzenden Konflikts.

"Es ist klar, dass die nordamerikanischen Truppen unsere andine Kultur töten wollen." Zu diesem Schluss kommt auch das auf dem gleichen Bauern-Kongress von der Mehrheit verabschiedete Papier. "Sie sagen: Damit es in Bolivien keine Cocablätter mehr gibt, müssen wir die andine Kultur ausrotten..."[103] Das Dokument endet jedoch nicht mit der Rückkehr zum Inkareich, sondern mit einem langen Forderungskatalog. Dazu gehören "Sofortige Einstellung aller Programme der Nahrungsmittelhilfe" und eine "zweite Agrarreform", die unter anderem die juristische Anerkennung der verschiedenen einheimischen Gemeindeformen und die Enteignung des unproduktiven Grossgrundbesitzes enthält. "Als strategisches Ziel" will die Mehrheit der Delegierten, die ethnische und kulturelle Konfliktachse stärker als früher betonend, "durch eine Revolution einen neuen sozialistischen Staat ohne Unterdrücker und Unterdrückte aufbauen und alle Arten von Diskriminierung abschaffen und ein harmonisches Leben und den definitiven Frieden im Volk der Aymara, Quechua, Guaraní und anderen [Völkern] finden."[104]

BUÑUELOS

Im heissen Fett gebackene Teigfladen

700 g Mehl, 1 Ei, 1/2 Tl Anis, 1 El Zucker, 1/2 Tl Salz, etwas Kaisernatron oder Backpulver, Fett zum Backen

Man verarbeitet die Zutaten mit der nötigen Menge Wasser zu einem sehr weichen Teig, so weich, dass er an den Händen kleben bleibt.
Deswegen macht man die Hände nass, um die flachen Fladen zu formen, die ein Loch haben müssen. Diese bäckt man im heissen Fett, wobei man sie mit einem Stock oder Draht wendet und schliesslich herausholt.
An diesem Draht über der heissen Pfanne aufgehängt lässt man das Fett abtropfen.
Man übergiesst die Fladen mit einem Sirup aus aufgelöstem Natur-Rohzucker (s. Sopaipillas, S. 77). Frisch schmecken sie am besten.
Buñuelos werden nicht nur auf der Strasse gebacken und verkauft, sondern auch als Brot-Ersatz zu Hause, wenn z.B. kein Brot erhältlich ist, da die Bäcker streiken oder das Brot wegen Spekulation vom Markt verschwindet...

manteca Karina

Süsse Kartoffel - bittere Quinua?

Die Kartoffel aus den Anden löste vor zweihundert Jahren in entscheidenden Momenten die Landwirtschaftsprobleme der alten Welt. Heute hungern die Nachkommen der Erfinder dieser Wunderknolle.

Von ihren Äckern aber kommen neue Produkte in die Regale unserer Läden, z.B. Quinua. Und dies geschieht wieder in einer Zeit, in der die europäische Landwirtschaft Probleme hat: Die ökologischen Grenzen sind erreicht, viele Menschen suchen nach gesünderem Essen.

PURÉ DE PAPAS

Kartoffelpüree

1 kg trockene, mehlige Kartoffeln, 1 Tl Salz, 3/4 Tl schwarzer Pfeffer, 1/2 Tasse Milch, 1 El Öl (oder besser: flüssige Butter), 1 Ei

Man schält die Kartoffeln und kocht sie mit Wasser und 1 Tl Salz. Sind sie gar, giesst man das überflüssige Wasser ab, zerstösst die Kartoffeln, gibt Pfeffer, Milch und Butter dazu und mischt gut. Dann stellt man den Topf wieder auf den Herd, schlägt das Ei hinein und rührt kräftig bis das Püree schön locker wird.

"Es fällt nicht schwer zu glauben, dass ein 'Ckochala' [Bewohner Cochabambas], als er in Paris in einem Restaurant sass, nach dem 'Garçon' rief, der ihm auf weissem Papier das 'Menu' brachte. Und der Zufall wollte es, dass der 'Ckochala', der nicht französisch konnte, auf ein 'Purée de pommes de terre' zeigte. Der Señor musterte den Teller, den ihm der herausgeputzte Ober brachte, roch daran, rührte mit der Gabel um und sagte schliesslich zum wartenden Kellner:
- Bah! Gehn Sie zum Kuckuck mit Puré! Dem sagt man bei mir zuhause 'Papa ñuthuscka' [zerquetschte Kartoffel]!"[105]

Bild auf der Doppelseite 188/189: Die auf den Märkten angebotenen Nudeln sind aus Importweizen hergestellt. Der Teigwarenkonsum verdoppelt sich alle sieben Jahre. Dies ist einer der Gründe für die Schwierigkeiten der Kleinbauern, ihre Quinua zu verkaufen.

Wie man die Campesinos für den Wert der Kartoffel bestraft

Was die Andenbauern der Welt geschenkt haben...

Geradezu unvorstellbar wären die ungarische Küche ohne Paprika, die griechischen und türkischen Gerichte ohne eingelegte Peperonis, die indischen Curries ohne Chili, die indonesischen und chinesischen Gerichte ohne Sambal Oelek und die afrikanischen Rezepte ohne Pili Pili. All diese "Pfeffer" und selbst die Gemüsepaprikas stammen vom Ají ab, der von den Bauern aus den Anden und Zentralamerika in Kultur genommen wurde.

Bohnen und Tomaten sind aus unserer und der südeuropäischen Küche nicht mehr wegzudenken, Kürbisse wurden weltweit zu einem wichtigen Gemüse. Avocados essen wir gern als Delikatesse, Cashew-Nüsse und auch Ananas aus der Dose sind längst ein selbstverständlicher Genuss.

Mais ist nach Weizen und Reis zum drittwichtigsten Getreide geworden. Doch wer denkt beim Kochen mit Maizena, Mondamin oder Maiskeimöl, beim Frühstück mit Cornflakes oder beim Polenta-Essen an die Bauern der Anden, die an seiner Züchtung entscheidend beteiligt waren? Wer entsinnt sich beim Knabbern von Erdnüssen oder Popcorn der Landwirtschaftskunst der Anden? "Mehr als die Hälfte unserer heutigen Lebensmittel verdanken wir den Andenbauern (...) - Pflanzen und Früchte, die inzwischen in Europa so heimisch geworden sind, dass man an ihren amerikanischen Ursprung nicht mehr denkt",[106] meint ein Standardwerk über das Inkareich.

Bezüglich der Zahl der bekannten Nahrungsmittel mag dies übertrieben sein, aber auf die wirtschaftliche Bedeutung indianischer Lebensmittel trifft die Aussage zu: Schon in Irland, wo sich die Kartoffel zuerst verbreitete, war sie die Nahrung der Armen. Die Engländer hatten ihren Anbau gefördert, um dem hungernden Volk eine Existenz zu schaffen, bei dem es nicht leben und nicht sterben konnte. Die auf marginale Böden verdrängten Iren verdanken angesichts der Straf-Feldzüge der Engländer - unter Cromwell reduzierten diese die Bevölkerung durch Massaker und Hunger um fast die Hälfte - ihr Überleben als Volk der Kartoffel.

In der Schweiz nahm im 18. Jahrhundert die Aufzucht von Vieh und die Exportproduktion von Käse derart zu, dass der Ackerbau zurückging und die Ernährung der Armen ernsthaft gefährdet war. Als Ersatz für das seltener angebaute Getreide setzte sich ab 1717 die Kartoffel durch. In Russland (und Polen) war es die Kartoffel, die "als letzter Notanker verhinderte, dass eine der Willkür einer rücksichtslos herrschenden Oberschicht ausgelieferte Bauernschaft an Hunger und Entkräftung zugrunde ging".[108]

Friedrich der Grosse hatte den Wert der Kartoffel erkannt: Durch ihren Anbau kann man auf der gleichen Fläche fast soviel Eiweiss und die doppelte Menge Kohlehydrate erzeugen wie mit Getreideanbau. Dies erlaubte Preussen, unabhängig von Lebensmittelimporten Krieg zu führen.

Die Qualität der Kartoffelproteine ist zudem höher als die der meisten anderen in Europa bekannten Nahrungspflanzen. Und nicht zuletzt ermöglichte die Kartoffel, die ländliche Arbeitskraft besser zu nutzen: Ihre Aussaat und Ernte erfolgen nach jenen der Getreide. Damit konnte man einen zeitlich verschobenen, zusätzlichen Anbauzyklus einführen und benötigte für die gleiche Produktionsmenge weniger Hände. Für die aufstrebende Industrie wurden Arbeitskräfte freigesetzt.

1807 stellte die "Anleitung zur Kenntnis der belgischen Landwirtschaft" fest, dass durch "Bepflanzung [der Felder] mit Kartoffeln dreimal soviel Leute ernährt werden können, als dies durch Bestellung mit Weizen geschehen würde".[109] Das ermöglichte den Unterhalt einer grösseren Zahl nicht-landwirtschaftlicher Arbeitskräfte, die als Heimarbeiterinnen und -arbeiter für die aufkommenden Textilmanufakturen arbeiteten: "Die Nahrung der Spinner bestand nahezu ausschliesslich aus Kartoffeln, die 'wohlfeile Kost' der Erdäpfel als Ursache der 'wohlfeilen Spinnerei', also der niedrigen Löhne, - dieser Zusammenhang zwischen billiger Kartoffelnahrung und dem Wachsen und Gedeihen der Manufaktur war den Vertretern der (...) Manufakturbourgeoisie durchaus bewusst."[110]

Der Volkswirtschaftler Friedrich List schilderte 1844 die Folgen dieser niedrigen Löhne: "Ich habe Reviere gesehen, wo der Hering an einem an der Zimmerdecke befestigten Faden mitten über dem Tisch hängend unter den Kartoffelessenden von Hand zu Hand herumging, um jeden zu befähigen, durch Reiben an dem gemeinsamen Tafelgut seiner Kartoffel Würze und Geschmack zu verleihen."[111] Da die Frauen sowohl in Landwirtschaft und Heimarbeit als auch in der Fabrik mitarbeiten mussten, waren Pellkartoffeln das häufigste Gericht, denn sie sind schnell zubereitet. Die Kartoffel war die billigste Nahrung, ermöglichte die niedrigsten Löhne, die höchsten Gewinne und die schnellste Anhäufung von Kapital. Ähnlich wie heute in Bolivien der Importweizen, erfüllte sie den Zweck, die Armen ruhig zu halten - allerdings mit einigen wichtigen Unterschieden: Sie wurde im Land selbst erzeugt und die durch sie ermöglichten Gewinne im Inland investiert. Sie war nicht nur Krisenmanage-

PHASANKALLA

Popcorn

Popcorn-Mais, etwas Öl

"Wir schauten eine Weile zu, wie man die 'Phasankalla' macht, den Mais, der wie eine Blume aufgesprungen ist. Der Indio kann ihn so aufplatzen lassen, indem er sich des sehr feinen, weissen Sandes bedient, den man in einigen Regionen am Ufer des [Titicaca-] Sees findet. Das Vorgehen ist ganz einfach und interessant. In Ton-Kochtöpfe oder 'Jiukkis' genannte Röst-'Scherben', die man aufs Feuer setzt, bis sie sich erwärmen, schütten sie etwas von dem Sand und eine Handvoll speziellen Mais. Mit ein paar kleinen Schäufelchen aus Holz rühren sie ununterbrochen, bis er aufblüht wie eine schöne weisse Blume. Dann leert man alles in einen gebrannten Tontopf, dessen Boden voller Löcher ist und der dazu dient, den Sand vom Mais zu trennen."[107]

Wir geben etwas Öl in einen hohen Topf und erhitzen es. Dann geben wir nicht zuviel Maiskörner hinein und erhitzen weiter, wobei wir ständig rühren, damit die Körner nicht einseitig anbrennen. Wenn sie anfangen zu platzen, decken wir den Topf zu und schütteln ihn auf dem Herd, bis die Explosionen aufhören. Dann holen wir die geplatzten Körner heraus und würzen sie nach Belieben. In Bolivien wird Phasankalla entweder gesalzen oder gezuckert gereicht.

DESAYUNO

Frühstück

pro Person: etwas Tee-(oder Kaffee-)konzentrat, 3 El Zucker, 1-2 Weissbrötchen zu 50-60g

Dies ist das typische Frühstück, wie es auf der Strasse verkauft, aber auch zu Hause gegessen wird.

Man bereitet das Teekonzentrat, indem man das Kraut in einem kleinen Gefäss mit einer Tasse heissen Wassers überbrüht. Immer wenn das Konzentrat aufgebraucht ist, giesst man wieder heisses Wasser nach. Man verwendet das Kraut, bis es keine Farbe mehr abgibt.
Man gibt den Zucker in die Tasse, giesst ein bisschen Konzentrat dazu, füllt mit heissem Wasser auf und trinkt alles zu den beiden Brötchen.

ment, sondern eine wichtige Stufe in der Treppe des europäischen Aufstiegs.

"Die Verpflanzung der Kartoffeln in die Länder jenseits der Ozeane bedeutet wohl das grösste Geschenk Amerikas an den Rest der Welt. Die Verpflanzung hat den ungeheuren Aufschwung seit dem 18. Jahrhundert und noch mehr seit der Mitte des 19. Jahrhunderts ermöglicht. (...) Man hat errechnet, dass der Geldwert der europäischen Kartoffelernten der letzten hundertfünfzig Jahre bei weitem den Wert aller Metalle übersteigt, die in dem fast dreifach längeren Zeitraum seit der spanischen Eroberung von Peru nach Europa ausgeführt wurden", stellte Hans Horkheimer 1960 fest.[112]

... und was man ihnen jetzt dafür gibt

Ein Widerspruch: Im letzten Jahrhundert beschleunigte günstige Kartoffelnahrung die Industrialisierung Europas, während heute die Kartoffel in ihrer Ursprungsregion in den Anden aufgrund der Preisvorteile des Weizens unter Druck gerät. Die Kartoffel ist der wichtigste indianische Beitrag zur Industrialisierung, aber jetzt leben die Nachkommen jener Bauern, die sie gezüchtet haben, im Abseits. Ihr physisches und kulturelles Überleben ist bedrohter als zuvor. Sie haben wirtschaftlich keine Reserven mehr. Die Entwicklungsrichtung weist nicht aus der Krise hinaus, sondern tiefer hinein - zumindest solange in Bolivien und bei uns die Mechanismen des Markts und der wirtschaftlichen Konzentration weiterfunktionieren wie bisher.

Die von der Kartoffel begünstigte Industrialisierung hat ihrerseits im europäischen Feldbau die Steigerung der Produktivität ermöglicht. Nach dem zweiten Weltkrieg ist schliesslich die Landwirtschaft selbst zunehmend industrialisiert worden. Das Agrar-Konzept der EG deckt sich weitgehend mit dem der USA. Auch in Europa schneidet die Preis-Kostenschere immer mehr Bauern den Existenzfaden durch. Wer überleben will, strampelt sich ab im Laufrad der Überschussproduktion: Mehr erzeugen, um die sinkenden Einnahmen zu kompensieren...

Um das Bauernsterben zu bremsen, beschneiden Regierungen und EG-Gremien jedoch nicht (zugunsten der Bauern) die Macht der Nahrungsmittelwirtschaft, Banken und Landmaschinen- und Düngerkonzerne. Vielmehr hat man wie in den USA zum Mittel der Subventionen gegriffen. Von diesen "kommt aber tatsächlich der kleinste Teil direkt den Bauern selbst zugute. Hauptbegünstigte der EG-Subventionspolitik sind die Nahrungsmittelindustrie, die sogenannten 'Flaschenhalsbetriebe' (wie z.B. Molkereien), die privaten Lager- und Kühlhausbetreiber und insbesondere der Agrarexporthandel."[113] Dabei machen die Subventionen für Exporte über einen Drittel der Gesamtausgaben aus.

Mit ihren Exportoffensiven hat die EG erreicht, dass sie nun mehr Agrarprodukte aus- als einführt. Subventionen spielen eine wichtige Rolle im Handelskrieg gegen die USA durch gegenseitiges Unterbieten auf dem Weltmarkt. Nahrungsmittel-"Hilfe" ist eine der Waffen im Konkurrenzkampf.

Gleichzeitig importiert die EG Agrarprodukte - auch solche, die direkt oder indirekt aus Bolivien stammen. Neben der Kartoffel wurden auch andere Produkte aus den Anden zu Weltwirtschaftspflanzen:

Die Yuca aus dem Amazonasbecken ist heute in Afrika als "Cassava" ein Volksnahrungsmittel. In Thailand baut man sie als "Tapioka" (als Tapiokamehl haben wir sie bei den Cuñapés kennengelernt) in so grossen Mengen an, dass die Dorfstrukturen auf dem Land zerstört werden, und exportiert sie zu Viehfutter verarbeitet in die EG.

Überernährung

Der größte Teil der ernährungsbedingten Krankheiten in der Bundesrepublik sind eine Folge der Über- und Fehlernährung: Zuviel Fett, zuviel Zucker, zuviel Salz, überhaupt zuviel Essen...
Die Deutsche Gesellschaft für Ernährung bezifferte für das Jahr 1980 die ernährungsbedingten Krankheitskosten in der Bundesrepublik Deutschland mit knapp 42 Mrd. DM. In diese Berechnung flossen neben den direkten Ausgaben Behandlung, Rehabilitation und Pflege auch indirekte Kosten mit ein: Arbeitsunfähigkeit, "Ressourcenverlust durch vorzeitigen Tod" und nicht zuletzt die psychosozialen Auswirkungen: geringeres Selbstwertgefühl der Betroffenen, verminderte Arbeitsfähigkeit, nötige Berufswechsel der Kranken oder ihrer Angehörigen...
1980 betrug die Auslandschuld Boliviens 2.7 Mrd. Dollar, was knapp 6 Mrd. DM entsprach. Diese Auslandschuld war der Hebel, um Bolivien zur Öffnung zum Weltmarkt zu zwingen. Landwirtschaft und Industrie brechen zusammen, die Menschen hungern.
Weniger als ein Sechstel dessen, was die Deutschen verloren oder ausgaben für ihr Unglück durch Überernährung hätte gereicht, Boliviens Schulden zu bezahlen. Damit hätte man viel Elend verhindern können.
Wenn man weltweit die Güter nicht zugunsten der Reichen, sondern zum Vorteil der Armen umverteilen würde, müsste dies also nicht unbedingt ein Verlust an Lebensqualität der Menschen in den Industrieländern bedeuten.

PLATANO, PAPAYA Y PAN

Bananen, "Papaya" und Brot

Bananen, "Papaya" (billiges industrielles Süssgetränk, in Bolivien hergestellt), weisse Brötchen

Man isst das Brot mit den Bananen und trinkt dazu die "Papaya".
Ist das ein typisches bolivianisches Gericht? Nun, es ist derart typisch für die Arbeiter auf dem Bau und im "informellen Sektor", dass das Gesundheitsministerium in seiner "Tabelle der Zusammensetzung der bolivianischen Nahrungsmittel" dieses Gericht in alphabetischer Reihenfolge zwischen "Plato paceño" und "Queso humacha" aufführt. 121 kcal und 4.73 g Proteine enthalten 100 g des aus Not geborenen "Mittagessens".
Die Tabelle des Gesundheitsministeriums wurde 1984 veröffentlicht. Anfang der neunziger Jahre berichtete ein methodistischer Pastor, dass das Rezept mittlerweile abgeändert worden sei: Es wurde auf "Brot und Coca-Cola" reduziert.

PASTEL DE QUINUA

Quinua-Auflauf

500 g Quinua, 2 Eier, 6 Zwiebeln, 3 Tomaten, 5 Zehen Knoblauch, 1 Locoto, 1/2 Tl Kreuzkümmel, 1/2 Tl schwarzer Pfeffer, 1-2 El roter Ají, etwas Oregano, frische Erbsen oder Saubohnen, Käse

Man wäscht die Quinua, um alle Steinchen zu entfernen. Dann setzt man sie mit der doppelten Menge Wasser auf und kocht sie. Wenn sie gar ist, salzt man und lässt sie etwas abkühlen, bevor man die Eier daruntermischt.
Die geschnittenen Zwiebeln brät man in Öl, gibt Tomaten, Knoblauch, Kreuzkümmel, Pfeffer, Erbsen, Oregano und Ají dazu, löscht mit etwas heissem Wasser ab und kocht, bis die Sosse relativ trocken ist. Dann schmeckt man mit etwas Salz ab.
In einer gefetteten Auflaufform verstreicht man zuerst etwas Quinua, gibt dann Sosse darüber und belegt mit Käse. Dann folgen wieder Quinua, Sosse etc. Man schliesst oben mit Käse ab und bäckt das Ganze im Ofen. Wer mag, kann vorher ein paar Butterflocken darüberstreuen.
(Dieses Rezept mit Kartoffelpüree statt Quinua ist in Siglo XX als "Pastel de papa" [Kartoffelauflauf] ein Karfreitagsessen.)

Varianten:
- **ohne Ají, mit Hackfleisch und schwarzen Oliven,**
- **nur mit gebratener Zwiebel, Locoto und Käse, auf einem Kuchenblech gebacken**

Die in den Andentälern beheimatete Erdnuss hat als Futtermittelpflanze vielerorts in Afrika die Selbstversorgungs-Landwirtschaft verdrängt und kommt von dort in Europas Massentierhaltung, wo man sie zusammen mit Tapioka, Soja aus Brasilien und Futtermais dem Vieh verfüttert. Wenn die Bemühungen von Agrobusiness und USAID Erfolg haben, können die Kühe, Schweine und Hühner Europas bald auch bolivianische Soja fressen. Die so erzeugten Milchüberschüsse landen schliesslich als Magermilchpulver und Butterfett in Form von Lebensmittel-"Hilfe" wieder in Bolivien - der Kreislauf ist geschlossen.

Farmersterben in den USA, Bauernsterben in der EG, Campesinosterben in Bolivien - die Konkurrenz mit Konzernen bekommt bäuerlichen Familienbetrieben schlecht. Die einen versuchen sich mit der ökologisch gefährlichen Produktion von immer grösseren Überschüssen zu retten. Diese Überschüsse verwandeln sich durch die Exportinteressen der Nahrungsmittelkonzerne in die Ursache des Hungers der bolivianischen Campesinos. Diese waren selbst auf dem Inlandmarkt keine bestimmende Kraft, doch jetzt ruiniert sie die Konkurrenz mit dem Agrobusiness auf dem Weltmarkt.

Der Fall Quinua

"Der arbeitsintensive Anbau von Quinua dient dem Broterwerb und ist Existenzgrundlage vieler Indiobauern in den Anden. Die Deutsche Gesellschaft für Technische Zusammenarbeit (GTZ) GmbH fördert durch den Integrierten Beratungsdienst (IBD) die privatwirtschaftliche Zusammenarbeit zwischen deutschen Unternehmern und Unternehmen aus Entwicklungsländern. Innerhalb dieses Programmes tragen deutsche Partner zur Einkommenssicherung der Indiobauern bei",[114] verkündet ein kleiner Hochglanzprospekt.

Mein Gesprächspartner ist deutscher Unternehmer. Er ist gut informiert über die Geschichte der Quinua: Der Inkachronist Garcilaso de la Vega habe schon 1590 versucht, Quinua in Spanien anzubauen. Er sei daran gescheitert, dass die zentralandinen Sorten Kurztagspflanzen sind. Die jetzt in den USA und England gesäte Quinua stamme aus den chilenischen Anden im Süden und sei deshalb eher an die langen Sommertage der gemässigten Breiten anpassbar. Die Initiative der GTZ, Agrarexporte der Andenländer nach Europa zu fördern, begründet er mit "... wir schlagen die ja tot mit unserem Weizen."

In den Pressematerialien der Marketing-Firma, die das GTZ-Konzept ausgearbeitet hat, ist vom "gesunden, unbelasteten Boden - ideale Anbaubedingungen für Quinoa" die Rede. Haben wir unsere Umwelt so weit zerstört, dass wir jetzt die "gesunden, unbelasteten" Bedingungen der Dritten Welt suchen müssen? Glaubt man dem Marketingkonzept, heisst der Artikel nicht "Quinua", sondern "Gesundheit". Der gleiche Eindruck entsteht beim Betrachten des Videos eines Reformhaus-Getreidelieferanten. Da ist von "frischer Bergluft" die Rede. Sicher hätten wir die gern auf dem Teller, wenn wir abgas-gestresst nach Hause kommen. "Gesundheit" als Importartikel aus der Dritten Welt? Dieser Markt hat Zukunft: Nestlé hat in eine grosse Quinuaversuchsstation und -aufbereitungsanlage in Ecuador investiert.

Eine Flut von Artikeln über die "neue" Ware erscheint: "Die Nutzpflanzen der Inkas wiederentdeckt. Amarant, Quinoa, Tarwi - dank moderner Biotechnik könnten sie schon bald Ihren Speisezettel bereichern",[115] lautet die Botschaft. Als "Korn der Zukunft" und "Kaviar der Vegetarier" soll Quinua ins Bewusstsein der Konsumentinnen und Konsumenten dringen, um dann der Nahrungsindustrie zugeführt zu werden: Eine deutsche Grossbäckerei verwendet Quinua bereits in der Massenfabrikation von Toastbrot.

Hartnäckig wird behauptet, die Spanier hätten den Anbau von Quinua verboten und sie sei in Vergessenheit geraten. Das verleiht der Quinua eine verkaufsfördernd esoterische Aura, ist aber Unsinn. Verboten haben die Spanier Amarant - in Bolivien früher als "Coimi" bekannt und heute wirklich weitgehend vergessen. Quinua aber ist immer noch ein Grundnahrungsmittel.

Amarant steht neben Quinua im Bioladen- oder Reformhausregal. Oft kommt "Manomin" dazu, Nahrungsmittel nordamerikanischer Indianervölker. Während die Überschüsse des EG-Agrobusiness in Bolivien und anderswo in der Dritten Welt die Kleinbauern und ihre "Urprodukte" vom Markt drängen, dürfen wir deren ursprüngliche Nahrungsmittel als neuen Gesundheits-Hit kaufen. Unsere Sehnsucht nach "gesunden" Nahrungsmitteln ist ein Zeichen für den ökologischen Bankrott europäischer Landwirtschaftspolitik. Soll eine neue internationale Nahrungsteilung unser Misstrauen gegen ackergiftverseuchtes Essen marketinggerecht beseitigen?

Ein Landwirtschaftsdozent der Universität Oruro berichtet, dass im Süden des Departaments Oruro die Quinuasorten "Real" und "Sajama" bis vor wenigen Jahren "exzellente" Ernten gebracht haben. 1986 habe dann eine "unglaubliche Plage" 85% der Produktion vernichtet. Was war geschehen? Zuerst hatte man die Felder mit "Diacynan", dann in einem Programm der EG mit "Cebin 80" eingesprüht. Das zeigte aber nur ein Jahr lang Wirkung. Dann folgten "Folidol" und "Tamaron", den Schlusspunkt bildete "Ambusch"[116]. Das letzte Mittel wirkte hervorragend, war

Zeit und Essen

In einer Filiale einer Schweizer Supermarktkette: Als wir das letzte Mal einkauften, lagen noch die "Fasnachts-Chüechli" aufdringlich in der Nähe der Kasse. Jetzt, drei Tage später, liegen sie auf dem Sonderangebots-Haufen. Ihren Platz haben bereits Schokolade-Ostereier eingenommen, obschon bis Ostern noch sechs Wochen fehlen.
Der Jahreszyklus wird zunehmend dadurch bestimmt, was sich in Verkaufszahlen umsetzen lässt. Letztlich wird er aber verwischt. Symptomatisch dafür sind jene Figuren aus Schokolade, die man je nach Aufdruck der Verpackungsfolie als Nikoläuse oder Osterhasen an den Kunden bringen kann. Im Winter gibt's Erdbeeren, im Frühjahr Trauben, im März Frühkartoffeln... Der Import aus aller Welt, der globale Supermarkt macht's möglich.
In Bolivien ist dies anders: "Nein, das können wir jetzt nicht kochen, dafür mußt Du zu Allerheiligen wiederkommen!" Solche Antworten hörte ich häufig, wenn ich nach bestimmten Gerichten fragte, von denen ich gelesen hatte, dass sie typisch für einen Ort seien. Entweder ist zur falschen Jahreszeit eine wichtige Zutat nicht vorhanden - z.B. die Kaktuswurzeln für "Ají de Achacana" -, oder das Klima ist nicht das richtige - z.B. für "Tayacha", das auf dem Dach gefrorene Speiseeis. Und oft ist es kaum denkbar, ein Gericht, das zu einem bestimmten Fest gehört, ausserhalb der Saison zuzubereiten. Wenn man einen Bolivianer mit einer Zeitmaschine ein paar Jahre vor- oder zurückversetzen würde, könnte er am Essen erkennen, in welcher Jahreszeit er gelandet ist.
Nicht nur der Jahres-, auch der Lebenszyklus hat z.B. auf dem Altiplano von La Paz seine typischen Speisen. Bestimmte Gerichte erinnern an wiederkehrende Rituale und Feste und damit an die kreisförmige Komponente der Zeit. In den Anden ist die Zeit nicht wie bei uns ein Pfeil, der aus der Vergangenheit kommt und schnurgerade und unaufhaltsam in die Zukunft strebt. Die Zeit ist vielmehr ein Kreis. Vor dem Menschen liegt nicht die Zukunft, sondern die Vergangenheit. Der Zukunft wendet man den Rücken zu, denn man kennt sie nicht, kann sie nicht sehen, während man weiss, was in der Vergangenheit war.
Auch in der westlichen Kultur scheint die Herrschaft des Gefühls, dass die Zeit unaufhaltsam verrinnt, relativ jung. Aber durch die Verwischung des Jahreszyklus z.B. beim Essen wird unsere Fähigkeit, die kreisförmige Komponente der Zeit wahrzunehmen, immer weiter untergraben.
Das hat Folgen: Zeit, die gnadenlos verfließt, muss man nutzen! Und je mehr wir der Zeit hinterherjagen, umso weniger haben wir davon.
"Wir leben, das ist unzweifelhaft, im Jahrhundert der Geschwindigkeit und der Bewegung, und die gute Küche beruht gerade auf der Langsamkeit und Ruhe", schrieb Luis Tellez Herrero bereits 1946 in seinem Buch über die bolivianische Küche, obschon aus der Sicht unserer heutigen Hektik das Leben in Bolivien damals gemächlich gewesen sein muss.
In Bolivien fehlte mir nie die Zeit, mich Handarbeiten oder der Musik zu widmen und trotzdem hatte ich das Gefühl, in meiner Arbeit schneller vorwärts zu kommen. In Europa leide ich unter ständigem Zeitmangel und kämpfe gegen das Gefühl, nichts geschafft zu haben.
Ich vermute, daß man in Bolivien mehr Zeit hat, weil man weiss, dass sie wiederkehrt. Da viele Speisen an eine bestimmte Zeit oder an spezielle Tage im Jahr gebunden sind, tragen sie zum Empfinden bei, Zeit zu haben.
Ebenso glaube ich, dass bei uns die ständige Verfügbarkeit fast aller Nahrungsmittel das Essen "entzeitet", den Jahreszyklus beseitigt und letztlich das lineare Zeitgefühl bestärkt. Spitze dieses Prozesses sind jene Süssstoff-Getränke und Fastfood-Produkte, die nicht nur überall auf der Welt, sondern auch zu jeder Jahres-, Tages- und Nachtzeit gleich schmecken. Die Bezeichnung Fastfood sagt deutlich genug, daß zeitloses Essen zu Essen ohne Zeit, zum Essen der Hast wird.
Wäre für uns weniger Weltmarkt eine Chance für ein anderes Zeitgefühl? Könnte es sein, dass wir durch Wiederentdeckung der zyklischen Komponente an Lebensqualität gewinnen?

jedoch zu teuer. Der Parasit, ein winziges Würmchen, ist mittlerweile gegen alle erschwinglichen Gifte resistent, seine natürlichen Feinde dagegen sind erfolgreich ausgerottet. Paradiese mit "gesundem, unbelastetem Boden" gibt es nur noch in der Phantasie der Werbefachleute.

Doch nicht nur offizielle Entwicklungspolitik und Privatwirtschaft suchen einen Markt für Quinua: "Wir werden nicht warten, bis sich der Inlandmarkt öffnet oder die Vereinigten Staaten aufhören, Weizen zu schenken, während wir in der Patsche sitzen und nicht wissen, wo wir unsere Produktion absetzen sollen", verteidigt sich der Verwalter der Kleinbauernorganisation ANAPQUI gegen die Kritik, der Quinuaexport entziehe der armen Bevölkerung ein hochwertiges Nahrungsmittel. Er stellt klar, dass angesichts des sich zunehmend verengenden Inlandmarkts die Quinua von Zwischenhändlern aufgekauft und nach Peru geschmuggelt wird. Von dort exportiert man sie dann als "peruanisches" Produkt nach Europa und in die USA.

In Jahren mit einer guten Ernte stehe ANAPQUI als Organisation der Quinuaproduzenten vor dem Problem, dass sie ihre Überschüsse absetzen müsse. Nur wenn ihr dies gelinge, sei sie in den Augen der Kleinbauern glaubwürdig. ANAPQUI trete für eine autonome politische und gewerkschaftliche Position ein und habe sich der CSUTCB, der Dachorganisation der Bauerngewerkschaften, angeschlossen.

Auf ihrem Kongress im Juli 1988 hat die CSUTCB ANAPQUI und die bauerngewerkschaftliche Entwicklungsorganisation CORACA autorisiert, "internationale Abkommen zu unterschreiben, die eine gerechte Bezahlung [der Quinua] garantieren".

Eine mit ANAPQUI konkurrierende Genossenschaftszentrale, "Operación Tierra", repräsentiert dagegen eine liberale Genossenschaftsideologie nordamerikanischen Zuschnitts und hat sich finanziell an US-Organisationen gebunden: an Catholic Relief Services (die den grössten Teil der US-Lebensmittelhilfe verwaltet) und USAID. "Operación Tierra" habe von der Interamerikanischen Entwicklungsbank einen Kredit von einer Million Dollar erhalten, obschon sie nur hundert Mitglieder hatte. Nachdem der Kredit bewilligt wurde, sei die Mitgliederzahl auf fünfhundert gestiegen. Es sei offensichtlich, dass sie versuche, ANAPQUI-Mitglieder abzuwerben.

Der Bericht des ANAPQUI-Vertreters klingt glaubwürdig: Finanziert wird alles, was soziale Kontrolle ermöglicht und eigenständige Organisationen der Betroffenen zerstört. Entwicklungshilfe ist ein Kind des Kalten Krieges und gilt in den Augen von US-Strategen als ein Mittel des "Low-Intensity-Conflicts".

Die andinen Quinuabauern müssen die Vereinigten Staaten auch als Konkurrenz fürchten: Die USA erzeugen im Bundesstaat Colorado soviel

ALMUERZO DE QUINUA

Quinua-Suppe

400 g Suppenfleisch mit Knochen, 2 l Wasser, 3 Zwiebeln, 3 Möhren, nach Geschmack etwas Selleriekraut, 1 Locoto (Peperoncino), 8 geschälte Kartoffeln, 150 g Quinua, wenn möglich ein paar Erbsen, Salz

Die fast einzige Form, Quinua als Strassen-Essen anzubieten, ist die Suppe:
Aus Fleisch, Wasser, Zwiebeln und feingeschnittenen Möhren kocht man eine Brühe. Wenn sich das Fleisch vom Knochen zu lösen beginnt, gibt man die gewaschene Quinua dazu (die Brühe muss noch ungesalzen sein, da die Quinua sonst schlecht kocht). Man lässt die Quinua vollständig verkochen, bis nur noch die Keime als "kleine Würmchen" erkennbar sind, gibt die Erbsen und die wie für Pommes frites geschnittenen Kartoffeln dazu. Wenn diese gar sind, schmeckt man mit Salz ab. Man kann die Suppe beim Servieren mit Petersilie bestreuen; Llajhua ist obligatorisch.

Quinua, dass sie als der weltweit grösste Produzent gelten. Damit können sie die andinen Quinuabauern vom Weltmarkt verdrängen.

In Europa vertreiben vor allem Organisationen des Alternativhandels Quinua von ANAPQUI. Sie wollen bessere Preise bezahlen und mit den Produzentinnen und Produzenten der Dritten Welt partnerschaftlich verkehren. Ausserdem wollen sie durch Informationsarbeit zur entwicklungspolitischen Bewusstseinsbildung in Europa beitragen.

Leider verfehlen sie oft bei der Quinua dieses Ziel, indem sie allzu simpel argumentieren. Dabei bietet sich Quinua an als weltwirtschaftliches Exempel: In dem kleinen Korn verdichten sich die Probleme einer Politik, die ökonomisch schwache Länder über den Hebel der Verschuldung dem Weltmarkt öffnet. Damit wird die Welt zum Supermarkt, in dem wir dank unserer Kaufkraft auch die Nahrung anderer Völker in den Einkaufswagen legen.

Autorinnen und Autoren jeder Couleur versichern, dass Quinua das Hungerproblem nicht nur Boliviens, sondern auch anderer Länder lösen könnte. Aber die Arbeitslosen in den bolivianischen Städten haben kein Geld, sich ihrer eigenen Kultur gemäss zu ernähren und sind abhängig von einer politisch-militärisch motivierten Nahrungsmittelhilfe. Die mit Kokaindollar importierten industriellen Lebensmittel tragen noch mehr dazu bei, ein Volk seiner eigenen Nahrung zu entwöhnen. Während die Bolivianerinnen und Bolivianer gezwungen sind, im Durchschnitt weniger als die Hälfte dessen zu essen, was die Welternährungsorganisation als notwendig erachtet, sind selbst Organisationen wie ANAPQUI, die in Opposition zum neoliberalen Wirtschaftsmodell stehen, zum Export von Quinua gezwungen. Dies ist ein Indiz für einen Skandal: Das bolivianische Volk kann sich die eigenen Lebensmittel nicht mehr leisten.

Der Fünfuhrtee war früher eine Zwischenmahlzeit. Heute ersetzt er das Abendbrot. Der Zucker, der als erstes in die Tassen gegeben wird, liefert wenigstens ein paar Kalorien. *(Bild auf Seite 198)*

Ziel: Nahrung und Würde

Viele Köchinnen und Köche rühren in der Entwicklungs-Suppe. Feste Rezepte gibt es letztlich keine, aber einige Zutaten sind unentbehrlich.

Finanzielles Salz und technischen Pfeffer verwenden die Küchenchefs in Hülle und Fülle. Doch zu leicht vergessen sie, dass diese Suppe ohne das Wasser der Befreiung unweigerlich anbrennt und damit der Sieg über den Hunger in unerreichbare Ferne rückt. Fleisch und Gemüse der Suppe sind eine Frage der Kultur, der Würde und der Identität, die engstens mit der Befreiung verbunden sind.

(Bild auf Doppelseite 200/201)
Traditionelle Techniken haben nach wie vor ihren Platz in der andinen Landwirtschaft: Diese Kartoffelernte wird mit Lamas nach Hause gebracht.

(Bild unten)
Fischerin am Titicacasee. Weil zu selten ein Lastwagen vorbeigekommen ist, um die Fische in die Stadt zu bringen, hat sie schon oft Forellen den Schweinen verfüttert.

Bolivien könnte sich selbst ernähren

Wer dieses Buch nicht nur liest, sondern auch danach kocht, wird immer wieder zu tiefgefrorenen Erbsen und Saubohnen greifen müssen. Die Hausfrauen in bolivianischen Städten können dagegen zu fast jeder Jahreszeit frische Ware auf den Märkten finden. Immer ist in irgendeiner Klima-Nische, auf einem der ökologischen Stockwerke gerade Erntezeit für Gemüse. Und solch ein gesegnetes Land soll sich nicht ernähren können?

"Überproduktion von Gemüse in Mizque" meldete die Tageszeitung "Presencia" im Juli 1987. Die Ernte war gut, liess sich aber nicht abtransportieren. Lastwagenfahrer, die trotz des schlechten Strassenzustands die Fahrt riskierten, forderten entsprechend hohe Frachtpreise, Zwiebeln, Gemüse und Erdnuss wurden zu teuer. Wenige Monate später meldete das gleiche Blatt, die Ernte von Gemüse, Kartoffeln, Mais und Weizen in der Provinz Ayopaya werde "optimal" sein, die Region sei aber kurz davor, durch den katastrophalen Strassenzustand - für die Distanz von 217 km nach Cochabamba benötigt man 15 Stunden - vom Markt abgeschnitten zu werden. Im Dezember 1984 haben die Bauern von Redención Pampa in Chuquisaca reklamiert, dass ihnen 10'000 Zentner Weizen verderbe, weil die Preise, die ihnen die Müller geboten haben, nicht einmal die Frachtkosten decken. Und nicht zu vergessen die Orangen, die in den Yungas verfaulen, weil der Transport nach La Paz sich nicht lohnt...

Bolivien verfügt über mindestens 27 einheimische und sechs von Fischzüchtern ausgesetzte Fischsorten, die sich für den menschlichen Verzehr hervorragend eignen. Man schätzt, dass nur ein Zehntel des einheimischen Fischpotentials sinnvoll genutzt wird. Es fehlt die Infrastruktur, um die Fänge der Tieflandflüsse in das bevölkerungsreiche Hochland zu bringen. Selbst die Fische des Titicacasees gelangen unvollständig auf den Markt. Campesinos erzählten mir, dass sie ihre Schweine mit Forellen fütterten, wenn kein Lastwagen vorbeikam, um die Fische in die Stadt zu bringen.

Die für den Strassenbau nötigen Mittel vergammeln auf Fluchtgeldkonten im Ausland. Einzelne Landesteile sind nicht miteinander verbunden, nur der Verkehr mit dem Ausland klappt. Entsprechend nehmen die Importe von Fisch ständig zu - vor allem von Dosenfisch, der oft aufgrund des Fortschritts-Images seiner Verpackung gekauft wird. Entscheidender aber ist, dass der Im- und Exporthandel eine der lukrativsten Tätigkeiten der Oligarchie darstellt, während sie sich für einheimische Nahrungsmittel, die keine Devisengewinne bringen, nicht interessiert.

Stattdessen werden brasilianische Fischer vom Reichtum bolivianischer Flüsse angelockt. In grossen Unterwasserkäfigen schleppen sie die Fänge ins Nachbarland.

Bald dürfte sich dieses Geschäft nicht mehr lohnen: Die Goldsucher, die seit Mitte der achtziger Jahre im Beni und Pando die Flussbetten mit kleinen Saugbaggern auf eigene Faust durchwühlen, vergiften die Flüsse mit Quecksilber.

Die Fische des Pooposees auf dem Altiplano werden ebenfalls vom Quecksilber aus der privaten Goldmine von "La Joya" verseucht. Auch sonst gehen wegen der jahrzehntelang in die Flüsse geleiteten Minen-Abwässer Plankton und Wasserpflanzen im Pooposee zurück. Entsprechend vermindert sich auch der Fischbestand, und man muss davon ausgehen, dass die noch vorhandenen Fische so viel Schwermetall aufweisen, dass man sie in Europa nicht mehr verkaufen dürfte.

Fehlt einem Bauern im Tiefland eine Hand, ist der Unfall entweder an der Zuckerrohrpresse oder beim Fischen passiert. Das Dynamit tötet nicht nur die grossen Fische, sondern alles Leben im Fluss. Eine der wichtigsten potentiellen Proteinquellen des Landes wird systematisch zerstört. Laut Gesetz soll die Armee das Verbot der Explosivfischerei überwachen, aber die Soldaten bessern selbst mit der gleichen Methode ihre mageren Rationen auf.

Nicht immer ist es fehlende Infrastruktur, die verhindert, dass vorhandene Reserven genutzt werden: Bisher gibt es für den Verkauf von Lamafleisch keine Richtlinien und Kontrollen. Entsprechend reagieren städtische Konsumenten mit Misstrauen. In der Tat stammt das Fleisch in der Regel von alten Tieren, die zudem oft notgeschlachtet wurden, denn das lebendige Vieh ist Transportmittel und Sparkasse des Campesinos - umso mehr als er für das Fleisch nur einen schlechten Preis erhält. So drückt die schlechte Nachfrage die Qualität des Angebots, was wiederum die Nachfrage mindert. Dabei liesse sich die Güte des Fleisches verbessern, indem man die längst entworfenen Gesetze verabschiedet und garantiert, dass nur Fleisch von gesunden Tieren auf den Markt kommt.

Bestünde erst einmal eine gesicherte Nachfrage, würden die Campesinos auch Fleisch jüngerer Lamas anbieten, das mehr Proteine und weniger Cholesterol enthält als Rind. Vorläufig aber propagieren "Entwicklungshelfer" aller Länder Hochleistungs-Schaf- und Rinderrassen einschliesslich künstlicher Befruchtung, teurer Veterinärmedizin und dazugehöriger Abhängigkeit. Ausserdem stehen die Interessen der Rinderbarone des Tieflands dem Lamafleisch-Gesetz im Wege, zusammen mit den Anti-Campesino-Vorurteilen der städtischen Mittelschicht. Der

SOPA DE MANÍ

Erdnussuppe

400 g Suppenfleisch mit Knochen, 2 l Wasser, 1 Tasse Kichererbsen, 3 Zwiebeln, 3 Möhren, etwas Selleriekraut, 1 Locoto (Peperoncino), eine Handvoll Chuño, 125 g rohe Erdnüsse, 5 geschälte Kartoffeln, 3 El Reis, Oregano, Salz, Petersilie

Man weicht Chuños und Kichererbsen eine Nacht lang ein. Die Kichererbsen quetscht man anschliessend leicht mit einem Stein, um die Schale zu entfernen.
Man wäscht das Fleisch und setzt es in 2 l Wasser zusammen mit den Kichererbsen auf. Dann schneidet man Zwiebeln, Möhren, Sellerie und Locoto klein und gibt sie in die Suppe.
Die Erdnüsse überbrüht man kurz mit heissem Wasser und entfernt die rotbraune Schale. Dann mahlt man sie mit Wasser zu einem weissen Brei, den man zusammen mit den geschälten Kartoffeln, den geputzten Chuños und dem Reis in die Suppe gibt. Falls diese zu stark eindickt, schüttet man etwas siedendes Wasser dazu.
Bevor man den Topf vom Feuer nimmt, würzt man mit Oregano und schmeckt mit Salz ab (man sollte nicht vorher salzen, da die Kichererbsen sonst nicht gar werden).
Auf dem Teller streut man die feingehackte Petersilie über die Suppe.

MOTE DE SOYA[117]

"Mote" (s.S. 41), gekochte Sojabohnen, Rezept aus der Versuchsreihe der Universität Cochabamba

1/2 Tasse Holzasche, 4 Tassen Wasser, 1 Tasse Sojabohnen, Salz

Man gibt die Asche ins Wasser und lässt dieses eine Weile ruhen. Dann giesst man es vorsichtig ab, um die abgesetzte Asche nicht mit auszuschütten. Nun weicht man die Sojabohnen eine Nacht im Aschenwasser ein und kocht sie am nächsten Tag darin, wobei man u.U. etwas siedendes Wasser nachfüllen muss. Nach etwa 1 Stunde ist die Soja gar. Man wäscht sie gut, um die restlichen Aschen-Rückstände zu entfernen und schmeckt mit Salz ab.
Anstelle der Asche, die in Bolivien durchaus üblich ist (vgl. Maiz pelado, S. 210), können wir Haushaltsnatron verwenden: 1/2 gestr. Tl Natron auf einen Liter Wasser. Das Kochen dauert dann aber eher länger.
Mote de Soya serviert man entweder direkt als Beilage oder verwendet ihn als Grundlage für weitere Gerichte.

Markt ist nicht frei, wie die neoliberalen Ideologen behaupten, sondern wird mit politischen Mitteln zugunsten der Mächtigen gelenkt.

Auch in diesem Fall leidet die Ökologie: Die Haltung von Zweihufern wie Rind und Schaf ist eine der Ursachen der schnell fortschreitenden Erosion des Altiplano. Die Rückkehr zu verstärkter Lamazucht wäre auch ein Stück Umweltpolitik.

Es ist jedoch fraglich, ob unter den heutigen Bedingungen eine gesetzliche Öffnung des Lamafleisch-Marktes den Bauern zugute käme. Vielleicht bewahrt sie der niedrige Preis derzeit davor, eine ihrer wenigen Proteinquellen zu verkaufen, um sich qualitativ schlechtere Nahrung zu erstehen.

Das Potential pflanzlicher Nahrung wird ebenfalls nicht ausgeschöpft: Obwohl in Bolivien beheimatet, sind Erd- und Paranuss heute zu teuer für die tägliche Ernährung, vor allem die letztgenannte. Nicht einmal im Pando, wo Paranussammeln neben dem Gummizapfen die wichtigste Einnahmequelle der Campesinos ist, können sich die Bewohnerinnen und Bewohner Paranuss im Alltag leisten, obschon sie traditionell z.B. ein nahrhaftes Getränk aus ihr zubereiteten. Stattdessen schmuggelt man sie nach Brasilien, von wo sie in alle Welt exportiert wird.

Dabei lassen sich neben Süssspeisen aus Paranuss auch Sossen kochen, wie aus der Erdnuss (s. z.B. Sajta de pollo S. 109, Papas a la huancaina S. 227). Beide Produkte enthalten nicht nur Fett, sondern liefern auch Vitamine und Proteine. Entsprechend müsste eine Ernährungspolitik zugunsten der Armen dafür sorgen, dass Erd- und Paranuss zurückkehren in die tägliche Nahrung des Volks.

Quinua, Cañawa, Tarwi und die fast vergessene Coimi gelten als die "andinen Körner". Bei allen gelten Proteingehalt bzw. -qualität als hervorragend. Ihre Verarbeitung im Haushalt erfordert jedoch viel Arbeit.

Forscher entwickelten in Peru ein Mehl aus Quinua, Tarwi und der Knollenfrucht Oca, die sie mit Solaranlagen trocknen. Die Mischung sei nicht nur nährstoffreich und in seinen Backeigenschaften dem Weizenmehl ähnlich, sondern sogar billiger als importiertes Mehl. Man könnte also ohne weiteres das Brot, an das sich die Menschen nun gewöhnt haben, aus diesem andinen Mehl statt Weizen backen. Das würde jedoch weitgehende politische Veränderungen erfordern. Unter anderem müssten USA und EG aufhören, ihren Überschussweizen als Quelle der Macht zu missbrauchen.

In Peru und Bolivien experimentiert man auch mit Tarwi: Mit 10% Tarwi-Mehl angereichertes Brot steigt im Nährwert um 25%. Zudem entwickelte man "pflanzliches Fleisch", Süssigkeiten, Pürees, Marmeladen,

Ketchup, kombinierten Tarwi- und Kuhmilchkäse und Ähnliches mehr. Kulinarisch klingt das nach Produktentwicklung für den zahlungskräftigen Vegetarier- und Gesundheitsmarkt in den Industriestaaten und nicht nach Bemühungen, die andine Volksernährung zu verbessern. Dennoch: die Möglichkeiten der Ernährung mit andinen Produkten sind längst nicht ausgeschöpft.

Ursprünglich stammt die Sojabohne aus Asien, aber auch in Bolivien bringt sie gute Erträge. Bisher verwendete man sie als Hühnerfutter und zur Speiseöl-Herstellung. Die angebaute Menge kann den Bedarf der Öl-Mühlen nicht decken, deren Absatz zudem unter der Konkurrenz der Öle und Fette aus Nahrungsmittelhilfe und Schmuggel leidet. Trotzdem soll Soja die künftige Hauptdevisenquelle unter den nicht-traditionellen Ausfuhren werden.

Vernünftiger wäre, die Proteinbohne direkt dem menschlichen Konsum zuzuführen. Zugegeben: Bisher entspricht ihr Genuss nicht bolivianischen Ernährungsgewohnheiten. Jedoch haben verschiedene Institutionen - unter ihnen die Universität von Cochabamba - Rezeptsammlungen mit traditionellen Gerichten auf Sojabasis ausgearbeitet. In Versuchs-Veranstaltungen haben sie die Akzeptanz der Verbraucherinnen und Verbraucher ermittelt. In der Regel schmeckte das Essen dem Publikum. Aber kein Verlag hat die Rezepte veröffentlicht, man muss sie in der Bibliothek des Landwirtschaftsministeriums suchen. Ausserdem ist Soja auf den Märkten nur sehr schwer erhältlich. Keine Nachfrage erzeugt kein Angebot, dies wiederum verhindert die Nachfrage. Um Süssgetränke ohne Nährwert abzusetzen, wird viel Geld in Werbung investiert. Weshalb gibt es nicht einmal die Mittel, um die Sojarezepte zu veröffentlichen?

Ob die Möglichkeiten, die Ernährung zu verbessern, genutzt werden, hängt ab von wirtschaftlichen und politischen Entscheidungen. "Hunger ist kein Schicksal, Hunger wird gemacht!" hiess vor ein paar Jahren der Slogan entwicklungspolitischer Organisationen. Im Fall Boliviens haben sie damit ins Schwarze getroffen.

ALBONDIGAS DE SOYA[118]

Soja-Frikadellen, Rezept aus der Versuchsreihe der Universität Cochabamba

1 1/2 Tassen gekochte Soja,
1 1/2 Tassen gemahlenes Brot, 1/4 Tasse Weizenmehl, 1 Ei, 1 feingeschnittene Zwiebel, 1 feingeschnittene Tomate, 1/2 El gehackte Petersilie, 1 gemahlene Knoblauchzehe, Kreuzkümmel und schwarzer Pfeffer nach Geschmack, Salz, 3/4 Tassen Öl
2 Zwiebeln, etwas Öl, 1/2 Tl Kreuzkümmel, 1/2 Tl schwarzer Pfeffer, 1 1/2 El roter Ají, Brühe oder Wasser, Salz

Man dreht die gekochte Soja durch den Fleischwolf und vermischt sie mit den anderen Zutaten zu einem Teig. Daraus formt man die Frikadellen und brät sie im Öl.
Die geschnittene Zwiebel dünstet man im Öl, gibt den in Wasser aufgelösten Ají, Pfeffer und Kreuzkümmel dazu und lässt alles eine Weile kochen, dann schmeckt man mit Salz ab und gibt die Frikadellen in die Sosse.
Man serviert zu Arroz graneado (s.S. 164). Von 26 Testpersonen in der Universität San Simón in Cochabamba beurteilte die Hälfte dieses Gericht als "exzellent" und die anderen 50% fanden es "gut". Bei entsprechendem politischem Willen wäre es durchaus möglich, Soja direkt für die Ernährung des Volkes zu verwenden, ohne die kulinarischen Gewohnheiten stark zu verändern.

Hunger und Helfer

Spenden- statt Kochtöpfe

Oft sind Spenden, mit denen wir zur Linderung des Hungers in sogenannten Entwicklungsländern beitragen wollen, unser unmittelbarster Bezug zu den dortigen Verhältnissen. Doch: Überwindet Entwicklungshilfe den Hunger? Welchen Trägern von Projekten kann man trauen?

"Weshalb brauchen die Waisenkinder von La Paz verchromte Betten?" fragte eine Anzeige der Missionszentrale der Franziskaner in Bonn. "Die Antwort ist schrecklich: weil diese ärmsten Kinder Boliviens - bevor sie in das kleine Kinderkrankenhaus der Franziskanerinnen nach San Ignacio de Velasco kommen, so vom Hunger gequält werden, dass sie an schweren Geschmacksabweichungen leiden. Sie essen alles, was sie umgibt: Die Farben der Wände, den Mörtel, den Lack der Bettgestelle."[119]

"Nur ein Fall von vielen. Wir versuchen zu helfen. In Bolivien und vielen anderen Ländern der Welt. Überall wo Franziskaner mitten unter den Armen leben. Ihre Not teilen. Wie Franziskus es vorgelebt hat."

Ich zweifle nicht an ihrem Hunger; aber reisen die Kinder von San Ignacio de Velasco drei Tage mit dem Bus, um den Kindern in La Paz den Lack von den Bettgestellen zu essen? Die beiden Orte liegen nämlich so weit auseinander, in klimatisch und kulturell völlig unterschiedlichen Regionen.

Tanken die Kinder, bevor sie zum Lack essen nach La Paz fahren, an der kircheneigenen Zapfsäule? Diese Frage stellt sich, wenn man den Bericht eines Entwicklungshelfers des DED aus San Ignacio de Velasco liest, der zeigt, wie die katholische Kirche dort mitten unter den Armen lebt: als "der grösste Grossgrundbesitzer überhaupt in der Zone". Die Vertreter des "Apostolischen Vikariats von Chiquitos" sitzen im Radiosender, in Schulen, im Gesundheitswesen und in den Entwicklungsorganisationen in Schlüsselpositionen. Der Bischof sei auch Vorsitzender der Viehzüchtervereinigung. Das Vikariat besitze eine grosse Ladenkette, die einzige Tankstelle in einem Riesengebiet und sei neben dem Geschäft mit edlen Hölzern auch in den Schmuggel von Konsumgütern, Holz, Draht und Benzin verwickelt. Eine Genossenschaft, anfänglich vom Vikariat als Entwicklungsmassnahme ins Leben gerufen, habe man finanziell ausgetrocknet, als sie zu selbstständig wurde. Der Entwicklungshelfer beschreibt, wie das Vikariat für ein Viehzuchtprojekt die Kühe gleich von drei Seiten habe finanzieren lassen, bevor man sie schliesslich zu Höchstpreisen verkauft habe. Er kommt zum Schluss, "dass es bestürzend ist,

Dank seiner Rohstoffe und der landwirtschaftlichen Möglichkeiten wäre Bolivien eigentlich reich wie Ekeko (Gott der Reichlichkeit und des Überflusses). Durch die politischen und wirtschaftlichen Strukturen sind dem Land die Hände aber gebunden, seinen Reichtum zu nutzen.
(Bild auf gegenüberliegender Seite)

In der andinen Tradition wird Hierarchie durch Grösse dargestellt. Entsprechend hat Guaman Puma de Ayala 1615 den Diener bei einem kolonialen Bankett kleiner als die Essenden gezeichnet *(Bild oben).*
Bei den Modellen, die auf dem Markt von Las Alasitas verkauft werden, setzt sich diese Tradition fort: Der stehende Kellner ist wesentlich kleiner als die sitzende Besitzerin des Lokals *(Bild unten).*

wie leicht die Kirche nur durch ihr Prestige an Steuer- und Sammelgelder kommt und wie leichtfertig sie damit umgeht. Wenn Steuerzahler oder Kirchgänger genaueres über diesen Betrug wüssten, gäbe es - glaube ich - einen Aufstand."[120]

Anders gesagt: Für die Kirchenfürsten in San Ignacio de Velasco ist soziale Ungerechtigkeit wohl derart gottgewollt, dass sie sich als Grossgrundbesitzer, Monopol-Tankstellen-Betreiber usw. bemühen, diese Strukturen zu verewigen.

Die Anzeige der Franziskaner desinformiert. Wer Probleme verdreht, sie gar nicht benennt, oder - wie im vorliegenden Fall - beides gleichzeitig tut, will sie nicht lösen. Wer die Ursachen der Probleme unterschlägt, will keine Veränderung. Dafür folgt aber am Schluss der Spendenaufruf, so sicher wie das Amen... Der wäre vielleicht überflüssig, wenn die Kirche die eigene Ausbeutung abschaffen würde: Ein Bischof aus dem Osten des Landes hat sich empört, dass private Grundbesitzer die Tageslöhne der Knechte auf umgerechnet 40 US-Cents angehoben hätten. Bei den Löhnen könne die Kirche bald ihre Ländereien nicht mehr bearbeiten lassen!

Doch es gibt in Bolivien nicht nur jene staatstragenden Frommen, die ihr Verhältnis zu Gott über die grünen Scheine regeln, auf denen

Klerikal-kulinarische Sinnlichkeiten

Bis ins 19. Jahrhundert war die bolivianische Küche reich an Gerichten, die sich augenzwinkernd auf den Lebenswandel des Klerus bezogen:
- "Delicias de Cardenal" (Kardinalswonnen): in Wein eingelegte zarte Rindfleischstücke.
- "Recocijos de monja" (Nonnenglück, Nonnen-Gelage): gebratene, mit Orangensaft gebräunte Schafshoden.
- "Obispillos agrios" und "Obispillos dulces" (Saure und süsse Bischöfchen): "Bischöfchen" wurde der Schweinedünndarm genannt, während der entsprechende Dickdarm "Obispo" (Bischof) hiess.
- "Ombligos de monja" (Nonnenbauchnäbel): mit Palmherz oder Blumenkohl in einer sehr gut gewürzten Ají-Sosse, gehackten Rosinen, Wal- oder Paranüssen gefüllte Pasteten, die im Fett gebacken und mit Sosse übergossen und Petersilie bestreut serviert wurden. Mangels Blumenkohl oder Palmherz konnte man auch Wachteln oder Täubchen verwenden...
- "Tetitas de monja" (Nonnenbrüstchen): Süssigkeiten aus Potosí, "so weich, so weiss, so delikat. Es scheint, dass sie nicht mit einem besseren Namen hätten getauft werden können."[121]
- "Amoríos de monja" (Nonnen-Liebschaften): ein Gericht aus Ají-Sosse, gekochten Kartoffeln, Käse und Ei, das "diesen Namen trägt, weil es eine Speise ist, die wie der Wind vergeht, wie die Liebe der Nonnen."[122]

steht "In God we trust". Andere schöpfen aus ihrem Glauben Kraft für ihr Engagement im Kampf für die Befreiung des Volkes. Sie sind oft die ersten Opfer der Repression.

Marxismus und Christentum verkünden die abendländische Vision eines "positiven Endzustandes". Auch nachdem angesichts des Zusammenbruchs des ehemaligen Ostblocks der Marxismus von interessierter Seite totgesagt wird, weigern sich Befreiungstheologen zu glauben, die Utopie einer anderen, gerechteren Gesellschaft, die den Kapitalismus ablösen werde, sei am Ende. Sie unterscheiden zwischen den Göttern des Todes - Mammon & Co -, welche die Marktwirtschafts-Ideale verkörpern, und dem Gott des Lebens. Sie bezeichnen den Kapitalismus als das Reich des Todes, die verhungernden Kinder und gefolterten Oppositionellen als Menschenopfer auf dem Altar der Geldgötzen. Sie beziehen die Verheissung eines "Lebens nach dem Tod" auf das Diesseits, auf ein Leben nach der Überwindung der Geldgötzen - auf ein Paradies nach dem Kapitalismus.

Die "Adenauer Stiftung wird dem 'Zentrum für Entwicklung und Förderung der Selbsthilfe' Impulse und breite Unterstützung geben", erfuhr der Leser des konservativen "El Diario" im Mai 1988. "Mit der wirtschaftlichen und technischen Unterstützung der Bundesrepublik Deutschland organisierte man das Zentrum für Entwicklung und Förderung der Selbsthilfe (CEDEFOA) mit allgemeinen Zielen wie der mittel- und langfristigen Förderung der Genossenschaften und Selbsthilfeinitiativen, welche bereits existieren oder noch organisiert werden. (...) Oberst Ing. Alberto Landívar, Vizepräsident von CEDEFOA, ergriff auf der Pressekonferenz als Vertreter der Streitkräfte das Wort, um zu unterstreichen, dass die Armee überzeugt ist, dass es neben der Erfüllung ihrer spezifischen Aufgabe nötig sei, 'den Soldaten in nicht-traditionellen, produktiven Bereichen auszubilden, vor allem in so grundlegenden Fachgebieten wie Ernährung, Wohnung und Kleidung.'

'Die Streitkräfte haben Interesse', fuhr er fort, 'die jungen Rekruten auszubilden in Gebieten wie der Bienen-, Fisch- und Kaninchenzucht, der Nutzung nicht-konventioneller Energie, landwirtschaftlichen Baumschulen und rund zwanzig nicht entwickelten Fachgebieten.' Oberst Landívar bekräftigte, dass 'die militärischen Oberbefehlshaber vollständig damit einverstanden sind, dass unsere Streitkräfte in diese neuen Bereiche einsteigen und auf diese Weise zur Entwicklung des Landes beitragen können.' Um die Projekte zu konkretisieren, die die Streitkräfte betreffen, wird in der ersten Juniwoche ein Seminar mit den drei Teilstreitkräften im Ort von Chulumani abgehalten werden, 'um die allgemeinen Richtlinien der Aktivitäten der Streitkräfte in Abstimmung mit CEDEFOA auf-

MAIZ PELADO

Geschälter Mais

2.5kg Maiskörner, 400g Holz-Asche

Man kocht den Mais in einem grossen Topf zusammen mit der Asche und füllt immer etwas Wasser nach. Je nach Mais beginnt sich nach ein bis drei Stunden die Zelluloseschale der Körner sich lösen. Dann nimmt man den Topf vom Feuer und reibt den Mais in kaltem Wasser, damit alle Häutchen von den Körnern entfernt werden. Man kann zu diesem Zweck auch mit einem Kartoffelstössel im Mais herumstampfen. Nun wäscht man die Körner, wobei man öfter das Wasser wechselt, bis Häutchen und Asche weggeschwemmt sind.
Nicht alle Sorten eignen sich für dieses Verfahren: Einige kochen so schnell, dass die Körner schon weich sind und aufplatzen, bevor sich die Schale ablöst. Man sollte den Mais deshalb zuerst mit einer kleineren Menge testen.
Der geschälte Mais wird entweder getrocknet und aufbewahrt oder direkt weiter gekocht, z.B. zu Tamales (mit Humintas vergleichbar, aber mit Schweinefleisch und Ají gefüllt), Mondongo (s.S. 56), Ají de pelado (s.S. 116) oder einfach wie Mote als Beilage.
Wenn wir in einer Stadtküche nicht wissen, wo wir Holzasche hernehmen sollen, können wir uns mit Potasche behelfen: Wir kochen 500 g Mais in einer alkalischen Lösung von 30g Potasche auf 0.75 l Wasser und verfahren wie oben beschrieben.
Vergleicht man in den den Nährwert-Tabellen geschälten mit ungeschältem Mais, so wird für den geschälten Mais ein geringerer Protein- und Vitamingehalt angegeben.
Der Schein trügt: Untersuchungen haben ergeben, dass viele der im Mais enthaltenen Eiweiss-Bausteine (Aminosäuren) in grosse

zustellen, damit von diesem Seminar die allgemeine Politik der Arbeit im laufenden Jahr ausgehen könne'."[123]

Auf den ersten Blick wirkt es erfreulich: Statt sich der Unterdrückung des Volkes zu widmen, will die Armee die Landwirtschaft fördern. Junge Campesinos will sie in Alternativenergie und Fischzucht ausbilden... Doch warum geschieht dies zu einem Zeitpunkt, in dem die USA im Rahmen der Low-Intensity-Conflict-Doktrin "civic action" einen wichtigen Stellenwert zuweist, um Herzen und Kopf der Bevölkerung zu gewinnen? "Der Campesino muss das Vertrauen haben, dass es ein besserer Handel ist, wenn er mit uns geht",[124] sagte dazu ein ehemaliger Chef der US MilGroup in El Salvador.

Die bolivianische Armee übt sich in "ziviler Aktion", wie der grosse Bruder dies vorgibt. Das erstaunt kaum. Dass eine deutsche Organisation dies mit Steuergeldern organisiert, und dass sie derartige "Impulse und breite Unterstützung" für einen Teil einer militärischen Strategie dem bolivianischen Volk und uns als "Hilfe zur Selbsthilfe" verkauft - Skandal oder Normalfall?

Ist mit den Konzepten der sozialen Kontrolle im "Low-Intensity-Conflict" die "Hilfe zur Selbsthilfe" ein Mittel der Unterdrückung geworden? Müsste man "Hilfe zur Selbsthilfe" ersetzen durch "Hilfe zur Befreiung"? Muss diese notwendigerweise weit weg in der Dritten Welt erfolgen, oder müssen auch wir uns von vielem befreien?

Wer Geld spendet, um die Not anderswo zu lindern, tut dies in bester Absicht. Auch die Motivation der Mitarbeiter von Hilfswerken beruht meistens auf gutem Willen. Aber die ehrenhaften Absichten können sich durch die gesellschaftlichen Rahmenbedingungen in ihr Gegenteil verkehren. Der Spender ist in diesem Fall ebenso betrogen wie der Unterdrückte.

Die Überweisung an ein gemeinnütziges Hilfswerk mag gut sein für die Steuerbefreiung. Wenn wir uns aber nicht vergewissern, ob sich das Hilfswerk die aufgeworfenen Fragen auch stellt, und wenn wir uns nicht informieren, in welcher Weise es sie beantwortet, dann ist die Spende kein Beitrag zur Lösung der Probleme. Dann spielen wir entwicklungspolitisch "russisches Roulett".

Mehr Technik - weniger Hunger?

Alle vier Reifen sind platt. Der Traktor steht im Regen auf einem kleinen Hügel, fast am Ufer des Titicacasees. Da war vor Jahren ein Sohn der Gemeinde von der Partei in die Sowjetunion geschickt worden, hat

Mechaniker gelernt und kam mit Ideen vom "Fortschritt" zurück. Von seinen eigenen Leuten spricht er nun hauptsächlich schlecht: Sie hätten nur das Saufen im Kopf und keine Ahnung von Zivilisation...

Damals hat er irgendwo den Traktor aufgetrieben, der - soviel ich weiss - von einer westlichen Organisation finanziert wurde. Später ist sein Bruder in alkoholisiertem Zustand mit dem Trecker tödlich verunglückt, irgendwann fehlten die Ersatzteile für die Maschine und nun steht sie da - ein Grabmal verlorener Illusionen.

"Im technologischen Aspekt hat es in den letzten Jahren tiefgreifende Veränderungen gegeben wie die Mechanisierung und die Anwendung von chemischen Fungiziden und Insektiziden. Entgegen den Erwartungen bewirkten sie im Laufe der Jahre direkt oder indirekt einen Rückgang der Quinua-Erträge von 30 auf 8 Zentner pro Hektar."[125] Auch diese Feststellung der Nationalen Vereinigung der Quinua-Produzenten (ANAPQUI) beschreibt das Scheitern von Agrartechnik aus den Industriestaaten unter den Bedingungen der Anden.

Scheiben und Scharpflüge beschleunigen die Erosion noch stärker als der altägyptische Holzpflug. Für die Bearbeitung mit dem Traktor sind grosse Felder erforderlich. Aber die Andenbauern haben seit Jahrtausenden kleine Äckerchen angelegt, mit dem Ziel, alle Familien an den verschiedenen agroökologischen Ressourcen der Comunidad teilhaben zu lassen. Nur so können sie unterschiedliche Böden und Mikroklimate ergänzend kombinieren und ein möglichst breites Sortiment an Produkten anbauen.

Sie haben für jede Humusart und jede Ackerfrucht die Erde unterschiedlich bearbeitet. Die Ökologie der Anden erfordert einen Ackerbau, den man in seinem Nuancenreichtum mit der Arbeit eines Malers vergleichen kann: Die vorkoloniale Technologie arbeitet wie ein alter Meister mit feinen Pinseln, während der Holzpflug und vor allem die modernen Landbaumaschinen der Malerrolle entsprechen. Mit dieser kann man zwar eine Fläche schnell überstreichen, aber was nützt das, wenn man ein Portrait malen soll?

Auch Pestizide verhalten sich unter Hochlandbedingungen anders als in der Gebrauchsanweisung (sofern diese überhaupt gelesen wird): Oft töten Fröste die Kartoffelstaude ab. Die Knollen im Boden können dann die Gifte nicht abbauen, selbst wenn man die geforderte Frist zwischen Spritzen und Ernte einhält. Ein bolivianischer Agronom sprach von Hunderten von Kindern auf dem peruanischen Altiplano, die an aldrinverseuchten Kartoffeln gestorben seien.

Selbst wenn es nur eines gewesen sein sollte, es wäre eines zuviel. Es gibt andine Alternativen: der Sud von Tarwi, der beim Entbittern dieser Nahrung anfällt, ist Grundlage für ein Mittel gegen Quinua- und Kartof-

Moleküle eingebunden sind, die der Mensch nicht verdauen kann.
Indem man die Körner in einer alkalischen Lösung - z.B. aus Asche oder ungelöschtem Kalk - kocht, werden chemischen Brücken zwischen den Aminosäuren zerstört und so die Reisenmoleküle aufgespalten. Damit werden die für den Menschen wichtigen Aminosäuren verfügbar.
Eine ausschliesslich an der Proteinmenge orientierte Nährwertanalyse vermittelt also ein falsches Bild. Erst die Kenntnis komplexer Zusammenhänge hat bestätigt, was die Völker der Anden (und Zentralamerikas) längst wussten: Das Schälen von Mais mit Asche verbessert seine Qualität - ein Beispiel dafür, dass man die traditionellen Techniken differenziert untersuchen muss, bevor man aus westlicher Sicht ein Urteil abgibt.
Vermutlich steigert ein alkalisches Umfeld auch die Verträglichkeit von Quinua: K'ispiña werden mit Kalk zubereitet, und in einem grossen Teil ihrer modernen Quinua-Rezepte verwendet Frau Iñiguez de Barrios Salmiak löffelweise.

Der Bauer holt die einen Monat lang gewässerte Oca aus der Grube *(Seite 211).* ***Sein Vater streut trockenes Ichugras auf einen ebenen Platz, um darauf die Oca zu "Uma-Caya" gefrieren zu lassen*** *(Bild rechts).*
Den Transport von der Wässergrube bis zum Gefrier- und Trockenplatz bewältigt er mit dem Tragetuch *(Seiten 213 bis 215).* ***Ich helfe mit der Schubkarre, die von einem weiteren Helfer beladen wird. Über die holprige, leicht ansteigende Strecke von etwa 25 m erweist sich das Tragetuch als schneller, umso mehr, als wir mit der Karre zu zweit arbeiten, man das Ergebnis also durch zwei teilen muß. Zudem bringt das Rad der Schubkarre das gestreute Heu durcheinander, weswegen ich die Oca nur an den Rand des Platzes kippe, während der Bauer mit dem Tragetuch sie direkt an ihren Bestimmungsort schütten kann*** *(Seite 216).*
- Europäische Publikationen heben oft hervor, dass in den Anden das Rad nicht erfunden worden sei. Dass die andinen Techniken den Verhältnissen oft angepassten sind, ist ihnen offenbar entgangen.

felwürmer, Blattläuse und Obstkrankheiten. Zudem gibt es resistente Sorten, und auch die andine Mischkultur (z.B. Ysaño zusammen mit Oca) dient der Vorbeugung gegen Schädlinge.

"Sonnenzelte" nennen die Entwicklungsorganisationen die mit Plastikplanen überdachten Mini-Treibhäuser. Es beeindruckt, auf dem Altiplano Tomaten, Kopfsalat, Gurken und andere Produkte der Talregionen wachsen zu sehen, aber die Gewächshäuschen haben ihre Tücken: Belüftet man sie nicht korrekt, verbreiten sich Pilzkrankheiten, und dann hilft nur noch der Griff zur Spritze. Die Pestizidhändler wittern hier einen lohnenden Markt und verführen viele Bauern, aus ihren Sonnen- Giftzelte zu machen. Seit der spanischen Eroberung dividieren die Mächtigen die Ergänzung verschiedener Klimazonen, durch die sich die Altiplanobauern früher mit den Produkten der Täler versorgten, immer weiter auseinander. Will man diese Sünde mittels der offenbar anfälligen Technologie der Plastiktreibhäuser korrigieren?

Seit Jahrzehnten hausieren Entwicklungspolitiker mit dem Slogan, man müsse die Hungernden fischen lehren, statt ihnen einen Fisch zu geben. In der bolivianischen Praxis verteilen sie die faulen Fische der Lebensmittelhilfe und "Fischen lehren" setzen sie gleich mit industriellen Agrarmethoden. Fehlgeschlagene Versuche, mittels Agrartechnik das bolivianische Hungerproblem zu lösen, gibt es zuhauf...

Um beim Bild zu bleiben: Dreht es sich nicht vielmehr darum, ob der Fluss den Fischern gehört und ob sie ein vernünftiges Mass an Kontrolle über den Fischmarkt ausüben? Um die für ihren Fluss richtige Technik - und nicht nur um die - haben sie sich schon vor Jahrtausenden gekümmert:

"Die Europäer, welche die Invasion erlebten (...), bemerkten einen grossen Unterschied zwischen Mittelamerika und den Anden: Während die Mexikaner oft die Regierungszeiten durch die erlittenen Hungersnöte charakterisierten, gab es in den Anden keine Tradition, die Geschichte durch Katastrophen zu kennzeichnen", stellt der Ethnologe John Murra fest. "Dies soll nicht heissen, dass es vor 1523 nicht schreckliche Dürren gegeben hätte. In der Tat bemerkte Polo de Ondegardo, der kühnste Beobachter der andinen Regierungskunst, dass in den am dichtesten besiedelten Gebieten im inneren Titicacabecken drei von fünf Jahren zerstörerische Fröste, Hagelschläge oder Dürren brachten... Nicht dass das Klima heute anders wäre, sondern es war die menschliche Organisation der Mittel und Energien (...), die es möglich machte, dass die andine Gesellschaft sicher war vor Knappheit und Hungersnöten."[126]

Der Hunger ist kein technisches Problem, sondern ein gesellschaftliches, ein politisches. Vor der Kolonialzeit war mit einfachsten Werkzeugen die Ernährung aller möglich. Heute hat man Landmaschinen und für den Transport Lastwagen statt Lamakarawanen, aber allenthalben regiert der Hunger.

Trotz allem: 47% der Arbeitskräfte sind in der Landwirtschaft beschäftigt, schaffen es aber nicht, das Land zu ernähren. Da stellt sich doch die Frage nach mehr Technik, um die Produktivität zu steigern.

Man braucht nicht bei Huisu und Lamakolonne stehenzubleiben. Doch statt grosse Trecker zu propagieren, könnte man angepasste Maschinen entwickeln, die z.B. die gleiche Furchenstruktur, die man mit dem Huisu erzeugt, mit geländetüchtigen Einachstraktoren erzielen. So könnte man die Leistungsfähigkeit des Traktors mit der optimalen Kontrolle von Erosion und Bodenfeuchtigkeit der Grabstock-Technik kombinieren. Moderne Technik widerspricht nicht einer gerechten Gesellschaft, aber sie kann sie nicht ersetzen.

Doch selbst eine solch sanftere Technologie verträgt sich kaum mit der andinen Lebenweise: Der Campesino betreibt eine Landwirtschaft, die der Selbstversorgung dient und sehr wenig Ressourcen von aussen benötigt. Er lässt Äcker durch lange Brachzeiten sich selbst regenerieren, und wenn er düngt, stammt der Dünger von den eigenen Tieren.

Eine technisierte Landwirtschaft ist dagegen immer auf Mittel von aussen angewiesen. Auch für einen sehr einfachen Traktor braucht man Ersatzteile und Treibstoff, was alles mit Geld bezahlt sein will. Seine Anschaffung dürfte ohne Kredit kaum zu bewältigen sein. Mit andern Worten: Auch eine ökologisch verträgliche Technisierung erfordert Produktion für einen Markt, der bis heute nicht von den Campesinos kontrolliert wird und zu ihren Ungunsten funktioniert.

Erinnern wir uns: Produktivitätssteigerung wurde in den Anden seit je durch die Umwelt stärker begrenzt als in unseren Breiten. Gerade deswegen mussten die Andenbauern das Prinzip der Arbeits-Kontinuität durch Produktevielfalt entwickeln. Dass anderswo der Weg der Produktivitätssteigerung sich als der wirtschaftlich effizientere durchgesetzt hat, heisst nicht, dass dies auch unter den spezifischen Bedingungen der Anden ökologisch sinnvoll und machbar ist.

Das Problem hat eine weitere kulturelle Dimension: Der Campesino weiss, dass man etwas auf eine bestimmte Weise tut, aber er weiss häufig nicht, warum man es so macht. Er verlässt sich auf den in Form von Handlungsanweisungen überlieferten Erfahrungsschatz seiner Väter. Er hat keine Messinstrumente für chemische Bodenanalysen, Niederschlagsmengen und Durchschnittstemperaturen und verfügt über keine theoretische Begründung für sein Tun. Er kann aber trotzdem der abendländischen Wissenschaft überlegen sein: Eine nach modernen Kriterien vorgenommene Bodenuntersuchung in einer Comunidad im peruanischen Hochland ergab, dass sich angeblich nur 6% des Bodens für Ackerbau

eignen. Die ansässigen Campesinos nutzen aber seit Menschengedenken 26%, mehr als das Vierfache! Die europäische Technik geht vom Nährstoffgehalt eines Bodens aus, mit dem mehr oder minder starker Raubbau getrieben wird. In den Anden dagegen hat der Mensch durch sanften Umgang mit den Ressourcen viele Böden buchstäblich erschaffen...

Trotzdem fühlen sich westliche Technokraten, beladen mit nacktem Wissen ohne Weisheit, dem Erfahrungswissen anderer Völker überlegen. Zuwenig untersucht man bisher die andine Landwirtschafts- und Ernährungstechnik mit dem Ziel, sie zu verstehen. Das ist mehr als nur mangelnde Sensibilität und Geschäftssinn der Landmaschinen- und Düngerkonzerne: auch hier zeigt sich das Streben nach kultureller Herrschaft.

Wenn dies nach "die bösen Westler gegen die guten Indianer" klingt, ist es zu einfach. Für die genannten Argumente gegen blinde Mechanisierung erntete ich oft bei Campesinos Unverständnis, ein ins Gesicht geschriebenes "Was will dieser Gringo eigentlich?". Einer ähnlich argumentierenden Bolivianerin hielten die Bäuerinnen vor, sie wolle die Campesinos vom Fortschritt ausschliessen. Die kulturelle Hegemonie der Industriestaaten ist heute so weit verwirklicht, dass viele Campesinos ihre eigene Technologie als rückständig empfinden und vom Traktor träumen - gerade weil sie oft nicht wissen, was dieser an Sachzwängen mit sich bringt. Vor dem Hintergrund ihrer täglichen Erfahrung mit der eigenen Technik als "Knochenarbeit" ist dies jedoch verständlich.

Zugleich zeigen Propaganda und Werbung ihre Wirkung: Häufig identifizieren sich Unterdrückte mit Ideologie und Kultur der Unterdrücker. Der Ausbeuter, der Reiche und Mächtige, ist meistens auch der Geachtete. Wer die Strukturen nicht durchschaut, kommt leicht zum Schluss, dass der Angesehene so reich und mächtig ist, weil er kulturell und technisch überlegen sei.

Eine Rückbesinnung auf die Vorzüge der eigenen Kultur und Technologie und deren eigenständige Weiterentwicklung ist nötig. Dabei muss man sie - unter sozialer und ökologischer Kontrolle - mit nützlichen Elementen anderer Kulturen kombinieren. Dies wird erst möglich sein in einem umfassenden Prozess der wirtschaftlichen, politischen und bewusstseinsmässigen Befreiung.

Nahrung, Kultur und Befreiung

Impuls aus dem Regenwald

"Wir sind es müde zu warten und haben beschlossen, eher zu sterben denn als Sklaven zu leben, auch wir sind Bürger dieses Staates und dienen unserem Land, von dem wir nichts als Versprechungen erhalten haben. Wir vereinigen uns daher in energischem Protest zu einem grossen Marsch für unser Recht auf eigenes Land und Leben..."[127]

Niemand hatte mehr mit ihnen gerechnet, den Chimanes, Movimas, Mojeños, Yuracarés und Sirionós aus den Wäldern des Beni. Die Völker des Tieflands seien wegen ihrer Lebensweise in kleinen Gruppen nicht fähig, der Zivilisationsmaschine zu widerstehen, da es ihnen an der grösseren zusammenhängenden sozialen Organisation der Völker der Anden fehle.

Aber nun waren sie da, 500 Jahre erlittenes Unrecht im Gepäck. 800 Personen trafen im September 1990 nach einem Marsch von 600 km und über 4000 m Höhenunterschied in La Paz ein, um ihre Rechte zu fordern: Eigenes Territorium und Würde, wobei sie unter "Würde" auch die Anerkennung ihrer politischen und sozialen Organisationen verstanden.

Ihrer Lebensweise entsprechend können sie sich nicht mit einer Parzelle zufrieden geben, wie das Agrarreform-Gesetz dies vorsieht. Sie benötigen unberührte Wälder zum Fischen und Jagen, in denen sich das Wild regenerieren kann.

Zunehmend waren sie auf eine Region im Südwesten des Departements Beni zurückgedrängt worden. Doch Holzfällerfirmen haben auch für dieses letzte Refugium Einschlagkonzessionen erhalten. Um nur die untersten Meter eines Mahagonistammes abzuschleppen, schlagen sie kilometerlange Zufahrtswege und breite Schneisen in den Wald. Von Armut getriebene Colonizadores aus dem Hochland nutzen diese, um jungfräuliches Land unter das Buschmesser zu nehmen. Wilderer, die die europäischen Märkte mit exotischen Fellen versorgen, dringen in die Wälder ein. Lebensräume gehen zugrunde.

In La Paz wurde der Protestmarsch von den Bauerngewerkschaften, der COB, der katholischen Kirche und einer Reihe weiterer Organisationen empfangen. Aymaras und Quechuas, die in der Vergangenheit die Tieflandvölker oft - wenn auch mit anderem Hintergrund als die Weissen - als "Wilde" ("Chunchus") bezeichnet haben, solidarisierten sich mit den Marschierenden. Nach zähen Verhandlungen musste die Regierung nachgeben und wenigstens die wichtigsten Teile der umstrittenen Region zum

Territorium der dort ansässigen Ethnien erklären, den Rückzug der Holzfällerfirmen dekretieren und auch eine Garantie für das Territorium der Sirionó (eine ehemalige Mission, auf der sich Rinderfarmen und die Farm der Univerisität von Trinidad breitmachen) unterschreiben.

Was die Zusagen anbelangt, war der Marsch ein Erfolg. Die Umsetzung wird erheblich schwieriger sein, da weder Holzfällertrupps noch Viehzüchter gewillt sind, sich daran zu halten. Trotzdem bestärkte das positive Ergebnis auch Comunidades und Völker in anderen Regionen, sich zunehmend zu organisieren und das geraubte Land zurückzufordern. Unter anderem erholen sich nach rund hundert Jahren die Chiriguanos im Südosten von dem Massaker und stellen sich dem Landhunger der Grossgrundbesitzer entgegen.

Aymara- und Quechuavölker sind die nationalen Mehrheiten. Jahrhundertelang haben sie um ihr kulturelles Überleben gekämpft. Die Widerstandszentren lagen zur Jahrhundertwende unter Zarate Willka bei den Aymaras auf dem Altiplano. Nach dem Chacokrieg übernahmen die Quechua-Bauern auf den Haciendas im Tal von Cochabamba die Initiative, und sind schliesslich mit der Agrarreform in den Staat eingebunden worden. Der Katarismus verlagerte die Rebellion wieder auf den Altiplano. Seit dem Beginn der neunziger Jahre wird der Protest von Ethnien aus dem Tiefland und dem Chaco, die man schon fast totgesagt hatte, unübersehbar. Und sie fordern nicht nur Land, sondern - viel radikaler - eigene Territorien. Während der "Marsch für das Leben und den Frieden" die Niederlage der Bergarbeiter besiegelte, war möglicherweise der "Marsch für Territorium und Würde" der Auftakt für einen kulturell-ethnischen Widerstand, der jetzt auch von den Volksorganisationen aus der Stadt, den Gewerkschaften und der traditionellen Linken zunehmend begriffen und ernst genommen wird.

Ein wichtiger Faktor für den Erfolg des Marsches der Chimanes ist die weltweite Besorgnis um den Regenwald. Bolivien ist das Land mit der achtgrössten Regenwaldausdehnung und mit dem zweitgrössten Anteil am Amazonasbecken. Den internationalen Druck, wegen des Treibhauseffekts den Regenwald zu retten, kann auch ein neoliberales Regime nicht ignorieren, im Gegenteil: In Zukunft wird die ökologische Frage womöglich das Drogenproblem ablösen, wenn es darum geht, Vorwände für militärisches Eingreifen in Lateinamerika zu finden.

1987 hatten Ökogruppen aus der USA einen Packen Schuldscheine Boliviens gekauft und die Schuld gestrichen, unter der Bedingung, dass ein Stück Tropenwald als Naturschutzpark ausgewiesen werde - eine Ungeheuerlichkeit: Man stelle sich das Geschrei vor, wenn Ethnien des Regenwalds Zermatt und das Matterhorn kaufen würden, damit der Tourismus nicht weiter die Alpen zugrunde richte... Positiv an der Sache war die internationale Aufmerksamkeit, die dieser erste "Dept-for-nature-swap" auf sich zog; sie erschwerte es der Regierung, auf den Marsch der Tieflandvölker mit gleicher Repression zu reagieren wie der vorangehende Präsident auf den "Marsch für das Leben".

Die Regenwaldfrage haben wir "entdeckt", im Fall eines anderen Problems bleibt Europa blind: Je schneller der Westen (Norden) gnadenlos andere Kulturen plattwalzt, umso weniger Möglichkeiten wird die Menschheit haben, von diesen zu lernen. Jede Kultur, die als praktizierte Lebensform stirbt und nur noch in Museen und zwischen Buchdeckeln archiviert ist, bedeutet einen Verlust an geistigem Zukunftsrohstoff, den auch wir für Problemlösungen benötigen.

Die Nutzung kultureller Ressourcen zugunsten der Menschen ist nur möglich in partnerschaftlicher Weise zwischen Kulturen, die noch leben. Nicht-partnerschaftlich können herrschende Nationen die kulturellen Güter der unterjochten Völker als Wirtschaftsmotor oder Konsumartikel nutzen, aber nicht als das, was sie sind: eine Möglichkeit zur Bereicherung der eigenen Kultur. Die Kartoffel trug zur industriellen Revolution bei, ohne dass Europa darüber hinaus etwas von den Andenvölkern gelernt hat. Was aus Teil-Elementen bolivianischer Kultur wird, wenn sie isoliert auf den Markt einer kranken Gesellschaft kommen, zeigt sich am Kokain: als Profitquelle hat die Droge mit der heiligen Coca nichts mehr gemein.

Wem gehört die Kultur?

"Im kontinentalen Lateinamerika besteht wohl eine Mehrheit der ländlich-landwirtschaftlichen Bevölkerung aus nicht-europäisierten Einheimischen, die vorkolumbianische Lebensweisen und Sprachen bewahren. Allzu oft gehen die Anstrengungen, den Lebensstandard dieser Leute zu verbessern und sie in die moderne Wirtschaft ihrer Länder zu integrieren, verkappt oder ausdrücklich von einem kulturellen Imperialismus aus..."[128] Wer hier von "kulturellem Imperialismus" spricht, ist nicht eine linke oder indigenistische Gruppierung in Bolivien, sondern der "Rat für Interamerikanische Sicherheit" der USA in seinem "Dokument von Santa Fe".

Überraschende Selbstkritik? Mitnichten: "Der Bau von Strassen, Elektrizitätswerken und Hochöfen", schreiben die Autoren von Santa Fe, "ist für diese Leute unvergleichlich weniger nützlich als die Installation von einfachen Trinkwassersystemen, die Einführung neuer Anbauprodukte, um ihre an Vitaminen mangelnde Ernährung zu verbessern und kommerzielle Kulturen für den Verkauf zu liefern, oder Unterricht, wie sie ihre Schafe von Parasiten befreien können, um so die Verfügbarkeit von

Fleisch und Wolle für den Konsum und den Verkauf zu verbessern. Um ihnen zu helfen und den Weg der kulturellen Umwandlung zu öffnen - wenn es dies ist, was sie wollen - benötigen diese Leute einfache Techniken, die Resultate zeigen, die sie erfassen können, und die in ihrer unmittelbaren Situation leicht anwendbar sind."[129]

Hier wird jene Verwechslung von "Kultur" mit "Armut" zum Programm erhoben, die viele Bolivianerinnen und Bolivianer wütend macht. Es geht den Ideologen von Santa Fe letztlich um kostengünstige Methoden der sozialen Kontrolle. Die gängigen Strukturen der Entwicklungshilfe seien zu unpersönlich und zu weit von der Zielbevölkerung entfernt. Selbst das Personal des "Peace Corps" sei zu kurze Zeit in der Region, "um das lokale Vertrauen zu gewinnen". Und dann lassen sie die Katze aus dem Sack: "Die kleinen Privatunternehmen, die in einer bestimmten Gegend Gewinne erwirtschaften, können in einen Mechanismus verwandelt werden, um den örtlichen einheimischen Bevölkerungen zu helfen, vor allem die kleinen Agrarfirmen..."[130]

USAID als eine der ausführenden Agenturen der Strategien der USA hat in den achtziger Jahren ein dreibändiges Werk über traditionelle Techniken der Bauern vom Altiplano, aus den Tälern und dem Tiefland herausgegeben. Die Zielbevölkerung wird gut studiert. USAID steckt Geld in eine ganze Reihe von Projekten, die auf den ersten Blick nach

"Wiederbelebung andiner Kultur" aussieht. "Indianisch" ist Mode, und sei es, um eine paternalistische Taktik der Umarmung der Opfer zu begründen, die letztlich wieder auf jene privatwirtschaftlichen Strukturen hinausläuft, in denen sie bisher immer an den Rand gedrängt wurden. Und nicht zuletzt hat es sich in der Vergangenheit für die USA als nützlich erwiesen, ethnische Widersprüche zu nutzen, z.B. während des Vietnamkrieges und in Zentralamerika...

Auch die bolivianische Geschichte liefert genug Beispiele kulturellen Missbrauchs: Die erste Jesuitenmission lag nicht im tropischen Osten, sondern am Titicacasee. Offenbar haben die Jesuiten die dortige Wirtschaft gut beobachtet, denn später haben sie in ihren Missionen im Tiefland ein Wirtschaftssystem aufgezogen, das an die Anden erinnert: Sie liessen die indianischen Bauern arbeiten, sicherten sich aber die Kontrolle der Lagerhäuser. In ritueller "Grosszügigkeit" verteilten sie dann die Lebensmittel. Sie haben, um eine indianische Kultur zu unterwerfen, Elemente aus einer benachbarten indianischen Kultur benutzt.

Andererseits zeigten sich die Eroberten immer wieder fähig, fremde Kulturelemente zu integrieren und sie wie etwas Eigenes zu behandeln. Was schmecken wir an den mit andiner Technik "entbitterten" Zwiebeln für Sarsa (s.S. 64), an Nudeln, die wie Quinua geröstet werden, am Brot, das sich als Tantawawa in die Riten für die Seelen der Verstorbenen eingefügt hat? Der Weizen ist zwar ursprünglich aus der alten Welt gekommen, wird jedoch von den Campesinos in den Tälern Boliviens seit Jahrhunderten angebaut. Er gehört heute ebenso zu ihrer Kultur wie die anderen von ihnen gesäten Nahrungsmittel. Und sie leiden ebenso wie die Quinua-Produzentinnen und -produzenten unter der Dumping-Konkurrenz des Importweizens. Der Widerspruch besteht nicht zwischen Quinua als andinem und Weizen als europäisches Lebensmittel und Kulturelement, sondern zwischen Quinua und bolivianischem Campesino-Weizen einerseits und dem vom Ausland kontrollierten Agrobusiness- und Nahrungsmittelhilfe-Weizen andererseits. Nicht ob vor Jahrtausenden die Bauern im Nahen Osten oder in den Anden den Weizen gezüchtet haben, nicht die ursprüngliche Herkunft einzelner Nahrungsmittel ist entscheidend. Vielmehr sind es Hunger und Abhängigkeit von Almosen, die dem Essen die kulturelle Würde nehmen: Es wird gleichgültig, ob die eingenommene Nahrung etwas Eigenes oder etwas Fremdes ist.

In dieser Extremsituation kann jedes Stück eigener kulinarischer Kultur, jede eigene Zutat, jedes traditionelle Gericht Eigenständigkeit symbolisieren, könnte in diesem Sinne subversiv und befreiend wirken, indem es die kulturelle Identität, die "Seele" des Volkes, stärkt. Trotzdem wäre es verfehlt, krampfhaft "westliche" Lebensmittel zu meiden. "Ein saube-

Drei Kochherd-Generationen (mit Lamamist, Holz und Gas beheizt) in der gleichen Küche. Nicht zuletzt durch Ergänzung gewinnt die andine Kultur einen Grossteil ihrer Kraft.
(Bilder auf Seite 220)

res Schwein wird nicht fett", sagt man in Bolivien, wenn man etwas zu Boden Gefallenes aufhebt und isst - Pragmatismus hilft überleben.

Es geht weniger darum, woher ein kulturelles Element kommt, als darum, wer es kontrolliert und wozu er es einsetzt: "Wenn wir uns mit der Geschichte der Befreiungskämpfe beschäftigen, so sehen wir, dass diesen im allgemeinen eine Intensivierung kultureller Äusserungen vorausgeht, die sich in wachsendem Masse in dem - erfolgreichen oder erfolglosen - Versuch konkretisieren, die kulturelle Persönlichkeit des beherrschten Volkes als Akt der Negation der Kultur des Unterdrückers zu behaupten",[131] stellte der afrikanische Befreiungskämpfer Amilcar Cabral fest. "Ein Volk, das sich von der Fremdherrschaft befreit", ergänzte er, "wird nur dann kulturell frei sein, wenn es ohne Komplexe und ohne die positiven Beiträge der Kultur des Unterdrückers und anderer Kulturen zu unterschätzen, die vorwärtsweisenden Wege seiner eigenen Kultur wiederaufnimmt, die sich von der lebendigen Wirklichkeit der Umgebung ernährt und schädliche Einflüsse wie auch jegliche Unterordnung unter fremde Kulturen ablehnt."[132]

Ernährungskriterien hier und dort

Weisser Reis, weisses Brot, drei Esslöffel Zucker auf eine Tasse Tee: Europäisches Alternativbewusstsein steht Kopf ob solcher Ernährungsgewohnheiten des bolivianischen Volks. Wenn denn schon so wenig zu essen da ist, könnte man die Situation nicht wenigstens mit gesunder Nahrung verbessern?

Hinter dieser Frage steckt die Vorstellung, man könne die Ernährung des Volkes durch Veränderung seines Bewusstseins verbessern: "In Peru/Bolivien hat Quinua als Grundnahrungsmittel einen sehr geringen Prestigewert. (...) Unsere [europäische] Nachfrage soll das Interesse an Quinua wecken, das Prestige steigern, den Verbrauch in Peru/Bolivien anregen."[133] Diese Erklärung war vor allem in den Anfangszeiten des Quinua-Engagements alternativer Handelsorganisationen häufig zu hören und geistert oft durch die Verkaufsgespräche in Dritte-Welt-Läden.

Unzweifelhaft spielt die Frage des Sozialprestiges eine wichtige Rolle bei der Auswahl der Speisen. Die Entscheidung eines Bolivianers, eine teurere Coca-Cola anstelle einer billigeren Milch zu trinken, ist sicher eine Konsequenz des durch Werbung erzeugten psychologischen Werts des Coca-Cola-Konsums.

Aber unterhalb einer gewissen Einkommensschwelle kommen auch andere Kriterien zum Tragen: Ökologen haben die "Theorie der optimalen Futtersuche"[134] entwickelt. Diese besagt, dass Lebewesen jene Nahrungsmittel bevorzugen, bei denen ein möglichst günstiges Verhältnis zwischen Kalorien-Ausbeute und der für Beschaffung und Bearbeitung der Nahrung aufgewendeten Zeit gewährleistet ist.

Wir können entsetzt die Hände über dem Kopf zusammenschlagen ob der Tatsache, dass in Bolivien das Volk mehr Weissbrot als Quinua isst. Unser Einkommen erlaubt zu wählen. Wer aber unterhalb des Existenzminimums überleben muss, handelt stärker unter dem Zwang der "optimalen Futtersuche": 1975 musste ein durchschnittlich bezahlter Fabrikarbeiter 6 Minuten arbeiten um 1000 kcal in Form von Quinua Real zu erstehen. (Ich bezweifle diese Zeitangabe und vertraue den im Kasten genannten Zeiten, aber hier geht es nur um das Verhältnis zwischen Quinua und Weizenprodukten.) Für 1000 Brotkalorien arbeitete er dagegen 17, für Teigwaren 14 Minuten. 1984 arbeitete ein zum Minimallohn beschäftigter Arbeiter für die Kalorien aus Quinua Real gleichlang wie für Teigwaren, nämlich 32 Minuten. Die gleiche Menge Kalorien aus Brot kostete ihn 31 Minuten Arbeit. Die Beschaffungszeit hat sich also zugunsten der Weizenprodukte verlagert.

Quinua-Punsch mit Schafshoden

Frau Bethzabé Iñiguez de Barrios ist eifrige Verfechterin der Idee, die Bolivianer sollten mehr Quinua essen. Ihr 1977 erschienenes Kochbuch mit rund sechshundert Quinua-Rezepten ist die grösste bolivianische Sammlung von Gerichten, die sich mit nur einem Nahrungsmittel befasst. Die Autorin stellt den Rezepten eine Sammlung von Zeitungs-Zitaten und Belobigungs-Briefen über ihre Kochkurse voran: Die Gattin des linkspopulistischen Präsidenten Torres eröffnete ebenso eine Quinua-Kochveranstaltung wie später der Landwirtschaftsminister Banzers ein Anerkennungs-Schreiben unterzeichnete. Blättert man in "Tausend Leckereien aus Quinua" (Mil delicias de la quinua), gewinnt man den Eindruck, dass in Bolivien ein politisch breiter Konsens zugunsten vermehrten Quinua-Konsums bestehe. Es gereicht jeder Persönlichkeit in gehobener Position zur Zierde, sich zugunsten der Quinua zu äussern. Am öffentlich manifestierten Quinuabewusstsein kann es also nicht liegen, wenn das Volk stattdessen Teigwaren und Brot aus Weissmehl isst...
Die Rezepte von Doña Bethzabé reichen von traditioneller bolivianischer Küche bis zu grünen Ravioli mit Quinua, Quinua-Pizza, -Quiche und -Pie. Die Quinua-Rezepte dieses Kapitels sind ihrer Sammlung entnommen, wobei ich das folgende selbst nie probiert habe:

Ponche de Quinua con criadillas de cordero

***Zutaten:** 6 Tassen dickes Quinua-Extrakt (flüssig verkochte Quinua, der man die weissen Keime ausgesiebt hat), 2 Tassen Zucker, 12 Tassen Wasser, 1 Flasche Singani (bolivianischer Weinbrand), 6 zarte Schafshoden, 2 Eigelb, 2 El Puderzucker, 10 Stangen Zimt, 10 Gewürznelken, 8 Tropfen Bitter*

***Zubereitung:** Man kocht das Wasser mit dem Zimt, den Nelken und dem Zucker. Nach 10 Minuten gibt man die sauberen, gekochten und gehackten Schafshoden dazu, ebenso das Quinuaextrakt unter langsamem Rühren. Nach einer halben Stunde mischt man Singani und Bitter hinein. Man serviert warm in passenden Tassen, indem man mit einer Creme aus den geschlagenen Eigelb und dem Puderzucker dekoriert.*

In den meisten Vierteln bolivianischer Städte gibt es Wasser nur an öffentlichen Zapfstellen - keine gute Voraussetzung um Quinua zu waschen...

Wenn wir zusätzlich die zeitaufwendigere Zubereitung der Quinua in Betracht ziehen, dann kosten Kalorien aus Quinua mehr Zeit als welche aus Brot. Vor allem ist zu berücksichtigen, dass man Quinua waschen muss: Wasser ist in der Stadt insgesamt knapp und nur wenige Stunden täglich nach ermürbendem Schlangestehen an öffentlichen Zapfstellen erhältlich. Für Brot braucht man nur jene Menge Wasser, die man direkt als Tee oder Kaffee konsumiert, während Quinua unverhältnismässig viel Wasser - mit der entsprechenden Beschaffungszeit - erfordert.

Die Forderung nach vermehrtem Quinua-Konsum ist nicht neu. Kochkurse für Quinuagerichte werden regelmässig lobend in der Presse erwähnt. Selbst die Militärdiktaturen der siebziger Jahre haben sich um die Steigerung des Quinua-Verbrauchs bemüht. Aber alle schönen Rezeptsammlungen nützen nichts ohne eine bessere Wasserversorgung. Daran knüpft sich die Frage, ob in der andinen Umwelt überhaupt genug Wasser beschafft werden kann, um Grossstädte heutigen Ausmasses vernünftig zu versorgen. Dies wiederum wirft erneut die Frage auf, ob ein Entwicklungsmodell, das systematisch den ländlichen Raum vernachlässigt und so Landflucht und Grossstadtbildung provoziert, überhaupt vertretbar ist. Die arbeitende Mutter macht sich aber kaum solche Gedanken, wenn sie ihren Kindern Brot und Nudeln statt Quinua auftischt. Stattdessen handelt sie rational, indem sie die familiäre Überlebens-Strategie den gegebenen Bedingungen anpasst.

Dies gilt umso mehr, als Quinua in zubereiteter Form gegenüber Weizen im Nachteil ist: 100 g Phiri (s.S. 44) aus Quinua geben 105 kcal her gegenüber 216 kcal in der gleichen Menge Weizen-Phiri. Bei der Proteinmenge liegt im gleichen Gericht Quinua leicht vorn: 2.97 g gegenüber 2.28 g im Weizen-Phiri. Zweifellos überlegen ist die Protein-Qualität der Quinua, aber dies ist für Menschen, die wegen chronischer Unterversorgung extrem mit ihrer Nahrungsbeschaffungszeit haushalten müssen (rund 80% des Einkommens werden für Essen aufgewendet), das weniger wichtige Argument als das günstigere Zeit/Kalorien-Verhältnis bei den (subventionierten) Weizenprodukten. Unsere Sorge um ihr Ernährungsbewusstsein muss ihnen recht abstrakt vorkommen.

Um Missverständnissen vorzubeugen: Auch ich bin überzeugt, dass Quinua gesünder wäre als Weissbrot. Aber die Rationalität des Überlebens kann sich nicht in erster Linie nach dem Gesundheitsargument richten, sondern muss auf die Brutalität der wirtschaftlichen Rahmenbedingungen reagieren.

Das Problem der Menschen in den Städten liegt beim Einkommen. Die Löhne entsprechen immer noch der "Dritten Welt", die Preise aber sind auf das Niveau des Weltmarkts gestiegen, das von den Industriestaaten geprägt wird (s. Kasten auf nächster Seite).

Die Zwangs-Einbindung in den Weltmarkt erfolgt unter dem ideologischen Banner des (Neo)Liberalismus. Zum Liberalismus gehört eigentlich auch die Freiheit, sich niederzulassen, wo man will. In der Praxis gilt dies für das Kapital, aber nicht für die Menschen: Wenn sie dort hinziehen wollen, wo sie nicht - wie in Bolivien ausgerechnet wurde - 29 Std. 11 Min. täglich (!) arbeiten müssen, um sich, ihre Frau und drei Kinder zu ernähren, dann gibt es keine Niederlassungsfreiheit. Bei rund sechs Millionen Einwohnern, lebt eine Million Bolivianerinnen und Bolivianer im Ausland, da sie im eigenen Land keine Existenz finden. Überall verschärfen die Industriestaaten, auf deren Konto die Gewinne aus dieser Politik fliessen, die Ausländer- und Asylantengesetze. Stacheldraht durchzieht den globalen Supermarkt, Apartheid wird zum Weltsystem. Und da Waren- und Kapitalverkehr freier sind als Menschen, löst die Marktwirtschaft die Probleme nicht, sondern exportiert sie in die entfernten Provinzen des Imperiums: Arbeitslosigkeit, Atom- und Chemiemüll, verbotene Ackergifte, Agrarüberschüsse...

Ein Bolivianer arbeitet dreissig mal länger für Brot als ein Europäer

Im November 1988 kostete das Brot in La Paz gleichviel wie in Grenoble (Frankreich) und war 51% teurer als in Lissabon. Milch kostete in La Paz 13% mehr als in Frankreich und fast das Doppelte als in Portugal. Das gleiche Preisverhältnis zwischen Bolivien und Portugal galt für Kartoffeln. Auch Zwiebeln waren in La Paz teurer als in Frankreich oder England. Dafür waren Rindfleisch, Eier und Zucker in Bolivien billiger, Kaffee kostete praktisch gleichviel wie in Italien. Kurz: Durch die Öffnung zum Weltmarkt sind in Bolivien die Lebensmittelpreise auf das internationale Niveau gestiegen. Der globale Supermarkt fordert von allen die gleichen Preise...
Dagegen betrug der bolivianische Minimallohn 9.95% des portugiesischen, 3.95% des italienischen, 3.56% des französichen und 3.36% des englischen Mindestlohns. Entsprechend arbeitet ein Bolivianer 6 Std. 3 Min. für jene Menge Brot, die sich der Engländer und der Franzose schon nach 12 Minuten Arbeit kaufen können. Der Liter Milch, der in England den Lohn von 8 Minuten Arbeit kostet, muss in La Paz mit 4 Std. 47 Min. bezahlt werden. Selbst für Fleisch, das in Bolivien wesentlich billiger ist als in Europa, muss der Arbeiter in La Paz siebenmal länger arbeiten als sein Kollege in Lissabon, für Zucker malocht er fast 18-mal länger als der westdeutsche Arbeitnehmer, und die Flasche Bier - ein Luxusprodukt - kostet ihn 77-mal mehr Schweiss.

"TAYACHA" DE QUINUA

"Gefrorenes" aus Quinua

1 Tasse Quinuamehl, 1 1/2 Tassen Zucker, 6 Zimtstangen, 12 Tassen Wasser

Man röstet das Mehl und kocht es im Wasser mit den Zimtstangen, immer rührend, bis es vollkommen gar ist. Dann siebt man und gibt den Zucker dazu. Wenn der Brei kalt ist, schüttet man ihn in Schüsseln und lässt alles gefrieren. Am nächsten Tag schneidet man das Eis in Stücke der gewünschten Grösse.

Quinuamehl wird in La Paz an einem Stand auf einem Markt für Handwerksprodukte - vor allem Souvenirs für Touristen - angeboten. Der Inhaber weiss zu erzählen, dass Quinua Teil der Astronauten-Nahrung bei den Mondflügen gewesen sei. Auch die US-Armee habe Quinua in Vietnam eingesetzt. Sie habe den Krieg "trotzdem" verloren, meint er.
Ich konnte die Vietnam-Truppenverpflegung nicht verifizieren. Aber eine US-amerikanische Nonne, die auch in Bolivien gearbeitet hatte, berichtete aus Kampuchea, dass dort Quinua gegessen werde. Vielleicht ist etwas dran an dem Gerücht...
Wir behelfen uns, indem wir Quinua waschen, sie trocknen lassen und sie dann mit unserer Haushaltsmühle möglichst fein mahlen.

PAN DE QUINUA DE BATALLA

"Schlachten-Brot" aus Quinua

460 g Quinua-Mehl, 920 g Weissmehl, 1/2 El Hefe, 1/4 El Salmiakgeist (ersetzen durch 5 g Hirschhornsalz), 110 g Schweineschmalz, 3 Tassen Wasser, 1/4 Tasse Zucker, 1/2 El Salz, 1/2 El gemahlener Anís, 1/4 El gemahlener Zimt

Man siebt Quinua- und Weissmehl auf ein Brett, mischt alles mit Zimt, der in 1 Tasse lauwarmem Wasser aufgelösten und schon fermentierten Hefe, dem Zucker, dem lauwarmen Salzwasser und dem Anís, den man in etwas heissem Wasser aufgelöst hat. Dann knetet man unter Beigabe des Fetts, bis sich der Teig von den Händen löst. Nun bedeckt man den Teig gut. Wenn er sich verdreifacht hat, knetet man erneut, teilt ihn in Portionen, formt die Brötchen, die man auf dem Blech erneut gehen lässt. Dann backt man sie im mässig warmen Ofen.

Frau Iñiguez de Barrios, aus deren Buch das Rezept stammt, betont, dass sie Quinuamehl der Firmen "Ferrari Ghezzi" und "Molinos Triunfo" verwende. Molinos Triunfo ist heute unbekannt, während Ferrari Ghezzi immer noch Teigwaren produziert.
1975 hat Banzer dekretiert, dass in alle Backmehle 5% Quinamehl gemischt werden müsse. Ferrari Ghezzi hat zeitweilig den Teigwaren 7% Quinuamehl zugesetzt und dafür Quinua industriell verarbeitet. In einer Studie im Auftrag des Planungsministeriums von 1986 heisst es: "Im Laufe der Zeit hat diese Firma die Quinuaverarbeitung eingestellt aus Gründen, die sie nicht erklärt hat."[135]

Um den Hunger zu besiegen, muss man nicht eine andere Ernährung predigen, sondern das Problem der Armut lösen. Entsprechend reagieren Bolivianerinnen und Bolivianer auf die Prestigewert-Argumentation der Quinua-Händler oft betroffen. Wieder einmal sehen sie sich zwischen den Zeilen mit dem Vorurteil konfrontiert, sie wüssten nicht, was gut für sie sei; die intelligenten Europäer müssten ihnen die Quinua erst vorkauen, damit "die Indios" deren Wert erkennen...

Auch die zitierte Spendenanzeige der Franziskaner - sie steht nur als Beispiel, und es liessen sich davon fast beliebig viele auch anderer Organisationen anführen - appelliert an ein weitverbreitetes Bild von den Armen der Welt. "Die vegetieren nur noch dahin," hört man häufig. Natürlich können wir uns nicht vorstellen, wie es möglich ist, mit einer extrem ungenügenden Ernährung überhaupt noch zu arbeiten. Es stimmt, dass der Nahrungsmangel den Kindern die Entwicklungsmöglichkeiten raubt und sie nie ihre vollen körperlichen und geistigen Fähigkeiten erreichen werden, die sie bei einer korrekten Ernährung entfaltet hätten. Dürfen wir sie deswegen zu willenlos "vegetierenden" Geschöpfen abstempeln?

"Faul", "apathisch", "tückisch", "kriminell" und ähnliche Vorurteile halten sich ebenfalls zäh. Sie besagen viel über den geistigen Horizont und die Ängste dessen, der sie äussert, aber nichts über die in Bolivien lebenden Menschen.

Auch das sozialromantisch verklärte Gegenteil schwingt bei vielen mit: die Erwartung, dass die Unterdrückten besonders selbstlos, ehrlich und kämpferisch seien. Doch wer hungert, ist nicht automatisch edel, hilfreich und gut, sondern beteiligt sich wie wir an Intrigen, ist egoistisch und korrumpierbar. Die bolivianischen Bäuerinnen und Bauern, Arbeiterinnen und Arbeiter, Arbeitslosen, Strassenkinder und Bewohnerinnen und Bewohner der Armenviertel lieben, lachen, feiern, trauern, haben Ängste, Wünsche und Sehnsüchte wie alle Menschen.

Sie sind nicht nur Opfer, sondern Träger einer Kultur, die auch für Europäer sehr viel Beherzigenswertes beinhaltet. Partnerschaft bedeutet auch, zu verstehen, dass sie uns kulturell nicht mit leeren Händen gegenüberstehen, und dass die Impulse, ihre Würde zu zerstören, wesentlich von "unserem" System ausgehen.

"Die Ziele der Entwicklung und des damit verbundenen kulturellen Wandels können nicht von aussen vorgegeben werden", meinte 1989 die bundesdeutsche Regierung, sich auf die Länder des Südens beziehend, und erläuterte: "Entwicklung kann nur durch die Entfaltung der schöpferischen Kräfte der Menschen in den Entwicklungsländern erfolgen."[136] Richtige Sätze wie diese gehören zu jeder entwicklungspolitischen Sonntagsrede und in jedes Grundsatzpapier.

In der Praxis verhindern aber die Regierungen des Nordens durch Konzepte sozialer Kontrolle, durch wirtschaftliche, politische und militärische Massnahmen, dass sich andere Völker ihrer Kultur entsprechend für einen eigenständigen Entwicklungsweg entschliessen können.

Was der Bauer nicht frisst, lernt er nicht kennen

Ein Buch über die Küche in einem Hungerland muss widersprüchlich bleiben. Am Beispiel Quinua zeigt sich, dass wir, um ein Gericht aus den Anden zu probieren, auf dem gleichen Markt einkaufen wie die Armen der bolivianischen Stadtrandviertel und so letztlich zu ihren Konkurrentinnen und Konkurrenten werden. Sollten wir auf Quinua verzichten?

Die Welt ist durch transnationale Konzerne, Finanzverflechtungen, militärische Einflusszonen, die Schnelligkeit der Kommunikation und Leichtigkeit des Reisens und nicht zuletzt die Vermarktung von Exotik zu einem einzigen Haus geworden. Indem wir uns persönlich in ein Zimmer einschliessen, selbst wenn es mit dem guten Willen geschähe, den anderen, die gegen ihren Willen im Keller dieses Hauses eingemauert werden, nicht schaden zu wollen, können wir der Realität nicht mehr gerecht werden. Mit anderen Worten: Nestlé wird seine Investitionen in Quinua nicht zugunsten der Ernährung von Armen abschreiben. Brotfabriken werden Quinua weiterhin ohne unser Zutun in Toastbrot verbacken...

Die Auseinandersetzung mit anderen Kulturen gehört bereits zur "Heimatkunde". Das "kulturelle Genmaterial" der Menschheit ist schwieriger zu retten als der Regenwald, denn es geht um mehr als Biologie: Wir müssen lernen, die Menschen anderer Kulturen für voll zu nehmen.

"Was der Bauer nicht kennt, frisst er nicht", sagt das Sprichwort. Die heutige Praxis lautet: "Was der Bauer nicht kennt, wird ihm mit Werbung in den Mund gestopft." Die Hoffnung dieses Buches liegt darin, dies punktuell umzukehren: Indem wir uns kulinarisch mit einer anderen Kultur befassen, könnten wir Bereitschaft entwickeln, sie kennenzulernen, von ihr zu lernen und in ihrem Spiegel unsere eigene Kultur neu zu betrachten - kein automatischer Prozess, sondern eine persönliche Entscheidung.

Beim einen oder anderen Rezept werden wir die Zutaten oder Rohstoffe schwer beschaffen können. Wer hat in einer Stadtküche Holzasche zur Hand, um Mais- oder Weizenkörner zu schälen? Wo treiben wir die Schafs-Innereien für Chanfaina auf? Gerade das letztgenannte Beispiel öffnet uns die Augen für unsere eigene Lebensweise: Schaffleisch können wir oft genug nur tiefgefroren kaufen, importiert aus Neuseeland oder

PAPAS A LA HUANCAINA

Kartoffeln nach der Art von Huancayo

Zum Schluss etwas Versöhnliches, das vielleicht auch erahnen lässt, was möglich wäre, wenn...
Dieses Gericht - eigentlich eine Vorspeise, benannt nach der in Peru liegenden Stadt Huancayo - ist eines meiner liebsten. Die Sosse aus der südamerikanischen Erdnuss wäre nur halb so fein ohne europäischen Käse und Knoblauch, bedarf aber unbedingt des andinen Ajíes. Salatblätter steuern Frische, Oliven Abwechslung bei, und ohne Kartoffeln, Produkt der Landwirtschaftskunst der Anden, läge das Ei verwaist auf dem Teller. Manchmal harmoniert in der Küche, was sich in der Politik beisst...
Auf dem Altiplano von La Paz gilt "Papas a la huancaina" als ein Hochzeits-Essen.

2 El gelber Ají, 2 El Öl, 3 feingeschnittene Knoblauchzehen, 2 Tassen Milch, 400g geröstete Erdnüsse, 250g geriebener Käse einer leicht schmelzenden Sorte, pro Person ein gekochtes Ei, schwarze Oliven, Salatblätter, geschälte Pellkartoffeln

Man mahlt die Erdnüsse mit Wasser zu einem Brei. Dann löst man den Ají in etwas Wasser auf und siedet ihn kurz in heissem Öl, gibt Milch und Knoblauch dazu und lässt alles aufkochen. Nun schüttet man den Erdnussbrei hinein und kocht unter ständigem Rühren, damit die Sosse nicht anbrennt. Falls sie zu dick wird, giesst man etwas Milch nach. Schliesslich gibt man den geriebenen Käse in den Topf, nimmt diesen vom Herd und mischt, bis der Käse schmilzt.
Auf jeden Teller legt man zuerst gut gewaschene Salatblätter, darauf die Kartoffeln und ein Ei, übergiesst alles mit der heissen Sosse und dekoriert mit ein paar Oliven.

aus einer anderen Ecke des Globus. Den Schlachter des Schafs werden wir kaum kennenlernen, denn selbst wenn es sich um einheimisches Fleisch handelt, wird derjenige, der das Tier schlachtet, so gut wie nie der sein, der es verpackt. Ein weiterer wird es transportieren und irgendjemand verkauft uns letztlich das Stück...

Extremer noch ist es beim Huhn. Aus gewendetem Hühnerdarm, den man im eigenen Fett brät, macht man in Bolivien "Chicharron de tripa de gallina". Doch wo sollen wir den Darm herkriegen? Bei uns produziert der Erste das Kücken, der Nächste zieht es gross und mästet es, dann wird das Huhn in der Fabrik geschlachtet, und wir erhalten die marktgängigen Teile im Supermarkt. Alles ist in Einzelschritte unterteilt, und ein Spezialwunsch kann nicht mehr berücksichtigt werden. "Essbar" ist nur, was sich schnell verkauft.

Diese Unterteilung erfahren wir auch im persönlichen Leben: Ein- und Zweipersonen-Haushalte nehmen zu. Aufwendiges Kochen aus wirklichen Rohstoffen lohnt sich nur für grössere Tafelrunden. Entsprechend sind viele bolivianische Gerichte uns nicht fremd, weil sie aus "exotischen" Zutaten gekocht würden, sondern weil unsere spezialisierte Lebensweise derartiges Kochen nur noch als Hobby zulässt.

Von anderen Völkern zu lernen bedeutet nicht, sie zu verherrlichen. Auch die Idealisierung entzieht ihnen die Kontrolle über ihre Kultur: Woher wollen wir wissen, ob sie die auf sie projizierten Ideale teilen?

Kultur ist isoliert nicht fähig, Schlachten zu gewinnen, doch wer nicht mit ihr rechnet, kann den Krieg verlieren. Die Probleme lassen sich nicht allein auf der kulturellen Ebene lösen. Wirtschaftlicher, politischer und militärischer Wandel wird nötig sein - unsere Fähigkeit zur politischen Opposition ist gefordert. Und wenn wir versuchen, mit den Widersprüchen behutsam umzugehen, kochen wir nicht die erstbeste Quinua, sondern suchen jene von Bauern, die ebenfalls in Opposition zum System stehen.

Die Begegnung mit anderen Lebensformen erfordert unsere Bereitschaft, andere Blickwinkel zu akzeptieren. Wird die Begegnung positiv, vertieft sich diese Bereitschaft. Ich hoffe deshalb, dass die Gerichte schmecken! Ich wünsche, dass das Riechen und Schmecken der anderen Kultur uns die Sinne öffnet für ihr Verständnis. Das Ziel ist nicht kultureller Chauvinismus oder kulinarische Isolation. Meine Utopie ist vielmehr eine Welt freier Völker, die ohne Hunger sich kulturell und kulinarisch begegnen und gleichberechtigt sagen können:

"Guten Appetit!"

Bis es soweit ist und damit es soweit kommt, müssen wir die Verantwortung übernehmen für unseren Umgang mit anderen Völkern und ihrer Kultur. Ich weiss nicht, ob dies reicht, aber notwendig ist es.

Glossar der erwähnten Zutaten

Achacana, *Opuntia flocosa*
essbare Wurzel eines Kaktus auf dem Altiplano, Spezialität aus Potosí und Oruro, andinen Ursprungs.

Achachairú, *Rheedia sp*
gelbe, erfrischend saure Frucht eines Baumes im Osten des Landes.

Achiote, *Bixa orellana*
auch bekannt als Urucurú, roter Farbstoff aus der Frucht eines etwa drei Meter hohen Strauchs, Küche des Ostens.

Achojcha, *Cyclantera pedata*
hohle Frucht, deren Wände ähnlich wie die der Gemüse-Paprika in Gerichten verwendet werden, aber von anderem Geschmack sind, andinen Ursprungs.

Agave, *Fourcroya andina*
Blattkaktus, aus dessen Saft in der vorkolonialen Zeit Chicha, Sirup und Essig gewonnen wurden, Faser-Lieferant.

Ajara, *Chenopodiaceae*
wilde Quinua, schwarze kleine Körner, welche für Phiri, Pito, K'ispiña etc. verwendet werden, andinen Ursprungs.

Ají, *Capsicum anuum*
scharfe Paprika andinen Ursprungs, Grundgewürz der andinen Küche (s.S. 48). Wenn wir Ají durch Chilipulver ersetzen, müssen wir darauf achten, dass wir nicht eine Gewürzmischung kaufen, die auf mexikanische Gerichte abgestimmt ist und bereits Kreuzkümmel etc. enthält. Die Gewürzmischer haben es nicht für nötig gehalten, für ihr Produkt einen eigenen Namen zu entwickeln und stiften damit Verwirrung auf dem Markt.

Ananas, *Ananas sativus*
"Piña", auch in Europa bekannt gewordenes Obst, das aus den Ost-Anden und dem Amazonas-Becken stammt.

Avocado, *Persea americana*
Frucht eines grossen Baumes, mittelamerikanischen und andinen Ursprungs.

Bacalao,
Klippfisch (gesalzener getrockneter Kabeljau, wird vor allem in der Karwoche gegessen, in Europa in Spanien-Läden erhältlich.

Banane, *Musa paradisica*
stammt aus der alten Welt und wurde bereits drei Jahre nach der Eroberung von den Spaniern nach Peru gebracht. Heute ist die Kochbanane ein Grundnahrungsmittel im Osten des Landes. Zum Braten lässt man die in Europa grün angebotene Kochbanane reifen, bis sie gelb oder fast schwarz ist. Sie kann dann auch roh genossen werden.

Bitter-Kartoffel *Solanum andigenum*
in Aymara "Luk'i", speziell der grossen Höhe angepasste Kartoffelsorten, frostresistenter als die nach Europa gelangten "süssen" Sorten, aber fast nur als Chuño geniessbar.

Caminu, *Apio graveolens*
eine Sellerie-Art, die schon vor der Kolonialzeit in den Anden bekannt war (unser Sellerie stammt aus Ägypten).

Camote, *Ipomea batatas*
Süsskartoffel, wurde schon in vorkolonialer Zeit in den Anden angebaut und kam noch vor der Kartoffel nach Europa, manchmal in Feinkost-Läden erhältlich, wird ohne Salz in Wasser gekocht.

Cañawa, *Chenopodium pallidicaule*
kleines, der Quinua verwandtes Korn, gedeiht bis 4550 m ü.M., wird vor allem als Pito genossen.

Cashew-Nuss, *Anacordium occidentale*
"Cayú", wurde bereits in vorkolonialer Zeit genossen, stammt aus dem Amazonasbecken und gedeiht bis in die Yungas hinein, ist heute in anderen Teilen der Welt wesentlich bekannter als in Bolivien.

Chalona
gesalzenes und getrocknetes Schaffleisch.

Chancaca
eingekochter Zuckerrohrsaft in fester Form, Natur-Rohzucker.

Charque
gesalzenes und luftgetrocknetes (Rind-)Fleisch, vermutlich das einzige Quechua-Wort, das ins Englische übernommen wurde.

Chichi
Larven eines Insekts, die in stehenden Gewässern des Hochlandes leben, begehrte Delikatesse.

Chicha
vergorenes alkoholhaltiges Getränk aus stärkehaltigen Zutaten, meistens Mais.

Chillijchi
Frucht des Ceibo-Baumes (*Erythrina Crista-Galli*), aus der früher ein Ají-Gericht zubereitet wurde.

Chima
1.) Palmfrucht (*Guilielma gasipaes*) in den Yungas, nur gekocht essbar; 2.) brotähnliche Kekse aus Mais und Käse im Osten des Landes.

Chirimoya, *Annona cherimola*
in den Anden schon vorkolonial kultivierte Frucht, z.T. in Europa als Luxusartikel erhältlich.

Chuño
Kartoffelkonserve, gewonnen unter Ausnutzung der Nachtfröste und der intensiven Sonnenstrahlung der Puna (s.S. 35).

Coca, *Erythroxylon coca*
Cocastrauch, an den Osthängen der Anden beheimatet, sehr nährstoffreiche Blätter, die nicht nur gekaut, sondern auch zu rituellen Zwecken verwendet werden, heute einer der Rohstoffe für die Kokain-Produktion.

Coimi, *Amaranthus caudatus*
"Inkaweizen", sehr kleines andines Korn, auch "Millmi" oder "Kiwicha" genannt, wurde von den Spaniern verboten, heute in Bolivien fast unbekannt, wird in Bioläden angeboten.

Erdnuss *Arachis hypogea*
bereits vorkolonial in den Anden kultiviert. Die in der Schale verkauften Erdnüsse sind geröstet, für viele Gerichte benötigt man jedoch rohe. Diese sind oft in Naturkostläden erhältlich. Man schält sie, indem man sie kurz in heissem Wasser einweicht und dann die rotbraune Haut entfernt.

Fett
ist in Bolivien meistens Schweineschmalz, das in der Regel in Kanistern aus Argentinien importiert wird.

Gartenbohne, *Phaseolus vulgaris*
stammt aus den Anden, wo sie unter dem Namen "Poroto" schon vor der spanischen Eroberung kultiviert wurde.

Gelbwurz, *Curcuma longa*
stark gelb färbende Wurzelknolle aus Südasien, wächst heute auch als Unkraut in den Reisfeldern Boliviens. Zu Pulver verrieben wird sie in der bolivianischen Küche als Gewürz verwendet. In Europa ist sie in Dritte-Welt-Läden und Asien-Shops erhältlich.

Gerste, *Hordeum vulgare*
kam mit den Spaniern in die Anden, wird heute in weiten Regionen als Pito gegessen.

Guapurú
fast traubenähnlich süss-säuerliche Frucht in der Region von Santa Cruz.

Guayaba, *Psidium guayava*
Frucht aus den Yungas.

Hackfleisch
wird in Bolivien relativ grob gehackt, bei uns ist Hackfleisch dagegen oft sehr fein. Deshalb empfiehlt es sich, entweder das Fleisch mit einem groben Rad selbst durch den Wolf zu drehen, oder es fein zu schneiden.

Hoccoruro, *Nasturtium officinale var. Cardamine pacensis*
andine Brunnenkresse, die schon sehr früh gegessen wurde.

Huacataya, auch "Chijchipa" oder "Suyku", *Tagetes minuta*
für Llajhua und andere Sossen verwendetes andines Gewürzkraut.

Huhn
für bolivianische Küche verwendet man am besten Suppen- oder Fleischhuhn.

Ispis, *Orestias agassazii sp.*
etwa 5 cm lange Fischchen aus den Gewässern des Altiplano, werden frisch gebraten gegessen oder getrocknet und gesalzen gelagert.

Jamach'i peke (="Vogelköpfchen" auf Aymara) *Canna edulis*
vorkoloniale Knollenfrucht in den Yungas, die eine begehrte Diät-Stärke liefert.

Jiquima, *Pachyrizus tuberosus bzw. Pachyrizus ajipa*
süssliche Knollenfrucht, die in den Anden möglicherweise als eine der ersten in Kultur genommen wurde.

Kakao, *Theobroma cacao*
beheimatet im Amazonasgebiet, in den Anden durch Austausch mit dem Tiefland vermutlich schon in vorkolonialen Zeiten bekannt. In Bolivien wird Kakao vor allem im Alto Beni angebaut.

Kartoffel, *Solanum tuberosum*
eines der wichtigsten Produkte der alten Andenbauern, die mehrere hundert Sorten züchteten und spezielle Konservierungsverfahren entwickelten (s.S. 35).

Käse
Aus dem Süden und Osten kommen dauerhafte, harte Käsesorten, im Hochland wird Käse meistens weich und frisch angeboten. In Europa würde die bolivianische Hausfrau einfach verwenden, was in ihrer Wohngegend am günstigsten ist. Im Zweifelsfall testet man Käse wie folgt: Man erhitzt eine Bratpfanne ohne Öl und legt eine Scheibe Käse hinein. Wenn er beim Schmelzen

Fett abscheidet, isst man ihn am besten, wie er ist. Wenn er sich braten lässt, ohne seine Form zu verlieren und eine Kruste kriegt, eignet er sich besonders für "Plato paceño" (s.S. 78). Schmilzt der Käse dagegen, ohne sich zu verteilen und wird er elastisch, eignet er sich für Empanadas und zum Überbacken von Aufläufen.

Caya
nach dem "Chuño-" bzw. "Tunta"-Verfahren (s.S. 33) gefriergetrocknete Oca.

Knoblauch, *Allium sativum*
alte, zentralasiatische Kulturpflanze, kam mit den Spaniern nach Bolivien, wird meistens zusammen mit den anderen Gewürzen auf dem Batán gemahlen.

Kreuzkümmel, *Cuminum cymium*
hat nichts mit dem europäischen Kümmel zu tun, stammt vermutlich aus Ägypten und kam mit den Spaniern nach Südamerika, oft in grossen Supermärkten, sonst in Asienläden erhältlich.

Kunturiri, *Dorsteni drakena*
andines Heilkraut, das vorkolonial zur Verbesserung des Trinkwassers verwandt wurde.

Lama
zur Familie der Kamele zählendes Lasttier, das auch Wolle und Fleisch von hoher Qualität liefert.

Locoto, *Capsicum pubescens*
meist etwa walnussgrosse, pikante Paprikaschoten von der Gestalt der Gemüsepaprika. In Europa nur in Ungarn bekannt, kann aber durch scharfe Peperoncini ersetzt werden. 1992 überlegten sich Alternativhandelsorganisationen, Locotopulver aus Bolivien für Dritte-Welt-Läden zu importieren.

Maca, *Lepidium meyennii*
eine der ersten Wurzelfrüchte, die in den Anden in Kultur genommen wurden, heute in Bolivien selten zu finden.

Mais, *Zea mays*
aus den Anden und Mittelamerika stammendes Getreide.

Mango, *Mangifera indica*
aus Indien stammender, aber heute aus dem subtropischen Bolivien nicht mehr wegzudenkender Baum, der sehr saftige, süsse Früchte mit einem flachen, haarigen Kern liefert.

Mauka, *Mirabilis expansa*
in begrenzten Regionen (z.B. Provinz Camacho im Departement La Paz) auf etwa 2900 m ü.M. angebaute Knollenfrucht.

Meerschweinchen, (in Bolivien "Cuy", häufig auch "conejo", was eigentlich Kaninchen heisst)
beliebtes Festessen andinen Ursprungs. Das Fell wird nicht abgezogen, sondern die Haare abgebrüht. Das ausgenommene Tier muss in der Bratpfanne mit einem Stein beschwert werden, damit es flach aufliegt. Man rechnet mindestens ein Meerschweinchen pro Person.

Molle-Baum, *Schinus molle*
Hartholzbaum in den Talregionen, aus dessen Beeren man früher einen süssen Sirup kochte.

Mote
aus dem Quechua stammende Bezeichnung für gekochte (Mais-)Körner.

Motojobobo, *Solanum violifolium*
kleine rote Frucht aus dem Osten.

Oca, *Oxalis tuberosa*
Knollenfrucht des Hochlands, vielerorts nach der Kartoffel das zweitwichtigste Produkt. Verwandt mit dem europäischen Sauerklee, muss wegen des säuerlichen Geschmacks (Oxalatsäure) an der Sonne "entbittert" werden. Ein Grossteil der Ernte wird als "Caya" konserviert.

Öl
wird in bolivianischen Speiseöl-Raffinerien aus Soja und Baumwollsamen gewonnen. Wir können jedes einigermassen geschmacksneutrale Speiseöl verwenden.

Papalisa, *Ullucus tuberosus*
bunte, glatthäutige, bis etwa hühnerei-grosse Knollenfrucht der Täler und der niedrigen Puna. Wird für Suppen und pikante Gerichte ("Sajta de lisa") verwendet.

Paranuss, *Bertholletia excelsa*
im Amazonasbecken Brasiliens und Nordboliviens wild wachsender grosser Baum. Die abfallenden Früchte werden unter unsäglichen Ausbeutungsverhältnissen gesammelt und die Samenkerne mühsam von Hand geknackt. In Bolivien heisst die Paranuss "Almendra" (Mandel) und wird vor allem für Gebäck verwendet. Der grösste Teil geht als Schmuggelgut in den Export und wird über den brasilianischen Hafen Para (daher der europäische Name) verschifft.

Payco, *Chenopodium ambrosoides*
vorkoloniales Würzkraut und Wurmmittel aus den Anden.

Peperoncini
in der Schweiz übliche Bezeichnung für frische, längliche *pikante* Paprikaschoten (*Capsicum anuum).* In der Bundesrepublik bezeichnet man diese als "Peperoni" (womit in der

Schweiz Gemüsepaprikas gemeint sind).

Pfefferminze
wurde oft als Ersatzgewürz angegeben. Besser ist z.B. für Llajhua, wenn man "Hierba buena" (*Mentha spicata)* auftreiben kann, ein europäisches Minzengewächs, das die Spanier nach Bolivien brachten.

Phasa
eine Lehmart, welche mit Salz und Wasser zu einer Sosse verrührt und zu Kartoffeln gegessen wird. Sie enthält u.a. Silizium, Aluminium, Eisen, Kalk, Magnesium und Mangan.

Poroto
s. Gartenbohne

Quilquiña *Adiantum nigrum*
andines Gewürzkraut für Llajhua und Sarsa.

Quinua, *Chenopodium quinoa*
kleines, nahrhaftes Korn aus den Anden. Die Chenopodium-Arten gehörten zu den ersten andinen Lebensmitteln.

Quirquincho, *Euphractus sp.*
Gürteltier der Puna, wegen seines Fleisches fast ausgerottet.

Racacha, *Arracacia xantoriza*
eine möhrenähnliche Wurzel, wenn auch grösser und nahrhafter, welche in den Yungas von La Paz in einer Höhe von etwa 1800-2500 m ü.M. angebaut wird.

Reis, *Oryza sativa*
stammt aus Asien und wurde vermutlich erst in der zweiten Hälfte des 18. Jahrhunderts nach Bolivien gebracht, wobei ausschliesslich Trockenreis angebaut wird. Heute ist er das wichtigste Grundnahrungsmittel im Osten des Landes. Auch im Hochland hat Reis vor allem in den Städten eine wichtige Stellung in der Ernährung erreicht. Bekannt ist nur polierter Reis. Gegen Vollreis spricht vor allem, dass er in grossen Höhen ohne Dampftopf praktisch nicht gar wird.

Saubohne, *Vicia faba*
auch "Pferdebohne" oder "Dicke Bohne", stammt aus der alten Welt und kam mit den Spaniern nach Bolivien. Meistens werden nicht nur die Schoten, sondern auch die nährwert-reichen Samenhüllen entfernt und nur die Keimblätter gegessen. Dafür gibt es mehrere Begründungen: Wegen der grossen Höhe neigt man stärker zu Blähungen, was durch die Schalen zusätzlich gefördert werde. Andere sagen, die Schale sei schwer verdaulich und mache müde, weswegen man sie höchstens abends essen solle. Ausserdem würde die Schale das Essen schwarz färben.

Sauri, *Cassia sp.*
"Die Spanier nannten diese Knospen Peru-Kapern und nutzten sie wie die anderen, um sie zu essen, obwohl die Indios sie essen ohne sie zuzubereiten oder in Salzlake einzulegen, sondern nur in Ají gekocht über ihr gewöhnliches Essen giessen. Es ist eine Speise, die den Magen verglüht und den Appetit anregt,"[137] berichtete ein Arzt im 18. Jahrhundert.

Singani
bolivianischer klarer Weinbrand, je nach Getränk durch Pisco, Weinbrand oder schlicht durch Korn ersetzen.

Sojabohne, *Glycine max*
in Ostasien beheimatete Nahrungspflanze mit hohem Eiweiss- und Fettanteil. Wird in Bolivien als Rohstoff für Speiseöl und für den Export angebaut.

Tarwi, *Lupinus Mutabilis*
in den Anden beheimatete "Bohnen"-Art, die sehr viel Eiweiss enthält, aber wegen der Bitterstoffe tagelang gewässert und gekocht werden muss.

Totora, *Malacochaete totora*
Binsen in den Altiplano-Gewässern, deren jungen Sprossen man essen kann. Ein Bericht aus dem 18. Jahrhundert spricht begeistert von einem daraus zubereiteten Salat: In Scheibchen geschnittene Totora-Wurzeln gemischt mit Apfel, Hierba buena, Borretsch, Petersilie, Fenchel, Öl und Essig. Die ausgewachsene Totora dient u.a. zur Herstellung von Binsenbooten.

Tumbo, *Passiflora mollissima*
säuerliche Frucht aus der Familie der Passionsblütler, die bis in eine Höhe von 3500 m ü.M. gedeiht und schon vorkolonial genossen wurde.

Tuna, *Opuntia ficus-indica*
Frucht des Feigenkaktus, der ebenfalls aus Amerika stammt, heute aber auch im Mittelmeerraum anzutreffen ist. Die Frucht wird am besten mit Messer und Gabel geschält, da sie heimtückische Haarstacheln hat.

Tunta
durch Wässern schneeweiss gewordene Chuño-Art.

Ulupica, *Capsicum eximium, Capsicum cardenasii*
extrem scharfe kleine Beeren aus den Talregionen.

Unchucu, *Xanthosoma sagitifolium*
Knollenfrucht vom Osthang der Anden, wird möglicherweise nur in Peru, in Bolivien entweder nicht mehr

oder nur noch zur Selbstversorgung der Campesinos angebaut. Kann ähnlich wie Chuño konserviert werden.

Vanille, *Vanilla planifolia*
vermutlich erhielten die Andenvölker schon vor der spanischen Eroberung dieses Gewürz durch Tausch aus dem östlichen Tiefland.

Wasser
Gute Köchinnen und Köche halten immer etwas siedendes Wasser bereit, da die heissen Speisen an Geschmack verlieren, wenn man kaltes Wasser dazugibt.

Weisse Rübe, *Brassica rapa var. rapa*
runde weisse Rüben, deren oberes Viertel violett gefärbt ist, werden auch als "Navetten" angeboten; notfalls durch Teltower Rübchen oder Kohlrabi ersetzen, europäischen Ursprungs

Wollhase, "Vizcacha", *Lagostomus maximus inmollis*
kaninchengrosses Nagetier, das im Hochland von den Campesinos für den Eigenbedarf gejagt wird.

Weizen, *Tritium sp.*
ca. 8000 Jahre alte eurasische Nahrungspflanze, kam mit den Spaniern nach Bolivien. Es wird vor allem Hartweizen (*Tritium durum*) angebaut, da er mit wenig Niederschlägen auskommt. Der Importweizen ist Weichweizen (*Tritium aestivum*). Die in Bolivien installierten Mühlen sind technisch für den Weichweizen eingerichtet, d.h. die Abhängigkeit ist in der Infrastruktur zementiert. Für Weizengerichte wird meistens geschälter Weizen verwendet, den man entweder auf dem Batán mit etwas Wasser schält (vgl. Maisschälen für Tojorí oder wie Maiz pelado mit Asche (s.S. 210). In türkischen Lebensmittelläden gibt es mechanisch geschälten Weizen, und da wir meistens den weichen haben, ist das Schälen nicht so wichtig.

Ysaño, *Tropaeolum tuberosum*
aus den Anden stammende Knollenfrucht, welche auf 2500-3700 m Höhe gedeiht. Die Campesinos bauen sie vorwiegend für den Eigenbedarf an, auf Märkten ist sie selten zu finden.

Ytapallo, *Urtica sp.*
Brennessel, wurde noch im 18. Jahrhundert in Suppen und Sossengerichten verwendet.

Yuca, *Manihot esculenta*
stammt aus dem Amazonasbecken, wird aber in den Yungas bis in die Andentäler hinein angebaut. Im Osten Boliviens ist Yuca seit vorkolonialen Zeiten ein Grundnahrungsmittel. In Europa ist sie tiefgefroren und (selten) frisch in Asien-Läden erhältlich. Kauft man sie frisch, sollte sie möglichst schnell verwendet werden; vor dem Kochen schälen.

Zuckerrohr, *Saccharum officinarum*
bis 5 m hohes und 5 cm dickes, zuckerhaltiges Gras, das aus Südasien stammt und mit den Spaniern nach Bolivien kam. In Bolivien wird hauptsächlich weisser Zucker verwendet, obschon es "Chancaca" - Stücke eingekochten Zuckerrohrsafts - gibt, der dem Naturrohzucker entspricht, den wir in Reformhäusern kaufen können.

Zwiebel, *Allium cepa*
stammt aus Mittelasien. In Bolivien werden Zwiebeln samt dem Kraut verkauft, das für einige Gerichte wichtig ist. Wir können uns mit Lauchzwiebeln behelfen.

Glossar der benötigten oder erwähnten Küchengeräte

Batán
Mahlstein der Anden.

Cántaro
grosse, kugelig-dickbauchige Krüge, in welchen man Chicha reifen lässt.

Fleischwolf
für viele Gerichte sehr praktisches Gerät, da es zum Mahlen von jungem oder gekochtem Mais, von altem Brot oder gekochtem Weizen den Batán ersetzt. Gemeint ist immer ein handbetriebener Fleischwolf.

Jiukki
spezieller Rösttopf aus Keramik, dessen Öffnung nicht oben ist, sondern seitlich verschoben, damit man leichter die Körner umrühren kann.

Pacumutu
1.) ein Holzspiesschen, an dem Fleisch oder "Zonzo" über der Glut gegart werden; 2.) über der Glut am vorangehend beschriebenen Spiesschen gebratenes Fleisch.

Tacú
ein etwa 1.10 m hoher Holzmörser, der im Osten des Landes den Batán ersetzt und zum Mais- und Reisschälen, zerquetschen von Yuca oder Bananen zu "Masaco" u.ä. verwendet wird.

Rezeptverzeichnis

Grundrezepte

Charque	gesalzenes, luftgetrocknetes Fleisch, in Bolivien typische Konservierungsform	21
Chuño aus dem Kühlschrank	Herstellung von Trockenkartoffeln als Zutat für viele Gerichte	33
Mote	gekochte Maiskörner, traditionelles Essen der Talregionen, einfach, aber sehr lange Kochzeit	41
Kochen mit Ají	Grundsätzliches zum Umgang mit diesem wichtigsten Gewürz der bolivianischen Küche	48
Llajhua	rohe Pfeffersosse, andine Köstlichkeit, einfach zuzubereiten	51
Chorellana	gedünstete Zwiebeln mit Tomaten, typische Beilage	63
Sarsa oder Salsa de Cebolla	"Sarsa" oder "Zwiebelsosse", eigentlich eine Art Salat, der wie eine Sosse über die Speisen angerichtet wird	64
Arroz graneado	"gekörnter" Reis	164
Fideo graneado	"gekörnte" Teigwaren	165
Maiz pelado	Geschälter Mais, typisch andine Grundzutat	210

Suppen und Eintöpfe

Chairo	bäuerlich herzhaftes Gericht, gilt als typisch für die Aymara-Region, muss viel Chuño enthalten	36
Locro	in diesem Fall: Kürbissuppe für Karfreitag, in Europa ein vegetarisches Herbstrezept	71
Caldo de leche	Milchsuppe für Karfreitag, in Europa vegetarisches Herbstrezept	72
Akkakanka	Pikante Suppe, Katerfrühstück	85

Almuerzo de fideo	Suppe ("Mittagessen") aus Teigwaren, Alltagsrezept einer Bergarbeiterfrau	108
Lawa campesina	Bäuerliche Mehlsuppe	112
Ch'ake de trigo	Weizensuppe, sehr traditionelle Zubereitung	130
Almuerzo de Quinua	traditionelle Quinua-Suppe	197
Sopa de maní	Erdnussuppe, Sonntagsessen	203

Fleischgerichte

Fricasé	pikantes, suppiges Schweinefleischgericht, Katerfrühstück aus La Paz	88
Pique a lo macho	pikantes Gericht aus Pommes frites, viel Fleisch und Würstchen	95
Thimpu	typisches Aymara-Gericht aus Schafsfleisch, Chuño, Kartoffeln und Reis. Letzterer ist nach europäischen Massstäben "verkocht", aber das ganze ist sehr herzhaft.	113
Chorizos chuquisaqueños	Bratwürste aus Chuquisaca	118
Pierna mechada	Gespicktes Schafsbein, eher europäischer Herkunft, Festessen	120
Chicharron	sehr populäres, im eigenen Fett gebratenes Schweinefleisch	121
Falso conejo	"Falsches Kaninchen", paniertes Fleisch in pikanter Sosse	158
Saisi	Hackfleischgericht, typisch für die Strassenköchinnen	160
Almondigas	Frikadellen in pikanter Sosse, typisches Garküchengericht	162
Sillpancho	sehr dünne, panierte Rindfleischstücke	169

Hühnergerichte

Picana de gallina para Navidad	suppiges bolivianisches Weihnachtsessen, in Europa eher für den Herbst geeignet, wenn es frische Maiskolben nicht nur aus der Dose gibt	68
Sajta de pollo	pikantes Hühnergericht mit Chuño und Kartoffeln, populäres Festessen	109
Chankha de pollo	schnell zubereitetes Hühnergericht für unvorhergesehene Gäste	115
Koko	hervorragendes Hühnergericht aus Sucre, vor allem, wenn man es mit Chuño serviert	122

Innereien

Ranga ranga	kurz angedünsteter Rinder-Blättermagen, sehr pikant	90
Chanfaina	herzhafte Schafsinnereien	103
Riñon	suppiges Nierengericht	104

Verschiedene "Haupt"-Gerichte

Huatia	Garen der Speisen in der mit Feuer erhitzten Erde	22
Picante de chuño phuti	pikantes Chuño-Gericht, arbeitsaufwendig aber sehr lekker	34
Plato paceño	La Pazer Teller, sehr einfach und gut, vegetarisches Herbstgericht	78
Queso humacha	Kartoffeln und Maiskolben an einer Käsesosse, vegetarisches Herbstgericht	79
Pejtu de habas	Mischung aus Saubohnen, Kartoffeln und Fleisch oder Käse, einfaches und gutes Rezept einer Bergarbeiterfrau	105
Revuelto	"Umgerührtes", Rührei mit Brot	125
Ají de fideo	pikantes Nudelgericht	172

Kartoffelgerichte

Relleno de papa	Gefüllte Kartoffelkugeln	168
Puré de papas	Kartoffelpüree	190
Papas a la huancaina	Kartoffeln nach der Art von Huancayo, sehr leckeres Gericht, bei dem man fast nichts falsch machen kann	227

Quinua-Rezepte

Phissara	einfaches, traditionelles Quinuarezept, süss oder salzig	31
Peske	Quinua-Brei, traditionelles Rezept, süss oder salzig	32
K'ispiña	Quinua-"Kekse" der Campesinos vom Altiplano	45
Pastel de Quinua	Quinua-Auflauf, pikant und vegetarisch	194
"Tayacha" de Quinua	"Speiseeis" aus Quinua	225
Pan de Quinua de batalla	"Schlachten-Brot" aus Quinua	226

Maisgerichte

Humintas	eine Art Maisbrot, technisch einfach, aber für Europäer zeitaufwendig; sehr lecker!	38
Mondongo chuquisaqueño	Gericht aus Schweinefleisch und geschältem Mais, dadurch etwas aufwendig, aber lecker und sehr typisch für Allerheiligen in Sucre	56
Ají de pelado	pikantes Gericht aus geschältem Mais	116
Phasankalla	Popcorn	191

Getreide-Gerichte

Tostado	geröstete Getreidekörner, sehr einfaches Bauernrezept	43
Pito	Mehl aus gerösteten Körnern, traditionelles Campesino-Rezept	43
Phiri	traditionelles Gericht aus Pito oder geröstetem Mehl	44

Pastel de trigo pelado	Auflauf aus geschältem Weizen, einfach und gut	127
Relleno de trigo	Gefüllte Weizenkugeln	128

Gerichte mit Yuca und Kochbananen

Majao	"Zerstampftes", Reisgericht aus Ostbolivien	142
Masaco de yuca	mit Käse gestampfte Yuca, sehr einfach und gut	144
Zonzo	"Dummkopf", Yuca und Käse über der Glut geröstet	146
Cuñapé	einfache, aber leckere Käsebrötchen	148
Masaco de platano	gestampfte Kochbananen mit Käse	149

Sojagerichte

Mote de soya	gekochte Sojabohnen	204
Albondigas de soya	Soja-Frikadellen	205

Krapfen

Salteñas de pollo	Hühner-Salteña. Sehr aufwendiges Hühner-Krapfen-Kunstwerk, das sich nur mit viel Zeit und einem sehr heissen Ofen umsetzen lässt	10
Pukacapas	"Rotdeckel", Krapfen mit pikanter Käsefüllung	180
Llauch'as	Krapfen mit einer Käse-Reis-Füllung	183
Pastelitos fritos	im Fett gebackene Krapfen	184

Gebäck und Süssigkeiten

Biscochuelo	(Allerheiligen-) Bisquit, kulinarisch sehr europäisch, aber rituell eng mit den andinen Totengedenkfeiern Anfang November verbunden	58
Coquitos, Tablitas und Quesitos de almendra	süsse "Kerne", "Täfelchen" und "Mandel-Käslein", Süssigkeiten aus der alten Welt, bei denen vermutlich etwas arabisches Erbe mitschwingt	66

Maicillos	(Allerheiligen-) Kekse aus Mais-, notfalls Weizenmehl	60
Arroz con leche	üppige Variante des weltweit bekannten Milchreis	74
Tawa Tawa	"Vier vier", koloniales Schmalzgebäck aus Potosí	75
Sopaipillas	"Sopaipilla" ist die Verkleinerungsform von "Sopaipa", einem spanischen Gebäck, einfache Kekse aus Potosí	77
Buñuelos	im heissen Fett gebackene Teigfladen	187

Alkoholische Getränke

Chuflay	bolivianischer, städtischer Cocktail	83
Coktelito	"kleiner Cocktail", volkstümlich billige Variante	83
Batido de vino	Geschlagenes Ei mit Wein	83
Leche de tigre	"Tigermilch", heisse Milch mit Alkohol	84
Te con "T"	Heisser Tee mit Schnaps ("T" steht vermutlich als Abkürzung für "trago", Schnaps)	84

Nichtalkoholische Getränke

Refresco cocido de trigo	andines Getreide-Getränk	129
Refresco de piña	Ananas-Getränk	173
Refresco de linaza retostada	Getränk aus gerösteten Leinsamen	179
Chicha de maní	unvergorenes Mais-Erdnuss-Getränk	178
Api	Heisses Maisgetränk	185

Diverses

K'allu	pikanter Salat mit Frischkäse	93
Escabeche de ajo	in Essig eingelegter Knoblauch	124
Desayuno	Frühstück	192
Platano, Papaya y pan	Bananen, "Papaya" und Brot, Bauarbeiter-Mittagessen	193

Alphabetisches Rezeptverzeichnis

Ají de bacalao 70
Ají de fideo 172
Ají de pelado 116
Akkakanka 85
Albondigas De Soya 205
Almondigas 162
Almuerzo de fideo 108
Almuerzo de Quinua 197
Api 185
Arroz con leche 74
Arroz graneado 164
Batido de vino 83
Biscochuelo 58
Buñuelos 187
Caldo de leche 72
Ch'ake de trigo 130
Chairo 36
Chanfaina 103
Chankha de pollo 115
Charque 21
Chicha de maní 178
Chicharron 121
Chorizos chuquisaqueños 118
Chorrellana 63
Chuño aus dem Kühlschrank 33
Chuflay 83
Coktelito 83
Coquitos, Tablitas und Quesitos De Almendra 66
Cuñapé 148
Desayuno 192
Escabeche de ajo 124
Falso conejo 158
Fideo graneado 165
Fricasé 88
Huatia 22
Humintas 38
K'allu 93
K'ispiña 45
Kochen mit Ají 48
Koko 122
Lawa campesina 112
Leche de tigre 84
Llajhua 51
Llauch'as 183
Locro 71
Maicillos 60
Maiz Pelado 210
Majao 142
Masaco de platano 149
Masaco de yuca 144
Mondongo chuquisaqueño 56
Mote 41
Mote de soya 204
Pan de Quinua de batalla 226
Papas a la huancaina 227
Pastel de Quinua 194
Pastel de trigo pelado 127
Pastelitos fritos 184
Pejtu de habas 105
Pelado 127
Peske 32
Phasankalla 191
Phiri 44
Phissara 31
Picana de gallina para Navidad 68
Picante de chuño phuti 34
Pierna mechada 120
Pique a lo macho 95
Pito 43
Platano, papaya y pan 193
Plato paceño 78
Pukacapas 180
Puré de papas 190
Queso humacha 79
Ranga ranga 90
Refresco cocido de trigo 129
Refresco de linaza retostada 179
Refresco de piña 173
Relleno de papa 168
Relleno de trigo 128
Revuelto 125
Riñon 104
Saisi 160
Sajta de pollo 109
Salteñas de pollo 10
Sarsa oder Salsa de cebolla 64
Sillpancho 169
Sopa de maní 203
Sopaipillas 77
Tawa Tawa 75
Tayacha de Quinua 225
Te con "t" 84
Thimpu 113
Tostado 43
Zonzo 146

Anmerkungen

[1] Opinión, 13.10.89

[2] Johnson, S. 136

[3] Cristóbal Vaca de Castro (1542), laut Murra 1983, S. 141

[4] Polo de Ondegardo (1571), laut Murra 1983, S. 141

[5] Blas Valera, zitiert in Garcilaso de la Vega (1609), laut Murra 1983, S. 141

[6] Carter, Mamani 1982, S. 103

[7] Murra 1975, S. 47

[8] Inca Garcilaso de la Vega, Bd. III, S. 100

[9] Horkheimer; S. 61

[10] Calancha, laut Murra 1983, S. 44

[11] Guaman Poma (1613), S. 336 (zitiert nach Murra 1975)

[12] Guaman Poma ebda

[13] Murra 1983. S. 168/69

[14] Horkheimer S. 87

[15] Bäumlin

[16] Murra 1983, S. 69

[17] Murra 1983, S. 88

[18] Pedro Pizarro, nach Murra 1983, S. 175

[19] Prof. Luis Sumar Kalinowski v.d. Universität Cusco, in UNICEF; Ministerio de Planeamiento y Coordinacion, 1986

[20] Ibarra Grasso 1985, S. 205

[21] Prof. Luis Sumar Kalinowski, op.cit.

[22] Karl Zawadzky in einem Bericht über GTZ-Projekte in Peru

[23] vgl. Ibarra Grasso 1985, S. 95

[24] Wollner, S. 5

[25] Wollner, S. 5

[26] Ordenanza XL des Vizekönigs Toledo, zitiert nach Rengifio Vasquez, S. 42

[27] Thierry Saignes, S. 125

[28] Rezept nach Nelly de Jordan, S. 189

[29] Juan del Pino Manrique, laut Platt S. 23

[30] Amilcar Cabral S. 279

[31] Tellenbach, S. 43

[32] Vazquez De Espinoza, S. 569

[33] Rezept nach Antonio Paredes Candia, S. 351

[34] Brooke Larson 1984, S. 156

[35] Jorge Mallo, zitiert nach Ovando Sanz 1985

[36] vgl. Mick Johnsson, S. 152 ff

[37] Galeano, S. 167

[38] Subpräfekt von Chayanta, Dalio Fernández, 1889, zitiert nach Platt 1992, S. 77

[39] Nach Paredes Candia 1985, S. 329

[40] Albó, Barnadas 1985, S. 176

[41] José Vicente Dorado 1864, zitiert nach Ovando Sanz 1985, S. 104

[42] Pedro H. Vargas 1864, zitiert nach Ovando Sanz 1985, S 113

[43] Manuel Arduz, "Venta de Comunidades", No. 23 de "El Repubulicano", 17.5.1871, zitiert nach Ovando Sanz 1985, S. 235

[44] Bernardino Sanjinés 1871, zitiert nach Ovando Sanz 1985. S. 212

[45] Finanzministerium 1886, zitiert nach Platt 1982, S. 75

[46] Bernardino Sanjinés 1871, zitiert nach Ovando Sanz 1985. S. 208/09

[47] "La Situación" von 1869, zitiert nach Echazú Alvarado 1983

[48] Demetrio Canelas in *La Razón,* La Paz 21.6.1927, zitiert nach Tristan Platt 1982, S. 112

[49] Luis Tellez Herrero S. 38/39

[50] zitiert nach Platt 1982, S. 35

[51] Ramón Sotomayor Valdéz 1872, zitiert nach Ovando Sanz, S. 144

[52] Meyers Standard-Lexikon, Mannheim 1975

[53] zitiert nach Jessica Kuper, Umschlagstext

[54] Gespräch mit dem "Sekretär für Bauernmilizen" der Nationalen Bauerngewerkschaft, La Paz 1983

[55] Moema Viezzer, 1980

[56] Celia Clavijo, S. 17

[57] Inca Garcilaso de la Vega Bd. III, S. 99/100

[58] Celia Clavijo, S. 16

[59] Rezept nach Asociacion de productores de trigo, S. 11

[60] Peter Krieg, S. 134

[61] Reye, S. 182

[62] Burke: "Does 'Food for peace'...", S. 8

[63] Rezept nach Asociacion de productores de trigo, S. 9

[64] La Prueba Nr. 5, S. 13

[65] Roca, José Luis, S 49

[66] Rezept nach Asociacion de productores de trigo, S. 6

[67] Albo; Barnadas, S. 191

[68] Fawcett, S. 110

[69] Fawcett, S. 93

[70] Pablo Ramos auf einem Vortrag in La Paz

[71] Barbara und Jürgen Riester, S. 44

[72] Luis Tellez Herrero, S. 86

[73] Luis Tellez Herrero, S. 98

[74] Enrique Mayer in Carter 1983, S. 212

[75] Erklärung von Bern, Dokumentation 1989/1

[76] Domitila Barrios auf einer Vortragsreise in der Bundesrepublik im Mai 1990

[77] vgl. Neue Zürcher Zeitung v. 16.6.84

[78] Gregorio Iriarte 1989, S. 383

[79] V. Codina 1987

[80] Duchrow; Hippler; Eisenbürger, S.196

[81] Duchrow; Hippler; Eisenbürger, S.194

[82] General Frederik F. Woerner, unveröffentlichtes Redemanuskript

[83] Duchrow; Hippler; Eisenbürger, S.198

[84] "Der Weg nach Damaskus", übersetzt vom Evangelischen Missionswerk Hamburg

[85] Arteaga Montero, S. 10

[86] Arteaga Montero, S. 18

[87] "Der Weg nach Damaskus", Kairos und Bekehrung; Übersetzung: Evangelisches Missionswerk im Bereich der Bundesrepublik Deutschland und Berlin West

88 Tellenbach S. 43

89 vgl. NACLA Vol. XX No 2 april/may 1986

90 CIDEM, Encuentro de mujeres..., S. 12

91 Lopez: "Critica al anteproyecto de ley general de dasarrollo agrario", Diskussionspapier der departementalen Bauerngewerkschaft Oruro für die Versammlung v. 16.11.1988

92 CIDEM, Encuentro de mujeres..., S. 12

93 zitiert nach Heckmann

94 CEDOIN (Informe Especial): El Desafío de mantener la unidad (IV Congreso Ordinario de la CSUTCB), daraus: "Propuesta de Declaración Político-Sindical, Ofensiva Roja De Ayllus Tupakataristas (Documento aprobado por minoría)". Die Reihenfolge der Zitate entspricht nicht der im Dokument.

95 Kornberger, S. 22

96 CEDOIN (Informe Especial) (s.o.)

97 ebda.

98 ebda.

99 ebda.

100 ebda.

101 ebda.

102 ebda.

103 ebda.

104 ebda.

105 Luis Tellez Herrero, S. 55

106 Victor W. von Hagen S. 248

107 Luis Tellez Herrero, S. 34

108 Wollner, S. 45

109 Wollner, S. 37

110 Kucsinski, Bd. 2, S. 279/80

111 Kucsinski, Bd. 3, S. 361/62

112 Horkheimer, S. 137

113 Buko-Agrokoordination (Hrsg.), S. 57

114 GTZ, auf der ANUGA 1989 verteilter Prospekt

115 Noel Vietmeyer in DAS BESTE AUS READERS DIGEST

116 Ich habe im Gespräch die genannten Pestizidmarken phonetisch mitgeschrieben

117 Universidad Mayor de San Simon, Facultad de ciencias de la salud, S. 1

118 ebda, S. 20

119 ZEIT-Magazin, Mai 1981

120 "La Mentira" Nr. 8-9, S. 24-32

121 Luis Tellez Herrero, S. 135

122 Manuel Crespo: Manual de Cocina, S. 196

123 El Diario, La Paz 21. Mai 1988

124 NACLA Vol. XX No 2 april/may 1986

125 ANAPQUI, Selbstdarstellung 1989

126 Murra, zitiert nach Presencia, 12.7.1987

127 Eva König in Bolivia Nr. 86

128 Selser, S. 93

129 Selser, S. 93/94

130 Selser, S. 94

131 Amilcar Cabral, S. 281

132 Amilcar Cabral, S. 282

133 internes Diskussionspapier der bundesdeutschen GEPA. Die GEPA ging allerdings mit dem Prestigewertargument dann nicht an die Öffentlichkeit. Schweizerische Organisationen sind da wesentlich unvorsichtiger gewesen: "Da die Leute in La Paz die gesunde und nahrhafte Quinua verschmähen, möchte er ihnen berichten können, dass man sie in Europa gerne isst. Dies könnte sie dazu bewegen, ihr eigenes, in den Anden gewachsenes Nahrungsmittel wieder schätzen zu lernen." (Incomindios 45/Feb. 88).

134 Marvin Harris, S. 176 ff.

135 Ministerio de Planeamiento y Coordinación/UNICEF, 1986, S. 299

136 "Grundlinien der Entwicklungspolitik der Bundesregierung" v. 19.3.1986, laut Journalisten-Handbuch Entwicklungspolitik '89/90

137 Loza-Balsa, S. 87

Quellenverzeichnis

Es wäre unmöglich gewesen, dieses Buch ohne die Untersuchungen, Bücher und Artikel anderer Autorinnen und Autoren zu schreiben. Das folgende Quellenverzeichnis bleibt aber unvollständig, da die Aufnahme sämtlicher Presse-Artikel den Rahmen sprengen würde.

Eine der wichtigsten Quellen waren die Erfahrungen vieler Köchinnen, deren Rezepte den grössten Teil der kulinarischen Seiten des Buches füllen, und Gespräche mit Freundinnen und Freunden, Campesinas und Campesinos und Wissenschaftlerinnen und Wissenschaftlern, deren Anregungen anonym eingeflossen sind. Ihnen gilt an dieser Stelle mein besonderer Dank.

Speziell danke ich meiner Frau Ana Maria für ihre Ideen bezüglich der Anpassung bolivianischer Rezepte an mitteleuropäische Verhältnisse.

Bolivien allgemein und aktuelle Situation:

ANONYMUS: Bolivia, an update on the national reality (dupl.) may - october 1987, june - october 1988, nov. - dec 1988, jan - may 1989

ARTEAGA MONTERO, Vivián: Recesión económica, estrategias de vida y el rol de la mujer en Bolivia; Dos estudios de caso, La Paz 1988

CEDLA/FLACSO: El sector informal urbano en Bolivia, 2da ed., La Paz 1988

CENTRO DE DOCUMENTACION, INFORMACION Y BIBLIOTECA (CEDIB): Resumen de la realidad nacional; Colección 1987, Cochabamba 1988

CENTRO DIOCESANO DE PASTORAL SOCIAL ORURO (CEDIPAS): Bolivia en cifras, Oruro 1988

CEDIPAS (s.o.): Análisis de la realidad boliviana, Oruro 1988

CERES: Cuadernos populares
no 1: La crisis, La Paz - Cochabamba 1985
no 4: Ingresos y gastos familiares en los barrios populares, sin año
no 5: La canasta alimentaria popular, sin año
no 6: La alimentación de los mineros, sin año
no 7: Los alimentos donados y su impacto nacional, sin año

CONFERENCIA EPISCOPAL BOLIVIANA, SECRETARIADO NACIONAL DE PASTORAL SOCIAL: Análisis de coyuntura; La política económica del actual gobierno, en HOY 1.4.1988

DORIA MEDINA, Samuel: La economía informal en Bolivia, La Paz 1986

FERNANDEZ NARANJO, Nicolas: Diccionario de bolivianismos, La Paz - Cochabamba 1980

FLACSO/ILDIS: La deuda; I. taller de política económica, La Paz 1985

GONZALES MOSCOSO, René: Diccionario geográfico boliviano, La Paz - Cochabamba 1984

IRIARTE, P. Gregorio: Esquemas para la interpretación de la realidad, 2da ed. La Paz 1984 y 3ra ed. La Paz 1985

IRIARTE, P. Gregorio: Análisis crítico de la realidad, Esquemas de interpretación, Secretariado Nacional de Pastoral Social La Paz 1989

KELM, Antje; RAMMOW, Helga: Was geht uns ihre Armut an? Indianerschicksale im Hochland von Bolivien, Hamburg 1985

KREMPIN, Michael: Keine Zukunft für Bolivien? Saarbrücken/Fort Lauderdale 1989

LA MENTIRA (Zeitung der Entwicklungshelfer und ihrer unterhaltungsberechtigten Familienangehörigen in Bolivien): No 5, Jan 79 und No 15, Jan 1980

LA PRUEBA (Zeitung der Entwicklungshelfer/innen und ihrer unterhaltungsberechtigten Familienangehörigen in Bolivien): No 5 Aug. 1983 und Nr 8/9 Sept. 1984

LATEINAMERIKA-NACHRICHTEN (Sondernummer): Bolivien. Ein Volk im Widerstand, Berlin 1980

LAURE, Joseph; INAN (Instituto Nacional de Nutrición): Evolución de Salarios y Precios en la Ciudad de La Paz (1975-1984), La Paz 1985

LIESER, Jürgen: "Unser Reichtum hat immer unsere Armut hervorgebracht", Bonn/Trier 1980

MINKNER, Mechthild: Wirtschaftsentwicklung in Bolivien unter der Regierung Banzer (1971-1978), Hamburg 1981

MONTES DE OCA, Fernando: Geografía y recursos naturales de Bolivia, La Paz 1982

MORALES A.; Rolando; ROCABADO, Fernando: Los grupos vulnerables en las economías en desarrollo; El caso boliviano; Análisis de la situación del niño y de la mujer, La Paz 1988

MORALES ANAYA, Rolando: La crisis económica en Bolivia y su impacto en las condiciones de vida de los niños, UNICEF, La Paz 1985

PAREDES CANDIA, Antonio: El apodo en Bolivia, La Paz 1977

PAREDES-CANDIA, Antonio: Folklore de Potosí, La Paz 1980

PEREZ IRIBARNE, Eduardo: El 21060 un año despues, en CUARTO INTERMEDIO no 1, Cochabamba nov 1986

RAMOS SANCHEZ, Pablo: El neoliberalismo en acción, La Paz 1986

RAMOS SANCHEZ, Pablo: Hacía dónde va el neoliberalismo? Análisis de la versión 21660, La Paz 1987

zum kulinarischen Bereich:

ASOCIACION DE PRODUCTORES DE TRIGO: Recetas de trigo; 1era Feria Regional de la Cocina, Cochabamba 1986

BÄUMLIN, Klaus: Der Mensch ist, was er isst, in SAEMANN Nr. 1/89, 105. Jahrgang, Bern

BUNDESMINISTERIUM FÜR JUGEND, FAMILIE UND GESUNDHEIT: Deutsches Lebensmittelbuch; Leitsätze, Ausgabe 1978

CARTER, Wilma J.; VELASCO, Wilma W.: Epicuro andino, La Paz 1979

CLAVIJO, Celina: Variemos nuestro pan, La Paz 1987

CLUB "LA ORQUIDEA": El placer de comer; Cocina y repostería, La Paz - Cochabamba 1981 (Biblioteca Nacional Sucre)

COBO, Carola: Recetario de comidas bolivianas y extranjeras, La Paz 1984

DE JORADN, Nelly: Nuestras comidas, 6ta ed. Cochabamba 1986

DE MARTINEZ, Maruja C.: Coma bien con Silvia en la cocina, Oruro 1979, (Biblioteca Nacional Sucre)

FORTUN, Julia Elena (comp):
CRESPO, Manuel Camilo: Manual de cocina; Comidas en La Ciudad de La Paz en el siglo diezinueve; estudios y notas por Julia Elena Fortún, La Paz 1987

GAINSBOURG V. DE AGUIRRE ACHA, Aida: La cocina en Bolivia, 6ta ed. La Paz 1971

HARRIS, Marvin: Wohlgeschmack und Widerwillen, Die Rätsel der Nahrungstabus, Stuttgart 1988

HECKMANN, Herbert (Hrsg): Die Freude des Essens; Ein kulturgeschichtliches Lesebuch vom Genuss der Speisen, aber auch vom Leid des Hungers, Frankfurt/Main 1981

IÑIGUEZ DE BARRIOS, Bethzabé: Mil delicias de la quinua, Oruro 1977

JOHNSSON, Mick: Food and Culture among Bolivian Aymara, Symbolic Expressions of Social Relations, Uppsala 1986

KUPER, Jessica: (Hrsg.) Gebratener Papageitaucher oder die Blätter des Mak khi hout, Frankfurt a.M. 1983

MINISTERIO DE ASUNTOS CAMPESINOS Y AGROPECUARIOS; INSTITUTO BOLIVIANO DE TECNOLOGIA AGROPECUARIA: Mejore su alimentación, consuma soya... y agregue nuevos platos a su menú familiar, La Paz 1977

MINISTERIO DE PREVISION SOCIAL, DIVISION NACIONAL DE NUTRICION: Tabla de composición de alimentos bolivianos, La Paz 1984

MORENA DE PAREJAS, Delfina: Libro de cocina de Doña Piedades, 1ra ed. Santa Cruz 1978 y 3ra ed. 1983 (Biblioteca Nacional Sucre)

PAREDES-CANDIA, Antonio: La comida popular boliviana, La Paz 1986

PAZ BEJARANO DE VALDA, Maria: Cocinemos con María Paz, Sucre 1983

PROINSA (editora): Recetas de comidas bolivianas, La Paz sin año

RADIO SANTA CRUZ: Toman Coca-cola en lugar de leche, en AQUI 23 de enero 1988

SIERRA CH. DE MENDEZ, Lola: Cocina típica regional, La Paz 1963 (Biblioteca Nacional Sucre)

TELLENBACH, Hubert: Geschmack und Atmosphäre, Medien menschlichen Elementarkontakts, Salzburg 1968

TELLEZ HERRERO, Luis: Lo que se come en Bolivia, La Paz 1946

UNIVERSIDAD MAYOR DE SAN SIMON, FACULTAD DE CIENCIAS DE LA SALUD, Proyecto de utilización de la soya: Recetario de soya, tomo II, Cochabamba 1978

zur vorkolonialen Landwirtschaft und Kultur:

ALBERTI, Giorgi; MAYER, Enrique: Reciprocidad Andina: Ayer y hoy, Lima 1974

ALBO, Xavier: Cuando el gigante despierte, en CUARTO INTERMEDIO no 1, Cochabamba nov. 1986

ALBO, Xavier: From MNRistas to Kataristas to Katari, in Steve STERN, 1987

ALBO, Xavier; BARNADAS, Josep M.: La cara campesina de nuestra historia, La Paz 1985

CARTER, William E.; MAMANI, P, Mauricio: Irpa Chico; Individuo y comunidad en la cultura aymara, La Paz 1982

LOZA-BALSA, Gregorio (Hrsg): DE LOSA AVILA Y PALOMARES, Gregorio, Doctor en médicina en el siglo XVII: "De los arboles; frutos; plantas; aves y de otras cosas medicinales ... tiene este reyno", Sociedad Geográfica de La Paz, La Paz 1983

DIETRICH, Heinz: Produktionsverhältnisse in Lateinamerika, Giessen 1981

DOLLFUS, Oliver: El reto del espacio andino, Lima 1981

FELLMAN VELARDE, José: Los imperios andinos, La Paz 1977

GARCILASO DE LA VEGA, Inca: Comentarios reales de los incas, ed. en tres tomos, Lima, sin año

GOLTE, Jürgen: La racionalidad de la organización andina, Lima 1980

GUAMAN POMA DE AYALA, Felipe: Nueva crónica y buen gobierno (1615), Edición de John V. Murra, Rolena Adorno y Jorge L. Urioste, Madrid 1987

HAGEN, Victor Wolfgang von: Sonnenkönigreiche; Azteken, Maya, Inka, München/Zürich 1966

HARRIS, David; HILLMAN, Gordon C.: (Ed.): Foraging and Farming; The Evolution of Plant Exploitation, London 1989

HORKHEIMER, Hans: Nahrung und Nahrungsgewinnung im vorspanischen Peru, Berlin 1960

IBARRA GRASSO, Dick E.: Pueblos indígenas de Bolivia, La Paz 1985

IBARRA GRASSO, Dick: La verdadera historia de los Incas, La Paz - Cochabamba 1979

IRIARTE, P. Gregorio: El cooperativismo y la comunidad indígena, La Paz 1979

LINDIG, Wolfgang; MÜNZEL, Mark: Die Indianer, Band 2: Mittel- und Südamerika, München 1985

MACA (Ministerio de Agricultura y Asuntos Campesinos); AID (Agencia Internacional de Desarrollo), RDS (Rural Development Services): Nuestros conocimientos; Prácticas agropecuarias tradicionales en Bolivia, Vol 1: Región Altiplano, New York 1983

MACA; AID; RDS (s.o.): Nuestros conocimientos; Prácticas agropecuarias tradicionales en Bolivia, Vol 2: Región de los valles templados, sin lugar y año, (posbl. Bethesda/Maryland 1984)

MAHNKE, Lothar: Landnutzung und Umwelt in den Zentralen Anden, in PRAXIS GEOGRAPHIE 4/1985

MONHEIM, Felix: Die indianische Landwirtschaft im Titicacabecken, in GEOGRAPHISCHE RUNDSCHAU 1, 1959

MONTES RUIZ, Fernando: La máscara de piedra; Simbolismo y personalidad aymaras en la historia, La Paz 1986

MULLEN, William: Secrets of Tiwanaku, in CHICACO TRIBUNE MAGAZINE nov 23. 1986

MURRA, John V.: Formaciones económicas y políticas del mundo andino, Lima 1975

MURRA, John V.: Inventando una historia andina, en PRESENCIA 12.7.1987

MURRA, John V.: La organización económica del estado Inca, México 1983

PEÑALZA CORDERO, Luis: Nueva historia económica de Bolivia; De la prehistoria a la conquista, La Paz - Cochabamba 1981

RAVINES, Rogger: Tecnología andina, Lima 1978

RENGIFIO VASQUEZ, Grimaldo: La agricultura tradicional en los Andes; Manejo de suelos, sistemas de labranza y herramientas agrícolas, Lima 1987

SAIGNES, Thierry: Los Andes orientales: Historia de un olvido, Cochabamba 1985

SORIA LENS, Luis: La ciencia agrícola de los antiguos aymaras, en BOLETIN DE LA SOCIEDAD GEOGRÁFICA de La Paz No 71/72, 1953-1954

TAPIA, Mario E.: Los recursos andinos y su papel en la alimentación de nuestros pueblos, en Revista del Instituto Nacional de Antropología, trabajo presentado en la Reunión sobre Nutrición y Alimentación en La Paz, sept 1978

ULTIMA HORA; CLUB BOLIVAR; PROYECTO WILA JAWIRA: Camellones, Suka kollu, Tiwanaku 1987

UNIVERSIDAD MAYOR DE SAN ANDRES (comp.): Espacio y tiempo en el mundo callahuaya, La Paz 1984

zum Kolonialsystem (s. auch im vorhergehendem Abschnitt):

DEL VALLE DE SILES, Maria Eugenia: Testimonios del cerco de La Paz; El campo contra la ciudad 1781, La Paz 1980

DIAZ VILLAMIL, Antonio: Leyendas de mi tierra, La Paz 1980

ESCOBARI DE QUEREJAZU, Laura: Producción y comercio en el espacio sur andino s. XVII, La Paz 1985

HARRIS, Olivia; LARSON, Brooke; TANDETER, Enrique (comp): La participación indígena en los mercados surandinos; estrategias de reproducción social, siglos XVI a XX, Cochabamba 1987

KORNBERGER, Reiner: Noviembre Negro, Massaker und Widerstand in Bolivien, Bremen 1980

LARSON, Brooke: Explotación agraria y resistencia campesina en Cochabamba, Cochabamba 1984

PAREDES-CANDIA, Antonio: Las Alasitas; Fiesta y feria popular de la ciudad de La Paz, La Paz 1982

STERN, Steve J.: Peru's Indian Peoples and the Challenge of Spanish Conquest, Huamanga to 1640, University of Wisconsin Press 1982

STERN, Steve J. (Hrsg.): Resistance, Rebellion and Consciousness in the Andean Peasant World, 18th to 20th Centuries, University of Wisconsin Press 1987

VAZQUEZ DE ESPINOZA, Antonio: Compendio y descripción de las Indias Occidentales (1629?); Transcrito del manuscrito por Charles Upson Clark, Smithsonian Institute, Washington 1948 (Biblioteca Nacional Sucre)

zur Republik:

ARZE AGUIRRE, René Danilo: Participación popular en la Independencia de Bolivia, La Paz 1987

CHOQUE CANQUI, Roberto: La masacre de Jesús de Machaca, La Paz 1986

EDICIONES TAHIPAMU: Historia del sindicato de culinarias 1935-1958, La Paz 1988

OVANDO SANZ, Jorge Alejandro: El tributo indígena en las finanzas del siglo XIX, La Paz 1985

PLATT, Tristan: Estado boliviano y ayllu andino; Tierra y tributo en el Norte de Potosí, Lima 1982

PLATT, Tristan: Estado tributario y librecambio en Potosí (siglo XIX); Mercado indígena, proteccionismo y lucha de ideologías monetarias, La Paz 1986

RODRIGUEZ O., Gustavo: Original Accumulation, Capitalism and Precapitalistic Agriculture in Bolivia, in LATIN AMERICAN PERSPECTIVES, Fall 1980, vol VII, no 4

zur Agrar- und Versorgungsfrage Boliviens:

ABEGGLEN, Robert; MANTILLA, Julio; BELMONTE, Rubén: Diferenciación, pobreza y campesinado, UNICEF, Bolivia 1987

ALBO, Javier: ¿Bodas de Plata? o Requiem por una reforma agraria, La Paz 1983

ARANDIA FERUFINO, Prospero: La verdadera tragédia de Bolivia: Su realidad agrario campesina, Sucre 1984

AUGSTBURGER, Franz: Erfahrungen mit Transfer ökologischer Landbautechniken an Kleinbauern bolivianischer Hochtäler, in IFOAM 49, 1984

BARJA BERRIOS, Gover; CARDOZO GONSALEZ, Armando: Geografía Agrícola de Bolivia, La Paz 1982

BILBAO LA VIEJA, Antonio: El Norte Paceño y San Buenaventura; Desafiando la Esperanza; La Paz 1987

BLANES, José: Bolivia: Agricultura campesina y los mercados de alimentos, Cochabamba 1983

CEDOIN (Informe Especial): El Desafío de mantener la unidad (IV Congreso Ordinario de la CSUTCB), La Paz 1989

CONSEJO NACIONAL DE REFORMA AGRARIA: Reorientación de la reforma agraria, La Paz 1987

CSUTCB: Ley agraria fundamental; Congreso naciónál de Cochabamba 16 al 20 de enero 1984

CSUTCB: Pliego Nacional de la Confederación Sindical de Trabajadores Campesinos de Bolivia, (policopiado), La Paz 1988

CSUTCB: Resoluciones del VIII ampliado de la CSUTCB, 24 al 28 de febrero de 1986, Sucre 1986

DANDLER, Jorge; SAGE, Colin: What is happening to andean potatoes; A view from the grassroots, manuscript for publication in Development Dialogue, Uppsala, Fundación Hammarskjöld 1985

DE LA CRUZ VILLCA, Juan: Análisis del anteproyecto de Ley General de Desarrollo Agrario, (policopiado), La Paz nov. 1988

ECHAZU ALVARADO, Jorge: Los problemas agrario campesinos de Bolivia, La Paz 1983

ELLENBERG, Heinz; INSTITUTO DE ECOLOGIA LA PAZ: Desarrollar sin destruir, Cochabamba 1981

HEALY, Kevin: Caciques y patrones; una experiencia de desarrollo rural en el sud de Bolivia, Cochabamba 1982

HERNAIZ, Irene: Análisis crítico del anteproyecto del Ley General de Desarrollo Agrario, La Paz 1988

JUNTA DEL ACUERDO DE CARTAGENA, GRUPO DE POLITICA TECNOLOGICA, PADT-ALIMENTOS: Información sobre el sector pesquero subregional andino, tomo 1, Lima 1983 (Biblioteca Nacional Sucre)

KOHLER, Liu: Unterdrückt, aber nicht besiegt; Die bolivianische Bauernbewegung von den Anfängen bis 1981, Bonn 1981

KREMPIN, Michael: Bauernbewegung in Bolivien, Frankfurt/Main 1986

LOPEZ, Felix: Crítica al anteproyecto de Ley General de Desarrollo Agrario, (policopiado), La Paz Nov. 1988

PEREIRA FIORILO, Juan: No se fomenta producción triguera en Bolivia, en HOY 22.4.1989

PRUDENCIO, Julio: La situación alimentaria en Bolivia, Cochabamba 1985

RAMOS SANCHEZ, Pablo: artículos de prensa:
La autosuficiencia alimentaria, en HOY 2.11.1988
El arroz y la inseguridad alimentaria, en HOY 13.7.1988
La historia del precio del pan, en HOY 24.8.1988
El sector exportador, en HOY 19.10.1988
La tragedia de la viticultura, en HOY 29.6.1988

ROCA, José Luis: Derrotemos al hambre, UNICEF, La Paz 1985

SCHULZE M., Juan Carlos; CASANOVAS S., Roberto: Tierra y campesinado en Potosí y Chuquisaca, La Paz 1988

UNICEF; MINISTERIO DE PLANEAMIENTO Y COORDINACION: Alimentos para todos; Propuestas para un sistema de seguridad alimentaria en Bolivia, La Paz 1986

URIOSTE F. DE C., Miguel: Segunda reforma agraria; Campesinos, tierra y educación popular, 2da ed. La Paz 1988

URIOSTE FERNANDEZ DE CORDOVA, Miguel: El estado anticampesino, La Paz 1984

VELASCO L., Monica: PRUDENCIO, Julio: Crisis de abastecimiento y estrategias de resistencia en Bolivia: El caso de La Paz; Informe final de un proyecto de investigación, La Paz, manuscrito sin año (1986 o 1987)

zur Frage der Entwicklungs- und Nahrungsmittelhilfe:

BUENAHORA, P.: La ayuda contra el desarrollo; o de la financiación externa de instituciones, partidos y personalidades de izquierda, Ecuador/Bolivia 1987

BUKO AGRO-KOORDINATION (Hrsg.): Wer Hunger pflanzt und Überschuss erntet, Beiträge zu einer entwicklungspolitischen Kritik der EG-Agrarpolitik, Hamburg 1987

BURKE, Melvin: Does "Food for Peace" Assistance Damage the Bolivian Economy? in INTERAMERICAN ECONOMIC AFFAIRS No. 1, Vol. 25, Washington D.C., Summer 1971

BURKE, Melvin: Estudios críticos sobre la economía boliviana, La Paz - Cochabamba 1973

CENTRO DE INFORMACION Y DESARROLLO DE LA MUJER (CIDEM): Encuentro de mujeres receptoras de alimentos: El Alto, 9 de octubre 1987, La Paz 1987

CIDEM (s.o.): La donación de alimentos: Una cuestión de mujeres, La Paz 1986

DIEKMANN, Norbert: Analyse der Entwicklungspolitischen Zusammenarbeit Boliviens und der Bundesrepublik Deutschland, schriftliche Hausarbeit, Münster 1981

DUCHROW, Ulrich; EISENBÜRGER, Gert; HIPPLER, Jochen: Totaler Krieg gegen die Armen; Geheime Strategiepapiere der amerikanischen Militärs, München 1989

GILLGANNON, Michael: "Santa Claus Syndrome" breeds famine, failure, in NATIONAL CATHOLIC REPORTER, Dec. 23.88. USA

HANTMAN, Mort; WESSEL, James: Getreidefieber, US-Agrarkrise, Konzernmacht und Welternährung, (Vorwort von Asit Datta), dtv, München 1987

HIPPLER, Jochen: Krieg im Frieden; Amerikanische Strategien für die Dritte Welt, Köln 1986

KRIEG, Peter: Septemberweizen, Lesebuch zum Film, Wuppertal 1981

MILES, Sara: The Real War; Low Intensity Conflict in Central America, in NACLA Vol. XX No 2 april/may 1986

PRUDENCIO, Julio; VELASCO, Monica: Mujer y donaciones de alimentos, La Paz 1987

REYE, Ulrich: Entwicklung und Entwicklungspolitik in Bolivien (unveröffentl. Manuskript), Hamburg o. Jahr (ca. 1965)

SELSER, Gregorio: Los Documentos de Santa Fe I y II, Universidad Obrera de México, Ciudad de México 1990

UNITAS (Unión Nacional de Institutos para el Trabajo de Acción Social): Desabastecimiento de alimentos y alternativas de solución en las minas; Los centros mineros de Catavi y Siglo XX, La Paz 1986

URIOSTE, Miguel: Nuestro pan extranjero de cada día, en CUARTO INTERMEDIO no 2, Cochabamba feb. 1988

zum östlichen Tiefland und zur Kokainwirtschaft:

AGUILO, Federico: Los peones de la cocaina, en CUARTO INTERMEDIO no 1, Cochabamba nov. 1986

BASCOPE ASPIAZU, René: La veta blanca; Coca y cocaina en Bolivia, La Paz 1982; Übersetzung ist im Rotpunktverlag erschienen: Die weisse Ader, Coca und Kokain in Bolivien, Zürich 1989

BLANES, José: De los Valles al Chapare; Estrategias familiares en un contexto de cambios, Cochabamba 1983

BOJANIC, Alan: Tenencia y uso de la tierra en Santa Cruz; Evaluación de la estructura agraria en el area integrada de Santa Cruz, La Paz 1988

CARTER, William E. (Comp.): Ensayos científicos sobre la coca, La Paz 1983

FAWCET, Percy Harrison: A traves de la selva amazónica; Exploración Fawcet, Santiago de Chile 1953 y Madrid 1974

GILL, Lesley: Commercial Agriculture and Peasant Production: Agrarian Reformism and the Developpment of Capitalism in Northern Santa Cruz, Bolivia, Ph.D. dissertation, New York, Columbia University 1984

GILL, Lesley: Frontier Expansion and Settlement in Lowland Bolivia, in JOURNAL OF PEASANT STUDIES 14(3) 1987

KÖSTER, Gerrit: SCHLINGMANN, Wolfgang: Indianerkolonisation in Ostbolivien, in PRAXIS GEOGRAPHIE 4/1985

MACA; AID; RDS (s.o.): Our Knowledge; Traditional Farming Practices in Rural Bolivia; vol 3: Tropical Lowland Regions, Bethesda/Maryland 1986

MOLL, Martin: Problemas ecológicos en el desarrollo de Santa Cruz, Bolivia, (Direktion für Entwicklungszusammenarbeit und Humanitäre Hilfe, Eidg. Departement für Auswärtige Angelegenheiten), Bern 1981

ORMACHEA SAAVEDRA, Enrique: Beni y Pando; Latifundio y minifundio en el Norte Boliviano, La Paz 1987

RIESTER, Barbara; RIESTER, Jürgen: Me vendí - me compraron, Santa Cruz de la Sierra 1978

RIESTER, Jürgen: Indians of Eastern Bolivia; Aspects of their present situation, IGWIA Copenhague 1975

STÖTZEL, Michael: "Wir sind auch gute Menschen..."; Zur Integration und Marginalisierung der Guarayos, einer Gruppe indianischer Campesinos des ostbolivianischen Tieflands, Bremen 1980

STRACK, Peter: Lebensstile und Gesundheit in Chiquitos/Bolivien, Campesinos zwischen indianischer Tradition, Nationalgesellschaft und Weltzivilisation, eine Studie in Zusammenarbeit mit Medico International, Münster 1987

Verschiedenes:

BUNDESMINISTERIUM FÜR WIRTSCHAFTLICHE ZUSAMMENARBEIT: Journalisten-Handbuch Entwicklungspolitik '89/90, Bonn o.J.

CABRAL, Amilcar: Theorie als Waffe, Bremen 1983

CODINA, Victor: Dios de vida y dios de muerte, en CUARTO INTERMEDIO no 2, Cochabamba feb. 1987

DEUTSCHE GESELLSCHAFT FÜR ERNÄHRUNG (Hrsg): Ernährungsbericht 1988, Frankfurt 1988

EVANGELISCHES MISSIONSWERK im Bereich der Bundesrepublik Deutschland und Westberlin e.V. (Hrsg.): Der Weg nach Damaskus, Kairos und Bekehrung, EMW-Informationen Nr. 84, Hamburg 1988

FROMM, Erich: Marx y su concepto del hombre, 7ma reimp. Bogotá 1977

FRANKE, Wolfgang: Nutzpflanzenkunde, Nutzbare Gewächse der gemässigten Breiten, Subtropen und Tropen, 2. überarbeitete und erweiterte Auflage, Stuttgart 1981

GALEANO, Eduardo: Die offenen Adern Lateinamerikas, Wuppertal 1983

GRAMSCI, Antonio: Zu Politik, Geschichte und Kultur, Leipzig 1980

HILL, Albert F.: Economic Botany, New Delhi 1972

HIRSCHBERG, Walter (Hrsg.): Neues Wörterbuch der Völkerkunde, Berlin 1988

KUCSYNSKI, J.: Geschichte des Alltags des deutschen Volkes, Bd. 2 u. 3, Berlin (DDR) 1981

LANGE, Martin; IBIACKER, Reinhold (Hrsg.): Christenverfolgung in Südamerika, 2. Aufl. Freiburg i.B. 1981

REHM; ESPIG: Die Kulturpflanzen der Tropen und Subtropen, Stuttgart 1976

WOERNER, Fred F.: Statement of General Fred F.Woerner, Commander in Chief, US-Southern Command, to the House Appropriations Committee, Sub Committee on Defense, 4 February 1988, (unveröffentlichtes Manuskript)

WOLLNER, Friedrich: Der Einfluss des Kartoffelbaues auf die Geschichte und wirtschaftliche Entwicklung Europas, Völkenrode 1970

Bücher aus dem Rotpunktverlag

Ren Bascop Aspiazu: **Die weisse Ader**. Coca und Kokain in Bolivien, aus dem Spanischen übersetzt von Jeannine Hinojosa, Vorwort Manfred Züfle, Anhang Joaqun Hinojosa, illustriert, 144 Seiten, Fr. 17.80/DM 19.80, ISBN 3-85869-047-3.
Wie haben Kokain-Produktion und -Handel die Wirtschaft und Gesellschaft Boliviens beeinflusst bzw. geprägt? Dieser Frage geht die vorliegende Untersuchung nach. Die Autoren versuchen die Frage der Drogenproduktion von der juristischen, kriminalistischen Ebene wegzuführen, auf der sie immer wieder behandelt wird. Hier handelt es sich um eine eigentliche Wirtschafts- und Sozialgeschichte des Kokains in Bolivien von den 50er Jahren bis in unsere Tage.

Francisco Metzi: **Auf eigenen Füssen**. Wege zur Gesundheit in El Salvadors Befreiungskampf, Vorwort Ralf Syring, mit Fotos, franz. Broschur, 256 Seiten, Fr./DM 28.00, ISBN 3-85869-062-7.
Drei Jahre hat der Autor am salvadorianischen Befreiungskampf als Krankenpfleger teilgenommen. Metzi erzhlt Geschichten von Verwundeten, die er in Feldhospitälern der FMLN pflegte und kennenlernte. Er beschreibt, wie in Dörfern trotz des Mangels an Nahrungsmitteln und Medikamenten Wege gesucht und gefunden wurden, die Bedingungen für die Gesundheit zu verbessern.

Mario Macías: **Dem Niemandsland gehöre ich an**. Chilenische Erzählungen aus dem schweizerischen Exil, 152 Seiten, franz. Broschur, Fr./DM 24.80, ISBN 3-85869-084-8.
Nicht von Chile ist in diesem Testimonio die Rede, sondern von der Schweiz, dem Exilland, das Mario Macías von ganz unterschiedlichen, ihm, dem Intellektuellen, ungewohnten Orten aus wahrgenommen hat, als Metallschneider, als Reinemacher, als Gartenpfleger, als Fotokopist und als Sprachlehrer. Er hat ein Erinnerungs- und ein Verarbeitungsbuch geschrieben, das gewissermassen den andern ethnologischen Blick - von aussen auf uns selber - pflegt. Darin ist Traurigkeit, Humor und feine Ironie.

Rosario Ferré: **Kristallzucker**. Roman, aus dem puertoricanischen Spanisch übersetzt und mit einem Nachwort versehen von Wolfgang Binder, 200 Seiten, gebunden Fr. 28.80/DM 29.80, ISBN 3-85869-070-8.
Eine Zuckerfabrik, im Besitze der Familie De la Valle, gelegen in einem der fruchtbarsten Täler der Welt, auf der seit 1898 von den USA beherrschten Karibik-Insel Puerto Rico: Ort des Romans ist eines der naiven Paradiese des malenden Zöllners Rousseau, aber auch eine Art Hölle. Zucker ist der Quell des Reichtums und der Macht der De la Valles, aber zugleich ihr Niedergang. In einer geradezu luxuriös bilderreichen Sprache erzählt die Autorin von der moralischen und konomischen Dekadenz der puertoricanischen Pflanzerkaste und ihrem Ausverkauf an US-amerikanische Interessen. Kristallzucker entfaltet die widersprüchlichen Schicksale von vier Epochen Puerto Ricos, einem in Kummer versinkenden Garten Eden.

Stephen Schlesinger/Stephen Kinzer: **Bananen-Krieg**, CIA-Putsch in Guatemala, 288 Seiten, mit Fotos, franz. Broschur, Fr. 28.80/DM 29.80, ISBN 3-85869-079-1.
Vorgeschichte und Ablauf der Operation Success (Operation Erfolg), die 1954 den Sturz des gewählten Präsidenten von Guatemala, Jacobo Arbenz, herbeiführte. Vom US-Aussenministerium geplant - im Interesse der United Fruit Company - und vom CIA ausgeführt gibt die Geschichte dieses ferngesteuerten Putsches Einblick bis zum heutigen Zentralamerika.

Rodolfo Walsh: **Wer erschoss Rosendo G.?** Ein politischer Kriminalfall aus Argentinien, Testimonio, 208 Seiten, franz. Broschur, Fr./DM 28.00, ISBN 3-85869-080-5.
In all seinen Werken, auch denjenigen, die sich wie gewöhnliche Romane lesen, unterschied er sich durch seine Art, sich mit der Realität einzulassen und durch eine fast einmalige analytische Begabung, durch seine persönliche Integrität und sein politisches Engagement. Gabriel García Márquez über Rodolfo Walsh

Ausserdem von Rodolfo Walsh: **Operación Masacre**. Argentinischer Tatsachenbericht nach Aussagen Erschossener, 200 Seiten, Fr. 17.80/DM 19.80, ISBN 3-85869-027-9.